Gescannt

1. Auflage Mai 2022

Titel der amerikanischen Originalausgabe:
Scanned

Kopp Verlag e. K. edition published by arrangement with
Chelsea Green Publishing Co, White River Junction, VT, USA
www.chelseagreen.com

Übersetzung aus dem Amerikanischen:
Frieda Piliszko & Prof. Dr. Stefan Hockertz
Satz und Layout: Martina Kimmerle
Umschlaggestaltung: Stefanie Huber

ISBN: 978-3-86445-876-7

FSC
www.fsc.org
MIX
Papier aus verantwortungsvollen Quellen
FSC® C014496

Gerne senden wir Ihnen unser Verlagsverzeichnis
Kopp Verlag
Bertha-Benz-Straße 10
72108 Rottenburg
E-Mail: info@kopp-verlag.de
Tel.: (0 74 72) 98 06-10
Fax: (0 74 72) 98 06-11

Unser Buchprogramm finden Sie auch im Internet unter:
www.kopp-verlag.de

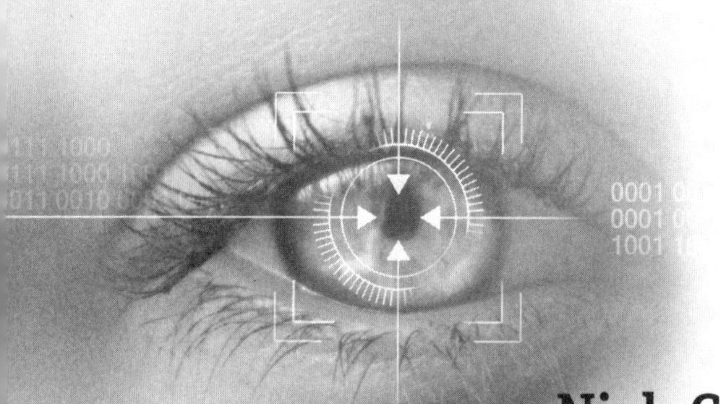

Nick Corbishley

Gescannt

Warum Impfpässe und digitale IDs
das Ende der Privatsphäre und
der persönlichen Freiheit bedeuten

KOPP VERLAG

Inhalt

Einleitung

Wenn Sie dieses Buch aufschlagen, ist die Wahrscheinlichkeit groß, dass Sie entweder bereits im Besitz eines wie auch immer gearteten Impfzertifikats sind oder dass Ihnen (freundlich ausgedrückt) dringend nahegelegt wurde, sich eines ausstellen zu lassen. Während ich dies hier schreibe, haben die meisten Länder in Europa (dem Kontinent, auf dem ich lebe) einen solchen Pass bereits eingeführt. Ebenso wie Australien, Kanada, Neuseeland, Japan, Uruguay und Argentinien.

Natürlich ist der Begriff »Pass« irreführend. Ein Pass ist ein amtliches Dokument, das die Staatsangehörigkeit des Inhabers bescheinigt und ihn zum grenzüberschreitenden Reisen und zur Rückkehr in das eigene Hoheitsgebiet berechtigt. Immunitätsnachweise für Krankheiten wie Pocken und Gelbfieber gibt es zwar schon seit über einem Jahrhundert, aber sie wurden stets in Papierform ausgestellt. Ein Impfpass wird Ihnen dieser Tage aber höchstwahrscheinlich in digitaler Form angeboten. Vor allem aber haben Impfpässe eine weitaus umfassendere und tiefere Bedeutung als normale Pässe oder Immunitätsbescheinigungen. Sie können nicht nur zur Feststellung der Identität oder des Impfstatus an den Landesgrenzen benötigt werden, sondern auch für Reisen, den Zugang zu öffentlichen Gebäuden, die Inanspruchnahme grundlegender Dienstleistungen und sogar dafür, dass Sie im eigenen Land Ihrer Arbeit nachgehen können.

Um in den meisten Ländern einen Impfpass zu erhalten, muss man hinsichtlich der Covid-19-Impfungen auf dem neuesten Stand sein. In einigen Ländern, etwa in der EU, kann ein kürzlich durchgeführter negativer Polymerase-Kettenreaktionstest (PCR) ausreichen. Im Gegensatz zu den Vereinigten Staaten und Großbritannien wird in der EU die auf natürlichem Wege erworbene Immunität immer noch als relevantes wissenschaftliches Kriterium angesehen, was sich teilweise in den EU-Rechtsvorschriften für den Impfpass widerspiegelt (zumindest war das zum Zeitpunkt der Erstellung dieses Textes der Fall). In der EU ansässige Personen, die eine Covid-19-Infektion durchgemacht haben, können den Pass beantragen, allerdings nur für einen Zeitraum von 6 Monaten.*

Leider hat selbst das bei mir nicht hingehauen.

Meine Frau und ich – beide Mitte 40 – haben uns Ende Juli 2021 mit Covid-19 angesteckt. Wir waren nicht geimpft und hatten relativ leichte Symptome – Fieber, Müdigkeit, Schüttelfrost, Husten, Gelenkschmerzen, Appetitlosigkeit, Kopfschmerzen –, die etwa eine Woche lang anhielten. Dann begann ein langsamer Prozess der Genesung. Nach etwa einem Monat waren wir mehr oder weniger wieder auf dem Damm. Wir haben jetzt natürliche Antikörper, aber nur einer von uns hat Anspruch auf den EU-Impfpass, den sogenannten Green Pass (dt.: »Digitales Covid-Zertifikat der EU«).

Wie Tausende anderer Menschen in Spanien, wo ich seit Langem lebe, wurde bei mir mit dem Auftreten der Symptome der falsche

---

* Für Deutschland sind mit Wirkung vom 19.3.2022 die fachlichen Vorgaben für Covid-19-Genesenennachweise unmittelbar in § 22a Abs. 2 Infektionsschutzgesetz (https://www.gesetze-im-internet.de/ifsg/__22a.html) geregelt worden. Die fachlichen Vorgaben des RKI für Covid -19-Genesenennachweise nach der Covid -19-Schutzmaßnahmen-Ausnahmenverordnung und der Coronavirus-Einreiseverordnung sind daher zum 19.3.2022 außer Kraft getreten. [Anm. des Verlags]

Test durchgeführt. Meine Frau hingegen machte 4 Tage später den richtigen Test, da sie beim ersten Mal negativ getestet worden war. Während der großen Sommerwelle in Spanien hatten viele Hausärzte die Patienten mit den viel schnelleren (und billigeren) Antigentests auf eine Ansteckung hin untersucht. Das Problem ist nur, dass man einen positiven PCR-Test vorweisen muss, um den Green Pass der EU aufgrund einer natürlichen Infektion zu erhalten; das Ergebnis eines Antigentests – so wie bei mir durchgeführt– reicht hierzu nicht aus.

Das heißt, dass im Herbst 2021 Tausende von Menschen in Spanien – mich eingeschlossen – in der »Luft hingen«. Wir alle hatten eine Covid-19-Infektion durchgemacht, was bedeutet, dass wir uns einen gewissen Grad an Immunität erworben hatten. Und das bedeutet auch, dass wir als Genesene für den Green Pass der EU infrage kommen sollten, zumindest für einen Zeitraum von 6 Monaten. Da aber die spanischen Gesundheitsbehörden in unseren Fällen den falschen Test verwendet haben, erhielten wir ihn nicht. Das galt auch für Menschen, die wochenlang in einem Krankenhaus gegen die Krankheit gekämpft und sich von ihr erholt hatten. Nach den offiziellen Regularien der EU hatte keiner von uns Covid-19 gehabt. Nach Angaben der spanischen Gesundheitsbehörden sehr wohl.

Dies ist nur ein Beispiel dafür, wie schnell das Leben in der neuen Realität, die sich um uns herum entwickelt, zur reinen Willkür werden kann. Es gibt indes noch viel mehr zu erzählen, und in diesem Buch werden Sie es erfahren. Da die Regierungen immer mehr Macht und Autorität über unser Leben ausüben, genügt ein einfacher Verwaltungsfehler oder ein algorithmischer Irrtum, und der normale Bürger kann plötzlich nicht mehr reisen oder erhält nicht einmal mehr Zugang zu öffentlichen Plätzen und grundlegenden Dienstleistungen in seiner Heimatstadt. Und wie wir seit dem Beginn dieser Pandemie immer wieder gesehen haben, neigen Regierungen und Behörden dazu, häufig Fehler zu machen.

Ich schreibe diese Zeilen am 1. Januar 2022 in Mexiko, einem Land, dem ich nicht nur familiär sehr verbunden bin. Wenn die deutsche Ausgabe dieses Buches im Frühjahr 2022 veröffentlicht wird, werden sich einige der hier beschriebenen Details zweifellos geändert haben.

In der Covid-Ära vollzieht sich der Wandel so rasant, dass es schwer ist, mitzuhalten. Innerhalb von 6 Wochen kann eine brandneue Variante auftauchen und auf mehr als einem Kontinent Fuß fassen. Nicht nur das Virus entwickelt sich ständig weiter und mutiert, sondern auch die Reaktion der Regierungen, globalen Institutionen und Unternehmen darauf. Der Einzelne kann kaum Schritt halten mit wichtigen Entscheidungen, die getroffen werden müssen und die sein Leben in vielerlei Hinsicht beeinflussen.

Dies sind nur zwei der zahlreichen Gründe, warum die hastige Einführung von Impfpässen durch Regierungen in aller Welt uns ernsthaft zu denken geben sollte – unabhängig von unserem jeweiligen individuellen Impfstatus.

Ein Buch für jedermann, ob geimpft oder ungeimpft

Ob Sie geimpft sind oder nicht: Wenn Sie in einer Stadt, einem Land oder einer Region leben, die einen Impfpass eingeführt hat oder im Begriff ist, dies zu tun, sollten Sie dieses Buch lesen. Es ist ein Manifest – nicht gegen die Impfstoffe selbst, sondern dagegen, wie sie eingesetzt werden, um die Gesellschaft radikal neu zu ordnen. Und zwar in einer Weise, die außer der Wirtschafts-, Finanz- und Politikelite niemandem nützt. Unabhängig davon, was wir von den Impfstoffen selbst halten, werden wir alle mit den Folgen der Veränderungen leben müssen, welche die Pässe und Vorschriften mit sich bringen werden. Zu diesen Folgen gehören eine größere soziale Spaltung und Polarisierung, der Verlust der körperlichen Autonomie, wachsender Autoritarismus, eine weitere Aushöhlung der Privatsphäre und die Schaffung einer Zweiklassengesellschaft.

Sollten Sie vollständig geimpft sein, ist die Lektüre dieses Buches vermutlich umso wichtiger. Vielleicht denken Sie, dass Sie von den befürchteten Entwicklungen nicht betroffen sein werden, schließlich haben Sie ja alle Anforderungen in Bezug auf die öffentliche Gesundheit erfüllt. Sie haben getan, was die Behörden von Ihnen verlangten. Allerdings gibt es keine Garantie dafür, dass Sie die zusätzlichen Bestimmungen auch in Zukunft noch erfüllen werden. Jeder, der schon einmal in einem autoritären Staat gelebt hat, weiß, dass Regeln und Vorschriften die lästige Angewohnheit haben, sich zu vermehren.

Für jeden einzelnen von uns wird es mit der Einführung eines Impfpasses zu einem Vorher-Nachher-Moment kommen. Ein Pass, der eigentlich kein Pass ist, für einen Impfstoff, der eigentlich kein Impfstoff ist, droht das Verhältnis zwischen der Regierung und den Regierten unwiderruflich zu verändern. Es geht um nichts Geringeres als den grundlegenden Wandel der Beziehung zwischen denen, die Macht besitzen, und denen, über die sie ausgeübt wird. Wie der preisgekrönte Journalist und Impfbefürworter Glenn Greenwald hervorhebt, besteht die Gefahr, dass »was immer ein Grundrecht war – öffentliche Plätze zu betreten, zu fliegen, an öffentlichen Versammlungen teilzunehmen – in ein staatlich gewährtes *Privileg* umgewandelt wird, das man sich dadurch verdient, dass man den Forderungen politischer Beamter nach Injektionen in den eigenen Körper nachkommt.«[1]

Unabhängig davon, wie man zu den Vakzinen selbst steht, sollten wir uns alle gegen die derzeitige Entwicklung stellen – nicht zuletzt wegen der existenziellen Bedrohung, die sie für unsere hart erkämpften Freiheiten und Rechte darstellt. Wie Greenwald sagt: »Die Entziehung von Rechten ist mit Kosten verbunden. Wir sollten grundlegende Rechte nicht aufgeben oder die Gesellschaft radikal umstrukturieren (beides ist mit hohen Kosten verbunden), um geringe Risiken abzuwenden.«

Reisepass in die Tyrannei

Im Januar 2021, als in vielen Ländern mit der Einführung von Impfstoffen begonnen wurde, machte der ehemalige britische Premierminister Tony Blair – einer der größten Befürworter von Impfpässen – eine Aussage von orwellscher Qualität. Seine Stiftung, das »Tony Blair Institute for Global Change«, hatte zuvor Millionen Pfund an Spendengeldern von Pro-Vakzin-Organisationen wie der Bill & Melinda Gates Foundation erhalten.

»Am Ende«, so Blair in einem Interview mit ITV News, »wird die Impfung der Weg zur Freiheit sein.«

Diese Aussage könnte nicht weiter von der Wahrheit entfernt sein: Die Impfung gegen Covid-19 in Verbindung mit den dazugehörigen digitalen Impfzertifikaten ist vielmehr ein todsicherer Weg in die Tyrannei.[2]

Einmal zusammengeführt werden Impfpasssysteme die Grundlage für weitreichende digitale Kontroll- und Überwachungsplattformen bilden, an die schließlich unser gesamtes Leben gebunden sein könnte.

Wie ich später in diesem Buch aufzeigen werde, sind Impfpässe und digitale IDs schon seit Jahren in Planung. Einige der Technologieunternehmen, die diese Systeme entwickeln, schwärmen bereits von neuen Geschäftsmöglichkeiten.[3]

Als Ergänzung zum Green Pass hat die EU eine »digitale Brieftasche« (»E-wallet«) vorgeschlagen, in der Name, Vorname, Geburtsdatum und -ort, Geschlecht und Nationalität der Bürger gespeichert werden und die es den Europäern ermöglichen soll, sich online zu identifizieren.[4] Sie treibt auch ihre European Payments Initiative (EPI) voran, deren Zweck, wie der Name schon sagt, darin besteht, die Infrastruktur für die Entwicklung und Bereitstellung einer paneuropäische Lösung für den digitalen Zahlungsverkehr anzubieten.[5] Gleichzeitig wird die bevorstehende Einführung digitaler Zentralbankwährungen eine weitaus größere Kontrolle über unsere persönlichen (und, wie manche sagen würden, privaten) Ausgabengewohnheiten ermöglichen. All dies könnte mit den Impfpasssystemen verknüpft werden.[6]

Neben der umfänglichen Überwachung Ihrer Person verfügen Sie mit dem Impfpass auch nicht mehr über das Recht, darüber zu entscheiden, welche neuen experimentellen (also weitgehend ungetesteten) Therapeutika in Ihren Körper gelangen. Dieses Grundrecht wird seit einiger Zeit von Regierungen, Gerichten und Gesundheitsbehörden auf der ganzen Welt systematisch ignoriert.

Man könnte die Notwendigkeit solch drastischer Maßnahmen verstehen, wenn wir es mit einer Infektionskrankheit wie den Pocken zu tun hätten, bei der die Sterblichkeitsrate bei etwa 30 Prozent liegt, oder wenn wir Impfstoffe einsetzen würden, die eine Ansteckung mit dem Virus oder seine Verbreitung tatsächlich *verhindern*. Aber das ist hier nicht der Fall. Die bislang auf den Markt geworfenen Vakzine verleihen keine sterile Immunität, und der Schutz, den sie – wenn überhaupt – vor einer Infektion bieten, ist nur von kurzer Dauer. Darüber hinaus geht die blinde Impfbesessenheit der Gesundheitsbehörden auf Kosten aller anderen bewährten Maßnahmen, wie frühzeitige Behandlung, verbesserte Gesundheitsvorsorge und Innenraumbelüftung. Sogar früher weit verbreitete Maßnahmen wie regelmäßige Tests treten in Ländern wie Frankreich und Italien gegenüber Impfungen in den Hintergrund.

Noch besorgniserregender ist, dass die Regierungen die Voraussetzungen für die Ausstellung des Impfpasses ständig ändern. Die israelische Regierung, die als erster Staat landesweit einen Impfpass eingeführt hat, teilte ihren Bürgerinnen und Bürgern Ende Februar 2021 mit, dass sie, wenn sie sich zwei Mal mit dem Pfizer-Vakzin impfen lassen, 2 Wochen später automatisch den sogenannten Green Pass und alle damit verbundenen Privilegien erhalten, wie zum Beispiel den Zugang zu Bars, Restaurants, der Universität und anderen öffentlichen Einrichtungen. Doch im September machte die Regierung einen Rückzieher. Als die Wirkung des schwachen Pfizer-Impfstoffs im Sommer nachzulassen begann, kündigte Tel Aviv an, dass sich israelische Staatsbürger 5 Monate nach der zweiten Dosis eine Auffrischungsimpfung (»Booster«) verabreichen lassen müssten, andernfalls würde ihr Green Pass deaktiviert.[7] Anfang 2022 bot das Land Menschen über 60 sowie Medizinern eine vierte Auffrischungsimpfung an, doch die Infektionszahlen stiegen erneut.[8] Viele andere Regierungen haben seitdem dennoch nachgezogen, wobei einige ebenfalls eine vierte Auffrischung verlangen.

Stellen Sie sich vor: In der einen Minute sind Sie noch ein rechtmäßiger Bürger Ihres Landes, der an der Gesellschaft teilhaben kann, ein Einkommen erzielt und Zugang zu den Einrichtungen und Dienstleistungen hat, zu denen ein rechtmäßiger Bürger Zugang hat. In der nächsten Minute werden Sie an den Rand verbannt, sind nicht mehr in der Lage, Ihren Lebensunterhalt zu bestreiten und werden zur Unperson, nur weil die Regierung die Regeln geändert hat. Es ist ein System, das darauf ausgelegt ist, eine ängstliche, machtlose Allgemeinheit zum totalen Gehorsam zu zwingen.

Und der Mensch ist ein äußerst formbares und anpassungsfähiges Lebewesen. Wenn uns die Geschichte etwas gelehrt hat, dann, dass wir uns an so gut wie jede Situation gewöhnen können, auch an eine brutale, erdrückende Tyrannei. Unser Verstand wird sie uns früher oder später als Normalität erscheinen lassen. Dies ist im Laufe der Geschichte und auf der ganzen Welt unzählige Male geschehen. Allein im letzten Jahrhundert sind totalitäre Regime gekommen und gegangen und haben eine Spur von Tod, Elend und Zerstörung hinterlassen. Allerdings gab es eine Sache, über die diese Regime seinerzeit noch nicht verfügten: die Verfolgungs-, Überwachungs- und Kontrollmöglichkeiten, welche die heutigen digitalen IT-Technologien bieten.

Wir haben bereits mehr als genug gesehen, um uns ein Bild davon zu machen, wie es sein wird, im Schatten eines Impfpassregimes zu leben. Das Green-Pass-System der Europäischen Union wurde am 1. Juni 2021 eingeführt, angeblich um den Reiseverkehr zwischen den EU-Ländern zu kontrollieren. Bereits am 1. September, also nur 3 Monate später, verlangten mehr als ein Dutzend der

27 Mitgliedstaaten der Union den Green Pass oder ähnliche Gesundheitsausweise, um Restaurants, Bars, Museen, Fitnessstudios, Bibliotheken und andere öffentliche Einrichtungen zu betreten.

Lizenz zum Leben

Der Green Pass ist kein Reisepass, er ist eine Lizenz zum Leben. So hat Italien unter dem derzeitigen Premierminister und ehemaligen Zentralbanker Mario Draghi, der noch nie in ein öffentliches Amt gewählt wurde, am 17. September 2021 als erste große Volkswirtschaft in Europa vorgeschrieben, dass alle Arbeitnehmer, sowohl im öffentlichen als auch im privaten Sektor, ihren Green Pass vorlegen müssen, um ihren Job behalten zu können.[9]

In den Vereinigten Staaten nahmen die Dinge einen etwas anderen Verlauf. Anfang September 2021 brach Präsident Joe Biden sein früheres Versprechen, niemals eine Impfpflicht zu erlassen, und setzte drakonische neue Impfvorschriften für Bundesbedienstete, große Arbeitgeber und Mitarbeiter des Gesundheitswesens in Kraft. Die neuen Gebote könnten für bis zu 100 Millionen Menschen gelten – das entspricht zwei Dritteln der US-Erwerbstätigen.

Der Widerstand gegen die Impfvorschriften der Regierung Biden ist jedoch sehr groß, insbesondere in den von den Republikanern kontrollierten Bundesstaaten. Im September 2021 schickten zwei Dutzend republikanische Generalstaatsanwälte einen Brief an Biden, in dem sie den Plan »katastrophal und kontraproduktiv« nannten und den Präsidenten aufforderten, seine Entscheidung zur Einführung von Impfvorschriften zu überdenken.[10] Innerhalb weniger Wochen nach Inkrafttreten der Vorschriften wurden die meisten von ihnen durch gerichtliche Verfügungen blockiert.

Bis Ende 2021 hatten zahlreiche Gruppen, darunter Wirtschaftsverbände und republikanisch geführte Bundesstaaten, den Obersten Gerichtshof um eine Entscheidung in dieser Angelegenheit gebeten.[11] Und dort wird wahrscheinlich auch die endgültige Entscheidung über die Rechtmäßigkeit der Mandate fallen.

Auch vor Ort mehren sich die Zeichen des Widerstands, selbst in vielen von den Demokraten kontrollierten Bundesstaaten. In New York, einem der ersten Staaten, die ein digitales Impfzertifikat – den sogenannten Excelsior Pass – eingeführt haben, trugen Einwohner, darunter viele städtische Angestellte, ihren Ärger über die neuen Beschränkungen wiederholt auf die Straße.[12]

Auch im Vereinigten Königreich gab es große Proteste gegen derlei Maßnahmen, die sich noch verstärkten, nachdem die Regierung unter Boris Johnson Mitte Dezember Impfpässe für England eingeführt hat.

Der größte Widerstand im Jahr 2021 zeigte sich jedoch auf dem europäischen Festland – was angesichts der zentralen Rolle der EU bei der Einführung von Impfpässen kaum überrascht. Als die Europäische Kommission Ende des Jahres darüber nachdachte, die Impfung in allen 27 Mitgliedstaaten verbindlich vorzuschreiben, kam es auf dem Kontinent zu einer großen Protestbewegung.

Warum die Dringlichkeit?

Es gibt immer noch ein kleines, wenngleich sich schnell schließendes Zeitfenster, um diese sich abzeichnende Katastrophe zu verhindern. Letztlich wird es vom Ausmaß und der Intensität des öffentlichen Widerstands abhängen.

Im September entschied der Oberste Gerichtshof Spaniens gegen die Verwendung von Covid-19-Pässen als Mittel zur Beschränkung des Zugangs zu öffentlichen Räumen, nur um sein eigenes Urteil einen Monat später zu revidieren.[13] Ein Gericht in der belgischen Region Wallonien hat ebenfalls entschieden, dass Impfpässe illegal sind und sogar gegen das Recht der Bürger auf Datenschutz verstoßen können.

Auch wenn die Proteste einen Funken Hoffnung bieten, ist Zeit ein Luxus, den wir nicht haben. Das Tempo der Veränderungen in der Welt der Pandemiezeit ist rasant. Zu Beginn des Jahres 2021 wurden Bedenken zu Impfpässen als abwegige Verschwörungstheorien abgetan. Am Ende des Jahres wurden sie dann in Europa, Nordamerika und sogar in Teilen Asiens und Lateinamerikas in rasantem Tempo eingeführt. Von Regierungen, Gesundheitsbehörden, Wissenschaftlern, Milliardären, Impfstoffherstellern und den etablierten Medien wird uns erzählt, dass Impfpässe die einzige Möglichkeit sind, das Virus zu besiegen und unsere Freiheiten wiederzuerlangen. Das ist natürlich eine Lüge, wie ich in Kapitel 1 dieses Buches darlegen werde.

Mittlerweile sind alle technologischen Voraussetzungen für die Schaffung ineinandergreifender Systeme der digitalen Kontrolle, Verfolgung und Überwachung, die die hyperautoritäre »neue Normalität« einleiten werden, bereits vorhanden. Sie müssen nur noch in Betrieb genommen werden, und genau das geschieht jetzt. Wie der britische Premierminister Boris Johnson in einer Rede vor der UN-Generalversammlung am 24. September 2019, nur wenige Monate vor Beginn der Pandemie, sagte: »Digitaler Autoritarismus ist keine dystopische Fantasie, sondern eine sich abzeichnende Realität«.[14]

Positiv zu vermerken ist, dass die offizielle Darstellung in vielen Ländern ins Wanken gerät, sei es in Bezug auf die gepriesenen Vorteile der Impfstoffe, die Notwendigkeit von Boostern oder die vermeintlichen Gefahren bei der Verwendung günstiger, bereits zugelassener Arzneimittel. Das Vertrauen in die Regierung sinkt nicht zuletzt deshalb, weil die Gesundheitsbehörden die Ziele ihrer politischen Agenda immer wieder verändern. Für viele Eltern markiert die Verabreichung von Impfstoffen, für die keine Langzeitsicherheitsdaten vorliegen, an gesunde Kinder eine klare rote Linie. Insbesondere gegen ein Virus, das eine nur geringe Bedrohung für Kinder darstellt. Dies umso mehr, als sogar Regierungsberater davor warnen, wie es kürzlich in Großbritannien geschah.[15]

Es besteht jedoch die Gefahr, dass die Regierungen in dem Maße, in dem Lügen, gebrochene Versprechen und offener Betrug für immer mehr Menschen offensichtlich werden, zunehmend auf Zwang und rohe Gewalt zurückgreifen werden, wie wir es bereits in Ländern wie Frankreich, Deutschland und Australien beobachten. Wie George Orwell einmal schrieb: »Alle Tyranneien herrschen durch Betrug und Gewalt, aber sobald der Betrug aufgedeckt ist, müssen sie sich ausschließlich auf Gewalt verlassen.«

Die meisten von uns, die in den liberalen Demokratien Nordamerikas, Westeuropas, Japans oder Australasiens leben und in der Nachkriegszeit geboren wurden, haben wenig oder gar keine Erfahrung mit dem Leben unter der Fuchtel eines autoritären Regimes, wofür wir auf ewig dankbar sein sollten. Aber es bedeutet auch, dass wir in einem gefährlichen Maße selbstzufrieden sind. Wir wissen nicht, wie es ist, von einem übermächtigen Staat zur Unperson erklärt zu werden und keinen Zugang (mehr) zu grundlegenden Dienstleistungen, öffentlichen Räumen oder

der Möglichkeit zu haben, seinen Lebensunterhalt zu verdienen. Doch wenn wir nicht aufpassen, wenn wir die Bedrohung, die vor uns liegt, nicht ernst genug nehmen und in dem kleinen Zeitfenster, das uns noch zur Verfügung steht, energische konzertierte Anstrengungen unternehmen, werden wir bald erfahren, was das bedeutet.

Kapitel 1

Logischer Irrsinn

Impfpässe sind eine normale, vertretbare und verhältnismäßige Reaktion auf die Bedrohung durch die Covid-19-Pandemie. So heißt es. Die Pässe unterscheiden sich nicht von anderen vorgeschriebenen Gesundheits- und Sicherheitsanforderungen wie Sicherheitsgurten oder Gesetzen, die das Rauchen in Flugzeugen verbieten. Zumindest wird uns das gesagt. Es handelt sich lediglich um eine verbesserte, digitalisierte Version von Impfpässen aus Papier, die es schon seit Langem gibt. Jedenfalls versichert man uns das.

Keine dieser Behauptungen ist wahr, aber sie erwecken den beruhigenden Eindruck, dass sich nicht viel ändern wird, wenn die digitalen Pässe eingeführt werden und in Kraft treten. Tatsächlich könnte nichts weiter von der Wahrheit entfernt sein.

Die größte Lüge von allen ist jedoch, dass die Impfpässe ein kleines kollektives Opfer darstellen, das uns die Rückkehr zur Normalität ermöglichen wird. Indem sie fast jeden, der sich impfen lassen kann, »dazu bringen«, dies auch zu tun, werden die Pässe angeblich dazu beitragen, dass wir endlich eine Herdenimmunität erreichen und das Virus damit eliminieren. Und wenn dann alle geimpft sind und keine Ansteckungsgefahr mehr besteht, können wir sicher zu unserem normalen Leben zurückkehren. Dieser Argumentation folgt auch ein auf der australischen Website *The Conversation* veröffentlichter Artikel mit dem Titel »Impfpässe: Warum sie gut für die Gesellschaft sind«:

> *[Impfpässe] sind ein minimaler Preis für die Rückkehr zu einem normalen Alltagsleben und für die Verringerung der Ängste vor denjenigen, mit denen man in Flugzeugen, Theatern, Restaurants oder öffentlichen Stadien in Kontakt kommt. Sie sind ein kleines Opfer für ein höheres Gut.*[16]

Diese Logik erscheint bestechend, ist aber gefährlich irreführend.

Die Berufung auf das Allgemeinwohl kann ein wirksames – und manchmal notwendiges – Mittel sein, um die Zustimmung zu öffentlichen Maßnahmen zu erhalten, die ein gewisses Maß an individuellen oder kollektiven Opfern erfordern. Nur wenige Menschen wollen als Quertreiber gelten, insbesondere wenn dies bedeutet, dass sie sich für das Leiden und den Tod anderer schuldig fühlen müssen oder dafür verantwortlich gemacht werden.

Die Anwendung des Arguments des »höheren Nutzens« auf den Impfpass hat jedoch einen grundlegenden Fehler, da der Pass selbst – im Gegensatz zu den alten Impfpässen – nur sehr wenig potenziell Gutes, aber sehr viel potenziell Schädliches bedeutet.

Eine kurze Geschichtsstunde

Die Praxis, den Nachweis einer Impfung zu verlangen, um bestimmte Räume zu betreten oder bestimmte Grenzen zu überschreiten, geht mehr als 200 Jahre auf die Entwicklung des Pockenimpfstoffs durch Edward Jenner im Jahr 1796 zurück. Im 18. Jahrhundert waren die Pocken eine wahre Geißel, an der jedes Jahr schätzungsweise 400 000 Europäer verstarben, darunter fünf regierende europäische Monarchen. Etwa 30 Prozent – fast jeder Dritte – der mit Pocken infizierten Menschen überlebten die Krankheit nicht. Nachdem Jenner den Impfstoff entwickelt hatte, verlangten immer mehr Länder von Reisenden einen Nachweis über die Impfung. Mit der Zunahme des internationalen Reiseverkehrs im 19. Jahrhundert wurde diese Regelung weltweit eingeführt.

Dieser Trend verstärkte sich nach der Einführung des Flugverkehrs im 20. Jahrhundert, so Sanjoy Bhattacharya, Professor für Medizingeschichte an der Universität York. Impfnachweise wurden vor der Reise überprüft, »wobei alle Passagiere mit zweifelhaften Unterlagen auf den Flughäfen zwangsweise isoliert wurden«.[17] Die 1969 verabschiedeten Internationalen Gesundheitsvorschriften (IGV) erlaubten es den Unterzeichnerstaaten, als Einreisebedingung einen Impfnachweis zu verlangen. Heute ist die einzige Krankheit, die in den IGV aufgeführt ist, das Gelbfieber, obwohl die Weltgesundheitsorganisation (WHO) bestimmte Hochrisikoländer aufgefordert hat, Impfnachweise für Krankheiten einzufordern, die innerhalb ihrer Grenzen noch weit verbreitet sind und gegen die ihre Bevölkerung nicht ausreichend geimpft wurde.

Die Einführung – und Auferlegung – von Impfpässen für Covid-19 soll eine bloße Fortführung dieser langjährigen Praxis darstellen. In Wirklichkeit handelt es sich jedoch um eine drastische Änderung. Die digitalen Impfpässe unterscheiden sich deutlich von den Impfzertifikaten aus Papier, die in den letzten 2 Jahrhunderten für endemische Viren wie Pocken, Polio und Gelbfieber verwendet wurden. Während Impfzertifikate speziell zur Feststellung des Impfstatus an bestimmten Landesgrenzen zum Einsatz kamen, haben die heutigen Impfpässe einen viel breiter gefächerten Anwendungsbereich. Sie können – und sind es in einigen Fällen bereits – erforderlich sein, um auch innerhalb des Landes, in dem man wohnt, zu reisen, grundlegende Dienstleistungen in Anspruch zu nehmen oder sogar seinen Lebensunterhalt zu verdienen.

Die Unterschiede liegen auf der Hand. Im ersten Fall bedeutete das Fehlen eines Impfnachweises, dass man ein bestimmtes Land, in dem eine Impfung vorgeschrieben ist, nicht besuchen konnte. Dies stellte einen begrenzten Eingriff in die persönliche Freiheit dar. Im zweiten Fall konnte und kann das Fehlen des Nachweises der Covid-19-Impfung zur Ächtung durch die Gesellschaft und zum vollständigen Verlust der Grundrechte und -freiheiten führen.

Der Preis könnte nicht höher sein. Haben Sie keinen Impfpass, erhalten Sie keinen Zugang zu fundamentalen Dienstleistungen, können im schlimmsten Fall nicht arbeiten oder sich in Ihrem eigenen Land frei bewegen. Selbst wenn Sie einen Impfpass haben, werden Sie einem nie da gewesenen Ausmaß an staatlicher und unternehmerischer Überwachung, Datenerfassung und Verhaltenskontrolle ausgesetzt sein. Sie werden nicht mehr darüber mitentscheiden können, was in Ihren Körper gelangt. Für fast alles, was Sie tun – vom Einsteigen ins Flugzeug über die Anmeldung Ihres Kindes in einer Schule bis hin zum Betreten eines Supermarkts –, wird die Zustimmung von Regierungsbehörden erforderlich sein. Und diese Zustimmung kann jederzeit zurückgezogen werden. Oder anders ausgedrückt: Dies ist keine Rückkehr zur Normalität, sondern die Schaffung einer völlig anderen Form der Existenz, in der die meisten von uns so gut wie keine Kontrolle mehr über ihr eigenes Leben haben werden.

Die modernen Impfstoffe unterscheiden sich natürlich deutlich von ihren Vorgängern, den herkömmlichen Vakzinen. Die Entwicklung und vollständige Erprobung neuer Impfstoffe dauerte bisher üblicherweise zwischen 5 und 10 Jahre. Die aktuellen Covid-19-Impfstoffe, die auf neuen Technologien beruhen, wurden in weniger als einem Jahr entwickelt, getestet und auf den Markt gebracht. Das war eine bemerkenswerte wissenschaftliche Leistung, aber die Ergebnisse haben die Erwartungen nicht erfüllt. Im Gegensatz zu konventionellen Impfstoffen verwenden die neuen Impfstoffe keine abgetötete oder abgeschwächte Form des Krankheitserregers, um eine Immunreaktion auszulösen, sondern bedienen sich eines genetischen Eingriffs, der eher als »Gentherapie« bezeichnet werden kann. Die dadurch ausgelöste Immunreaktion erfolgt viel gezielter als bei herkömmlichen Impfstoffen und ist daher für das Virus leichter zu umgehen.

Darüber hinaus sind die mit den Covid-19-Impfstoffen verbundenen Gesundheitsrisiken, insbesondere auf lange Sicht, noch immer nicht vollständig bekannt, wie das britische Joint Committee on Vaccination and Immunisation feststellt. Seine Empfehlung, 12- bis 15-Jährige nicht zu impfen, wurde von der britischen Regierung ignoriert.[18] Viele der wissenschaftlichen Studien, die zur Begründung der »Notfallzulassung« der Impfstoffe herangezogen wurden, sind noch immer nicht der Öffentlichkeit, nicht einmal Wissenschaftlern oder Ärzten, zugänglich gemacht worden. Nach Angaben der WHO wurden nur 12 Prozent der 86 klinischen Studien zu 20 Covid-19-Impfstoffen der Allgemeinheit präsentiert.[19]

Die US-amerikanische Food and Drug Administration (FDA) reagierte im November 2021 auf eine Anfrage im Rahmen des Freedom of Information Act (FOIA), alle ihre Unterlagen zu den Covid-19-Impfstoffen – insgesamt etwa 330 000 Seiten – herauszugeben, indem sie vorschlug, nur 500 Seiten pro Monat auf fortlaufender Basis freizugeben. Mit anderen Worten: Die US-Öffentlichkeit – und damit auch die Weltöffentlichkeit – wird bis zum Jahr 2097 nicht erfahren, was die FDA derzeit über die Sicherheit und

Wirksamkeit der Covid-19-Impfstoffe weiß; zu diesem Zeitpunkt werden viele von uns bereits gestorben sein. Selbst die Nachrichtenagentur *Reuters*, deren CEO im Aufsichtsrat des Impfstoffherstellers Pfizer sitzt, zeigte sich schockiert über diesen Plan und veröffentlichte einen Bericht mit dem Titel »Moment mal, wie bitte? FDA verlangt 55 Jahre Zeit, um FOIA-Anfrage über Impfstoffdaten zu bearbeiten.«[20] Anfang Januar wies ein Bundesrichter in Texas die FDA an, alle Daten innerhalb von 8 Monaten freizugeben, und zwar über 55 000 Seiten pro Monat. Wie *Reuters* berichtete, »ist das ungefähr 75 Jahre und 4 Monate schneller als der von der FDA behauptete Bearbeitungszeitraum im Zuge der Anfrage nach dem Freedom of Information Act«.[21]

Es ist hervorzuheben, dass herkömmliche Impfstoffe eine Infektion und Übertragung verhindern. Die Covid-19-Impfstoffe können dies nicht.[22] Ein Reisender, der sich beispielsweise gegen Gelbfieber impfen lassen muss, kann sich darauf verlassen, dass der Impfstoff nicht nur äußerst sicher ist, sondern auch einen nahezu vollständigen Schutz vor einer Ansteckung mit dem betreffenden Virus bietet – und zwar nicht nur für die Dauer der Reise, sondern für viele Jahre danach. Und auch die Behörden des Gastlandes können sich darauf verlassen, dass der Reisende während seiner Reise nicht zum Überträger des Virus wird.

Das Gleiche kann man von den Covid-19-Impfstoffen nicht behaupten. Sie verleihen weder eine starke noch eine dauerhafte Immunität gegen die Infektion oder die Übertragung des Virus. Wie selbst die Centers for Disease Control (CDC) einräumen, sind sowohl geimpfte als auch nicht-geimpfte Infizierte für andere ansteckend. Aus einer CDC-Studie, die der *New York Times* zugespielt wurde, geht hervor, dass die Viruslast bei geimpften und nichtgeimpften Personen ähnlich hoch ist.[23] Hinzu kommt, dass der

Schutz vor Übertragung und Infektion, den die Impfstoffe gegen die Delta-Variante bieten, schnell nachlässt. Gegen Omikron ist der Schutz noch schwächer und von kürzerer Dauer.

Die Illusion der Immunität

Noch Mitte 2021 war die Hoffnung groß, dass die Länder eine Herdenimmunität erreichen würden, wenn genügend Menschen geimpft würden. Und das, obwohl die Vakzine nie versprachen, eine sterile Immunität zu bieten, bei welcher der Schutz so vollständig ist, dass das Virus in einer geimpften Person nicht mehr Fuß fassen kann. Das hat die Gesundheitsbehörden und andere Regierungsstellen jedoch nicht davon abgehalten, genau diese Idee zu propagieren. Im Mai 2021 behauptete der Direktor des US National Institute of Allergy and Infectious Diseases und Chefarzt von Präsident Biden, Dr. Anthony Fauci, dass, je mehr Menschen sich impfen lassen, wir umso mehr die Ausrottung des Virus erreichen würden, anstatt es nur zu kontrollieren. »Und das ist der Grund, warum wir weiterhin darauf drängen, dass die Menschen, die sich nicht impfen lassen wollen, letztlich doch geimpft werden.«

Doch dann kam die Delta-Variante und stellte die Erwartungen auf den Kopf. Bis Juli 2021 stiegen die Covid-19-Fälle, Krankenhauseinweisungen und Todesfälle in den Vereinigten Staaten sprunghaft an. Impfbefürworter behaupteten sogleich, der Grund für die neue Infektionswelle sei, dass die Bevölkerung die Vorgaben der Regierung nicht erfüllt habe. Die Regierung Biden bezeichnete den Ausbruch im Sommer sogar als »Pandemie der Ungeimpften« und ermahnte die Impfverweigerer mit Formulierungen wie »Wir waren geduldig, aber unsere Geduld ist am Ende« – ein schwerer Fehler aus mindestens zwei Gründen: Erstens stigmatisierte er die

Ungeimpften und verschärfte damit die Spannungen in einem ohnehin bereits gespaltenen Land; zweitens vermittelte er gleichzeitig den Geimpften ein falsches Gefühl von Sicherheit dahin gehend, dass sie vor einer Infektion geschützt seien.[24]

Außerhalb der USA – in Ländern, in denen die Gesundheitsbehörden die Fälle von Impfversagen genauer verfolgten – häuften sich die Beweise gegen die versprochene Wirksamkeit der neuen Vakzine. Daten aus Israel, wo der größte Teil der Bevölkerung im Januar und Februar 2021 mit den Pfizer-Impfstoffen geimpft wurde, zeigten im Juni, dass die Impfstoffe nicht nur weitgehend unwirksam gegen die Delta-Variante waren, sondern dass der ohnehin begrenzte Schutz, den sie gewährten, nach nur wenigen Monaten nachließ. Eine weitere Studie der Universität Oxford, über die in der *Financial Times* berichtet wurde, ergab, dass »sich die Wirksamkeit des Pfizer-Impfstoffs gegen symptomatische Infektionen nach 4 Monaten fast halbiert hatte und dass geimpfte Personen, die mit der infektiöseren Delta-Variante infiziert waren, eine ebenso hohe Viruslast aufwiesen wie nicht-geimpfte Personen«.[25]

Zusammen mit der extremen Infektiosität der Delta-Variante und ihrer Fähigkeit, den Impfschutz zu umgehen, erklärt dies, warum einige der Länder mit der höchsten Impfquote der Welt (von Island über das Vereinigte Königreich bis Singapur, sowie einige Bundesstaaten der Vereinigten Staaten, darunter Vermont, Hawaii und Oregon) im Sommer 2021 weitaus schlimmere Ausbrüche erlebten als im Jahr 2020.

In Großbritannien hatten am 1. September 2021 84 Prozent der Menschen über 12 Jahren mindestens eine Dosis erhalten und 75 Prozent beide Dosen.[26] Dennoch stieg die Zahl der Patienten in den Krankenhäusern und derer an Beatmungsgeräten zwischen Anfang Juni und Anfang September um etwa das 9-Fache.[27] Mitte September hatten sich nach Angaben der Regierung mehr vollständig geimpfte Menschen über 40 Jahren mit dem Virus angesteckt, als dies bei der nicht-geimpften Vergleichskohorte zu verzeichnen war.[28]

Am 8. Dezember 2021 meldete die britische Regierung, dass zwischen der 45. und 48. Woche des Jahres – das entspricht ungefähr dem Monat November – 47 Prozent aller Covid-19-Fälle des Landes auf vollständig geimpfte Personen entfielen (gegenüber 39 Prozent bei den nicht-geimpften Personen) und desgleichen 56 Prozent der Covid-19-bedingten Krankenhauseinweisungen (gegenüber 39 Prozent bei nicht-geimpften Personen). Bezieht man Personen ein, die nur eine Dosis eines Impfstoffs erhalten hatten, so entfielen auf die geimpfte Kohorte 55 Prozent der in diesem Zeitraum registrierten Fälle und 60 Prozent der Krankenhauseinweisungen.

Ähnlich verhielt es sich in Israel, wo die Zahl der Fälle im Jahr 2021 innerhalb von 2 ½ Monaten um das 700-Fache anstieg. Anfang Juni verzeichnete das Land etwa 15 Fälle pro Tag. Die meisten Menschen waren geimpft, und die Pandemie galt als so gut wie überstanden. Einen Monat später, am 1. Juli, war die Zahl der täglichen Fälle auf 290 angestiegen. 1½ Monate später, Mitte September, erreichte die Zahl der täglichen Fälle 11 000. Das weitgehend durchgeimpfte Israel verzeichnete über 2000 Fälle mehr als zu irgendeinem anderen Zeitpunkt während der Pandemie. Bis Mitte August waren die meisten Krankenhauspatienten geimpft, wie das *Science Magazine* berichtete:

> *Am 15. August wurden 514 Israelis mit schweren oder kritischen Covid-19-Erkrankungen ins Krankenhaus ein-*

> *geliefert, das sind 31 Prozent mehr als noch 4 Tage zuvor. Von diesen 514 Personen waren 59 Prozent vollständig geimpft. Von den Geimpften waren 87 Prozent 60 Jahre oder älter. »Es gibt so viele Infektionen infolge von Impfversagen, dass sie dominieren, und die meisten Krankenhauspatienten sind tatsächlich geimpft«, sagt Uri Shalit, ein Bioinformatiker am Israel Institute of Technology (Technion), der die Regierung zu Covid-19 beraten hat. Eine der großen Lehren aus Israel [ist]: »Impfstoffe funktionieren, aber nicht gut genug.«*[29]

Zu diesem Zeitpunkt war klar, dass die sogenannten »Impfdurchbrüche« nicht so selten waren wie vermutet. Die Direktorin der Centers for Disease Control (CDC), Rochelle Walensky, räumte ein, dass die Boten-RNA-Impfstoffe (mRNA) weder eine Covid-19-Infektion ausschließen noch verhindern, dass die geimpfte Person die Infektion überträgt, obwohl sie dennoch betonte, dass der Impfstoff immer noch einen starken Schutz vor Krankenhausaufenthalten oder Tod bietet.[30]

Im September 2021 veröffentlichte S. V. Subramanian, ein Harvard-Professor für Bevölkerungsgesundheit und Geografie, im *European Journal of Epidemiology* eine Arbeit, in der er feststellte, dass der Anstieg von Covid-19 in 68 Ländern und 2947 US-Bezirken nicht mit der Impfquote zusammenhing. Subramanian schloss seine Arbeit mit der Schlussfolgerung, dass Impfstoffe zwar das Risiko von Krankenhausaufenthalten und Todesfällen aufgrund von Covid-19 erheblich verringern, dass aber »die alleinige Abhängigkeit von Impfungen als primäre Strategie zur Eindämmung von Covid-19 und seiner negativen Folgen überprüft werden muss […] Möglicherweise müssen neben einer verstärkten Impfung auch andere pharmakologische und nicht-pharmakologische Maßnahmen ergriffen werden«.[31]

Im Vereinigten Königreich warnte Sir Andrew Pollard, der Direktor der Oxford Vaccine Group, dass seit dem Auftauchen der Delta-Variante »Herdenimmunität durch die aktuellen Impfstoffe nicht möglich ist«, da das Virus »immer noch geimpfte Personen infiziert«.

Er fügte hinzu: »Und ich vermute, dass das Virus als Nächstes eine Variante hervorbringt, die vielleicht sogar noch besser in geimpften Populationen übertragen werden kann.«[32] Und genau das geschah.

Im Oktober 2021 wurde in Südafrika eine hochansteckende Covid-19-Variante mit einer ungewöhnlich hohen Anzahl von Mutationen auf dem Spike-Protein entdeckt. Dank dieser Mutationen konnte sie die aktuellen Impfstoffe fast vollständig umgehen. Vorläufigen Analysen zufolge bot der Impfstoff von Pfizer nur 33 Prozent Schutz vor einer Infektion, während der Schutz vor dem Auftreten der neuen Variante noch bei 80 Prozent lag.[33] Der Impfstoff von Moderna schnitt kaum besser ab. Andere Vakzine bieten sogar noch weniger Schutz vor einer Infektion mit der neuen Variante und ihrer Übertragung, berichtete die *New York Times* am 19. Dezember.[34]

Unter dem Namen »SARS-CoV-2-Variante Omikron« verbreitete sich diese Variante wie ein Lauffeuer über den gesamten Globus. Anfang 2022 war sie in vielen Ländern vorherrschend. Überall auf der Welt kam es zu Super-Spreader-Ereignissen, an denen überwiegend geimpfte Menschen beteiligt waren. Viele Länder in Europa, der Kontinent der Welt mit der höchsten Impfquote, meldeten eine Rekordzahl von Fällen. Einige Länder, darunter Dänemark, Griechenland und Italien, führten für alle Reisenden, einschließlich EU-Bürger, unabhängig von ihrem Impfstatus, die erneute Testpflicht ein. Israel, das am stärksten »geboosterte« Land der Erde, wurde von der fünften Infektionswelle heimgesucht.

All diese Beobachtungen werfen folgende Frage auf: Wenn eine geimpfte Person immer noch eine ausgeprägte Tendenz hat, das Virus in sich zu tragen, auszuscheiden und zu übertragen, insbesondere in seiner Delta- oder Omikron-Variante, welchen Unterschied macht dann ein Impfpass, ein Zertifikat oder ein Ausweis, um die Verbreitung des Virus zu verhindern?

Öffentlicher Gesundheitswahn

So wie sich die Bedingungen geändert haben, hat sich auch das Narrativ um die Impfstoffe verändert. Jetzt liegt der Schwerpunkt auf dem Schutz, den sie vor Krankenhausaufenthalten und Tod bieten. Was sich jedoch nicht geändert hat, ist die politische Reaktion der Gesundheitsbehörden. Regierungen auf der ganzen Welt arbeiten nach wie vor an Plänen zur Einführung von Impfpässen und Impfvorschriften für ihre jeweilige Bevölkerung.

In den Vereinigten Staaten und Australien machen hochrangige Politiker, darunter US-Präsident Joe Biden, weiterhin unverdrossen die Ungeimpften für die Ausbreitung des Virus verantwortlich. Im Herbst 2021 betonte Dr. Fauci, dass »viele, viele weitere Pflichten« erforderlich sein werden, um die Pandemie unter Kontrolle zu bringen.[35]

Er vertrat die Ansicht, dass jeder bereit sein sollte (oder notfalls gezwungen werden sollte), »sein individuelles Recht, eine selbstbestimmte Entscheidung zu treffen«, »für das größere Wohl der Gesellschaft aufzugeben«:

> *Als Mitglied der Gesellschaft, das alle Vorteile der Gesellschaft genießt, hat man gegenüber dieser Gesellschaft auch*

eine Verantwortung. Und ich denke, dass jeder von uns, insbesondere im Zusammenhang mit einer Pandemie, die Millionen von Menschen tötet, sich damit auseinandersetzen und sagen muss, dass es eine Zeit gibt, in der man auf das verzichten muss, was man als sein individuelles Recht betrachtet, die eigene Entscheidung zu treffen. Zum Wohle der Gesellschaft. Das ist zweifellos jetzt der Fall.[36]

Fauci sagte diese Worte im Oktober 2021, als längst klar war, dass die Delta-Variante die Vakzine mit beunruhigender Leichtigkeit austrickste. Mehrere Studien aus Ländern wie Vietnam, dem Vereinigten Königreich und den Vereinigten Staaten hatten gezeigt, dass infizierte geimpfte Personen eine ähnlich hohe Viruslast in ihren oberen Atemwegen aufwiesen wie infizierte nicht-geimpfte Personen. Dann kam die hochansteckende Omikron-Variante, die sich als noch geschickter darin erwiesen hat, nicht nur die Impfstoffe zu umgehen, sondern auch die durch die Infektion erworbene Immunität.

»Eine Reihe von Studien kommt übereinstimmend zu dem Schluss, dass eine Impfung mit zwei Dosen eine geringe Wirksamkeit gegen Omikron hat«, schrieb der US-amerikanische Hämatologe, Onkologe und Gesundheitsforscher Vinay Prasad am 9. Januar in seinem Blogbeitrag »Vaccine Effectiveness (Against Infection Not Severe Disease) Goes Down the Drain«*. Prasad fügte hinzu, dass drei Dosen zwar etwas besser abschneiden, »die Wirkung aber schnell nachlässt, wenn die Antikörpertiter sinken, und die Infektion sicher ist, wenn die Zahl der Expositionen steigt«.[37]

* Zu Deutsch etwa: »Die Wirksamkeit der Impfstoffe (gegen Infektionen, nicht gegen schwere Verläufe) geht den Bach runter« [Anm. d. Verlags]

Anfang Januar 2022 – nur etwas mehr als ein Jahr nach Beginn der Impfungen – verzeichneten viele der Länder mit den höchsten Impfquoten der Welt eine Rekordzahl von Fällen. In Ländern mit hoher Impfquote wie Italien, Spanien und Portugal war die Infektionskurve so hoch, dass sie alle vorherigen Wellen in den Schatten stellte. Alle Augen richteten sich auf Israel, das erste Land, das Boosterimpfungen für seine Bevölkerung vorschrieb. Am 12. Januar erreichte die Zahl der täglichen Neuinfektionen 41 154 und brach damit alle bisherigen Rekorde.

Faucis Behauptung, dass jeder Einzelne dafür verantwortlich sei, sich impfen zu lassen, um die Übertragung des Virus auf andere einzuschränken, ist in der Omikron-Ära eindeutig falsch. Die Entscheidung, sich impfen zu lassen, ist beinahe ausschließlich eine persönliche geworden, sagt dagegen Prasad:

> *Hier geht es nicht um den Nutzen der Impfung für den Einzelnen – Impfstoffe bieten wahrscheinlich (und nachweislich) immer noch einen großen Schutz vor schweren Verläufen; stattdessen geht es hier um die Auswirkungen der Impfung auf symptomatische Erkrankungen und (einen guten Teil der) Übertragung. Fazit: Man kann die virale Ausbreitung Omikrons nicht durch Boostern eindämmen.*[38]

Darüber hinaus ist inzwischen mehr oder weniger klar, dass die Immunität aus früheren Infektionen einen breiteren und länger anhaltenden Schutz gegen das Virus bietet als die durch eine Impfung hervorgerufene Immunität. Das soll nicht heißen, dass sich Menschen absichtlich infizieren (und riskieren, schwere Symptome zu erleiden) oder dass die Gesundheitsbehörden versuchen sollten, eine Herdenimmunität zu erreichen, sondern vielmehr, dass die öffentliche Gesundheitspolitik zumindest anerkennen sollte, dass die auf natürlichem Wege erworbene Immunität einen besseren Schutz gegen künftige Infektionen bietet. Im August 2021 untersuchte eine in Israel durchgeführte reale Beobachtungsstudie die Krankenakten von Zehntausenden von Israelis und verfolgte ihre Infektionen, Symptome und Krankenhausaufenthalte zwischen dem 1. Juni und dem 14. August.[39] Die Studie ergab, dass bei nie infizierten Personen, die im Januar und Februar geimpft wurden, die Wahrscheinlichkeit, sich 4–6 Monate später anzustecken, 6- bis 13-mal höher war als bei nicht-geimpften Personen, die sich zuvor mit dem Coronavirus infiziert hatten.

Viele andere Studien haben diesen Trend seither bestätigt, obwohl es einen wichtigen Ausreißer gab. Eine CDC-Studie, die sich auf Daten von 7000 Personen aus neun Staaten und 187 Krankenhäusern stützt, behauptet, dass Menschen, die mit »Coronavirus-ähnlichen« Symptomen ins Krankenhaus eingeliefert werden (ein Wortkonstrukt, das bereits alle Alarmglocken schrillen lassen sollte), mehr als fünfmal so häufig positiv auf Covid-19 getestet werden, wenn sie kürzlich eine Infektion hatten, als wenn sie kürzlich geimpft wurden.

Neben der Verwendung des zweideutigen Begriffs »Covid-ähnliche Symptome« gibt es weitere Gründe, die Gültigkeit der Studie infrage zu stellen. Erstens verfolgen die CDC ausdrücklich die Politik, Menschen, die bereits eine Covid-19-Infektion durchgemacht haben, dazu zu drängen, sich so schnell wie möglich impfen zu lassen. Tatsächlich lautete die Schlussfolgerung der Studie, dass »relevante Personen so schnell wie möglich gegen Covid-19 geimpft werden sollten, auch nicht-geimpfte Personen, die zuvor mit SARS-CoV-2 infiziert waren«.[40] In der EU hingegen gelten Personen, die nachweislich eine Infektion durchgemacht haben, als immun, wenn auch nur für 6 Monate. Die Schweizer Behörden haben kürzlich den Zeitraum der vermuteten Immunität infolge einer natürlichen Infektion von 6 Monaten auf 1 Jahr erhöht.[41]

Zweitens haben die CDC bei der Verfolgung der Fälle von Impfversagen seit Beginn der Einführung des Impfstoffs schlechte Arbeit geleistet, während die Behörden in Israel und Großbritannien sie akribisch verfolgt haben. Es gibt sogar Hinweise darauf, dass die CDC ihre Impfdaten manipuliert haben. Wie *Kaiser Health News* im Dezember 2021 berichtete, hatten die CDC über einen Monat lang gemeldet, dass 99,9 Prozent aller über 65-Jährigen mindestens eine Dosis des Covid-19-Impfstoffs erhalten hätten:

> *Das wäre bemerkenswert – wenn es stimmt.*
>
> *Gesundheitsexperten und Beamte des Bundesstaates sagen jedoch, dass dies sicher nicht der Fall ist.*
>
> *Sie stellen fest, dass die CDC mit Stand vom 5. Dezember mehr Senioren zumindest teilweise geimpft haben – 55,4 Millionen –, als es Menschen in dieser Altersgruppe überhaupt gibt – 54,1 Millionen, laut den neuesten Volkszählungsdaten von 2019. Die von den CDC ermittelte Impfquote für Einwohner ab 65 Jahren ist auch deutlich höher als die 89-Prozent-Impfquote, die in einer im November von der KFF [Kaiser Family Foundation] durchgeführten Umfrage ermittelt wurde.*
>
> *Auch eine YouGov-Umfrage, die letzten Monat für* The Economist *durchgeführt wurde, ergab, dass 83 Prozent der Menschen über 65 Jahren angaben, zumindest eine erste Impfdosis erhalten zu haben.*

Und in 21 Staaten sind laut den CDC fast alle älteren Einwohner zumindest teilweise geimpft (99,9 Prozent). Mehrere dieser Staaten weisen in ihren Impfdatenbanken jedoch weitaus niedrigere Zahlen aus, darunter Kalifornien mit 86 Prozent Geimpften und West Virginia mit fast 90 Prozent (Stand: 6. Dezember).[42] Eine weitere CDC-Studie, die im August veröffentlicht wurde, legt nahe, dass geimpfte Menschen ein 11-mal geringeres Risiko haben, an Covid-19 zu sterben als nicht-geimpfte. Auch dies hat den Druck auf die Menschen erhöht, sich impfen zu lassen. Die Ergebnisse stehen jedoch auch im Widerspruch zu den Daten aus anderen Ländern. Im Vereinigten Königreich zum Beispiel, wo die Fälle von Impfversagen sehr genau verfolgt wurden, hatten 75 Prozent der Patienten, die zwischen der 45. und 48. Woche des Jahres 2021 »an« oder »mit« Covid-19 starben, beide Impfungen erhalten, während 21 Prozent nicht geimpft waren. Angesichts der Tatsache, dass etwas mehr als 80 Prozent der britischen Bevölkerung bis Ende November beide Dosen des Impfstoffs erhalten hatten, bietet die Impfung eindeutig einen gewissen Schutz vor dem Tod durch Covid-19, aber nicht annähernd so viel, wie in der CDC-Studie behauptet wird.

Die britische Regierung war ihrerseits bemüht zu betonen, dass die Daten in keiner Weise die Wirksamkeit der Covid-19-Impfstoffe in Bezug auf den Schutz vor Krankenhausaufenthalten oder dem Tod infrage stellen:

> *Bei einer sehr hohen Durchimpfungsrate in der Bevölkerung, selbst mit einem hochwirksamen Impfstoff, ist damit zu rechnen, dass ein großer Teil der Ansteckungen, Krankenhausaufenthalte und Todesfälle bei geimpften Personen auftritt, einfach deshalb, weil der Anteil der Geimpften in der Bevölkerung größer ist als der Anteil der Ungeimpften und kein Impfstoff zu 100 Prozent wirksam ist.*[43]

Das ist zwar richtig, ebenso wie die Tatsache, dass die Zahl der durch Covid-19 verursachten Todesfälle zwischen März 2021 und Januar 2022 deutlich zurückgegangen ist, obwohl die Zahl der Fälle auf einen neuen Rekordwert angestiegen ist. Es ist jedoch auch unbestreitbar, dass die Covid-19-Impfstoffe bei der Eindämmung der Krankheitsübertragung weit weniger wirksam sind als andere Impfstoffe.

Im Oktober 2021 räumte sogar Dr. Anthony Fauci, der leitende medizinische Berater des Präsidenten und Direktor des National Institute of Allergy and Infectious Diseases (NIAID) ein, dass es mit den derzeitigen Impfstoffen »zumindest in absehbarer Zeit, vielleicht sogar für immer« sehr schwierig sein würde, dieses hochgradig übertragbare Virus wirklich zu eliminieren.

Inzwischen ist klar, dass geimpfte und nicht-geimpfte Covid-19-Infizierte eine ähnliche Viruslast aufweisen, dass vollständig geimpfte Personen sich mit SARS-CoV-2 anstecken und es auf andere übertragen können, was manchmal sogar zu schwerem und tödlichem Covid-19 führen kann, auch bei anderen vollständig geimpften Personen.

Dies wird durch eine wachsende Anzahl von realen Fällen von Masseninfektionen unter Geimpften bestätigt. Dazu gehört das Boardmasters Festival im Vereinigten Königreich im August 2021. Um an der Veranstaltung teilnehmen zu können, mussten Musik-, Surf- und Skateboard-Fans ihren NHS*-Pass vorlegen, der einen kürzlich durchgeführten negativen Test, eine vollständige Impfung

---

* National Health Service (NHS; zu Deutsch »Nationaler Gesundheitsdienst«) bezeichnet das staatliche Gesundheitssystem in Großbritannien und Nordirland. [Anm. des Verlags]

oder eine Covid-19-Infektion in den letzten 180 Tagen nachwies (dieselben Bedingungen also, die auch für den Green Pass der EU gelten). Eine Woche nach der Veranstaltung wurden jedoch fast 5000 Covid-19-Fälle – das entspricht etwa 10 Prozent aller Teilnehmer – mit der Veranstaltung in Verbindung gebracht.[44] Newquay, die Stadt, in der das Festival stattfand, wurde kurzzeitig zur »Covid-Hauptstadt« Englands und verzeichnete fast das 4-Fache der durchschnittlichen Infektionsrate des Landes.

Die Organisatoren der Veranstaltung haben sich an alle Regeln gehalten, und trotzdem kam es zu einem massiven Anstieg von Infektionen. Ähnliches geschah an der Harvard Business School, die sich gezwungen sah, ihre MBA-Studenten im ersten und einige im zweiten Jahr ins Fernstudium zu schicken, nachdem wenige Wochen nach Wiedereröffnung des Herbstsemesters ein Ausbruch von 60 Covid-19-Fällen gemeldet wurde. Und das, obwohl 95 Prozent der Studenten und 96 Prozent des Lehrkörpers gegen Covid-19 geimpft worden waren.[45]

Im Juli 2021 starben zwei Bewohner eines kleinen ländlichen Pflegeheims in South Dakota an Covid-19 und weitere erkrankten, obwohl 100 Prozent der älteren Bewohner des Heims vollständig geimpft waren. »Der Ausbruch in der Seniorenpflegeeinrichtung Good Samaritan Society - Deuel County in Clear Lake, South Dakota, spiegelt den Anstieg von Impfversagen in Pflegeheimen im ganzen Land wider«, berichtete die Lokalzeitung *Grand Forks Herald.*[46]

Im selben Monat wurden an Bord des Flaggschiffs der Royal Navy, auf der *HMS Queen Elizabeth,* rund 100 Fälle von Covid-19 gemeldet. Mehrere andere Kriegsschiffe der sie begleitenden Flotte waren ebenfalls betroffen, berichtete die BBC. Nach Angaben des britischen Verteidigungsministers Ben Wallace hatten alle Besatzungsmitglieder des Einsatzes zwei Dosen eines Covid-19-Impfstoffs erhalten.[47]

In der spanischen Stadt Málaga wurden Anfang Dezember 68 Krankenschwestern und -pfleger, die auf der Intensivstation eines Krankenhauses arbeiten, positiv auf Covid-19 getestet, nachdem sie an einer Weihnachtsfeier teilgenommen hatten. Nach Angaben der spanischen Gesundheitsbehörden hatten alle von ihnen zuvor die dritte Auffrischungsimpfung erhalten oder einen Antigentest gemacht.

In Litauen, dem ersten EU-Mitgliedsland, das einen Covid-Pass für die gesamte Bevölkerung eingeführt hat, stiegen die Fälle nach der Einführung so drastisch an, dass Krankenhäuser gezwungen waren, nicht dringliche Patienten abzuweisen.[48] In der gesamten EU ist die Situation ähnlich. Ende November 2021, 5 Monate nach Einführung des Green Pass, war Europa erneut das Epizentrum der Covid-19-Pandemie. In den 2 Monaten nachdem Rom Mitte Oktober die drastische Maßnahme ergriffen hatte, allen nicht-geimpften Italienern die Arbeit in der formellen Wirtschaft zu verbieten, stieg die Zahl der täglichen Fälle um etwa das 5-Fache an. In Frankreich, eines der ersten Länder, die Personen ohne Impfpass den Zugang zu allen Gaststätten untersagt hatten, erreichten die Fallzahlen Mitte November erneut einen Rekordstand.

Diese sich schnell ausbreitenden realen Fälle sollten ausreichen, um die Einführung von Impfpässen abzublasen oder zumindest zu verlangsamen. Mit diesen Maßnahmen lässt sich nicht nur die Ausbreitung des Virus nicht verhindern oder gar drastisch reduzieren, sondern sie können, wie in Litauen zu sehen war, sogar zu einer Verschlechterung der öffentlichen Gesundheit führen.

Dennoch bemühen sich die Regierungen auf der ganzen Welt immer noch verstärkt darum, ihrer Bevölkerung Impfpässe aufzuzwingen. Auch wenn das Ganze keinen Sinn ergibt, zumindest nicht aus Sicht des Gesundheitswesens.

Ein schockierend schlechtes Geschäft

Wenn Impfpässe das öffentliche Gesundheitswesen nicht verbessern, warum bemühen sich dann die Regierungen der fortschrittlichsten Volkswirtschaften der Welt so sehr darum, sie einzuführen?

Weil Impfpässe ein noch nie da gewesenes Maß an Kontrolle über eine Bevölkerung bieten. Die leistungsstarken digitalen Technologieplattformen bieten ein hocheffizientes Mittel zur Identifizierung, Lokalisierung, Ausgrenzung, Nötigung und Bestrafung derjenigen, die sich weigern, sich zu unterwerfen. Dies, indem man sie ihrer Arbeit beraubt, von der Schule verbannt, am Reisen hindert (selbst innerhalb ihres eigenen Landes) und ihnen sogar die medizinische Behandlung oder den Zugang zu Lebensmitteln verweigert.

Aber es geht nicht nur um Kontrolle, sondern auch um Geld. Große Unternehmen aus der Technologie-, Finanz- und Pharmaindustrie können von diesem neuen Wirtschaftszweig, der sich um uns herum entwickelt, enorm profitieren. Die Covid-Impfstoffe haben bereits neun neue Milliardäre in der Pharmaindustrie hervorgebracht. Und es werden zweifellos noch mehr werden. Pfizer rechnet damit, mit seinem Covid-19-Vakzin im Jahr 2021 Einnahmen von mehr als 33 Milliarden Dollar zu erzielen.[49] Damit wäre der Impfstoff das Medikament mit dem zweithöchsten

Umsatz aller Zeiten. Dank seines Impfstoffs Spikevax konnte Moderna 2021 erstmals einen Quartalsgewinn verbuchen.[50] Die üble Ironie des Schicksals ist, dass die Unternehmen umso mehr Geld verdienen, je schneller die Wirkung der Impfstoffe nachlässt, da Boosterimpfungen die Möglichkeit wiederkehrender Geschäftseinnahmen eröffnen. Impfpflicht und Impfpässe werden den Unternehmen helfen, diese Einnahmen zu maximieren.

All dies spielt sich vor unseren Augen ab. Bedenken Sie dies: Unter denjenigen, die ihren Arbeitsplatz verlieren, weil sie die Impfung ablehnen, sind viele Ärzte, Krankenschwestern und Mitarbeiter des Gesundheitswesens, die während der ersten Pandemiewellen Tausende von Leben gerettet haben und als Helden gefeiert wurden. Das ist nicht nur eine schlechte Art und Weise, ihnen zu danken; es leugnet auch die Möglichkeit, dass sie besser als fast jeder andere in der Lage sind, die Risiken und Vorteile eines neuen medizinischen Verfahrens zu beurteilen. Im Vereinigten Königreich waren Anfang Oktober 111 000 der 1,32 Millionen Beschäftigten des Nationalen Gesundheitsdienstes immer noch nicht geimpft und hatten noch keine einzige Dosis erhalten, obwohl eine Impfpflicht drohte.[51]

Viele Befürworter von Impfpässen und Impfpflicht berufen sich auf den Präzedenzfall »Jacobson vs. Massachusetts« aus dem Jahr 1905, in dem das Gericht die Befugnis der Bundesstaaten zur Durchsetzung von Zwangsimpfungsgesetzen – in diesem Fall für Pocken – bestätigte. Es gibt jedoch drei wichtige Unterschiede zwischen dem Urteil zu »Jacobson vs. Massachusetts« und der Impfpflicht und Impfpässen, die für Covid-19 eingeführt werden. Erstens lag die durchschnittliche Sterblichkeitsrate bei akuten Pockeninfektionen bei schwindelerregenden 30 Prozent; bei Covid-19 liegt sie bei den Infizierten in der Allgemeinbevölkerung zwischen 1 und 2 Prozent und bei Menschen ohne besondere Erkrankungen noch darunter. Zweitens hatte der Pockenimpfstoff eine 100-jährige Erfolgsbilanz vorzuweisen; zum Zeitpunkt des Urteils des Obersten Gerichtshofs lagen bereits zahlreiche Informationen über seine kurz- und langfristige Sicherheit und Wirksamkeit vor, was dazu beitrug, dass er eine breite gesellschaftliche Akzeptanz fand. Ähnliches kann man von den Covid-19-Impfstoffen nicht behaupten. Und schließlich, und das ist das Wichtigste, vor allem war die Strafe für die Nichteinhaltung der Vorschriften, gegen die Jacobson Einspruch erhob, eine Geldstrafe von 5 Dollar. Das würde heute etwa 155 Dollar entsprechen. Jacobson wurde ferner nicht mit dem Verlust des Arbeitsplatzes oder der Existenzgrundlage bedroht. Ihm drohte auch nicht die Einschränkung der Bewegungsfreiheit oder der Möglichkeit, am gesellschaftlichen Leben teilzunehmen.

Die aktuellen Impfpässe und die Einführung einer Impflicht stellen keine verhältnismäßige, ethische oder wirksame Reaktion auf die Bedrohung durch die Covid-19-Pandemie dar und sind daher nicht zu rechtfertigen.

Im Vereinigten Königreich unterzeichneten fast 2000 Vertreter christlicher Kirchen und Organisationen einen Brief an Premierminister Boris Johnson, in dem sie vor der existenziellen Bedrohung der liberalen Demokratie des Landes durch Impfpässe warnten:

> *Wir laufen Gefahr, eine Zweiklassengesellschaft zu schaffen, eine medizinische Apartheid, in der eine Unterschicht der Menschen, die eine Impfung ablehnen, von wichtigen Bereichen des öffentlichen Lebens ausgeschlossen wird. Es besteht auch die berechtigte Befürchtung, dass diese Regelung der*

Anfang vom Ende ist und zu einem Dauerzustand führt, in dem der Covid-Impfstatus auf andere Formen der medizinischen Behandlung und vielleicht sogar auf weitere Kriterien ausgeweitet werden könnte. Diese Regelung hat das Potenzial, das Ende der liberalen Demokratie, wie wir sie kennen, herbeizuführen und einen Überwachungsstaat zu schaffen, in dem die Regierung Technologien einsetzt, um bestimmte Aspekte des Lebens der Bürger zu kontrollieren. Es handelt sich also um einen der gefährlichsten politischen Vorschläge in der Geschichte der britischen Politik.[52]

Anfänglich wurde uns eine schnelle Lösung verkauft: Es hieß, man bräuchte nur zwei Shots mit einem der Impfstoffe (oder nur eine Dosis im Falle von Johnson & Johnson) und schon wäre man sicher und geschützt, und das Leben könnte wieder normal weitergehen. Was wir tatsächlich bekommen haben, ist etwas ganz anderes: ein Kompromiss aus Vor- und Nachteilen von gigantischem Ausmaß. Jeder, der auch nur einen Funken Geschäftssinn hat – oder der schon mal etwas bei Amazon gekauft hat und dann bei Lieferung von dem Produkt enttäuscht war –, wird diese Art von Lockangebot als das erkennen, was es ist: ein schlechtes Geschäft.

Irgendwann müssen sich die Bürger weltweit – auch die geimpften – fragen, was sie von Impfpässen zu erwarten haben. Wie die jüngsten Erfahrungen in Europa gezeigt haben, werden sie nur wenig dazu beitragen, die Ausbreitung einer Krankheit zu stoppen, vor der viele Virologen und Epidemiologen jetzt ohnehin erwarten, dass sie endemisch werden wird. Im Gegenzug werden wir aufgefordert, so ziemlich alles aufzugeben, was wichtig ist – oder zumindest wichtig sein sollte: unsere Privatsphäre, die Entscheidung über unseren eigenen Körper, die Kontrolle über unser eigenes Leben, grundlegende Freiheiten wie die Möglichkeit, unseren Lebensunterhalt zu verdienen, unsere Familien zu ernähren, in unseren Heimatländern zu reisen, eine Ausbildung zu erhalten, sich zu versammeln, in einem Café zu sitzen und mit Freunden draußen etwas zu trinken. Selbst wenn Sie vollständig geimpft sind – das heißt, dass Sie alle Auffrischungsimpfungen erhalten haben –, müssen Sie sich in einer zweistufigen Kontrollgesellschaft der uneingeschränkten technologiegestützten Überwachung, Verfolgung und Kontrolle unterwerfen.

Impfpässe wurden der Öffentlichkeit als prima Deal verkauft – etwas, das es uns ermöglichen wird, in unser Leben zurückzukehren. Aber in Wirklichkeit sind sie für fast alle ein schockierend schlechtes Geschäft. Wir haben in dieser Frage keinen Platz am Verhandlungstisch. Wir wurden auch nicht zu den Bedingungen des Abkommens konsultiert – ein Abkommen, das verspricht, den Regierungsbehörden enorme neue Befugnisse zu übertragen und riesige neue Märkte und Möglichkeiten im Technologie-, Finanz- und Pharmasektor zu schaffen, während der Einzelne seiner Grundrechte und -freiheiten beraubt wird. Und wie ich in Kapitel 2 erläutern werde, verstößt dieses Abkommen gegen die grundlegendsten nationalen und internationalen Menschenrechtsgesetze.

Kapitel 2

Dein Körper – deren Entscheidung

Bis zum Jahr 2021 waren körperliche Selbstbestimmung und Integrität keine umstrittenen Begriffe. Sie sind grundlegende Menschenrechte, die in nationalen Gesetzen und internationalen Chartas wie dem Nürnberger Kodex verankert sind. Der Nürnberger Kodex wurde 1947 geschaffen, um sicherzustellen, dass sich die Exzesse der erzwungenen medizinischen Versorgung und der medizinischen Experimente, die während der NS-Diktatur stattfanden, niemals wiederholen. Diese ethische Richtlinie sendete eine klare Botschaft an die Bürger der Welt: Ihr Körper gehört aus medizinischer Sicht Ihnen, und Sie können selbst entscheiden, welchen medizinischen Eingriffen er unterzogen wird und was in ihn hineingelangt.

Die erste Klausel besagt, dass »die freiwillige Zustimmung der betroffenen Person absolut unerlässlich« ist, damit ein medizinischer Eingriff moralischen, ethischen und rechtlichen Standards entspricht:

> *Das bedeutet, dass die betroffene Person geschäftsfähig sein muss, um ihre Zustimmung zu erteilen, dass sie in der Lage sein muss, eine freie Entscheidung zu treffen,*

> *ohne dass ein Element der Gewalt, des Betrugs, der Täuschung, der Nötigung, der Übervorteilung oder einer anderen Form von Zwang oder Nötigung vorliegt, und dass sie über ausreichende Kenntnisse und ein ausreichendes Verständnis aller Aspekte des Themas verfügt, um eine verständige und aufgeklärte Entscheidung treffen zu können.*[53]

Körperliche Selbstbestimmung bezieht sich auf das Recht, Entscheidungen über das eigene Leben und die eigene Zukunft zu treffen. Der Bürger soll in die Lage versetzt werden, informierte Entscheidungen zu treffen. Körperliche Unversehrtheit ist das Recht eines jeden Menschen, einschließlich der Kinder, auf Selbstbestimmung über den eigenen Körper. Zusammengefasst bedeuten die beiden Grundsätze, dass Ärzte, Wissenschaftler und Forscher nicht das Recht haben, medizinische Behandlungen oder Eingriffe ohne die informierte Zustimmung des Patienten durchzuführen.

Impfpflicht und Impfpässe verstoßen gegen beide Grundsätze, da sie darauf abzielen, dem Bürger gegen seinen Willen ein experimentelles medizinisches Mittel zu verabreichen. Insofern drohen sie, die Vorstellung, dass Menschen über ihren eigenen Körper bestimmen können, auszuhebeln.

»Körperliche Selbstbestimmung ist nicht nur ein Menschenrecht, sondern auch die Grundlage für andere Menschenrechte.« So formuliert es der Bevölkerungsfonds der Vereinten Nationen (UNFPA), ein Nebenorgan der Generalversammlung der Vereinten Nationen, dessen Aufgabe es ist, die reproduktive Gesundheit und die Gesundheit von Müttern weltweit zu verbessern. Wenn, wie der UNFPA behauptet, der Grundsatz der körperlichen Selbstbestimmung das Fundament ist, auf dem andere Menschenrechte aufgebaut sind, dann wird seine Abschaffung auch enorme Auswirkungen auf diese Menschenrechte haben. In seinem Bericht »Mein Körper gehört mir«*, der im April 2021 veröffentlicht wurde, unterstreicht der UNFPA die Bedeutung der körperlichen Autonomie, insbesondere in Bezug auf die Entscheidungsgewalt von Frauen über ihre sexuelle und reproduktive Gesundheit. Viele der Aussagen sind jedoch sehr allgemein gehalten [Hervorhebungen durch den Autor]:

> *Bei der körperlichen Selbstbestimmung geht es um das Recht, Entscheidungen über das eigene Leben und die eigene Zukunft zu treffen. Es geht darum, in der Lage zu sein,* ***fundierte Entscheidungen zu treffen. Dies sind universelle Werte.*** *Regierungen in aller Welt haben sich in einer Reihe von internationalen Abkommen zum Schutz der Autonomie verpflichtet. Die Achtung der Autonomie ist ein zentraler Grundsatz der internationalen Medizinethik.*
>
> ***Ihr Körper gehört Ihnen und nur Ihnen. Das gilt auch für alle Entscheidungen über Ihren Körper.***
>
> *Kollektive Entscheidungen sind in allen Kulturen, Gesellschaften und Regierungen üblich.* ***Aber Gruppenentscheidungen können die Rechte des Einzelnen nicht einschränken.***[54]

Doch genau das geschieht derzeit in Ländern auf der ganzen Welt. Die Entscheidungen großer Gruppen von Menschen – darunter Regierungen, Gesundheitsbehörden, supranationale Organisatio-

---

* *https://www.bmz.de/resource/blob/70650/377bd5a3261b1c11971f58ef77c0496c/Weltbevoelkerungsbericht-2021-deutsch.pdf*

nen und globale Unternehmen – beschneiden die grundlegenden Rechte von Personen, die nicht wollen, dass ihnen ein medizinisches Produkt in den Körper injiziert wird. Die Verabreichung dieser Impfstoffe und die dazugehörigen Pässe beruhen nicht auf der informierten Zustimmung des Einzelnen, sondern auf einer verpflichtenden Anordnung oder in vielen Fällen auf Zwang (die Drohung, Menschen die Möglichkeit zu nehmen, ihren Lebensunterhalt zu verdienen oder Zugang zu grundlegenden Dienstleistungen zu erhalten, ist ein Zwang wie aus dem Lehrbuch).

Das klassische Gegenargument hierzu lautet: »Ihre Rechte enden dort, wo meine Sicherheit beginnt.« Mit anderen Worten: Die Menschen haben zwar ein Recht auf körperliche Autonomie, aber sie können dieses Recht nur so lange ausüben, wie sie die körperliche Autonomie anderer nicht gefährden. Dies ist die Art und Weise, wie das Thema von den Medien und den Gesundheitsbehörden dargestellt wurde und noch wird. Doch selbst wenn Covid-19 die Sicherheit und körperliche Autonomie anderer bedroht, muss es Einschränkungen für den Einsatz des Impfstoffes geben, die für medizinische Experimente während der NS-Zeit eben nicht galten. Dies ist zwar ein legitimes Argument, doch gehören Impfpflicht und Impfpass zu den wichtigsten rechtlichen und ethischen Fragen, mit denen sich eine Gesellschaft auseinandersetzen kann – auf einer Stufe mit Themen wie Abtreibung, Todesstrafe oder dem Recht zu sterben. All dies bedeutet, dass Impfvorschriften und Impfpässe vor dem Obersten Gerichtshof, im Parlament und an jedem Esstisch in jedem Land der Welt diskutiert werden sollten – und nicht einfach eine vollendete Tatsache darstellen, die alle Menschen auf der Welt unwidersprochen zu akzeptieren haben.

Anstatt jedoch diese Debatte zu führen, greifen die Regierungen auf Notstandsgesetze zurück, um Impfpflicht und Pässe mit

Gewalt durchzusetzen. In den Vereinigten Staaten gibt es immer noch kein offizielles Regierungsdokument, sei es in Form eines Gesetzes, einer Rechtsvorschrift oder einer Verordnung, das eine Rechtsgrundlage für die Einführung der Impfpflicht durch Präsident Biden bietet. Anfang November 2021 veröffentlichte die US Occupational Safety and Health Administration (OSHA) ihren vorläufigen Covid-19-Impf- und Teststandard (»COVID 19 Vaccination and Testing Emergency Temporary Standard«, ETS), der vorsieht, dass Unternehmen ab 100 Mitarbeitern diese regelmäßig auf Covid-19 testen lassen oder ihnen den Impfstoff verabreichen müssen. Doch innerhalb weniger Tage hatte das US-Berufungsgericht für den Fünften Gerichtsbezirk die Umsetzung der Impfvorschriften bereits gestoppt und sie als »einen Vorschlaghammer, der alles erschlägt« bezeichnet, wobei man sich »kaum darum bemüht habe, den unterschiedlichen Anforderungen an die jeweiligen Arbeitsplätze (und Arbeitnehmer) Rechnung zu tragen«.[55]

Im Dezember 2021 hob das Sechste US-Berufungsgericht in Cincinnati dieses Urteil wieder auf, was bedeutet, dass die Impf- oder Testpflicht für Arbeitnehmer in Unternehmen mit 100 oder mehr Beschäftigten wieder in Kraft treten sollte. Dies war für den 10. Januar 2022 geplant, aber nur wenige Tage später erließ der Oberste Gerichtshof der Vereinigten Staaten eine vorübergehende Aussetzung der Impf- oder Testpflicht.[56]

Die britische Regierung hat einen ähnlichen Weg eingeschlagen. Als sie das ganze Ausmaß des Widerstands gegen ihren Gesetzesentwurf zum Impfpass erkannte, beschloss sie, den Gesetzesvorschlag auf Eis zu legen. 2 Tage später kündigte sie den sogenannten »Plan B« an, zu dem auch verbindliche Vorschriften für den Impfpass gehören.

Impfzwang versus körperliche Autonomie

Hier liegt der Widerspruch: Während die körperliche Selbstbestimmung im internationalen Recht verankert ist, sind Impfvorschriften in vielen Rechtsordnungen legal. In einer im vergangenen Jahr in der von ScienceDirect herausgegebenen Zeitschrift *Vaccine* veröffentlichten Studie mit dem Titel »Global Assessment of National Mandatory Vaccination Policies and Consequences of Non-compliance«* wurde diese Frage in 193 Ländern untersucht. Die Studie ergab, dass mehr als die Hälfte (105) der Länder irgendeine Art von landesweiter Impfpflicht eingeführt haben. Von diesen Ländern verhängten 62 eine oder mehrere Strafen für die Nichteinhaltung, meist finanzieller oder erzieherischer Art (wie zum Beispiel die Verweigerung der Einschulung).[57]

In Anbetracht der enormen Bedrohung, die Infektionskrankheiten für die öffentliche Gesundheit darstellen können, sind Impfstoffverordnungen bisweilen legitim und gerechtfertigt. Sie müssen jedoch in einem angemessenen Verhältnis zur Bedrohung durch das Virus und zur Wirksamkeit der vorgeschriebenen Impfstoffe stehen.

Wie ich in Kapitel 1 dargelegt habe, sind die Strafen für die Nichteinhaltung der Covid-19-Impfvorschriften unverhältnismäßig hoch, was einen schwerwiegenden ethischen Verstoß darstellt, wenn man Menschen zwingt, ihr Recht auf körperliche Selbstbestimmung aufzugeben.

---

* Zu Deutsch etwa: »Globale Bewertung nationaler Pflichtimpfungen und Folgen der Nichteinhaltung« [Anm. d. Verlags]

In den Vereinigten Staaten sind Impfvorschriften zwar legal, aber sie wurden sparsam eingesetzt, insbesondere auf Bundesebene. Weder Dwight D. Eisenhower noch John F. Kennedy oder Lyndon Johnson haben während der Impfkampagnen ihrer Regierungen gegen Polio und Pocken jemals damit gedroht, US-Bürger mit dem Verlust ihres Arbeitsplatzes zu bestrafen.

Sogar Präsident Joe Biden selbst sagte, er würde keinen Impfzwang auferlegen, bevor er genau das im September 2021 tat.[58] Anstatt sich auf Überzeugungsarbeit oder Aufrufe zur Bürgerpflicht zu verlassen, wie Eisenhower, Kennedy und Johnson es vor ihm getan hatten, »schikanierte er, dämonisierte, beschämte, politisierte und drohte«, schrieb Charles Lipson, Professor für Politikwissenschaft an der Universität von Chicago. »Das ist zu seiner Routine geworden, zusammen mit seiner Weigerung, die drängenden Fragen der Öffentlichkeit zu beantworten.«[59]

Viele dieser Fragen betreffen die langfristige Sicherheit der Impfstoffe. Angesichts der Schwere der kurzfristigen Nebenwirkungen der Covid-19-Impfstoffe – darunter Menstruationsstörungen, Gesichtslähmung, Blutgerinnsel, Herzinfarkte, Schlaganfälle und plötzlicher Tod – sind Bedenken hinsichtlich langfristiger Gesundheitsrisiken nicht nur berechtigt, sondern verantwortungsvoll. Im September 2021 traten zwei hochrangige Wissenschaftler der Federal Drug Administration (FDA), Marion Gruber und Philip Krause, zurück, als die Regierung Biden versuchte, die Einführung der Covid-19-Boosterimpfungen zu beschleunigen. Sie war die Direktorin, er der stellvertretende Direktor des Office of Vaccines Research. Obwohl weder Gruber noch Krause einen Grund für ihren Rücktritt angaben, gehörten sie zu den achtzehn Impfexperten, die 2 Wochen später einen Brief an die medizinische Fachzeitschrift *Lancet* unterzeichneten, in dem sie vor einer zu frühen oder zu häufigen Verabreichung von Auffrischungsimpfungen warnten:

> *Obwohl die Vorteile der Covid-19-Erstimpfung die Risiken eindeutig überwiegen, könnte es Risiken geben, wenn Auffrischungsimpfungen zu früh oder zu häufig eingeführt werden, insbesondere bei Impfstoffen, die immunvermittelte Nebenwirkungen haben können (wie Myokarditis, die nach der zweiten Dosis einiger mRNA-Impfstoffe häufiger auftritt, oder das Guillain-Barre-Syndrom, das mit Adenovirus-vermittelten Covid-19-Impfstoffen in Verbindung gebracht wurde). Sollte das unnötige Boostern zu erheblichen Nebenwirkungen führen, könnte dies Auswirkungen auf die Akzeptanz von Impfstoffen haben, die über Covid-19-Impfstoffe hinausgehen. Daher sollte eine generelle Auffrischung nur dann vorgenommen werden, wenn es eindeutige Beweise dafür gibt, dass sie angemessen ist.*[60]

Seit der Veröffentlichung dieses Schreibens haben sowohl die FDA als auch die US Centers for Disease Control (CDC) Auffrischungsimpfungen zugelassen, die von Pfizer BioNTech, Moderna und Johnson & Johnson hergestellt werden. Und dies trotz wachsender Bedenken hinsichtlich der Risiken, die die Vakzine insbesondere für Jungen und junge Männer im Teenageralter darstellen können. Während Ärzte in den Vereinigten Staaten damit begannen, die Boosterimpfung von Moderna an Menschen jeden Alters zu verabreichen, verlängerten die schwedischen Gesundheitsbehörden ein Moratorium für die Verabreichung des Moderna-Vakzins an Personen unter 31 Jahren auf unbestimmte Zeit. Finnland, Island und Dänemark haben ähnliche Maßnahmen ergriffen, während Norwegen Männer unter 30 Jahren dazu auffordert, sich nicht impfen zu lassen. Anfang Januar 2022 ging die Europäische

Arzneimittelagentur (EMA) noch einen Schritt weiter und warnte davor, dass regelmäßige Auffrischungsimpfungen eines Covid-19-Impfstoffs die Immunreaktion untergraben könnten.[61]

Gesetzesverstöße allenthalben

Im Oktober führte die italienische Regierung unter dem ehemaligen Vorsitzenden der Europäischen Zentralbank, Mario Draghi, ein Gesetz ein, das es allen Personen ohne Impfpass unmöglich machte, im öffentlichen oder privaten Sektor zu arbeiten. Das italienische Statut »Keine Impfung, kein Job« gilt für alle Arten von Arbeitnehmern, einschließlich Selbstständiger, Hausangestellter und sogar für Personen, die aus der Ferne arbeiten. Nicht-geimpften Arbeitnehmern wurde die Möglichkeit eingeräumt, alle 2 Tage einen Nachweis über einen negativen Test vorzulegen. Dies konnte jedoch jedes Mal bis zu 50 Euro kosten – was für die meisten Arbeitnehmer unerschwinglich war – und wurde Anfang Dezember ohnehin als Option gestrichen.[62]

Arbeitnehmer, die sich weigerten, sich impfen zu lassen, mussten mit einer unbezahlten Suspendierung und einer Geldstrafe von bis zu 1500 Euro rechnen. Zum Zeitpunkt des Inkrafttretens des Gesetzes gab es in Italien 3,8 Millionen nicht-geimpfte Arbeitnehmer – mehr als das 1½-Fache der Gesamtzahl derjenigen, die offiziell arbeitslos waren.

Das neue Gesetz der italienischen Regierung kommt einem Impfzwang gleich, nennt aber das Kind nicht beim Namen. Die Arbeitnehmer müssen sich gegen ihren Willen impfen lassen, oder sie werden arbeitslos. Wie der italienische Journalist Thomas Fazi feststellte, verstößt diese Art der Diskriminierung direkt gegen die EU-Verordnung über Impfpässe (2021/953), in der es heißt, dass »die Ausstellung von [Covid-19-] Zertifikaten [...] nicht zu einer Diskriminierung aufgrund des Besitzes einer bestimmten Bescheinigungskategorie führen sollte«, und dass »eine unmittelbare oder mittelbare Diskriminierung von Personen verhindert werden muss, die nicht geimpft sind, beispielsweise aus medizinischen Gründen [...] oder weil sie noch keine Gelegenheit dazu hatten oder sich entschieden haben, sich nicht impfen zu lassen«.[63]

Italiens »Keine Impfung, kein Job«-Regel verstößt auch gegen den Nürnberger Kodex, der zwar in keinem Land offiziell als Gesetz anerkannt ist, aber weithin zu den wichtigsten medizinethischen Grundsätzen in der klinischen Forschung zählt.[64] Der Kodex wurde speziell für medizinische Experimente verfasst, dient aber seither als Vorlage für viele der heutigen rechtlichen und ethischen Standards, einschließlich der Erklärung von Helsinki aus dem Jahr 1964, die ihrerseits in nationalen oder regionalen Gesetzen und Vorschriften festgeschrieben wurde. Die Erklärung baut auf den 10 Grundsätzen auf, die erstmals im Nürnberger Kodex formuliert wurden. Entscheidend ist, dass sie auch an die Genfer Erklärung (1948) anknüpft, in der die allgemeinen ethischen Pflichten der Ärzte dargelegt sind.[65] Dazu gehört auch die folgende Aussage: »ICH WERDE die Autonomie und Würde meines Patienten RESPEKTIEREN.«

Die Vorschrift verstößt auch gegen die EU-Grundrechtecharta, die besagt, dass »jede Person das Recht auf Achtung ihrer körperlichen und geistigen Unversehrtheit hat. In den Bereichen Medizin und Biologie ist insbesondere die freie und informierte Zustimmung der betroffenen Person gemäß den gesetzlich festgelegten Verfahren zu respektieren.«[66]

Sowohl der Nürnberger Kodex als auch die Charta der Grundrechte der Europäischen Union sind sich einig: Medizinische Eingriffe, die jemandem aufgezwungen werden, der sie nicht will, verstoßen gegen das Grundrecht des Einzelnen auf körperliche Selbstbestimmung und Integrität. Dieser Verstoß ist besonders eklatant und nicht zu rechtfertigen, wenn es sich um einen Impfstoff handelt, der nur im Schnellverfahren zugelassen wurde. Dies bedeutet, dass die Impfstoffhersteller von der gesetzlichen Haftung für Schäden, die sie verursachen, befreit sind oder einen Impfstoff produzieren können, der praktisch keine Immunität verleiht.

Aber verlassen Sie sich nicht auf mein Wort allein, denn Obiges war ebenfalls das Fazit der Nationalen Beratenden Kommission für Biomedizinische Ethik der Schweiz. In einer öffentlichen Stellungnahme vom Februar 2021 erklärte die Kommission, dass eine Ungleichbehandlung von geimpften und nicht-geimpften Personen durch einen Impfausweis nur dann gerechtfertigt werden könne, wenn die betreffende Impfung einen Schutz vor Viren garantiere. Eine generelle Impfpflicht in der Schweiz würde »unverhältnismäßig in die Grundrechte« eingreifen, und eine Impfpflicht für bestimmte Bevölkerungsgruppen, wie etwa das Gesundheitspersonal, sollte vermieden werden.[67]

Die Gesundheitsbehörden sollten sich stattdessen darauf konzentrieren, jedem, der sich impfen lassen will, einen Impfstoff zur Verfügung zu stellen, so die Kommission. Für diejenigen, die sich nicht impfen lassen wollen, sollten Alternativen wie regelmäßige Schnelltests angeboten werden. Die Kommission warnte auch vor den weitreichenden gesellschaftlichen und wirtschaftlichen Schäden, welche die Impfpflicht und die Impfpässe verursachen könnten, wie zum Beispiel die Verschärfung des derzeitigen Mangels an medizinischem Personal – genau das, was in vielen Ländern wie Italien, Frankreich, dem Vereinigten Königreich und den Vereinigten Staaten geschieht.

Leider haben die meisten Regierungen – auch die der Schweiz – diese Empfehlungen ignoriert. Ende November 2021 stimmte eine klare Mehrheit von 62 Prozent in einem Referendum für die Beibehaltung der Covid-19-Gesetze der Regierung, einschließlich des Impfpasses.

Ein Ergebnis all dessen ist, dass Millionen von Mitarbeitern an vorderster Front auf der ganzen Welt, die im Jahr 2020 noch als Helden gefeiert wurden, nun ihren Job verlieren, weil sie sich weigern, sich impfen zu lassen. Dazu gehören Zigtausende von Ärzten, Krankenschwestern und Pflegekräften, die von unseren Regierungen dafür gelobt wurden, dass sie sich – oft mit unzureichender Schutzausrüstung – in Gefahr begeben hatten, um während der ersten Wellen der Pandemie Covid-19-Patienten zu behandeln.

Diese Arbeitnehmer wissen wohl besser als jeder andere, welchen Schaden Covid-19 anrichten kann, und dennoch weigern sie sich, sich impfen zu lassen. Das *Wall Street Journal* berichtet, dass einige unter ihnen der Meinung sind, die Impfstoffe seien zu schnell auf den Markt gebracht worden, und dass sie über die möglichen langfristigen negativen Auswirkungen auf ihre Gesundheit besorgt sind.[68] Andere haben die kurzfristigen Schäden, welche die Impfstoffe verursachen können, bereits am eigenen Leib erfahren. Viele von ihnen verfügen schon über eine auf natürlichem Wege erworbene Immunität gegen das Virus, die laut immer mehr Studien umfassender und länger anhält als der durch die Impfstoffe verliehene Schutz.[69] Die meisten Impfvorschriften sehen jedoch keine Ausnahme für Personen vor, die bereits eine SARS-CoV-2-Infektion durchgemacht haben. Jetzt droht vielen Krankenschwestern, Ärzten und anderen Beschäftigten des Gesundheitswesens die Entlassung, weil sie ihr Recht auf körperliche Selbstbestimmung wahrgenommen haben. Womit in den Gesundheitssystemen auf der ganzen Welt ein noch größerer Personalmangel herrscht als während der ersten Covid-19-Wellen.

Nulltoleranz

Den Menschen die Möglichkeit zur Arbeit zu entziehen geht einigen Regierungen offenbar nicht weit genug. In Kanada sagte die Arbeitsministerin Carla Qualtrough, dass diejenigen, die wegen der Verweigerung des Impfstoffs entlassen werden, keinen Anspruch auf die Arbeitslosenversicherung haben sollten. Mit anderen Worten: Sie verlieren nicht nur ihren Lebensunterhalt, sondern auch jeglichen Zugang zu anderen Einkommensformen, einschließlich der Leistungen aus der Sozialversicherung, in die sie im Laufe ihres Arbeitslebens eingezahlt haben.

»Es handelt sich um eine Beschäftigungsbedingung, die nicht erfüllt wurde«, sagte Qualtrough in einem Interview mit der CBC-Sendung *Power & Politics.* »Und wenn der Arbeitgeber jemanden aus diesem Grund entlässt, hat diese Person keinen Anspruch auf Leistungen aus der Arbeitslosenversicherung. Ich kann Ihnen sagen, dass das der Rat ist, den ich bekomme, und das ist der Rat, den ich befolgen werde.«[70] Qualtroughs Äußerungen riefen bei einigen Rechtsexperten scharfe Kritik hervor.

Paul Champ, ein Anwalt für Arbeitsrecht in Ottawa, sagte gegenüber CBC:

Meiner Meinung nach lässt sich trefflich darüber streiten, ob die Tatsache, dass ein Arbeitnehmer sich nicht impfen lässt, ein triftiger Grund für eine Kündigung ist. Es erscheint mir nachvollziehbar, dass bestimmte Arbeitgeber ihren Arbeitnehmern kündigen können und werden, weil sie nicht geimpft sind – dagegen erhebe ich keinen Widerspruch –, aber es ist etwas anderes zu behaupten, dies sei ein triftiger Grund, was zur Folge hat, dass man ihnen nichts zahlt.*

Der Vorschlag, dass ein Arbeitgeber einen Arbeitnehmer zur Impfung zwingen kann, ist übertrieben, meint Champ:

Das beeinträchtigt die körperliche Unversehrtheit, und zumindest meiner Meinung nach – und ich denke, das ist derzeit Konsens unter den meisten Arbeitsrechtlern – liegt kein triftiger Grund vor, wenn ein Mitarbeiter, die Impfung ablehnt, zumindest in den meisten Fällen .

Nicholas Wansbutter, ein kanadischer Strafverteidiger, ist der Ansicht, dass die von der Trudeau-Regierung eingeführten Impfpässe nicht nur einen Affront gegen eine freie und demokratische Gesellschaft darstellen, sondern auch einen klaren Angriff auf die Rechte der Patienten:

Eine medizinische Behandlung ist eine Körperverletzung, nicht nur wenn sie mit der Zustimmung, sondern auch mit der informierten Zustimmung des Patienten erfolgt. Eine unter Angst oder Zwang erteilte Einwilligung ist unwirksam. Eine unter Angst oder Zwang erteilte Einwilligung ist keine Einwilligung.

---

* Gemeint ist ein »triftiger Grund« im arbeitsrechtlichen Sinn. [Anm. d. Verlags]

Die Einführung eines Impfpasses ist eine absolute Machtausübung. Wenn eine Person nur aufgrund dieser Machtausübung geimpft wird, weil sie ein normales Leben führen möchte, hat sie nicht in eine medizinische Behandlung eingewilligt, und das ist in meinen Augen Körperverletzung. Und es ist ein Übergriff, an dem jeder Arzt beteiligt ist, der daran mitwirkt. Der hippokratische Eid verlangt, dass Ärzte keinen Schaden anrichten. Körperverletzung ist Schaden. Ein Impfpass ist eine absolute Beleidigung für eine freie und demokratische Gesellschaft.[71]

In den Vereinigten Staaten und Kanada haben Universitäten sogar damit begonnen, Professoren für Ethik und Bioethik zu entlassen oder zu suspendieren – also genau diejenigen, die uns helfen sollten, die heiklen ethischen Fragen zu lösen, die durch die Fortschritte in Biologie, Medizin und Technologie aufgeworfen werden –, weil sie den Impfzwang ihres Arbeitgebers infrage stellen oder sich weigern, diesen einzuhalten. Zu diesen Professoren gehört der Leiter der Abteilung für medizinische Ethik der University of California Irvine (UCI), Dr. Aaron Kheriaty, der beurlaubt wurde, nachdem er die Verfassungsmäßigkeit des Impfzwangs der UCI in Bezug auf Personen in Zweifel gezogen hatte, die sich von Covid-19 erholt haben und daher eine natürlich erworbene Immunität besitzen. Die UCI hat ihm untersagt, auf dem Campus oder von zu Hause aus zu arbeiten.

In einem Blogbeitrag schreibt Kheriaty: »Wie kann ich mich weiterhin Medizinethiker nennen, wenn ich unter Druck nicht das tue, wovon ich überzeugt bin, dass es moralisch richtig ist?«[72]

Dr. Julie Ponesse, eine Ethikerin am Huron University College in Ontario, verlor ihren Job, weil sie sich weigerte, sich dem Impfzwang ihres Arbeitgebers zu unterwerfen, und machte Schlagzeilen, nachdem sie eine tränenreiche Erklärung aufgenommen hatte:

> *[...] Mein Arbeitgeber hat gerade von mir verlangt, dass ich mich gegen Covid-19 impfen lassen muss. Wenn ich meinen Job als Professorin weiter ausüben will, muss ich mich impfen lassen. Ich stehe vor folgendem Dilemma: An meiner Schule bin ich als Autorität auf dem Gebiet der objektiven Ethik angestellt. Ich habe einen Doktortitel in Ethik, einer alten Philosophie. Und ich bin hier, um Ihnen zu sagen, dass es ethisch falsch ist, jemanden zu zwingen, sich impfen zu lassen. Wenn es Ihnen passiert, müssen Sie es nicht tun. Wenn Sie keinen Covid-19-Impfstoff wollen, lassen Sie sich nicht impfen, Ende der Diskussion. Das ist Ihre eigene Angelegenheit.*
>
> *Aber das ist nicht der Ansatz der University of Western Ontario, die plötzlich verlangt, dass ich sofort geimpft werde oder nicht zur Arbeit erscheine. Da das Schuljahr in wenigen Tagen beginnt, stehe ich nach 20 Jahren im Beruf kurz vor der Entlassung, weil ich nicht bereit bin, mir einen experimentellen Impfstoff injizieren zu lassen.*
>
> *Meine Aufgabe ist es, den Schülern beizubringen, kritisch zu denken und Fragen zu stellen, die ein falsches Argument entlarven könnten. Fragen wie: Wer sagt das? Wer ist die Autorität, die diesen Befehl erteilt? Sollte ich ihnen die Kontrolle über meinen Körper anvertrauen? Als Professorin muss ich mir nicht die Nachrichten ansehen, um herauszufinden, ob die Covid-Impfstoffe sicher sind. Ich lese medizinische Fachzeitschriften und befrage meine Kollegen, die Professoren für Wissenschaft und Medizin sind. Von*

Ärzten habe ich erfahren, dass es ernsthafte Zweifel an der Sicherheit dieser Impfstoffe gibt. Es gibt Fragen dazu, wie gut sie wirken. Niemand kann mir versprechen, dass ich nicht an Covid erkranke oder Covid übertragen werde, wenn ich mich impfen lasse.

Aber das ist mir letztlich egal, denn ich bin Professorin für Ethik und Kanadierin. Ich habe das Recht, darüber zu entscheiden, was in meinen Körper gelangt und was nicht, unabhängig von meinen Gründen. Wenn ich wieder an meiner Universität zugelassen werde, ist es meine Aufgabe, meine Studenten zu lehren, dass dies falsch ist. Ich bin eingestellt worden, um ihnen beizubringen, dass es ethisch falsch ist, ein experimentelles medizinisches Verfahren als Bedingung für eine Anstellung vorzuschreiben. Dies ist meine erste und möglicherweise letzte Unterrichtsstunde in diesem Jahr.[73]

Das Video endet mit einer schriftlichen Mitteilung: »Dr. Ponesse wurde am 7. September 2021 aus ihrem Amt entlassen.«

Abstieg zu einem finsteren Ort

Einer der besorgniserregendsten Aspekte der Impfpflicht und der Impfpässe – und einer, den viele Geimpfte erst jetzt in vollem Umfang wahrzunehmen beginnen – ist deren abschreckende Wirkung. Die israelische Regierung, das erste Land, das landesweit einen Impfpass eingeführt hat, teilte ihren Bürgern im Februar 2021 mit, dass sie sich lediglich zwei Mal mit dem Impfstoff von Pfizer impfen lassen müssen, um den sogenannten Green Pass und alle damit verbundenen Privilegien zu erhalten. Die Mehrheit der Erwachsenen und Kinder über 12 Jahren kam dem Aufruf nach. Doch im September hielt sich die Regierung nicht mehr an ihre Zusage. Nachdem die Wirkung des Pfizer-Impfstoffs im Laufe des Sommers nachzulassen begann, verkündete Tel Aviv, dass israelische Bürger 5 Monate nach der zweiten Impfung eine Auffrischungsimpfung erhalten müssten, um weiterhin Anspruch auf den Green Pass zu haben, andernfalls würde er deaktiviert werden.

Im Gegensatz zu herkömmlichen Reisepässen oder Impfzertifikaten handelt es sich hierbei um dynamische digitale Dokumente, das heißt sie können jederzeit aktiviert und *deaktiviert* werden. Das macht sie zu einem so gefährlichen Instrument, insbesondere in den falschen Händen. Mit nur einem Mausklick oder einem Tastendruck lassen sie sich unbrauchbar machen, wenn ein Nutzer die Anforderungen nicht mehr erfüllt. Und die Regierungen können diese Anforderungen jederzeit ändern.

Mitte Oktober 2021 gingen die Vereinigten Staaten den gleichen Weg wie Israel. Auf einer Pressekonferenz sagte CDC-Direktorin Dr. Rochelle Walensky, dass Auffrischungsimpfungen zur Pflicht werden könnten, damit die Menschen als vollständig geimpft gelten:

> *Wir haben die Definition von »vollständig geimpft« noch nicht geändert. Wir werden diese Frage weiter prüfen. Möglicherweise müssen wir unsere Definition von »vollständig geimpft« in Zukunft aktualisieren.*[74]

Doch wie bereits erwähnt, haben Impfstoffexperten, darunter zwei ehemalige Spitzenwissenschaftler der FDA, bereits vor großen Risiken gewarnt, wenn Auffrischungsimpfungen »zu früh oder zu häufig eingeführt werden, insbesondere bei Impfstoffen, die immuntoxische Nebenwirkungen haben können«.

Die Änderung der Definition übt nicht nur Druck auf die Bürger aus, sich einen Booster verabreichen zu lassen, sondern dient auch zwei anderen schändlichen Zielen. Erstens öffnet sie die Tür zu einer noch strengeren Kontrolle der Bürger. Wie der britische Journalist Kit Knightly schreibt, »zwingt man die Menschen dazu, durch Reifen zu springen, nur um Rechte ›zurückzubekommen‹, die sie einst als selbstverständlich ansahen, und schafft so eine Atmosphäre, welche die staatliche Tyrannei normalisiert«.[75] Zweitens wird es dadurch schwieriger, das Ausmaß der Fälle von Impfversagen zu ermitteln. Schließlich gilt jeder, der zweimal geimpft wurde, aber keine Auffrischungsimpfung erhalten hat, als nichtgeimpft. Wenn Sie sich vor der Auffrischungsimpfung oder innerhalb von 2 Wochen nach der Auffrischungsimpfung mit Covid-19 infizieren, zählen Sie nicht zu den Fällen von Impfversagen.

Ende 2021 war dies im Vereinigten Königreich bereits der Fall. Während Omikron wütete und die Zahl der Covid-19-Fälle im Land auf ein Rekordhoch trieb, gab Premierminister Boris Johnson eine Erklärung ab, in der er behauptete, dass »bis zu 90 Prozent der Menschen auf der Intensivstation nicht geboostert waren«. Auf Nachfrage von Kate McCann, einer politischen Korrespondentin von Sky News, erklärte der Sprecher des Premierministers jedoch, diese Zahl beruhe auf anekdotischen Aussagen seitens »einiger NHS-Vertreter«.[76]

Die Lehre daraus ist klar und dringend. Wenn Sie Ihre grundlegenden Rechte auf körperliche Selbstbestimmung und körperliche Unversehrtheit für das Versprechen staatlich gewährter Privilegien aufgeben, befinden Sie sich auf dem besten Wege hinab zu einem finsteren Ort. Sie haben nicht mehr die Kontrolle darüber, was in Ihren Körper gelangt, sondern diese obliegt dem Staat. Wenn Sie auf die erste, zweite oder dritte Boosterimpfung hin eine unerwünschte Reaktion zeigen und beschließen, dass Sie sich nicht mehr impfen lassen wollen, werden Sie als nicht-geimpft betrachtet. Sie verlieren in diesem Fall Ihre Privilegien. Wie wir jetzt sehen, müssen die Regierungen ihrerseits ihre Versprechen oder Verpflichtungen nicht einhalten. Wollen Sie hingegen Ihre vorübergehenden Privilegien behalten, müssen Sie genau das tun, was man Ihnen sagt.

Aber wie Sie im folgenden Kapitel und in Kapitel 5 erfahren werden, sind nicht alle Bürger gleichermaßen davon betroffen. Wenn es um die Impfpflicht und den Impfpass geht, sind einige Menschen gleicher als andere.

Kapitel 3

Teile und herrsche

»In nur wenigen Monaten haben die neuen Vorschriften mein Land durch Diskriminierung und Hass in eine Zweiklassengesellschaft verwandelt. Restriktion um Restriktion zerreißt man die Bande, die uns alle in einer Gesellschaft zusammenhalten.« Dies sind die Worte von Gluboco Lietuva, einem litauischen Ehemann und Vater von zwei Kindern. Weder er noch seine Frau sind geimpft. Am 21. September 2021 veröffentlichte er einen Twitter-Beitrag, der viral ging. Darin beschrieb er, wie das Leben jetzt aussieht, nachdem die litauische Regierung als eines der ersten EU-Mitglieder den Green Pass in nahezu allen Lebensbereichen eingeführt hat. Er wollte den Rest der Welt wissen lassen, was sie erwartet. Es war eine Geschichte, über die kaum eine internationale Zeitung zu berichten wagte.

»Ohne Pass darf man kein Einkaufszentrum und keinen großen Supermarkt betreten«, schrieb Lietuva. »An den Eingängen stehen die Leute Schlange, um überprüft zu werden. Das Wachpersonal scannt den Pass jeder Person. Wenn man einen gültigen Pass hat, blinkt das Licht grün und piept. Dann darf man eintreten. Kein Pass, kein Zutritt.«[77]

Die litauische Regierung hatte den »Opportunity Pass«, den »Pass der Möglichkeiten« ausgegeben, der in seiner Bezeichnung an das orwellsche Neusprech erinnert. Ohne diesen »Pass der Möglichkeiten« können Litauer kein Restaurant, Café oder eine Bar betreten. Sie können kein »nicht lebensnotwendiges« Geschäft betreten. Sie können keine Hochschul- oder Berufsausbildungsprogramme besuchen. Sie haben keinen Zugang zu öffentlichen Veranstaltungen oder Räumlichkeiten wie Konferenzsäle, Fitnesszentren oder Friseur- und Kosmetiksalons.[78]

Litauen führte im August 2021 eine lückenlose Abgrenzung zwischen geimpft und nicht-geimpft ein, angeblich um »zu verhindern, dass steigende Coronavirus-Fälle das Gesundheitssystem überfordern, und um Menschen zu schützen, die sich nicht impfen lassen können«.[79] Dennoch stieg die Infektionskurve weiter an. Anfang November war sie höher als zu jedem anderen Zeitpunkt während der Pandemie. Dessen ungeachtet wurden die Beschränkungen beibehalten.

»In nur 6 Wochen hat der Covid-Pass mein Land in ein Regime der Kontrolle und Ausgrenzung verwandelt«, schrieb Lietuva. »Dies ist die neue Gesellschaft, die in Litauen geschaffen wurde, dem Land, das am weitesten auf dem Weg zum Autoritarismus vorangekommen ist, der unweigerlich auf alle Länder zukommt, die ein Covid-Pass-Regime einführen.«

Ein tief gespaltener Planet

Schon bevor die Covid-19-Pandemie die Weltwirtschaft ins Wanken brachte, nahmen die wirtschaftliche Ungleichheit und die soziale Spaltung auf der ganzen Welt rapide zu. Das Jahr 2019 war »das Jahr des Protests«. In seiner letzten Ausgabe des Jahres berichtete der *New Yorker*, dass zahlreiche Bewegungen »über Nacht aus dem Nichts aufgetaucht sind und die öffentliche Wut auf globaler Ebene entfesselt haben – von Paris und La Paz bis Prag und Port-au-Prince, von Beirut bis Bogotá und Berlin, von Katalonien bis Kairo, und in Hongkong, Harare, Santiago, Sydney, Seoul, Quito, Jakarta, Teheran, Algier, Bagdad, Budapest, London, Neu-Delhi, Manila und sogar Moskau«.[80]

Die wirtschaftlichen Auswirkungen der Coronavirus-Krise haben diese Ungleichheiten noch verstärkt. Im Jahr 2020 verdienten die Milliardäre der Welt deutlich mehr als jemals zuvor, vor allem dank der beispiellosen monetären Anreize, die von den globalen Zentralbanken entfesselt wurden. Die Reichen wurden noch reicher, während Hunderte von Millionen Menschen ihre Lebensgrundlage verloren. Jetzt droht die sang- und klanglose Einführung von Impfpässen die wirtschaftliche Ungleichheit auf eine ganz neue Ebene zu heben, indem langfristig eine wirtschaftliche Unterschicht geschaffen wird und sich gleichzeitig neue Formen der technologiegestützten Diskriminierung und Ausgrenzung etablieren.

Die neuseeländische Premierministerin Jacinda Ardern gab offen zu, dass ihre Politik zwei Klassen von Menschen schaffen wird.[81] »Wenn Sie noch nicht geimpft sind, sind Sie nicht nur stärker gefährdet, sich mit Covid-19 anzustecken, sondern viele der Freiheiten, die andere genießen, werden für Sie unerreichbar sein«, sagte sie. »Niemand will, dass das passiert, aber wir müssen die Bedrohung durch das Virus, das sich jetzt vor allem unter nichtgeimpften Menschen ausbreitet, minimieren.«[82]

Zwei Punkte in dieser Aussage sind schlichtweg gelogen. Wie ich in Kapitel 1 gezeigt habe, häufen sich die Beweise dafür, dass geimpfte Personen eine ähnliche Ansteckungsgefahr darstellen wie Nicht-Geimpfte. Laut einer Ende Oktober in der Fachzeitschrift *Lancet* veröffentlichten Studie ist eine Person, die vollständig gegen

Covid-19 geimpft ist und sich dennoch mit dem Virus infiziert, für die Mitglieder ihres Haushalts genauso ansteckend wie eine infizierte nicht-geimpfte Person. Eine vollständig geimpfte Person hat eine 25-prozentige Wahrscheinlichkeit, sich bei einem infizierten Haushaltsmitglied anzustecken, während die Wahrscheinlichkeit bei einer nicht-geimpften Kontaktperson 38 Prozent beträgt.[83]

Mit anderen Worten: Der *Lancet*-Studie zufolge bietet der Impfstoff nur einen begrenzten – und dann auch noch schnell abklingenden – Schutz vor der Ansteckung mit dem Virus und praktisch keinerlei Schutz vor der Weiterverbreitung des Virus. Doch Impfvorschriften und Impfpässe fördern die Übertragung von Krankheiten, indem sie geimpften Menschen ein falsches Gefühl der Sicherheit vermitteln, während nicht-geimpfte Menschen, einschließlich derer mit natürlicher Immunität, beispiellosen Einschränkungen und Strafen ausgesetzt werden.

Geschichtsvergessenheit

Dies ist eines der wirklich dunklen Kapitel des Systems der Impfpässe: Es droht die zarten Fäden zu zerreißen, die das soziale Gefüge zusammenhalten, und die Gesellschaft zu spalten. Auf der einen Seite der Kluft kann eine kleine Mehrheit von Menschen – im Falle Litauens 58 Prozent der Erwachsenen Anfang November 2021 – weiterhin mehr oder weniger ihrem täglichen Leben nachgehen. Sie erhalten diese Rechte nur aus dem einfachen Grund, dass sie ein medizinisches Produkt eingenommen haben, das nicht das hält, was es verspricht. Auf der anderen Seite der Kluft ist eine große Minderheit von der Teilnahme am gesellschaftlichen Leben ausgeschlossen, weil sie sich entschieden hat, das Medikament nicht zu nehmen.

Im Vereinigten Königreich warnte die Gleichstellungs- und Menschenrechtskommission, dass die Zertifikate zwar »im Prinzip« zur Lockerung des Lockdowns und der Reisebeschränkungen beitragen könnten, dies jedoch um den Preis, dass eine »Zweiklassengesellschaft« entstehe, in der »nur bestimmte Gruppen ihre Rechte in vollem Umfang« wahrnehmen könnten.[84]

Natürlich sind diese sogenannten »Rechte« keine Rechte im eigentlichen Sinne, sondern, wie der mit dem Pulitzer-Preis ausgezeichnete Journalist Glenn Greenwald es ausdrückte, »staatlich gewährte Privilegien, die man sich dadurch verdient, dass man den Forderungen politischer Beamter nachkommt, sich Substanzen in den eigenen Körper injizieren zu lassen«.

Ein Recht ist etwas, das jedermann zur Verfügung steht und das nicht aufgehoben werden kann, wie zum Beispiel das Recht zu arbeiten, eine Familie zu gründen oder eine Religion auszuüben. Dazu gehören auch die Rede- und Pressefreiheit. Ein Privileg hingegen kann gewährt und entzogen werden und gilt als besonderer Vorteil oder als Möglichkeit, die nur bestimmten Menschen zur Verfügung steht.

In einem Interview in den US-Primetime-Nachrichten bestätigte Dr. Leana Wen, Kolumnistin der *Washington Post* und medizinische Analystin bei CNN, dass sich die Vereinigten Staaten durch die Vorgaben der Regierung Biden auf ein System von Privilegien statt Rechten zubewegen: »Wir müssen wirklich klarstellen, dass es Privilegien gibt, die damit verbunden sind, Amerikaner zu sein, und dass man sich impfen lassen muss, will man diese Privilegien haben.«

Das ist ein enormer Preis, der für einen vernachlässigbaren Nutzen zu zahlen ist. Sogar die britische Scientific Advisory Group for

Emergencies (SAGE) warnte: »Eine reine Impfstoffzertifizierung hat möglicherweise nur eine sehr geringe direkte Auswirkung auf die Übertragung«, birgt aber das Risiko, »potenziell damit verbundene Schäden und Ungleichheiten zu verursachen, die vor der Umsetzung berücksichtigt werden sollten«.[85]

Zu diesen potenziellen Schäden gehört nicht nur, dass Menschen aus der Gesellschaft ausgeschlossen oder diskriminiert werden, sondern auch, dass sie zum Sündenbock gemacht und dehumanisiert werden, indem man ihnen ihre menschlichen Eigenschaften, ihre Persönlichkeit und ihre Würde nimmt. In den Vereinigten Staaten schoben die Behörden die Schuld an der sommerlichen Infektionswelle den Nicht-Geimpften in die Schuhe, obwohl sich die Beweise für das Gegenteil häuften. In Litauen wurden die Vertreter der »Covid-Pass-Opposition als Verschwörungstheoretiker und ›Antivaxxer‹ karikiert und lächerlich gemacht«, schreibt Lietuva. »Eine ehrliche Debatte wird abgeschmettert. Der Mainstream – Politiker, Beamte, Medien, die Bildungselite – wünscht den Gegnern des Passes ganz unverhohlen den Tod, ›damit wir diese Pandemie endlich beenden können‹.«

In Italien »haben sowohl Ministerpräsident Mario Draghi als auch Staatspräsident Sergio Mattarella nicht-geimpfte Menschen beschuldigt, ›das Leben anderer zu gefährden‹ (eine Behauptung, die auf der Annahme beruht, dass Geimpfte nicht ansteckend sind)«, schreibt der italienische Journalist und Dokumentarfilmer Thomas Fazi.[86]

Mitglieder des politischen, medizinischen und medialen Establishments haben nicht-geimpfte Menschen auch öffentlich als »Ratten«, »Untermenschen« und »Kriminelle« angeprangert, die es verdienen, »aus dem öffentlichen Leben« und »aus dem nationalen Gesundheitsdienst« ausgeschlossen zu werden und sogar »wie die Fliegen zu sterben«.[87]

Durch die ständige Wiederholung von Unwahrheiten ist es vielen nationalen Regierungen gelungen, die Vorstellung zu verbreiten, nicht geimpft zu sein bedeute, dass man ein Gesundheitsrisiko für andere darstelle, wohingegen geimpft zu sein bedeute, dass dies nicht der Fall sei.

Ende Dezember erklärte der Koordinator des Weißen Hauses für Covid-19, Jeffrey Zients, den Geimpften, sie hätten »das Richtige getan, und wir werden das überstehen«. Sekunden später richtete er eine deutlich anders klingende Botschaft an die Millionen nicht-geimpfter Menschen: »Ihnen steht ein Winter mit schweren Krankheiten und Tod bevor, für Sie selbst, Ihre Familien und die Krankenhäuser, die Sie bald überschwemmen werden.«[88]

Auch die Rhetorik der israelischen Regierung, die von den Medien gedankenlos nachgeplappert wird, ist zunehmend bedrohlicher geworden, stellt die Journalistin und Kinderbuchautorin Ziona Greenwald in ihrem Blogbeitrag für die *Times of Israel* »This Is How It Happens« (»So wird das ablaufen«) fest:

> *Es ist schwer zu sagen, ob Israel diesen Wettlauf nach unten anführt oder nur mitläuft, aber es besteht kein Zweifel, dass es seinen moralischen Kompass verloren hat. […] Nichts davon ist vergleichbar mit dem, was während des Holocausts geschah. Aber das galoppierende Böse, das heute im Gange ist, könnte zu noch dunkleren Orten führen, wenn es nicht aufgedeckt wird. Wenn ein israelischer Fernsehmoderator bemerkt: »Die Ungeimpften einsperren? Wir sollten sie in Käfige sperren!« und alle lachen, befinden*

wir uns auf gefährlichem Terrain. Wenn über Schulkinder seitens ihrer Mitschüler der »Cherem« verhängt wird, weil ihre Eltern sie nicht zur Impfung angemeldet haben, sollten wir alle erschaudern.*

Leider befinden sich die meisten Menschen in einem Zustand, den der Satiriker und Kommentator JP Sears als doppelte Verleugnung bezeichnet: Sie verleugnen, dass sie verleugnet werden. Mitbürger (seien es Familienmitglieder, ehemalige Freunde, Nachbarn oder Arbeitskollegen) werden ihrer grundlegenden Menschenrechte und ihrer Würde beraubt – ganz zu schweigen von Arbeitsplätzen, Bildung, Gesundheitsfürsorge und den allen steuerzahlenden Bürgern zustehenden Leistungen –, wobei der Kreis der Betroffenen immer größer wird, da die Bezeichnung »vollständig geimpft« immer wieder neu definiert wird. Die Umstehenden, derzeit noch die Mehrheit, spulen eingefahrene Rechtfertigungen ab und vermeiden jeden Gedanken, der zu Gewissensbissen führen könnte. Nichts scheint ihnen die Augen zu öffnen für das, was geschieht.[89]

Letzten Endes geht es darum, geimpfte Menschen davon zu überzeugen, dass nicht-geimpfte Menschen nicht nur gefährlich, sondern auch makelbehaftet, ja, fast entmenscht sind. Dazu gehören Menschen, die aus gesundheitlichen Gründen nicht geimpft werden können, wie chronisch Kranke, Personen mit Allergien gegen einen oder mehrere Bestandteile des Impfstoffs, Personen, die bereits eine

* Der Cherem (Bann) beziehungsweise dessen Androhung diente der Durchsetzung rabbinischer Dekrete, aber auch dem Ausschluss von Ketzern, Abtrünnigen und anderen Menschen, die durch ihr Verhalten das Judentum in Misskredit brachten. [Anm. d. Verlags]

schwere Reaktion auf eine frühere Dosis eines Covid-19-Impfstoffs davongetragen haben, immungeschwächte Personen, Kinder unter 5 Jahren und schwangere oder stillende Frauen.

Die Tatsache, dass dies in Gesellschaften geschieht, die bereits stark segregiert, gespalten und polarisiert sind, macht dies besonders gefährlich. Selbstverständlich profitiert niemand von der weiteren Verschärfung der sozialen Spaltung und Feindseligkeit, außer der politischen, kulturellen und finanziellen Elite, die sie fördert.

Am Anfang war das Wort

Dieser Prozess beginnt in der Regel mit der Sprache. Wie Jeffrey Barg vom *Philadelphia Inquirer* in seiner Kolumne »The Grammarian« feststellte, haben die Menschen im Sommer 2021 begonnen, weniger von »geimpften Menschen« und mehr von »den Ungeimpften« zu sprechen.

> *Diese subtile Verschiebung vom Adjektiv zum Substantiv – was Fachleute als Nominalisierung bezeichnen – wirkt sich darauf aus, wie geimpfte Menschen »die Ungeimpften« sehen und wie »die Ungeimpften« sich selbst sehen. Die Auswirkungen sind tödlich […] Die Herabsetzung der nicht-geimpften Menschen zu »die Ungeimpften« ist eine unbewusste Entmenschlichung. Für Geimpfte ist es leichter, über Ungeimpfte zu urteilen als über Impfgegner. Wenn dieser Sprachwechsel stattfindet, verhärten sich die Mauern zwischen geimpften und nicht-geimpften Menschen.*
>
> *Aber diese Verschiebung wirkt sich auch darauf aus, wie sich die sogenannten Ungeimpften selbst sehen. Wenn man*

> *die Ungeimpften als eine Gruppe bezeichnet, können sie sich, nun ja, als Teil einer Gruppe fühlen. Die Nominalisierung der Ungeimpften nimmt diesen die persönliche Entscheidung – die Entscheidung, sich nicht impfen zu lassen – und lässt sie wie eine angeborene Eigenschaft erscheinen. In dem Wunsch, Teil dieses Stammes zu sein, wird »ungeimpft« nicht nur zu einer Entscheidung, die jemand getroffen hat, sondern zu einer Definition dessen, was er ist.*[90]

Nicht-geimpfte Menschen werden zudem auf abfällige Beleidigungen und Verunglimpfungen reduziert: Covid-Leugner, Covidioten, Verschwörungstheoretiker. Selbst Queen Elizabeth hat jeden, der einen experimentellen Impfstoff ablehnt, als »egoistisch« bezeichnet. Auch die Konzernmedien beteiligen sich an der Beschimpfung. Eine CNN-Schlagzeile beleidigte nicht-geimpfte Menschen als »[Virus]Variantenfabriken«.[91] In einem Artikel auf *Salon.com* hieß es, es sei völlig »in Ordnung, die Ungeimpften zu beschuldigen«, da »sie den Rest von uns unserer Freiheiten berauben«.[92] Dies könnte nicht weiter von der Wahrheit entfernt sein: Freiheiten sind keine Freiheiten, wenn sie den Bürgern von der Regierung willkürlich gewährt und weggenommen werden. Ein Artikel in *USA Today* ermutigte seine Leser, »die Ungeimpften zu meiden«.[93] Die amerikanische Schriftstellerin Akilah Hughes twitterte an ihre Hunderttausende von Followern: »Petition, um Antivaxxer als ›Pestratten‹ zu bezeichnen«. Dies stieß nicht nur auf breite Zustimmung, sondern führte auch zu weiteren Vorschlägen wie »Virenschleudern« und »Rattenlecker«.[94]

Der Einsatz einer beleidigenden, abwertenden Sprache dient vor allem einem Zweck: der Entmenschlichung einer Bevölkerungsgruppe, die sich in den meisten Fällen aus legitimen ethischen, religiösen oder gesundheitlichen Gründen gegen eine experimentelle

Gentherapie entschieden hat, deren langfristige Nebenwirkungen noch nicht bekannt sind. Es wird praktisch keine Anstrengung unternommen, die Legitimität dieser Beweggründe zu verstehen oder auch nur zu diskutieren.

Die Geschichte hat uns gelehrt – oder sollte es zumindest haben –, dass die Entmenschlichung oder das Deklarieren einer ganzen Gruppe von Menschen zu »Außenseitern« niemals eine gute Sache ist. So gut wie jedes autoritäre System, das es je gegeben hat, hat zu irgendeinem Zeitpunkt eine oder mehrere schwache Minderheiten zum Sündenbock gemacht, oft mit schrecklichen Folgen. Die Sowjetunion, insbesondere während Stalins Schreckensherrschaft, hatte es auf den sogenannten »Volksfeind« abgesehen, ein Sammelbegriff für alle, die als nicht bolschewistisch genug galten. Millionen Menschen kamen in den Gulags Sibiriens um. Das Naziregime wählte Juden, Zigeuner, Behinderte, Kommunisten, Sozialisten und andere politische Gegner zur systematischen Verfolgung und in vielen Fällen für deren Vernichtung aus. Doch zunächst entzogen sie all diesen Gruppen die wesentlichsten Eigenschaften, die sie in den Augen der anderen erst zu Menschen machten.

In seinen »10 Stufen des Völkermords« hat der Anthropologe Gregory H. Stanton, der Gründungspräsident von Genocide Watch, einer in Washington ansässigen Nichtregierungsorganisation, einen Prozess von Schritten vorgestellt, der zur ultimativen »Vernichtung« führt. Bei Stanton kommt die »Entmenschlichung« an vierter Stelle seiner 10 Stufen:

> *In dieser Phase wird Hasspropaganda in Printmedien, Hassradios und sozialen Medien eingesetzt, um die Opfergruppe zu verunglimpfen. Sie kann sogar in Schulbücher aufgenommen werden. Die Indoktrination bereitet den Weg für die Hetze.*

Der Mehrheitsgruppe wird beigebracht, die andere Gruppe als weniger menschlich und sogar als fremd für ihre Gesellschaft zu betrachten. Sie werden in dem Glauben indoktriniert, dass »wir ohne sie besser dran sind«.[95]

Damit soll nicht gesagt werden, dass wir uns auf dem Weg zum Völkermord befinden, sondern vielmehr, dass die Entmenschlichung der zahllosen Millionen von Menschen, die sich dafür entschieden haben, ihre körperliche Autonomie nicht aufzugeben, die Gesellschaft auf einen sehr gefährlichen Pfad führt. Wie Hannah Arendt in ihrem 1955 erschienenen Buch zur Totalitarismusforschung *Elemente und Ursprünge totaler Herrschaft* darlegt, bestand ein vorrangiger Impuls der NS-Ideologie darin, den Opfern zunächst ihre gesetzlichen und bürgerlichen Rechte und anschließend ihre existenziellen Rechte zu nehmen und den vermeintlichen Feinden letztlich das »Recht, Rechte zu haben« zu verweigern.

Die Schwachen im Visier

In den meisten Ländern sind es die Schwächsten – Arme, Staatenlose, Migranten und Flüchtlinge –, die am meisten unter den Entbehrungen zu leiden haben. Sie gehören zu den Letzten, die geimpft werden, sofern sie überhaupt geimpft werden können. Selbst Menschen in Gemeinden, in denen der Impfstoff leicht zugänglich ist, können ihn aufgrund medizinischer Bedingungen, religiöser Lehren oder von den Gesundheitsbehörden auferlegter Einschränkungen nicht erhalten. Menschen, die am Rande der Gesellschaft leben, haben oft weniger Vertrauen in die Behörden und glauben den Zusicherungen der Regierung über die Sicherheit und Wirksamkeit von Impfstoffen weniger als diejenigen, die zu den eher in sich geschlossenen Schichten gehören.

In New York – eine der ersten Städte in den Vereinigten Staaten, die einen Impfpass ausstellte – hatten Ende September 2021 mehr als 70 Prozent der schwarzen Amerikaner zwischen 18 und 44 Jahren den Impfstoff nicht angenommen. Infolgedessen hatten sie keinen Zugang zu Restaurants, Fitnessstudios, Museen, Theatern und einer Vielzahl anderer Aktivitäten in Innenräumen.

Black-Lives-Matter-Aktivisten warfen der Stadtverwaltung vor, mit ihren Impfvorschriften Rassismus zu betreiben. Hawk Newsome, der Mitbegründer von Black Lives Matter of Greater New York, kritisierte die Stadtverwaltung dafür, dass sie »eine enorme Anzahl schwarzer New Yorker von der Teilnahme an alltäglichen Aktivitäten ausschließt«.[96]

Was in New York geschehen ist, gilt mehr oder weniger auch für andere Bundesstaaten. Schwarze und Menschen hispanischer Herkunft sind seltener geimpft als ihre asiatischen oder weißen Altersgenossen. Ende Oktober 2021 waren 70 Prozent der Asiaten und 54 Prozent der Weißen geimpft, verglichen mit 52 Prozent der Latinos und 47 Prozent der Schwarzen, so die Kaiser Family Foundation (KFF).[97]

Ein Grund dafür, dass ethnische Minderheiten weniger gewillt sind, sich impfen zu lassen, ist die Angst vor unerwünschten Nebenwirkungen. Selbst wenn diese nur leicht ausfallen, kann dies bedeuten, dass man der Arbeit einen oder zwei Tage fernbleiben muss. Für viele Niedriglohnempfänger ist dies keine Option. Sie könnten ihren Job verlieren, ihren Lohn einbüßen oder degradiert werden. Im Falle einer schwerwiegenden unerwünschten Nebenwirkung könnte dies eine kostspielige und möglicherweise andauernde medizinische Behandlung bedeuten.

»Es gibt viele Gründe, warum [Schwarze] den Institutionen misstrauen«, sagt Dr. Gary Bennett, Professor für Psychologie, Neurowissenschaften, globale Gesundheit und Medizin an der Duke University.[98]

Im sogenannten Tuskegee-Experiment, das von 1932 bis 1972 lief, wurde 600 schwarzen Männern im ländlichen Alabama, die an Syphilis erkrankt waren, gesagt, sie erhielten Arzneimittel zur Heilung der Krankheit. In Wirklichkeit bekamen sie lediglich Placebos, da die Forscher die Auswirkungen einer unbehandelten Syphilis untersuchen wollten. 40 Jahre lang verfolgte man den Verlauf der nicht behandelten Fälle, während man den Versuchspersonen eine kostenlose Medikamentierung vorgaukelte, bis schließlich 1972 ein Reporter den Skandal aufdeckte. Tuskegee war nicht das einzige Experiment dieser Art. In einem vom US-Verteidigungsministerium in den 1960er-Jahren finanzierten Versuch verabreichte Dr. Eugene Saenger, ein Radiologe aus Ohio, der die medizinischen Erkenntnisse über die Auswirkungen von Strahlung auf den menschlichen Körper vorangebracht hat, mehr als 90 mittellosen schwarzen, ungebildeten Patienten mit inoperablen Tumoren gefährlich hohe Ganzkörperbestrahlungen. Wie die *LA Times* in ihrem Nachruf auf Saenger im Jahr 2007 berichtete, »starben möglicherweise bis zu 20 Patienten an den Folgen der Bestrahlung, und die meisten litten unter starken Schmerzen, anhaltender Übelkeit und einer Vielzahl anderer Nebenwirkungen der Strahlung«.[99]

Ein anderer berühmter amerikanischer Arzt, James Marion Sims, führte Forschungen an versklavten schwarzen Frauen durch. Der Arzt, der weithin als »Vater der Gynäkologie« gilt, entwickelte im 19. Jahrhundert ein chirurgisches Verfahren zur Behandlung von Harnblasen-Scheiden-Fisteln, einer häufigen Komplikation bei Geburten, die zu Harninkontinenz und ständigen Schmerzen führt. Dazu führte er Experimente an schwarzen Sklavinnen durch, die dem Eingriff unmöglich zustimmen konnten, da ihr Körper nicht ihr Eigentum war. Sims verabreichte seinen Versuchspersonen nicht einmal eine Betäubung, da er der Meinung war, dass Schwarze nicht so schmerzempfindlich seien wie Weiße. Erst als er die Operation nach 4 Jahren, in denen er mit Dutzenden von Versuchspersonen experimentierte, perfektioniert hatte, ging er dazu über, sie an weißen Frauen durchzuführen – diesmal unter Narkose.[100]

Dann gibt es noch den berüchtigten Fall der Henrietta Lacks, deren Geschichte kürzlich in einer HBO-Serie auf Grundlage der preisgekrönten Biografie von Rebecca Skloot *The Immortal Life of Henrietta Lacks* (dt.: *Die Unsterblichkeit der Henrietta Lacks*) nacherzählt wurde.[101] Lacks war eine afroamerikanische Arbeiterin, die 1951 im Alter von 31 Jahren an Gebärmutterhalskrebs starb. Während ihrer Behandlung erkannten Wissenschaftler an der Johns Hopkins University, dass sich ihre Krebszellen viel schneller vermehrten als die meisten anderen Zellen, was bedeutete, dass sie sich oft genug replizierten (und damit lebend zur Verfügung standen), um eine gründlichere Untersuchung zu ermöglichen. Dies machte sie für die medizinische Forschung äußerst wertvoll. Diese Zellen, die Lacks 1951 ohne ihr Wissen oder ihre Zustimmung entnommen worden waren, wurden zur ersten und für viele Jahre zur einzigen menschlichen Zelllinie, die sich unbegrenzt vermehren konnte, und werden als sogenannte »HeLa-Zellen« seitdem weltweit in der Forschung eingesetzt. Weder Lacks noch ihre Familie wurden entschädigt oder haben in irgendeiner Weise davon profitiert.

Skandale wie diese erklären zum Teil, warum Schwarze und Hispanoamerikaner dem medizinischen Establishment häufig mit Argwohn begegnen. Aber es geht nicht nur um mangelndes Vertrauen. Viele Menschen haben gut durchdachte Bedenken wegen möglicher kurz- und langfristiger Nebenwirkungen, wegen der Vereinnahmung der Arzneimittelbehörden durch die Pharmaindustrie, wegen der Geheimhaltung der Impfstoffverträge, die Regierungen mit den Herstellern geschlossen haben, wegen des mutmaßlichen Betrugs bei der Impfstoffstudie von Pfizer sowie wegen des autoritären Charakters der Maßnahmen und des Verlusts der bürgerlichen Freiheiten und der Privatsphäre, der mit Impfzwang und Impfpässen einhergehen könnten.

Anstatt diese Bedenken als legitim anzuerkennen, verunglimpfen oder bevormunden viele Politiker, Gesundheitsbehörden, Medien und Wissenschaftler diejenigen, die sie äußern. Dadurch wird letztlich nur ein Kreislauf des Misstrauens aufrechterhalten.

»Menschen zu beschämen ist schlecht«, sagt Bennett. »Die Stigmatisierung führt genau zum Gegenteil dessen, was wir erhoffen.«

Ironischerweise sind viele derjenigen, die diese Stigmatisierung vornehmen, Weiße. Sogenannte »Progressive«, die von Vielfalt, Gleichberechtigung und Integration sprechen und sich zu diesen Werten bekennen. Sie behaupten, sich um Gleichheit zu sorgen, und doch könnte ihr Vermächtnis, wenn sie nicht gestoppt werden, die Wiederauferstehung der Rassentrennung sein.

Ende November 2021 veröffentlichte die medizinische Fachzeitschrift *Lancet* einen Artikel von Dr. Günter Kampf, einem weithin bekannten Forscher an der deutschen Universität Greifswald. Er prangerte darin die Gesundheitsbehörden in den Vereinigten

Staaten und in Europa an, weil sie die Idee verbreiteten, dass einzig die nicht-geimpften Menschen für das Fortbestehen von Covid-19 verantwortlich seien, während »geimpfte Menschen für die Epidemiologie von Covid-19 nicht relevant sind«.

> *Menschen, die geimpft sind, haben ein geringeres Risiko, schwer zu erkranken, sind aber dennoch ein relevanter Teil der Pandemie. Es ist daher falsch und gefährlich, von einer Pandemie der Ungeimpften zu sprechen. In der Vergangenheit haben sowohl die USA als auch Deutschland negative Erfahrungen mit der Stigmatisierung von Teilen der Bevölkerung aufgrund ihrer Hautfarbe oder Religion gemacht. Ich fordere hochrangige Beamte und Wissenschaftler auf, die unangemessene Stigmatisierung ungeimpfter Menschen, zu denen auch unsere Patienten, Kollegen und andere Mitbürger gehören, zu beenden und zusätzliche Anstrengungen zu unternehmen, um die Gesellschaft wieder zusammenzuführen.*[102]

Die beste und die schlimmste aller Zeiten

Schon vor der Covid-19-Pandemie lebten wir in sehr ungleichen Zeiten. Die Einkommens- und Vermögensunterschiede innerhalb und zwischen den Ländern haben seit Jahrzehnten zugenommen, was weitgehend auf die Politik der Regierungen und Zentralbanken zurückzuführen ist.

Seit der globalen Finanzkrise von 2007–2008 haben die meisten Zentralbanken eine Politik verfolgt, die darauf abzielt, den Wert von Finanzanlagen zu erhöhen. Dies war eine gute Nachricht für die oberen 10 Prozent der Bevölkerung, die über den Großteil der Vermögenswerte verfügen, aber eine schlechte Nachricht für die unteren 50 Prozent, die kaum etwas besitzen. Wenn beispielsweise eine Zentralbank den Immobilienmarkt aufbläht, wie es die meisten seit Jahrzehnten tun, mehrt dies das persönliche Vermögen der betreffenden Privatpersonen, da ihre Immobilienportfolios an Wert gewinnen. Menschen in den unteren 50 Prozent der Bevölkerung profitieren dagegen nicht nur nicht davon, weil sie kein Haus besitzen, sie müssen künftig auch mehr Miete zahlen, sodass sie über noch weniger Einkommen und noch weniger Möglichkeiten verfügen werden, ein eigenes Haus zu erwerben.

Die Politik der Zentralbanken hat den Reichtum auch auf eine andere Weise konzentriert, indem sie die Verschuldung für die extrem Reichen außerordentlich billig gemacht hat. Da die Zinssätze gegen null gesunken sind, oder im Falle Europas und Japans unter null, konnten sich die Reichen fast kostenlos verschulden, während die Mittel- und Unterschichten weiterhin viel höhere Zinsen für ihre Kreditkartenschulden und Verbraucherkredite zahlen mussten. Diese enorme Diskrepanz bei den Kosten der Verschuldung hat es wohlhabenden Einzelpersonen ermöglicht, Vermögenswerte anzuhäufen, und großen Unternehmen, ihre kleineren Konkurrenten praktisch zum Nulltarif aufzukaufen.

Die Null- oder (im Falle Europas und Japans) Negativzinspolitik der Zentralbanken hat die Inflation ebenfalls angeheizt, wovor der ehemalige Präsident der Tenth District Federal Reserve Bank in Kansas City, Thomas M. Hoenig, schon vor mehr als 10 Jahren gewarnt hatte. Hoenig schied Ende 2011 aus der Fed aus. Danach umgab ihn der Ruf des Mannes, der falsch gelegen hatte, wie Christopher Leonard in seinem 2021 erschienen *Politico*-Artikel

»The Fed's Doomsday Prophet Has a Dire Warning About Where We're Headed«* beschreibt:

> *Man erinnert sich an ihn als eine Art schrulligen Propheten des Alten Testaments, der unablässig und zu Unrecht vor einer Sache warnte: der drohenden Inflation.*
>
> *Aber diese Version der Geschichte ist nicht wahr. Hoenig war zwar über die Inflation besorgt, aber das ist nicht das Einzige, was für ihn eine Reihe von Meinungsverschiedenheiten zur Folge hatte. Die Geschichte zeigt, dass Hoenig vor allem besorgt war, dass die Fed einen riskanten Weg einschlagen würde, der die Einkommensungleichheit vertiefen, gefährliche Vermögensblasen schüren und die größten Banken gegenüber allen anderen bereichern würde. Er warnte auch davor, dass die Fed dadurch in einen Sumpf des Gelddruckens hineingezogen würde, aus dem sie nicht mehr herauskommen könnte, ohne das gesamte Finanzsystem zu destabilisieren.*
>
> *In all diesen Punkten hatte Hoenig recht. Und in all diesen Punkten wurde er ignoriert. Heute leben wir in der Welt, vor der Hoenig gewarnt hat.*[103]

Während die Renditen für Finanzanlagen in den letzten Jahrzehnten explodiert sind, stagnierten die Gehälter (außer bei CEOs und anderen leitenden Angestellten natürlich). In einem kürzlich erschienenen Artikel in der Zeitschrift *American Affairs* wurde

---

* Zu Deutsch etwa: »Der Weltuntergangsprophet der Fed warnt eindringlich vor unserer Zukunft« [Anm. d. Verlags]

berichtet, dass zwischen 1989 und 2017 ein reales Aktienvermögen in Höhe von 34 Billionen Dollar (im Dollarwert 2017) geschaffen wurde. Nur 25 Prozent dieses neu gebildeten Vermögens waren das Ergebnis von Wirtschaftswachstum. Fast die Hälfte davon (44 Prozent) war die Folge einer Umverteilung von Unternehmensanteilen an die Aktionäre auf Kosten der Arbeitnehmerentgelte.[104]

Ein ähnlicher Trend ist in allen westlichen Volkswirtschaften zu beobachten. Im Jahr 2019 begann die Gegenreaktion. Spontane Proteste brachen im globalen Norden wie im globalen Süden aus, von Paris über Beirut und Hongkong bis Santiago de Chile und Bogotá. Viele Regierungen sahen sich in die Enge getrieben. Doch dann kamen Covid-19 und die von den Regierungen verhängten Lockdowns, die es den Arbeitnehmern nicht nur erschwerten, zu protestieren, sondern auch die Kräfte, die weltweit Armut und Ungleichheit befördern, stärkten.

Während Hunderte Millionen Menschen ihren Arbeitsplatz verloren und Millionen von Kleinunternehmen Konkurs anmelden mussten, wurden große Unternehmen, Finanzinstitute und reiche Investoren von den Zentralbanken gerettet. Viele der kleinen Unternehmen, die überlebten, haben einen großen Teil ihrer Kunden und Einnahmen eingebüßt.

Auch in diesem Fall waren es vor allem die schwachen Bevölkerungsgruppen, welche die Hauptlast des wirtschaftlichen Drucks zu tragen hatten. Eine Studie im Vereinigten Königreich ergab, dass nicht-weiße Minderheiten (BAME)* während der Covid-19-

---

* BAME = Black, Asian and minority ethnic bezieht sich auf Schwarze, Asiaten und ethnische Minderheiten im Vereinigten Königreich, die sich selbst nicht als Weiße betrachten. [Anm. d. Verlags]

Pandemie mit größerer Wahrscheinlichkeit ihren Job verloren als im Vereinigten Königreich geborene weiße Briten. Und obwohl weiße Briten während der Pandemie ihre Arbeitszeit eher reduzierten als BAME-Erwerbstätige, hatten sie seltener mit Einkommensverlusten und größeren finanziellen Härten zu kämpfen.[105]

Wie die US-Journalistin Alex Gutentag in ihrem Artikel »Revolt of the Essential Workers«* berichtet, haben die Lockdowns selbst bereits eine Zweiklassengesellschaft geschaffen:

> *Als die Strategie »Zwei Wochen zur Abflachung der Kurve« umgesetzt wurde, spalteten sich die Erwerbstätigen in zwei Gruppen: Die einen wurden als »unentbehrliche« Arbeitnehmer definiert, die anderen als »entbehrliche«. Die »Entbehrlichen« bestellten alles, was sie brauchten, von zu Hause aus, während Landarbeiter die Ernte einbrachten, die Belegschaft in den Fleischbetrieben Produkte verarbeiteten und verpackten, Lkw-Fahrer Lebensmittel durch das Land transportierten, Köche Gerichte zubereiteten, Lieferboten die Mahlzeiten an Haustüren ablieferten und Reinigungskräfte den Müll einsammelten. Diese Unterteilung ermöglichte es den hochqualifizierten Berufsgruppen, sich vor der Ansteckung mit dem Virus zu schützen, und schuf die Voraussetzungen für eine Zweiklassengesellschaft.*[106]

Wohlhabende Einzelpersonen und Unternehmen waren nicht nur vor der Ansteckung mit dem Virus geschützt, sondern auch vor

* Zu Deutsch etwa: »Revolte der unentbehrlichen Arbeitskräfte« [Anm. d. Verlags]

den wirtschaftlichen Folgen der durch die Pandemie verursachten Lockdowns. Als sich die Finanzkrise im Jahr 2020 verschärfte, druckte die Federal Reserve Billionen von Dollar, um Investoren in stark fremdfinanzierten Hedgefonds und Immobilien-Investmentfonds, die implodierten, zu retten. Sie rettete Inhaber von Vermögenswerten, deren Aktien abstürzten, sowie Spekulanten in einigen der riskantesten Anlageklassen, wie zum Beispiel Schrottanleihen. Je reicher sie waren, desto mehr erhielten sie. Die großen Zentralbanken auf der ganzen Welt gingen alle nach einem ähnlichen Schema vor.

Zwischen dem Beginn der Pandemie im März 2020 und Oktober 2021 haben die vier größten Zentralbanken – die Federal Reserve, die Europäische Zentralbank, die People's Bank of China und die Bank of Japan – ihre Bilanzen um insgesamt 10 Billionen Dollar von rund 20 Billionen Dollar auf 30,8 Billionen Dollar erhöht. Mehr als drei Viertel der neuen Gelddruckerei entfielen auf die Europäische Zentralbank und die Federal Reserve.[107]

Um es mit Dickens zu sagen: Es ist die beste aller Zeiten (für einige wenige Privilegierte) und die schlimmste aller Zeiten (für die meisten von uns). Die wirtschaftlichen Folgen der aufeinanderfolgenden Lockdowns haben bereits zwischen 143 und 163 Millionen Menschen weltweit in die Armut gestürzt. Gleichzeitig haben Technologieunternehmen wie Amazon, Alphabet und Microsoft Rekordgewinne erzielt. Einige der größten Banken der Welt verdienen mehr als je zuvor, da die Aktienmärkte explodieren, befeuert durch einen Aufschwung bei Fusionen und Übernahmen und beispiellose monetäre und fiskalische Unterstützungsprogramme.[108] Wie Gutentag anmerkt, saßen wir zu Beginn der Lockdowns »alle im selben Boot«, wiewohl so gut wie jede Regierungs- und Zentralbankpolitik seither die Ungleichheit vergrößert, die Mittelklasse verkrüppelt und die Reichen weiter bereichert hat.

Erschwerend kommt hinzu, dass die Preise für lebenswichtige Güter, einschließlich Lebensmittel und Energie, aufgrund des beispiellosen Gelddruckens der Zentralbanken, des Nachholbedarfs, der Schocks in der Versorgungskette und des Arbeitskräftemangels weltweit in die Höhe schnellen. Im Oktober erreichte die Verbraucherpreisinflation in den Vereinigten Staaten mit 6,2 Prozent ein 30-Jahres-Hoch. In der Europäischen Union lag sie im Oktober bei 4,4 Prozent und damit auf dem höchsten Stand seit 2008. In Spanien, dem Land, in dem ich lebe, stieg sie im November auf 6,7 Prozent und war damit die höchste jährliche Inflationsrate seit 1989. In den Niederlanden erreichte sie einen 40-Jahres-Höchststand. In einigen großen Schwellenländern wie Brasilien und der Türkei liegt die Inflation bereits im zweistelligen Bereich. Viele der Ärmsten der Welt, die bereits unter den Folgen des Jahres 2020 zu leiden hatten, müssen nun einen weiteren drastischen Einschnitt in Aufrechterhaltung ihres Lebensstandards hinnehmen.

In der Zwischenzeit setzt sich der größte Vermögenstransfer der modernen Geschichte nach oben fort. In den Vereinigten Staaten besitzt das oberste 1 Prozent der Einkommensbezieher nach Angaben der Federal Reserve inzwischen mehr Vermögen als die gesamte Mittelschicht.[109] Die reichsten 10 Prozent besitzen mittlerweile 90 Prozent der Aktien.

Die flächendeckende Einführung von Impfzwang und Impfpässen droht diesen Trend noch weiter zu verschärfen, indem eine permanente Unterschicht geschaffen wird, die faktisch aus der regulären Wirtschaft verbannt ist. In den Vereinigten Staaten verlieren jeden Tag Tausende Menschen ihren Arbeitsplatz aufgrund von Impfvorschriften für Erwerbstätige. Als die italienische Regierung ihre »Keine Impfung, kein Job«-Regelung einführte, wurden an einem Tag schätzungsweise 3,8 Millionen Arbeitnehmer ohne Bezahlung suspendiert. Dennoch schaffte es diese Geschichte kaum in die internationalen Nachrichten.

Diese Arbeitnehmer haben große persönliche Verluste erlitten, doch viele von ihnen (auch solche in wichtigen strategischen Bereichen wie Logistik, Strafverfolgung und Militär) lassen sich nicht einschüchtern. Tausende von US-Beschäftigten ergreifen Arbeitskampfmaßnahmen zu einer ganzen Reihe von Themen, einschließlich Impfpässen. Der größte Klassenkampf unseres Lebens hat begonnen. Wie Russell Brand, britischer Komiker und Sozialkommentator, es ausdrückte: »Es geht nicht mehr um Reich gegen Arm; es geht um einen winzigen Prozentsatz gegen praktisch alle.«

Seit dem Beginn der Pandemie hat das Institute for Policy Studies in Zusammenarbeit mit Americans for Tax Fairness das rasante Wachstum des Vermögens von US-Milliardären nachgezeichnet. Bis zum 18. Oktober 2021 ist das Gesamtvermögen der Milliardärsklasse während der Pandemie um 70 Prozent beziehungsweise 2,1 Billionen Dollar gestiegen. Die Klasse der Milliardäre ist jetzt schwindelerregende 5 Billionen Dollar schwer – das entspricht in etwa dem gesamten Bruttoinlandsprodukt (BIP) der drittgrößten Volkswirtschaft der Welt, Japan. Nicht nur der Reichtum der US-Milliardäre ist gewachsen, sondern auch ihre Zahl. Im März 2020 gab es 614 Amerikaner mit Bankguthaben im 10-stelligen Bereich. Im Oktober 2021 waren es bereits 745.

Noch alarmierender ist, dass das Vermögen der fünf größten Milliardäre – Elon Musk, Jeff Bezos, Bill Gates, Oracle-Mitbegründer Larry Ellison und Google-Mitbegründer Larry Page – weitaus schneller gewachsen ist als das der US-Milliardärsklasse als Ganzes. Musks Vermögen wuchs zwischen März 2020 und Oktober 2021 um atemberaubende 750 Prozent, von 24,6 Milliarden Dollar auf 209 Milliarden Dollar. Bezos' Vermögen stieg um bescheidenere 70 Prozent, das von Gates um 35 Prozent, das von Ellison um 111 Prozent und das von Page um 137 Prozent. Zusammen sind diese fünf Männer also mehr als 750 Milliarden Dollar schwer.

Es ist erwähnenswert, dass alle fünf ihr Geld im Silicon Valley verdient haben, ebenso wie die beiden Nächsten auf der Liste, Mark Zuckerberg (Platz 6) und Sergey Brin (Platz 7). Ihr Nettovermögen ist vor allem aufgrund der rasanten Digitalisierung der Weltwirtschaft in die Höhe geschnellt, die durch die Covid-19-bedingte Abschottung und andere Beschränkungen erleichtert wurde.[110] Sie haben auch von den umfänglichen Rettungsaktionen und Konjunkturprogrammen der Federal Reserve und anderer Zentralbanken profitiert, welche die Marktkapitalisierung ihrer Unternehmen massiv erhöht haben. Jetzt eröffnen sich diesen Tech-Milliardären durch die digitalen Impfpässe noch weitere lukrative Geschäftsmöglichkeiten. Einer von ihnen, Bill Gates, hat sogar hinter den Kulissen an ihrer Einführung mitgearbeitet.

Impfpässe und -zwang werden es der Milliardärsklasse nicht nur ermöglichen, ihren Reichtum zu mehren, sondern auch ihre Macht und Kontrolle über den Rest von uns zu festigen. Doch wie das nächste Kapitel zeigen wird, können selbst die besten Pläne schiefgehen.

Kapitel 4

Ungeahnte Konsequenzen

Wenn Behörden in der ganzen Welt es einer kritischen Masse der Bevölkerung unmöglich machen, an der Gesellschaft oder der Wirtschaft teilzuhaben, wird dies Konsequenzen nach sich ziehen, von denen indes viele unbeabsichtigt sind. Eine offensichtliche Folge ist ein akuter Mangel an Arbeitskräften. Wenn dies in Volkswirtschaften geschieht, die bereits mit einem Arbeitskräftemangel zu kämpfen haben, werden die Auswirkungen natürlich noch verstärkt (auf diese Situation werden wir gleich zurückkommen).

Im Fall der Covid-19-Pandemie verschärfte der Arbeitskräftemangel auch eine weltweite Krise der Lieferketten, die es den Unternehmen erschwert, die elementarsten Komponenten zu beschaffen, die sie für die Herstellung der Produkte benötigen, die von Verbrauchern und Unternehmen immer dringender nachgefragt werden. Im Vereinigten Königreich zum Beispiel haben kleine Unternehmen sogar Schwierigkeiten, so grundlegende und unverzichtbare Dinge wie Kartonagen zu bekommen.[111]

Natürlich gibt es viele Gründe für das Entstehen eines Lieferkettendesasters solchen Ausmaßes, wie es nur einmal in einer Generation vorkommt; doch den offensichtlichsten und folgenreichsten stellt in diesem Fall fraglos die Covid-Krise dar. Als das Virus im Februar 2020 zur Pandemie erklärt wurde, reagierten die Länder mit der Schließung ihrer Grenzen und der Verhängung von Ausgangssperren. Fabriken, Baustellen, Restaurants und Geschäfte waren gezwungen, ihre Pforten zu schließen. Die Regierungen schlossen vorübergehend die Häfen auf der ganzen Welt oder reduzierten deren Kapazitäten erheblich. Die Nachfrage nach Konsumgütern – und allen Rohstoffen und Arbeitskräften, die zu ihrer Herstellung benötigt werden – brach drastisch ein.

Vor diesem Hintergrund konnte die Containerschifffahrt die künftige Nachfrage nicht abschätzen und tat das einzig Vernünftige: Sie senkte ihre Kapazitäten. Die unmittelbare Folge waren weltweite Stornierungen. Innerhalb weniger Wochen waren die globalen Lieferketten zusammengebrochen.

Wie wir inzwischen gelernt haben, ist es viel einfacher, den Pausenknopf der Weltwirtschaft zu drücken, als ihn wieder zu lösen. Ehemals stillgelegte Fabriken brauchten Zeit, um wieder in Gang zu kommen. Rohstoffe waren Mangelware. Als die Wirtschaft in der zweiten Jahreshälfte 2020 wieder anlief, herrschte ein massiver Mangel an grundlegenden Komponenten, die global agierende Konsumgüterproduzenten für die Montage ihrer Erzeugnisse benötigten. So hinderte beispielsweise ein Mangel an Siliziumchips (Prozessoren und andere Halbleiterkomponenten) die Automobilhersteller daran, viele ihrer Modelle fertigzustellen, und die Versorgung des Marktes mit Neuwagen brach ein.

Es war indes nicht nur ein Problem der Versorgung, sondern auch der Verteilung. Die Wiederbelebung der Wirtschaft führte zu einer massiven Nachfrage nach Rohstoffen, Bauteilen und Konsumgütern, aber es gab einfach nicht genügend Lastwagen, Güterzüge,

Flugzeuge oder Schiffe, um Dinge wie Holz, Halbleiter, Autoteile, Fahrräder, Turnschuhe, Benzin, Whisky und viele andere mehr zu transportieren, nach denen Unternehmen und Verbraucher so sehr verlangten.

Die wahren Ursachen der Lieferkettenkrise

Es gibt tiefer liegende Gründe für die Lieferkettenkrise. Dazu gehört der Trend der multinationalen Unternehmen, ihre Produktionsprozesse in Länder mit niedrigeren Arbeitskosten wie China, Vietnam und Mexiko zu verlagern. Dadurch konnten sie in der Vergangenheit enorme Gewinne einfahren, machten sich aber auch anfälliger für einen Bruch in der Lieferkette. Viele dieser Unternehmen setzten auch auf die Just-in-Time-Fertigung (JIT), indem sie niedrige Lagerbestände vorhielten und die benötigten Komponenten erst dann anliefern ließen, wenn sie für einen bestimmten Montageschritt benötigt wurden. Das bedeutete, dass sie im Falle einer Nachschubunterbrechung keine Kapazitätsreserven besaßen, um diese zu überstehen.

Der andauernde Handelskrieg zwischen den beiden Supermächten USA und China hat die Situation zusätzlich verschärft, wie *Business Insider* berichtet.

> *Im September 2020 verhängte das Weiße Haus unter Trump Ausfuhrbeschränkungen gegen SMIC, Chinas größten Chiphersteller, und zwang das Unternehmen, Teile anderswo zu beziehen und dabei die Lieferketten neu zu konfigurieren. In der Zwischenzeit mussten Unternehmen, die ihre Chips von SMIC bezogen, auf Hersteller aus-*

weichen, die ihre Kapazitäten bereits voll ausgelastet hatten. Amerika hatte Mühe, sich auf seine eigene Produktion zu verlassen, da der führende US-Halbleiterriese Intel mit eigenen Produktionsproblemen zu kämpfen hatte. Und einige Unternehmen hatten Chips gehortet, behauptet TSMC-CEO Mark Lui, was die Chipkrise zusätzlich verschärft hat.

Die Regierung Biden hatte ihre Verbündeten aufgefordert, China das benötigte technologische Equipment bis auf Weiteres vorzuenthalten, was die Beschaffung für das Land nochmals erschwerte. All dies geschah, nachdem die Pandemie im Jahr 2020 die Halbleiterproduktion monatelang lahmgelegt hatte, und führte zu einem sprunghaften Anstieg der Preise für Neu- und Gebrauchtwagen und zu Engpässen bei allen Arten von Elektronik.[112]

Und wie ich bereits erwähnt habe, gibt es durchaus noch einen weiteren großen Faktor, der die Krise in den Lieferketten eskalieren lässt: ein akuter – und sich vielerorts verschlimmernder – Arbeitskräftemangel. Impfzwang und -pässe verschärfen diese Notlage zusätzlich.

So leiden beispielsweise die Häfen von Los Angeles und Long Beach, in denen rund 40 Prozent aller US-Containerimporte umgeschlagen werden, unter einem Mangel an Lkw-Fahrern und Terminalmechanikern. Infolgedessen gibt es nicht genügend Fahrzeuge, um die Container von den Rangierbahnhöfen zu holen. Dies hat zu einem noch nie da gewesenen Rückstau an Leercontainern geführt, sodass die wartenden Schiffe an den Containerbrücken nicht entladen werden können. Es ist unwahrscheinlich, dass sich dieser Rückstau bis zum Sommer 2022 auflösen wird, sagte Gene Seroka, Geschäftsführer des Hafens von Los Angeles, Mitte Dezember. Zu diesem Zeitpunkt fehlten dem Hafen immer noch rund 4000 Lkw-Fahrer, was den Überhang an leeren Containern im Hafen weiter anwachsen ließ.[113]

»Von Los Angeles bis Felixstowe in England, von Dubai in den Vereinigten Arabischen Emiraten bis Shenzhen in China erlebt die Welt Verspätungen und Engpässe bei allem, von Spielzeug bis zu Truthähnen«, so Guy Platten, Generalsekretär der International Chamber of Shipping, in einem Kommentar in der *New York Times* vom November 2021. »An der Wurzel dieser Krise befindet sich ein Transportsektor, der unter den Zumutungen der Covid-Ära zusammenbricht. Die Arbeitnehmer, welche die Lastwagen fahren, die Flugzeuge fliegen und die Schiffe bemannen, die für den Transport all dieser Güter – etwa 19 Billionen Dollar des Welthandels pro Jahr – verantwortlich sind, wurden bis zur Belastungsgrenze beansprucht. Die Regierungen haben zu langsam gehandelt.«[114]

Einen Monat zuvor veranschaulichte ein Twitter-Post von Ryan Petersen, dem Gründer und CEO des Logistikunternehmens Flexport, diesen Punkt perfekt. Am 21. Oktober mietete Petersen ein Boot und nahm den Leiter eines der größten Partner von Flexport mit auf eine 3-stündige Tour durch den Hafen von Long Beach in Los Angeles; man befand sich zu diesem Zeitpunkt auf dem Tiefpunkt der monatelangen Lieferkettenkrise der USA. Petersen erfuhr, dass allein an diesem Tag »76 Schiffe mit 430 000 Containerladungen im Wert von 26 Milliarden Dollar im Hafen warteten«, aber nur sieben der Hunderte von Hafenkränen tatsächlich in Betrieb waren und weniger als ein Dutzend Container entladen wurden.[115]

Ende November meldete *Bloomberg*, dass sich die riesigen Rückstaus in den US-Häfen allmählich auflösten, aber das war nicht ganz korrekt. Die wartenden Containerschiffe waren noch immer da – aber viele von ihnen waren außer Sichtweite und damit anscheinend auch aus dem Sinn geraten. Wie die Fachzeitschrift *Hellenic Shipping News* berichtete, befanden sich viele der Schiffe dank der erfolgreichen Einführung eines neuen Warteschlangensystems hinter dem Horizont, wo sie nicht mehr zu erkennen waren (und somit auch nicht gezählt wurden):

> *Zählt man alle Containerschiffe, die am Dienstag vor LA/LB physisch vor Anker lagen, plus die Schiffe in Warteschleifen innerhalb eines Radius von 40 Meilen um die Häfen, die im bisherigen Warteschleifensystem gezählt wurden, plus alle weiter entfernt wartenden Schiffe, die nach dem neuen System nun technisch in der Warteschleife sind, dann warteten am Dienstag 93 Containerschiffe auf einen Liegeplatz in Los Angeles/ Long Beach – ein neuer Höchststand.*[116]

Ein perfektes Beispiel dafür, wie die Regierung mit (ein wenig) Hilfe der Medien versucht hat, die harte Realität der Krise zu verschleiern.

Wie *Hellenic Shipping News* andeutete, »waren die Politiker vielleicht eher daran interessiert, einen unangenehmen Fototermin zu vermeiden – und mithin das Zustandekommen aufmerksamkeitsstarker Bilder von ungelöschten Containerschiffen, die sich bis hinter den Horizont stauen –«, als die äußerst komplexen Ursachen der Krise tatsächlich anzugehen. Wenn Regierungen handeln, verschlimmern sie die Krise leider oft eher, als dass sie sie verbessern.

Die große Resignation noch größer machen

Noch bevor die Regierung Biden ihre Impfpflicht im September 2021 vorstellte, kündigten eine Rekordzahl von Amerikanern ihren Arbeitsplatz. Die Job Openings and Labor Turnover-Befragung ergab, dass 2,9 Prozent der Amerikaner im August ihren Job aufgaben, die höchste Zahl seit Beginn der Erhebung im Jahr 2000. Für diesen Trend, der als »Great Resignation« oder »Big Quit«* bezeichnet wird, gibt es viele Gründe, darunter mangelhafte Arbeitsbedingungen, die zunehmende Überwachung am Arbeitsplatz und die viktorianisch anmutenden Unterschiede zwischen den Gehältern und Prämien, die an der Spitze zur Auszahlung gelangen, und den »Peanuts«, die am unteren Ende ausgezahlt werden. Aufgrund der hohen Nachfrage nach Arbeitskräften in der gesamten Wirtschaft suchten einige Niedriglohnempfänger nach besser bezahlten Arbeitsplätzen in anderen Branchen. Andere entschieden sich für den Vorruhestand.

Und dann sind da natürlich noch die Impfvorschriften. Mit ihrem Inkrafttreten hat sich die Zahl derer, die von sich aus kündigten noch weiter erhöht. Im September stieg diese sogar noch weiter an und erreichte einen neuen Rekordwert von 4,4 Millionen – das entspricht 3 Prozent aller Amerikaner. Am stärksten betroffen waren die Sektoren Freizeit und Gastgewerbe, Handel, Verkehr und Versorgung sowie freiberufliche Dienstleistungen und der Einzelhandel. Die Tatsache, dass viele Arbeitnehmer in den Bereichen Handel, Transport und Versorgung ihren Arbeitsplatz aufgeben,

---

* Beides zu Deutsch etwa: »Große Kündigungswelle« [Anm. d. Verlags]

sollte angesichts der anhaltenden Lieferketten- und Energiekrise Anlass zu großer Sorge geben.

Viele westliche Volkswirtschaften leiden ebenfalls unter einem Mangel an Lkw-Fahrern. In Frankreich sind etwa 40 000–50 000 Stellen unbesetzt, in Deutschland 80 000 und in Spanien 15 000.[117] Nach Angaben der Road Haulage Association (RHA) benötigt das Vereinigte Königreich dringend 100 000 weitere Lkw-Fahrer, um die Nachfrage zu decken.[118] Andernfalls droht dem Land eine noch größere Energie- und Lebensmittelknappheit. Der Lkw-Fahrermangel im Vereinigten Königreich ist jedoch auf eine Reihe von Faktoren zurückzuführen. Natürlich spielt der Brexit hierbei eine Rolle, der viele ausländische Lkw-Fahrer dazu veranlasst hat, in ihre Heimat zurückzukehren, der enorme Rückstau bei den Lkw-Führerscheinprüfungen aufgrund der Pandemie, der dazu geführt hat, dass Zehntausende potenzieller neuer Fahrer nicht in der Lage waren, in der Branche Fuß zu fassen, und schließlich die Tatsache, dass schon vor der Pandemie mehr Menschen die Branche verließen als hinzukamen. Viele junge Menschen wollen nicht mehr in einem so harten, einsamen und oft schlecht bezahlten Beruf arbeiten.

In den Vereinigten Staaten ist es möglich, dass Trucker sogar weniger als den gesetzlichen Mindestlohn (2,13 Dollar) verdienen, den Kellner erhalten, ohne Hoffnung auf Trinkgelder, welche die Unterbezahlung ein wenig abfedern, erklärt Ryan Johnson, seit 20 Jahren Trucker, in seinem Artikel »How Truckers Are Paid«*:

> *Lkw-Fahrer, Landarbeiter und Restaurantpersonal sind vom Fair Labor Standards Act (FLSA) ausgenommen.*

---

* Zu Deutsch etwa: »Wie Lkw-Fahrer entlohnt werden« [Anm. d. Verlags]

> *Während viele Staaten einige der schlimmsten Missbräuche gegenüber Landarbeitern und Restaurantangestellten korrigiert haben (viele andere noch nicht), ist der einzige Beruf, der immer noch nicht reformiert worden ist, der des Truckers, vor allem wegen der Ausnahmeregelungen des Bundes für den zwischenstaatlichen Handel. Fuhrunternehmen nutzen jedes Schlupfloch, um ihre Arbeiter nicht zu bezahlen, und die Gesetze sind so lasch, dass die Arbeitgeber die Regeln buchstäblich nach Belieben erfinden können [...]*
>
> *Lkw-Fahrer können auf verschiedene Weise entlohnt werden. Dies gilt für alle Formen des Lkw-Verkehrs, sei es als Angestellter, als »unabhängiger Vertragspartner«, der an ein Unternehmen »verpachtet« wird, oder als Unternehmer in eigener Regie. Sie können stundenweise, prozentual zur Ladung, nach Kilometern, pauschal oder in einer Kombination aus all diesen Möglichkeiten bezahlt werden. Aber in all diesen Fällen gelten die Lohngesetze, die für 99 Prozent der Menschen gelten, die auf Stundenbasis bezahlt werden, für die Bezahlung von Truckern nicht.*[119]

Eine Impfpflicht für die Millionen von Lkw-Fahrern in den Vereinigten Staaten wird die Situation noch deutlich verschlimmern. Im Vergleich zu der Zeit vor der Pandemie fehlen dem Land bereits rund 80 000 Fahrer. Diese Zahl könnte jedoch explodieren, wenn die Bundesregierung ihren Impfzwang durchsetzt, ohne das Speditionsgewerbe davon auszunehmen. Wenn Bidens Stichtag für die Impfung, der 4. Januar, durchgesetzt wird, wird die Branche 37 Prozent ihrer Trucker oder 2,5 Millionen Menschen verlieren, so eine Umfrage der American Trucking Association (ATA), des größten Speditionshandelsverbandes des Landes.

»Wir haben versucht, der Regierung gegenüber sehr deutlich zu sein – ich verstehe die Logik dahinter –, aber wenn Sie das durchsetzen, sind dies die Konsequenzen«, warnte ATA-Präsident Chris Spear die Anwesenden in seiner Aussage vor dem US-Kongress. »Wenn Sie also versuchen, das Lieferkettenproblem zu lösen, vergrößern Sie es und verschlimmern damit genau das Problem, das Sie zu lösen versuchen [...] 37 Prozent der Fahrer sagten nicht nur ›nein‹, sondern ›auf keinen Fall!‹«

Eine Verschärfung der Krise der Lieferketten bedeutet nicht nur, dass es länger dauert, bis die Produkte die Unternehmen und Endverbraucher erreichen, sondern auch, dass sie insgesamt teurer werden. Dies wird angesichts der knappen Gewinnspannen den Druck auf viele bereits angeschlagene und hoch verschuldete kleine und mittlere Unternehmen noch erhöhen.

Das Speditionsgewerbe spiegelt einen breiteren Trend in den Vereinigten Staaten wider, der darin besteht, dass Arbeiter und Branchen, die direkt mit dem Endkunden arbeiten, den größten Mitarbeiterschwund verzeichnen. Im November 2021 waren die Kündigungsraten unter den Arbeitern im verarbeitenden Gewerbe im Vergleich zum Februar 2020 um 78 Prozent gestiegen, so Nick Bunker, Leiter der Wirtschaftsforschung für Nordamerika beim Indeed Hiring Lab. Im Gegensatz dazu stieg die Zahl der Kündigungen etwa bei büroorientierten Branchen wie beispielsweise dem Finanzsektor, in denen traditionelle Beschäftigungsverhältnisse herrschen, nur um 5 Prozent. Mit anderen Worten: Viele der schlecht entlohnten, unverzichtbaren Arbeitskräfte, die im vergangenen Jahr dafür gelobt wurden, die Wirtschaft am Leben zu erhalten, geben in Scharen ihre Arbeitsplätze auf, während die gut bezahlten Angestellten weitgehend bleiben.[120]

Während viele derjenigen, die im Sommer ihren Job geschmissen hatten, dies aufgrund der Bezahlung, der Sozialleistungen und der Arbeitsbedingungen taten, hatte sich die Hauptmotivation im Herbst auf das Thema Impfstoffvorschriften verlagert, so der Anwalt Ronald J. Pugliese, Jr.:

> *Die staatlichen Auflagen für Mitarbeiter des Gesundheitswesens, des Bildungswesens und der Bundesbehörden haben die Menschen nicht wie erwartet dazu gebracht, sich impfen zu lassen. Es sieht sogar so aus, als ob immer mehr Menschen lieber ihren Arbeitsplatz aufgeben oder um einen anderen Arbeitsplatz bitten, als sich der Zwangsimpfung zu unterwerfen […].*
>
> *Jetzt haben wir es mit einer gespaltenen Gesellschaft, einer Arbeitskrise, einer Lieferkettenkrise, einer steigenden Inflation, einer niedrigen Arbeitsmoral, einer niedrigen Impfquote, einer Pandemie, die nicht aufhören will, und Millionen von Amerikanern ohne Arbeit zu tun. Oh, und zu allem Überfluss könnte bis zu einem Drittel der Chicagoer Polizeibeamten wegen der Impfpflicht der Stadt in unbezahlten Urlaub geschickt werden. Dies geschieht in einer Stadt, in der die Kriminalität außer Kontrolle geraten ist. Wollen die Einwohner von Chicago und anderen Großstädten wirklich, dass ihre Polizeikräfte wegen ihres Impfstatus halbiert werden? Ich jedenfalls weiß, dass ich es nicht will.*[121]

Dies ist einer der wichtigsten Nebeneffekte der Impfpflicht und der Pässe: In einer Zeit, in der die Wirtschaft mehr qualifizierte Arbeitskräfte denn je braucht, droht Millionen von Menschen der Rausschmiss, weil sie sich weigern, sich einen Impfstoff verabreichen zu lassen, der kaum Hoffnung auf eine Eindämmung, geschweige denn eine Ausrottung des Virus bietet. Dies wird das Leben der Heerscharen von kleinen und mittleren Unternehmen, die mit dem Virus zu kämpfen haben, noch schwerer machen. Dazu kommt, dass angesichts der sich verschlechternden Wirtschaftslage viele der öffentlichen Bediensteten, auf die wir angewiesen sind, um ein reibungsloses Funktionieren der Gesellschaft zu gewährleisten – Polizisten, Soldaten, Müllmänner, Feuerwehrleute, Lehrer, Beamte der Küstenwache, Zollbeamte –, ebenfalls ins Abseits gedrängt werden.

Der letzte Strohhalm für die Gesundheitssysteme

Impfpässe und -zwang bergen nicht nur die Gefahr, die weltweite Lieferkettenkrise zu verschärfen und damit die Inflation weiter in die Höhe zu treiben, sondern sie drohen auch, die nationalen Gesundheitssysteme vieler Länder zu zerstören. Viele dieser Systeme waren bereits vor der Pandemie in Schwierigkeiten, wurden im Verlauf der Krise an den Rand des Abgrunds gedrängt und könnten infolge von Impfzwang und Pässen nun durchaus ihre Belastungsgrenzen erreichen. Eines der größten Probleme ist einmal mehr der akute Personalmangel. Millionen Beschäftigte im Gesundheitswesen auf der ganzen Welt, darunter Ärzte und Krankenschwestern, Hebammen, MTAs und Krankenwagenfahrer, waren gezwungen, zwischen der Impfung und dem Verlust ihres Arbeitsplatzes zu wählen. Viele haben sich für Letzteres entschieden.

Eine beträchtliche Anzahl dieser Mitarbeiter des Gesundheitswesens verfügt bereits über einen gewissen Grad an Immunität aufgrund einer früheren Covid-19-Infektion. Zahlreiche Studien deuten darauf hin, dass eine natürliche Infektion eine breitere und länger anhaltende Immunität verleiht als Impfstoffe.[122] In vielen Ländern, darunter die Vereinigten Staaten und das Vereinigte Königreich, zählt die auf natürlichem Wege erworbene Immunität jedoch nicht. Entweder man ist geimpft oder nicht; es gibt keine andere Möglichkeit. Die EU erkennt zwar die auf natürlichem Wege erworbene Immunität noch an, aber sie berechtigt nur 6 Monate* lang zum Erhalt des Green Pass. Danach brauchen Sie den Impfstoff. Und Anfang 2022 dachten einige EU-Mitgliedstaaten, wie Frankreich und Belgien, daran, die Anerkennung der auf natürlichem Wege erworbenen Immunität sowie negativer PCR-Testergebnisse abzuschaffen. Die Beschäftigten des Gesundheitswesens verließen bereits vor Inkrafttreten der Impfvorschriften in Scharen ihren Arbeitsplatz, unter anderem wegen des eklatanten (und zunehmenden) Missverhältnisses zwischen den Gehältern von Führungskräften und ihren eigenen Bezügen. In den Vereinigten Staaten haben die Führungskräfte der Krankenhäuser während der Pandemie Rekordgehälter und -prämien erhalten, während die Krankenschwestern, die unter Gefährdung ihrer eigenen Gesundheit die Stellung gehalten haben, praktisch nichts bekamen. Ähnlich verhält es sich in England und Wales, wo den Krankenschwestern und -pflegern eine mickrige Lohnerhöhung von nur 3 Prozent angeboten wurde; das ist weniger als die Inflationsrate für die Verbraucherpreise, was bedeutet, dass diese Arbeitnehmer unterm Strich eine Lohnkürzung erhalten werden.

---

* Für Deutschland sind mit Wirkung vom 19.3.2022 die fachlichen Vorgaben für Covid-19-Genesenennachweise unmittelbar in § 22a Abs. 2 Infektionsschutzgesetz (https://www.gesetze-im-internet.de/ifsg/__22a.html) geregelt worden. Die fachlichen Vorgaben des RKI für Covid -19-Genesenennachweise nach der Covid -19-Schutzmaßnahmen-Ausnahmenverordnung und der Coronavirus-Einreiseverordnung sind daher zum 19.3.2022 außer Kraft getreten. [Anm. des Verlags]

Das Royal College of Nursing (RCN), die größte Krankenschwesterngewerkschaft des Landes, nannte das Gehaltsangebot daher auch einen »herben Schlag«.

»Krankenhäuser und andere Bereiche des NHS haben Schwierigkeiten, Krankenschwestern und -pfleger sowie medizinisches Hilfspersonal zu finden«, sagte Pat Cullen, Generalsekretärin und Geschäftsführerin des RCN. »Die Regierung wurde gewarnt, dass noch viel mehr auf der Kippe stehen. Mit der heutigen Entscheidung haben es die Minister noch schwieriger gemacht, den Patienten eine sichere Versorgung zu gewährleisten.«[123]

Der Personalmangel im NHS war bereits vor der Covid-19-Krise akut, weil viele Krankenschwestern und Ärzte vom europäischen Festland nach dem Brexit wieder ihre Koffer packten und in ihre Heimat zurückkehrten. Etliche der verbliebenen Krankenschwestern und Ärzte sind von Burnout bedroht.

Es ist ein Teufelskreis, der die Gesundheitssysteme auf der ganzen Welt lähmt, vom Vereinigten Königreich über die Vereinigten Staaten bis hin zu Frankreich und Australien. Je schlimmer der Personalmangel wird, desto mehr Krankenschwestern und Ärzte erliegen der geistigen und körperlichen Erschöpfung, was den Mangel weiter verschärft.

Die Impfpflicht scheint der letzte Strohhalm zu sein. Eine plötzliche Welle von Entlassungen und Kündigungen des nicht-geimpften Personals macht es den ohnehin überlasteten Krankenhäusern noch schwerer, Patienten mit Covid-19 und anderen schweren Erkrankungen zu behandeln, zumal der Winter höhere Fallzahlen mit sich bringt. Die Wartelisten für Nicht-Corona-Patienten nehmen in alarmierendem Maße zu, während gleichzeitig die

Zahl der Fälle von Covid-19 und anderen akuten Erkrankungen sprunghaft ansteigt.

Im Vereinigten Königreich warteten Ende September 2021 fast 6 Millionen Menschen auf einen Therapieplatz in einem Krankenhaus, die höchste Zahl, seit der NHS im August 2007 mit der Erfassung dieser Daten begann.[124] Mehr als 300 000 Patienten mussten länger als ein Jahr auf eine Krankenhausbehandlung warten, mehr als doppelt so viele wie im Jahr zuvor. Die Zahl der Menschen, die länger als 12 Stunden in der Notaufnahme ausharren mussten, stieg allein zwischen September und Oktober 2021 um 40 Prozent. Nach Angaben der British Heart Foundation vom November 2021 warteten 20-mal mehr Menschen länger als 6 Wochen auf lebenswichtige Diagnostik, mit der Herzkrankheiten festgestellt werden können, als vor der Pandemie.[125]

Diese Systemmängel kosten bereits jetzt Menschenleben. Nachforschungen der *Financial Times* (FT) ergaben, dass in der zweiten Novemberwoche 2021 2047 Menschen mehr starben als im gleichen Zeitraum in den Jahren 2015 bis 2019. Bei mehr als der Hälfte dieser Menschen (1197) wiesen die Totenscheine Covid-19 aus. Dies »erhöht die Wahrscheinlichkeit, dass seit dem Sommer mehr Menschen aufgrund der Belastungen des NHS oder des Fehlens einer Früherkennung schwerer Krankheiten ihr Leben verloren haben«. Die häufigsten Ursachen für die zusätzlichen Todesfälle waren Herz-Kreislauf-Erkrankungen und Schlaganfälle, was die Vermutung nahelegt, dass Impfschäden eine Rolle gespielt haben könnten (obwohl dieser Zusammenhang in dem FT-Artikel vermieden wurde).[126]

Natürlich befindet sich das britische Gesundheitssystem seit Jahren in einer Krise, nachdem es jahrzehntelang schlecht verwaltet, unterfinanziert und unauffällig privatisiert wurde. Leider führt so ziemlich alles, was die britische Regierung derzeit tut, zu einer weiteren Verschärfung der Krise, was wiederum noch mehr Gelegenheiten schafft, das System weiter zu privatisieren.

Am 11. November 2021 setzte das Ministerium für Gesundheit und Soziales einen Impfzwang für Pflegekräfte in England durch, der laut Nadra Ahmed, dem geschäftsführenden Vorsitzenden der National Care Association (NCA), bis zu 70 000 Beschäftigte aus der Branche trieb.[127]

Führungskräfte aus dem Pflegebereich flehten den Gesundheitsminister Sajid Javid, einen ehemaligen Investmentbanker, um einen Aufschub in letzter Minute an, aber ohne Erfolg.

Die Pflegeheime sahen sich bereits vor dem Mandat mit dem akutesten Personalmangel aller Zeiten konfrontiert, mit etwa 170 000 unbesetzten Stellen.[128] Der Impfzwang hat diesen Mangel noch verschärft und viele Pflegeheime dazu gezwungen, ihre Leistungen zu kürzen. Methodist Homes (MHA), der größte gemeinnützige Anbieter von Pflegeleistungen im Vereinigten Königreich mit 90 Pflegeheimen und 6000 Mitarbeitern, gab im November bekannt, dass er rund 7,5 Prozent seiner Pflegeheime für einen Aufnahmestopp verhängen wird. Der Pflegedienstleister schätzt, dass rund 750 Pflegeheime aufgrund des Personalmangels bereits keine neuen Bewohner mehr aufnehmen können.[129]

»Das bedeutet, dass weniger ältere Menschen die Pflege erhalten können, die sie brauchen, um das gute Leben zu führen, das sie verdienen, und dass mehr ältere Menschen das Krankenhaus nach einem stationären Aufenthalt nicht mehr verlassen können«, so Sam Monaghan, Geschäftsführer von MHA. Der Impfzwang hat auch den Druck auf das überlastete staatliche Gesundheitssystem (NHS) weiter erhöht, da immer mehr Pflegeheime sich weigern, Patienten aus Krankenhäusern aufzunehmen.[130]

Das NHS-Personal in England wird Anfang 2022 mit einem eigenen »Keine Impfung, kein Job«-Mandat konfrontiert, das zum zusätzlichen Verlust von bis zu 80 000 Arbeitskräften führen könnte, darunter viele Ärzte, Krankenschwestern und andere Mitarbeiter an vorderster Front. Sollte es dazu kommen, wäre es für den NHS natürlich noch schwieriger, die Basisversorgung zu erbringen, die englische Patienten benötigen.

Die britische Regierung scheint über diese Aussicht nicht übermäßig besorgt zu sein. Vermutlich weil sich, je schlechter das System funktioniert, umso mehr Möglichkeiten für Privatunternehmen in der Gesundheitsbranche eröffnen (von denen viele in den USA ansässig sind), diese Lücken zu schließen. Und viele dieser Unternehmen haben enge Verbindungen zur regierenden Konservativen Partei. In einer Umfrage der Onlineplattform *openDemocracy* gaben 40 Prozent der befragten Patienten an, ihnen sei »gesagt worden, dass der NHS ihnen einfach nicht die Behandlung bieten kann, die sie brauchen. Die Hälfte dieser Patienten – 20 Prozent aller Befragten – berichtete, ein NHS-Mitarbeiter habe ihnen sodann mitgeteilt, dass sie stattdessen für die benötigte Behandlung privat bezahlen müssten.«[131]

In der kanadischen Provinz British Columbia führte die im November 2021 von der Regierung eingeführte Impfpflicht für Beschäftigte im Gesundheitswesen zu einem derartigen Druck auf das Krankenhauspersonal, dass dieselbe Regierung Ende Dezember ankündigte, sie erwäge, einigen erkrankten Ärzten und Krankenschwestern die Rückkehr an ihren Arbeitsplatz zu »erlauben«.

Die Behörden in der Provinz Quebec hatten diesen Schritt bereits unternommen, während die Provinz Alberta nicht-geimpften Arbeitnehmern die Rückkehr an ihren Arbeitsplatz gestattet hatte, sofern sie sich zu regelmäßigen Tests bereit erklärten.[132]

Ähnlich verhält es sich in den Vereinigten Staaten, wo viele Krankenhäuser, ob privat finanziert oder öffentlich subventioniert durch das Medicare- oder Medicaid-System*, bis zur Belastungsgrenze beansprucht sind, insbesondere in den ländlichen Gebieten. Im Oktober 2021 verhängte die Regierung Biden eine Impfpflicht für das Personal der meisten Gesundheitseinrichtungen, deren Leistungen von Medicare oder Medicaid erstattet werden, darunter Krankenhäuser, ambulante chirurgische Einrichtungen, Dialyseeinrichtungen und ambulante Pflegedienste. Bis Mitte des Monats hatten rund 41 Prozent aller Krankenhäuser im Land eine Impfpflicht für ihr Personal eingeführt.

Einige Entscheidungsträger ländlicher Krankenhäuser befürchten, dass der Impfzwang einen Arbeitskräftemangel verschärfen wird, der schon vor der Pandemie als schwerwiegend bezeichnet werden konnte. »Manche Krankenhäuser haben bereits Leistungen wie planbare (elektive) Operationen, Entbindungen und andere stationäre Behandlungen gekürzt, verschoben oder ganz eingestellt«, so die unabhängige gemeinnützige Organisation Pew Charitable Trusts. Es wird befürchtet, dass so manches Krankenhaus gar seine Pforten schließen müsse.

---

* Medicare ist die öffentliche und bundesstaatliche Krankenversicherung der USA für ältere oder behinderte Bürger. Medicaid ist ein amerikanisches Gesundheitsfürsorgeprogramm für Personen mit geringem Einkommen, Kinder, ältere und behinderte Bürger, das von den jeweiligen Bundesstaaten organisiert und paritätisch zusammen mit der Bundesregierung finanziert wird. [Anm. d. Verlags]

»Ich habe mit Krankenhausverwaltungen gesprochen, die geschätzt haben, dass zwischen 3 und 20 Prozent ihrer Belegschaft ihren Job aufgeben müssten, sofern ihre Weiterbeschäftigung an eine Impfung gebunden ist«, sagte Brock Slabach, Chief Operations Officer der National Rural Health Association, einer gemeinnützigen Organisation, die Krankenhäuser und Kliniken in ländlichen Gebieten sowie Ärzte, Krankenschwestern und Verwalter vertritt. »In einem ländlichen Krankenhaus könnten das zwei, vielleicht drei Krankenschwestern sein, was ihre Kapazitäten, den Anforderungen der Patientenversorgung gerecht zu werden, stark einschränken könnte.«[133]

Diese Probleme gibt es nicht nur im ländlichen Amerika. Ende November 2021 kündigte das Mount Sinai South Nassau in New York die vorübergehende Schließung der eigenständigen Notaufnahme in Long Beach an, weil es aufgrund der staatlichen Covid-19-Impfpflicht an Pflegepersonal mangelte.[134] Auch in den Städten Syracuse und Buffalo im Bundesstaat New York führte der Personalmangel zu vorübergehenden Krankenhausschließungen.[135]

Auch auf dem europäischen Festland geraten die Gesundheitssysteme ins Wanken. In Frankreich, wo im September 2021 mehr als 3000 nicht-geimpfte Mitarbeiter des Gesundheitswesens suspendiert wurden, konnte Ende Oktober jedes fünfte Bett wegen akuten Personalmangels nicht belegt werden. Als eine neue Welle von Covid-19-Infektionen auftrat, so France 24, hatten viele Krankenschwestern und -pfleger sowie Pflegehelfer nicht mehr die Kraft, weiterzumachen. Kündigungen und Fehlzeiten drohten das ohnehin schon überlastete Kliniksystem zu zerstören. Thierry Amouroux, ein Sprecher der Nationalen Gewerkschaft der Pflegefachkräfte (SNPI), sagte, er habe so etwas in seiner 40-jährigen Laufbahn noch nie erlebt:

Wir haben die Betten immer ab Juli geschlossen, damit das Personal in Urlaub gehen konnte. Aber dies ist das erste Mal, dass wir die Betten zu Beginn des Schuljahres nicht wieder öffnen konnten.[136]

Es zeugt von der Torheit und Hybris unserer Führungseliten, dass viele der heldenhaften Ärzte, Krankenschwestern und -pfleger, Pflegehelfer sowie andere Angehörige des Gesundheitswesens an vorderster Front, die während der ersten Wellen der Covid-19-Pandemie noch beklatscht wurden, jetzt ihren Arbeitsplatz verlieren, weil sie sich keine Impfstoffe verabreichen lassen wollen, die kaum Schutz vor Ansteckung oder Übertragung bieten.

Schwachstelle IT-Systeme

Eine weitere wichtige Quelle für die Anfälligkeit des Systems ist die IT. Große Teile der Welt haben innerhalb von nur 2 Jahren eine digitale Transformation im Größenumfang von 10 oder 15 Jahren durchlaufen. Dies hat einige wichtige Vorteile mit sich gebracht, wie zum Beispiel eine schnellere und bequemere Abwicklung von digitalen Transaktionen. Virtuelle Kommunikationsplattformen wie Zoom haben es Millionen von Büroangestellten ermöglicht, während der Pandemie von zu Hause aus zu arbeiten. Aber dieser beschleunigte Prozess hat auch dazu geführt, dass die IT-Systeme und Netze, auf die wir in fast allen Bereichen angewiesen sind, angreifbarer und anfälliger für Strafverbrechen geworden sind.

Da fast alles ins Internet verlagert wurde – einschließlich Arbeit, Kommunikation, Zahlungsabwicklungen, Behördengänge und bis zu einem gewissen Grad sogar die Gesundheitsversorgung –, taten viele Kriminelle das einzig Logische: Sie verlagerten ihre

Aktivitäten ebenfalls ins Netz. Ransomware (bösartige Erpressungstrojaner), die damit droht, private Daten zu veröffentlichen oder sie für den Betroffenen unzugänglich zu machen, wenn nicht ein Lösegeld gezahlt wird, ist seit Beginn der Pandemie bei Kriminellen immer beliebter geworden. Die Angriffsziele reichen von kleinen Unternehmen und gemeinnützigen Organisationen bis hin zu Versorgungsunternehmen, Lebensmittellieferanten, Regierungsbehörden und globalen Banken.

Im März 2021 wurde das spanische Arbeitsamt (SEPE) von einem Ransomware-Angriff heimgesucht, der alle Onlineprozesse lahmlegte und dazu führte, dass praktisch sämtliche Aktivitäten in den 700 Büros der Behörde eingestellt werden mussten. Durch den Angriff wurde die Auszahlung von Arbeitslosengeld an einige der 2,73 Millionen Menschen, die von der SEPE abhängig sind, unterbrochen. Nach etwa einer Woche wurde das System wiederhergestellt, nachdem die Regierung den Hackern einen nicht näher bezeichneten Betrag gezahlt hatte, um die Sperrung zu beenden.[137]

2 Monate später wurde Colonial Pipeline, die größte Erdölpipeline der Vereinigten Staaten, Opfer eines Ransomware-Angriffs, der die computergesteuerten Geräte zur Verwaltung der Ölleitungen aushebelte. Der Angriff unterbrach die Treibstoffversorgung der Ostküste für etwa eine Woche, bevor das Lösegeld in Höhe von 4,4 Millionen Dollar gezahlt (ein Großteil davon wurde später zurückgeholt) und der Betrieb wiederhergestellt wurde. Nach Angaben von Insidern wurde das System durch ein einziges durchgesickertes Passwort geknackt.[138]

Dies ist einer der Hauptgründe für die wachsende Anfälligkeit der IT-Systeme, auf die wir mehr und mehr angewiesen sind: Der einfachste Weg, einen Hack durchzuführen, ist, einen Maulwurf im Inneren zu haben. Und das ist nahezu unmöglich zu verhindern, wenn man bedenkt, wie viele große Unternehmen unzufriedene Mitarbeiter auf ihrer Gehaltsliste haben oder hatten. Die steigende Bedrohung wird auch durch die zunehmende technische Raffinesse und das Können der Hacker vorangetrieben. Die Hinwendung hin zum Homeoffice hat die Anfälligkeit ebenfalls erhöht. Oft machen sich weder die Unternehmen noch deren Mitarbeiter Gedanken über mögliche Sicherheitsdefizite, die aufgrund der Verlagerung der Firmen-IT in private Räumlichkeiten entstehen können – bis es zu spät ist.

Banken sind ein immer beliebteres Ziel, insbesondere in Schwellenländern, in denen die Finanzinstitute weniger Mittel für die IT-Sicherheit aufwenden können. Ende Oktober 2021 wurde Pakistans drittgrößter Kreditgeber, die National Bank of Pakistan (NBP), Opfer eines massiven Cyberangriffs, der ihr Onlinebankingsystem für mehr als 48 Stunden außer Betrieb setzte. Die NBP ist eine von drei Banken in Pakistan, die auf nationaler Ebene als systemrelevant gelten. Wie eine Kolumne in der *Express Tribune*, Pakistans einziger international angeschlossener Zeitung, feststellte, bedeutet dies, dass sie offiziell »›zu groß zum Scheitern‹ ist – die gesamte Volkswirtschaft könnte zusammenbrechen, wenn bei der NBP etwas schiefgeht«.[139]

Selbst kurzzeitige Bankausfälle können den Verbrauchern und Geschäftskunden schwerwiegende Probleme verursachen, unter anderem aufgrund des fehlenden Zugriffs auf das eigene Geld und die diversen Finanzdienstleistungen. Sie treten in Ländern rund um den Globus immer häufiger auf, sei es infolge interner IT-Probleme, externer Ausfälle oder Cyberkriminalität.

So fiel das Onlinebankingsystem des größten mexikanischen Kreditinstituts BBVA im Jahr 2021 dreimal aus. Jedes Mal waren die 24 Millionen Kunden der Bank weder in der Lage, die Geldautomaten der Bank oder ihre mobile App zu nutzen noch Transaktionen in den Filialen durchzuführen. Zwei der Ausfälle fanden an einem Sonntag statt, sodass die Kunden nicht einmal die Bargelddienste der Bank in Anspruch nehmen konnten. Das Institut machte für den ersten Ausfall ein internes Systemupdate verantwortlich und versicherte seinen Kunden, dass ihre Finanzdaten nicht gefährdet seien. Einen Monat später fiel das System erneut aus.

Zu den anderen Banken, die von schwerwiegenden Ausfällen betroffen waren, gehört Ecuadors größter Kreditgeber, die Banco Pichincha, deren IT-System im Oktober durch einen Ransomware-Angriff für mehrere Tage außer Gefecht gesetzt wurde. Venezuelas größter Kreditgeber, die Banco de Venezuela, wurde im September ebenfalls von einem Cyberangriff getroffen, für den die venezolanische Regierung die Regierung der Vereinigten Staaten verantwortlich machte. Die 16 Millionen Kunden des Instituts hatten 5 Tage lang keinen Zugang zu digitalen Bankdienstleistungen.

Nicht nur Banken in Schwellenländern sind von Cyberangriffen betroffen, sondern auch viele Großbanken in den Industrieländern. Die Kiwibank, einer der größten Kreditgeber Neuseelands, und die ANZ Bank, der drittgrößte Kreditgeber Australiens, wurden 2021 Opfer von DDoS-Angriffen (Distributed Denial of Service)*, die zu einer Reihe von IT-Systemausfällen führten.

---

* Eine zumeist mutwillig herbeigeführte Überlastung eines Internetdienstes durch einen konzertierten Angriff auf die betreffenden Server oder sonstigen Komponenten des Datennetzes. [Anm. d. Verlags]

Im selben Jahr kam es bei der Mizuho Bank, einer der drei japanischen Megabanken, zu so vielen IT-Systemausfällen – das entspricht fast einem Fall pro Monat –, dass dies schließlich zur Entlassung von Tatsufumi Sakai, CEO der Mizuho Financial Group, und Koji Fujiwara, Präsident der Mizuho Bank, führte.[140] Ein weiterer asiatischer Kreditriese, die in Singapur ansässige DBS Bank, erlebte Ende November den schlimmsten Ausfall seit 10 Jahren. Die DBS Bank ist stolz auf ihre technologischen Fähigkeiten und wurde von *Euromoney* mehr als einmal zur »World's Best Digital Bank« gekürt. Das Ziel der Bank ist es, »durch und durch digital« zu werden. Dennoch konnten viele ihrer Kunden über 48 Stunden lang nicht auf Online-Bankdienstleistungen zugreifen.[141]

Im Vereinigten Königreich vergeht kaum eine Woche, in der nicht die mobile App und/oder die Onlineplattform von mindestens einer Großbank ausfällt. An nur einem Tag im November hatten drei große Institute – Lloyds, Halifax und Bank of Scotland, die alle zur Lloyds Banking Group gehören – Probleme mit ihrer Zugangssoftware und den Internetbanking-Diensten, sodass viele Kunden keinen Zugriff auf ihre Konten hatten.[142]

2 Wochen zuvor hatte eine andere große Bank, Barclays, einen landesweiten Ausfall, der Tausende von Kunden betraf.[143] Eine Woche zuvor waren HSBC und NatWest an der Reihe.

Auf der anderen Seite des Atlantiks hatte die Bank of America im Oktober 2021 einen größeren Ausfall zu verkraften, bei dem Tausende ihrer Kunden stundenlang nicht auf ihre Konten zugreifen konnten. Wie die meisten Banken hat auch die Bank of America nach eigenen Angaben einen enormen Zuwachs beim digitalen Banking zu verzeichnen: 85 Prozent der Kunden nutzen digitale Kanäle für Transaktionen.

Diese Totalausfälle können eine ganze Reihe von Gründen haben, von internen Pannen über ausgeklügelte Hacks bis hin zu Serverproblemen, aber eines zeigen sie alle: nämlich die inhärente Anfälligkeit der IT-Systeme der Banken in einer Zeit, in der das Bargeld in aller Eile durch digitale Bankdienstleistungen ersetzt werden soll (siehe Kapitel 6).

Nicht nur Banken werden Opfer von Cyberangriffen. Auch viele große Regierungsbehörden, Versicherungsunternehmen, Kreditauskunfteien, Kryptowährungsbörsen, Zentralbanken und sogar die fortschrittlichsten Technologieunternehmen der Welt, wie Microsoft, Google und Facebook. Und wenn sie ihre eigenen Systeme nicht vor Angriffen schützen können, wer könnte es dann?

Eine digitale Pandemie?

Die Anfälligkeit wichtiger IT-Systeme und -Netzwerke ist auch dem Weltwirtschaftsforum (WEF) nicht entgangen, das den beschleunigten Übergang zu einer digitalen Wirtschaft antreibt. Im Juli 2020 veranstaltete die Organisation die Simulation eines Cyberangriffs mit dem Titel »Cyber Polygon 2020«, dessen zentrales Thema unheilvoll »Digitale Pandemie« lautete. Während der Veranstaltung nahmen 120 der größten russischen und internationalen Organisationen aus 29 Ländern an der technischen Schulung teil, um auf einen simulierten Angriff zu reagieren, der darauf abzielte, Unternehmensdaten zu hacken und den Ruf des Unternehmens zu schädigen. Unter den Gästen befanden sich viele der größten Banken der Welt. Einer der Hauptredner war der ehemalige britische Premierminister Tony Blair, der den Teilnehmern der Veranstaltung erklärte, dass die digitale Identität ein unvermeidlicher Bestandteil des digitalen Ökosystems sein wird, das um uns herum aufgebaut wird, und dass die Regierungen daher mit den Technologieunternehmen zusammenarbeiten sollten, um ihre Nutzung zu regeln.

Bei der Veranstaltung im Jahr 2021 verfolgten schätzungsweise 5 Millionen Menschen aus 57 Ländern den Live-Stream, an dem, wie es auf der Website heißt, »führende Persönlichkeiten und Experten aus aller Welt, darunter Michail Mishustin, Premierminister der Russischen Föderation, und Klaus Schwab, Gründer und Vorstandsvorsitzender des WEF, sowie Spitzenvertreter von INTERPOL, ICANN, Visa, IBM, Sberbank, MTS und anderen Organisationen« teilnahmen. Ebenfalls vertreten waren »Staats- und Strafverfolgungsbehörden, Finanz-, Bildungs- und Gesundheitseinrichtungen, Organisationen aus der IT-, Telekommunikations-, Energie-, Metall-, Chemie-, Luft- und Raumfahrttechnik und anderen Branchen«.

Die Teilnehmer wurden in zwei Teams aufgeteilt: Das rote Team simulierte einen Cyberangriff auf die Lieferkette, während das blaue Team den Angriff so gut wie möglich abwehren musste. Auf der Website der Veranstaltung wird eindringlich davor gewarnt, dass angesichts der Digitalisierungstrends, die vor allem durch die Covid-19-Krise beflügelt wurden, »ein einziges verwundbares Glied ausreicht, um das gesamte System zum Einsturz zu bringen, gleich einem Dominoeffekt«.[144] In einem Werbevideo für die Veranstaltung, das auf dem offiziellen YouTube-Kanal des WEF veröffentlicht wurde, wird betont, dass »ein Cyberangriff mit Covid-19-ähnlichen Merkmalen sich schneller und weiter verbreiten würde als jedes biologische Virus. Seine Reproduktionsrate wäre etwa zehnmal höher als die des Coronavirus«.[145]

So mancher wird sich fragen, ob sich »Cyber Polygon 2021« als ebenso prophetisch erweisen wird wie »Event 201«, die Coronavirus-Pandemie-Simulationsübung, die das WEF in Zusammenarbeit mit dem Johns Hopkins Center for Health Security und der Bill & Melinda Gates Foundation nur wenige Monate vor dem Ausbruch von Covid-19 organisierte.[146]

Interessanterweise fand gerade zu Beginn der Cyber Polygon 2021 ein echter Cyberangriff statt. Die in Russland ansässige cyberkriminelle Organisation REvil startete einen massiven Ransomware-Angriff, der 60 Anbieter verwalteter Dienste verschlüsselte, indem sie eine Zero-Day-Lücke* in der Kaseya VSA Remote-Management-Plattform ausnutzte. Mit dem, was die Technologie-Nachrichten-Website *Bleeping Computer* als den »größten jemals durchgeführten Ransomware-Angriff« bezeichnete, gelang es REvil, die Computersysteme von mehr als 1500 Organisationen weltweit zu infizieren.[147]

Es bedarf indes keines Cyberangriffs, um ein wichtiges IT-System ausfallen zu lassen und Chaos zu verursachen. Naturkatastrophen oder interne Pannen können ebenso viel Schaden anrichten. Im Juni 2018 sorgte ein Hardware-Ausfall im Kartenzahlungsnetzwerk von Visa in Westeuropa dafür, dass viele Verbraucher in der Region stundenlang ihre Einkäufe nicht begleichen konnten. Als 2017 ein Hurrikan der Kategorie 5 über Puerto Rico hinwegfegte,

---

* Als Zero-Day-Lücke bezeichnet man eine Schwachstelle in einem IT-System, die sich nicht patchen lässt. Kommt es zur Entdeckung der Sicherheitslücke, erfolgt der Angriff, auch Zero-Day-Exploit genannt, noch am selben Tag. Tatsächlich liegen zwischen dem Zeitpunkt der Verwundbarkeit und dem Hackerangriff oft nur wenige Stunden. Somit haben die Betreiber des betroffenen Systems kaum Zeit, die Sicherheitslücke zu schließen. [Anm. d. Verlags]

fiel das elektronische Zahlungssystem der Insel wochenlang aus, womit sie im Endeffekt zu einer reinen Bargeldwirtschaft zurückkehren musste. Wer allerdings kein Bargeld hatte, konnte nichts mehr kaufen.[148]

Es gibt auch jüngere Beispiele. Am 11. November 2021 mussten Reisende auf britischen Flughäfen wegen eines landesweiten Ausfalls der elektronischen Schleusen stundenlang bei der Grenzkontrolle warten. Dies war der dritte gemeldete Ausfall innerhalb von 3 Monaten. Mit Hilfe biometrischer Identifikatoren können die E-Passport-Gates alle 45 Sekunden bis zu fünf Passagiere abfertigen und bieten so eine schnelle und effektive Möglichkeit, die Grenze zu passieren. Fallen sie aus, wird die Arbeit von den Mitarbeitern an den Passkontrollschaltern übernommen. Doch die britische Grenzpolizei litt, wie so viele Organisationen heutzutage, unter akutem Personalmangel.[149]

Die unbeabsichtigten Folgen unserer Pandemiebekämpfung, einschließlich des Impfzwangs und der Impfpässe, erschweren die Versorgung mit grundlegenden Gütern und Dienstleistungen, während viele der IT-Systeme, auf die wir angewiesen sind, immer anfälliger werden. Aber es sind nicht nur die unbeabsichtigten Folgen des Impfzwangs und der Impfpässe, über die wir uns Sorgen machen sollten; es sind insbesondere die Folgen, die beabsichtigt sind. Dazu gehört die zunehmende Hinwendung zum Autoritarismus in der ganzen Welt.

»Die Welt wird autoritärer, da nicht-demokratische Regime in der Ausübung ihrer Unterdrückung immer dreister werden. Viele demokratische Regierungen erleiden Rückschritte, indem sie die Taktik der Einschränkung der freien Meinungsäußerung und der Schwächung der Rechtsstaatlichkeit übernehmen, verschärft durch das, was zu einer ›neuen Normalität‹ der Covid-19-Beschränkungen zu werden droht«, warnte das International Institute for Democracy and Electoral Assistance, eine in Schweden ansässige globale gemeinnützige Organisation. Die Zahl der Länder, die nach den Berechnungen der Gruppe »autoritärer« werden, ist dreimal so hoch wie die Zahl der Länder, die sich in Richtung Demokratie entwickeln. Das Jahr 2021 war das 5. Jahr in Folge, in dem sich der Trend in diese Richtung bewegte. Dies ist die längste ununterbrochene Phase pro-autoritärer Entwicklungen, seit das International IDEA 1975 mit der Beobachtung dieser Daten begann.[150]

Wenn Impfpässe und digitale IDs Fuß fassen, drohen sie diesen Trend noch erheblich zu verstärken, indem sie ein allgegenwärtiges, technikgestütztes, stark zentralisiertes System totalitärer sozialer Kontrolle und Überwachung einführen, das die letzten Reste unserer verfassungsmäßigen Rechte auszulöschen droht. Sie glauben, ich übertreibe? Nun, bleiben Sie dran.

Kapitel 5

Regeln für dich, aber nicht für mich

Am Samstag, dem 29. Oktober 2021, trafen sich die Staatsoberhäupter der zwanzig größten Volkswirtschaften der Welt und ihre Mitarbeiter zum G-20-Treffen in Rom, nur 2 Wochen nachdem die italienische Regierung einen der drakonischsten De-facto-Impfzwänge der Welt verabschiedet hatte. Um den »friedlichen Verlauf« des Treffens zu gewährleisten (so die italienische Presseagentur ANSA), wurde rund um das Kongresszentrum in Rom ein 10 Quadratkilometer großer Hochsicherheitsbereich errichtet, der mit bemannten Zugangstoren, Scharfschützen an bestimmten Punkten und einem Drohnenabwehrsystem ausgestattet war.[151] Ein perfektes Beispiel für die klaffende Distanz zwischen den Regierenden und den Regierten.

2 Tage später kamen viele der G-20-Teilnehmer in Glasgow zum COP26-Gipfel über den Klimawandel zusammen, wo sich ihnen Tausende von Umweltaktivisten, NGO-Mitarbeiter und einige der reichsten Milliardäre der Welt anschlossen, von denen viele in Privatjets anreisten. Das Gleiche gilt für viele Staatsoberhäupter.

Die schottische Zeitung *Mail on Sunday* berichtete, dass bis zu 400 dieser »Geschäftsreiseflugzeuge« auf dem Glasgow International Airport landeten, wo sie mehr als 1000 VIPs und deren Mitarbeiter ausspuckten. Die wohlgemerkt allesamt zu einer Veranstaltung anreisten, die angeblich darauf abzielte, »die führenden Politiker der Welt zusammenzubringen, um sich zu dringenden globalen Klimaschutzmaßnahmen zu verpflichten«.[152]

Die anwesenden echten Umweltschützer waren nicht beeindruckt. Privatflugzeuge stoßen pro Passagier zwischen 10- und 60-mal so viel Kohlendioxid aus wie Linienflüge und bis zu 140-mal so viel wie ein mit Diesel betriebener Zug.

»Es kann nicht genug betont werden, wie schädlich Privatjets für die Umwelt sind – es ist die schlechteste Art zu reisen in Bezug auf die Umweltbelastung pro Wegstrecke«, sagte die europäische Interessengruppe Transport und Umwelt. Privatjets sind sehr prestigeträchtig, aber es fällt schwer, nicht in Heuchelei zu verfallen, wenn man sie benutzt und gleichzeitig behauptet, den Klimawandel zu bekämpfen.

Es gab jedoch ein noch ungeheuerlicheres Beispiel für die Doppelmoral, das in den etablierten Medien weit weniger Beachtung fand: Die 30 000 Teilnehmer, die aus allen Teilen der Welt kamen, darunter auch aus Ländern mit schweren Covid-19-Ausbrüchen, mussten sich mitnichten dem Impfpasssystem der schottischen Regierung unterwerfen, um ins Land oder zur Konferenz einzureisen. Stattdessen wurden sie aufgefordert, sich täglich einem Corona-Schnelltest zu unterziehen – ein Luxus, der den sechs Millionen Einwohnern Schottlands nicht vergönnt ist, die einen Impfpass vorlegen müssen, wenn sie einen Nachtclub oder eine Veranstaltung in einer Halle mit mehr als 500 Zuschauern besuchen wollen.

Die Scottish Hospitality Group war über die Ausnahmeregelung für die COP26 verärgert. Stephen Montgomery, ein Sprecher der Gruppe, sagte:

> *Die Tatsache, dass Tausende von Menschen aus der ganzen Welt nach Glasgow kommen, ohne dass eine Impfbescheinigung erforderlich ist, untergräbt den Grund, warum wir dies überhaupt tun.*
>
> *Befindet sich die Regierung in der gleichen Situation wie wir, nämlich dass sie kein Personal für die Überwachung findet, oder hat sie endlich eingesehen, dass es keinen Sinn hat?*
>
> *Wo liegt das größere Risiko? Bei 30 000 Menschen aus aller Welt auf dem SEC [Scottish Event Campus] oder bei 400 Menschen in einem Nachtclub?*[153]

Es ist nicht das erste Mal, dass den Behörden im Vereinigten Königreich vorgeworfen wird, die Covid-19-Vorschriften mit zweierlei Maß durchzusetzen. Im Juni gewährte die Regierung von Boris Johnson Geschäftsleuten, die aus Ländern mit hohen Infektionszahlen anreisten, Ausnahmen von der Quarantäne. Während alle anderen 10 Tage in einem Quarantäne-Hotel verbringen mussten, durften gut vernetzte Wirtschaftsführer derweil ihren Geschäften nachgehen, sofern sie sich vor und bei ihrer Ankunft im Land einem PCR-Test unterzogen. Um sich zu qualifizieren, müssen Führungskräfte, die in multinationalen Unternehmen tätig sind, vor ihrer Reise lediglich eine schriftliche Genehmigung bei der Regierung beantragen und nachweisen, dass sie mit ihrer Arbeit im Vereinigten Königreich »wahrscheinlich« ein bestehendes Unternehmen mit mindestens 500 Beschäftigten im Vereinigten

Königreich erhalten oder innerhalb von 2 Jahren ein neues Unternehmen gründen würden.

»Wieder einmal gilt die eine Regel für diejenigen an der Spitze und die andere für den Rest«, sagte die stellvertretende Vorsitzende der Labour Party, Angela Rayer. »Das ist eine totale Verhöhnung der Opfer, die das britische Volk während dieser Pandemie gebracht hat, und diese Doppelmoral ist eine Beleidigung für die Arbeiter an vorderster Front, über die sich das britische Volk zu Recht empören wird.«[154]

Es scheint klar zu sein, dass viele staatliche Vorschriften und Maßnahmen zur Bekämpfung des Virus nur dazu dienen, die Kluft zwischen privilegierten Bürgern und dem Rest der Gesellschaft noch weiter aufzureißen.

Tu, was ich sage – nicht, was ich tue

Die Politiker selbst haben viele der Notstandsgesetze, die sie in den letzten 2 Jahren erlassen haben, missachtet. Der ehemalige britische Gesundheitsminister Matt Hancock musste im Juni 2021 zurücktreten, nachdem er in flagranti mit einer verheirateten Kollegin erwischt worden war – zu einer Zeit, als es im Rest des Landes verboten war, Menschen aus fremden Haushalten auch nur zu umarmen.[155] Professor Neil Ferguson, der renommierte Epidemiologe, dessen Rat an die britische Regierung zum ersten Lockdown geführt hatte, traf sich währenddessen weiterhin mit seiner Geliebten. In keinem der beiden Fälle wurde Strafanzeige erstattet.

Ende November 2021 kam es zu einem noch größeren Skandal, als sich herausstellte, dass im Dezember 2020 – als die tödliche dritte Welle der Coronavirus-Infektionen im Vereinigten Königreich viele lokale Behörden dazu veranlasst hatte, den Menschen zu verbieten, sich in geschlossenen Räumen mit Mitgliedern anderer Haushalte zu treffen – die Mitarbeiter des Premierministers eine Weihnachtsfeier in der Downing Street 10 organisiert hatten. »Beamte tranken bei einem Weihnachtsquiz und einem Wichtelspiel ein paar Gläser Wein, während der Rest des Landes gezwungen war, zu Hause zu bleiben«, so der *Daily Mirror* in einem Bericht von Ende November. Seitdem sind weitere Berichte über britische Minister und Beamte aufgetaucht, die im Suff feierten, während der Rest des Landes nicht einmal mit Mitgliedern anderer Haushalte zusammenkommen durfte.

Es gibt zahllose ähnliche Beispiele für das Verhalten der politischen Klasse auf der ganzen Welt, die sich offenbar an dem Motto »Tu, was ich sage – nicht, was ich tue« orientieren. Die Bürgermeisterin von Washington, D.C., Muriel Bowser, ging ohne Maske zu einem Hochzeitsempfang, weniger als einen Tag nachdem sie den Bürgern der Stadt eine neue Maskenpflicht auferlegt hatte. Auch der neuseeländische Gesundheitsminister David Clark verstieß gegen die von seiner Regierung erlassenen strengen Lockdown-Vorschriften.

Die Tatsache, dass viele politische Entscheidungsträger zu glauben scheinen, sie stünden über den Gesetzen, die sie selbst erlassen, sollte der Öffentlichkeit sehr zu denken geben – vor allem, wenn man weiß, dass sich Regierungen auf der ganzen Welt unter dem Deckmantel der Pandemiebekämpfung noch nie da gewesene neue Notstandsbefugnisse verliehen haben, wie die Daten des Covid-19 Digital Rights Tracker und des Covid-19 Civic Freedom Tracker zeigen. Viele Regierungen haben digitale Technologien genutzt, um ihre Kontrolle über die Bevölkerung auszuweiten. Zur Überwachung von Regelverstößen haben 22 Länder Überwachungsdrohnen eingesetzt. Gesichtserkennungsprogramme wurden ausgeweitet, die Internetzensur wurde verschärft, und 13 Länder haben das Internet abgeschaltet.[156]

»Das entscheidende Merkmal [...] dieser großen Transformation, die sie durchsetzen wollen, ist, dass der Mechanismus, der sie formal möglich macht, nicht ein neues Gesetzeswerk ist, sondern ein Ausnahmezustand – mit anderen Worten, nicht die Bestätigung, sondern die Aufhebung von Verfassungsgarantien«, schrieb der italienische Philosoph Giorgio Agamben in der Einleitung zu seiner Sammlung von Schriften zur Covid-19-Pandemie *Where Are We Now? The Epidemic as Politics.*[157]

Für die meisten Länder sind Notstandsgesetze nichts Neues. Sie erfüllen eine wichtige Funktion, denn sie ermöglichen es den Regierungen, robust und schnell auf vorübergehende Krisen zu reagieren. Aber sie sind anfällig für Überbeanspruchung und Missbrauch. Und sie werden sowohl von sogenannten liberalen Demokratien als auch von Diktaturen recht großzügig eingesetzt. Ein Problem besteht darin, dass die meisten Regierungen dieses zeitlich begrenzte Machtinstrument nur ungern wieder aufgeben, wenn es seinen Zweck erfüllt hat. In den Vereinigten Staaten waren im Februar 2020 noch 39 zeitlich befristete nationale Notstände in Kraft, von denen eine – Executive Order 12170, die nach der Islamischen Revolution im Iran iranisches Regierungseigentum sperrte – bis ins Jahr 1979 zurückreicht.[158]

Noch besorgniserregender ist der zunehmende Einsatz sogenannter »Notfallmaßnahmen«, warnt Luke Kemp, wissenschaftlicher

Mitarbeiter am Centre for the Study of Existential Risk an der Universität Cambridge, in einem BBC-Artikel mit dem Titel »The ›Stomp Reflex‹: When Governments Abuse Emergency Powers«*:

> *Dabei handelt es sich um außergewöhnliche Rechtsvorschriften, die nicht als Notstandsbefugnis bezeichnet werden, sondern entweder während einer Bedrohung oder als Reaktion auf eine solche erlassen werden. Viele der in den letzten 2 Jahrzehnten im Vereinigten Königreich verabschiedeten Gesetze zur Terrorismusbekämpfung waren Gesetze des gewöhnlichen Gesetzgebungsverfahrens, die jedoch die meisten Notstandsbefugnisse zahm erscheinen lassen würden. In ähnlicher Weise enthält das aktuelle britische Polizei-, Kriminalitäts-, Strafverfolgungs- und Gerichtsgesetz (Police, Crime, Sentencing and Courts Bill) Bestimmungen, die von einigen Kritikern als zu weitreichend angesehen werden. Das Gesetz wird aber in einer Zeit verabschiedet, die für öffentliche Beratungen und Prüfungen nicht gerade ideal ist.*

Viele Bürgerinnen und Bürger sind zu abgelenkt oder durch Angst gelähmt, um die Motive hinter den zunehmend drakonischen Vorschriften zu hinterfragen oder ihre potenziellen langfristigen Auswirkungen zu bedenken. Wie der Philosoph Giorgio Agamben in den ersten Tagen der Pandemie schrieb: »Aus Angst, krank zu werden, sind die Italiener bereit, praktisch alles zu opfern – ihre normalen Lebensbedingungen, ihre sozialen Beziehungen, ihre Arbeitsplätze, bis hin zu ihren Freundschaften, ihren Lieben, ihren religiösen und politischen Überzeugungen«.[159]

---

* Zu Deutsch etwa: »Der Reflex niederzutrampeln: Wenn Regierungen Notstandsbefugnisse missbrauchen« [Anm. d. Verlags]

Unternehmen übernehmen so gut wie alles

Nicht nur die Regierungen wollen von dieser enormen Ausweitung der Notfallbefugnisse und Notfallmaßnahmen profitieren, sondern auch viele große Unternehmen, insbesondere jene aus dem Technologiebereich. Viele der weltweit größten Unternehmen, internationalen Banken, Finanzinstitutionen und von Milliardären unterstützten Privatstiftungen haben sich bereits vor der Pandemie für die Einführung digitaler Immunitätspässe eingesetzt und diese gefördert.

Die Bill & Melinda Gates Foundation hat die Covid-19-Politik auf der ganzen Welt beeinflusst, von der Erleichterung der weltweiten Einführung digitaler Impfpässe bis hin zur Intervention gegen die Aufhebung von Patentbeschränkungen für Impfstoffe. Bill Gates selbst hat zahllose Interviews über Covid-19 und Impfstoffe gegeben – nicht selten den Vertretern von Medienunternehmen, die von seiner Stiftung mitfinanziert werden –, obwohl er über keinerlei medizinische Qualifikation verfügt. Die Gates-Stiftung ist der zweitgrößte Geldgeber der Weltgesundheitsorganisation (WHO) nach den Vereinigten Staaten. Der Einfluss der Stiftung auf die Politik der WHO ist so groß, dass Insider 2017 gegenüber *Politico* erklärten: »Gates' Prioritäten sind zu denen der WHO geworden.« Zu diesen Prioritäten gehört es, einen unverhältnismäßig hohen Anteil der WHO-Ressourcen für Projekte mit den von Gates bevorzugten messbaren Ergebnissen auszugeben, wie zum Beispiel die Bemühungen um die Ausrottung der Kinderlähmung.[160]

Die stark in Interessenkonflikte verwickelte Gates-Stiftung hat Milliarden in einige der größten Impfstoffhersteller der Welt investiert, darunter Pfizer und BioNTech. Sie ist auch ein führender Partner neben Big Pharma in der Gavi, der Vaccine Alliance, deren erklärtes Ziel es ist, globale Gesundheitsprobleme mittels Vakzinen zu lösen. Sowohl die Gates Foundation als auch Gavi haben die WHO dazu gedrängt, der Entwicklung und Verteilung von Impfstoffen Vorrang vor allen anderen Initiativen im Bereich des Gesundheitswesens einzuräumen. Vor Kurzem hat die Gates Foundation auch ein WHO-Papier mitfinanziert, das einen »Leitfaden zur Einführung« eines Nachweises von Impfzertifikaten in der ganzen Welt enthält. An dem Projekt waren auch die Rockefeller Foundation und mehrere hochrangige Vertreter der Weltbank beteiligt.

Eine weitere Institution, die Impfpässe vorantreibt, ist das schon erwähnte WEF. Das Weltwirtschaftsforum, das vor allem für die Organisation des jährlichen Treffens der globalen wirtschaftlichen, politischen und kulturellen Elite in Davos (Schweiz) bekannt ist, ist eine Nichtregierungsorganisation und Denkfabrik, die nichts Geringeres vorhat, als »den Zustand der Welt verbessern zu wollen«. In Wirklichkeit handelt es sich um eine äußerst mächtige globale Interessengruppe, die einige der reichsten und einflussreichsten Menschen und Unternehmen der Welt vertritt und eine führende Rolle bei der Gestaltung der Weltwirtschaft sowie der sozialen und ökologischen Bewegungen spielt. Wie *Foreign Affairs* es ausdrückt, »hat das WEF keine formale Autorität, aber es ist zum wichtigsten Forum für Eliten geworden, um politische Ideen und Prioritäten zu diskutieren«.

In den ersten Tagen der Covid-19-Pandemie rief das WEF zu einem »Great Reset« auf, dessen Kern die Konzepte der Vierten Industriellen Revolution und des Stakeholder-Kapitalismus des WEF-Gründers Klaus Schwab sind. Im Wesentlichen bezeichnet die Vierte Industrielle Revolution (4IR) den halsbrecherischen digitalen Wandel, den wir derzeit erleben und bei dem so gut wie alles digitalisiert, automatisiert und vernetzt wird – all das wird durch Big Data erleichtert. Die 4IR wird die Art und Weise revolutionieren, wie Menschen »leben, arbeiten und miteinander in Beziehung treten«, mit Auswirkungen, »wie sie die Menschheit noch nie erlebt hat«, so Schwab.[161]

Der Grundgedanke des Stakeholder-Kapitalismus ist, dass das derzeitige Modell des globalen Kapitalismus nicht mehr zweckdienlich ist und umgestaltet werden sollte, sodass sich Unternehmen nicht mehr ausschließlich darauf konzentrieren, den Aktionären zu dienen, sondern stattdessen zu Hütern der Gesellschaft werden, indem sie Werte für alle »Stakeholder« schaffen, einschließlich Kunden, Lieferanten, Mitarbeiter und lokale Gemeinschaften. Im Rahmen des neuen Modells würde ein Zusammenschluss von »Multi-Stakeholder-Partnerschaften« den privaten Sektor, Regierungen und die Zivilgesellschaft in allen Bereichen der »Globalen Governance« zusammenbringen.

Die Idee klingt harmlos genug – vielleicht sogar wünschenswert –, bis man erkennt, dass sie in Wirklichkeit bedeutet, dass Unternehmen noch mehr Macht über die Gesellschaft erhalten, und zwar auf Kosten der nationalen demokratischen Institutionen. In der Vision des WEF, die in seiner nach der Wirtschaftskrise 2008 formulierten Global Redesign Initiative dargelegt wurde, wäre »die Stimme der Regierung eine unter vielen, ohne immer die letzte Instanz zu sein«. Die Frage ist: Wer ist es, der letzten Endes bestimmt?

Die aktuelle weltweite Reaktion auf den Klimawandel könnte einige Hinweise liefern. Obwohl sie jahrzehntelang eine zentrale Rolle bei der Finanzierung der schlimmsten Umweltverschmutzer aller Zeiten gespielt haben, schreiben einige der größten Banken und Finanzinstitute der Welt jetzt die Regeln für die »nachhaltige Kreditvergabe« für die Zukunft, warnt ein gemeinsam vom Transnational Institute und Corporate Europe Observatory veröffentlichter Bericht:

> *Seit dem Pariser Abkommen Ende 2015 haben Finanzunternehmen in verschiedenen Konstellationen daran gearbeitet, Methoden für Banken, Investmentfonds, Versicherungsgesellschaften und andere Organisationen zu definieren, um der Gefahr einer tieferen Klimakrise zu begegnen. Ein großer Teil dieser Arbeit ist nun – kontrovers diskutiert – Teil des offiziellen UN-Prozesses. Und nicht nur das: Die Unternehmen wurden nicht nur eingeladen, um zu der Veranstaltung beizutragen, sondern sogar, um die Umsetzung der UN-Agenda für private Finanzen und Klimawandel zu übernehmen. Wenn am Ende der COP26 das Licht ausgeht und die Türen geschlossen werden, werden Unternehmen wie BlackRock, Bank of America, Citigroup und Santander das Heft in die Hand nehmen […].*
>
> *In einigen Kreisen wird man anerkennend nicken, wenn auf der COP26 eine Parade von Finanzunternehmen zu sehen ist, die sich verpflichten, bis 2050 »netto null« zu produzieren. Hunderte von Finanzinstituten haben sich den von der UNO einberufenen Koalitionen von Unternehmen angeschlossen, die versprechen, ihren Beitrag zum Kampf gegen den Klimawandel zu leisten. Dieser Ansatz birgt jedoch drei schwerwiegende Probleme: Erstens sind die Verpflichtungen so vage, dass sie die Tür zu einem potenziell massiven Greenwashing öffnen. Banken, Vermögensverwalter und Investmentfonds mit massiven Beteili-*

> *gungen an fossilen Brennstoffen, jedoch ohne konkrete Ambitionen, den Kurs zu ändern, können das UN-Programm nutzen, um ihr Image zu verbessern. Zweitens besteht die Gefahr, dass der Anteil privater Finanzmittel in der Gesamtarchitektur von Ländern mit hohem Einkommen dazu genutzt wird, ihre eigenen finanziellen Verpflichtungen herunterzuschrauben. Drittens unterschreiben die Unternehmen nicht nur Erklärungen und gehen Verpflichtungen ein, sondern übernehmen die ganze Show.*[162]

Ein ähnlicher Prozess vollzieht sich bei der Einführung von Impfpässen. Das WEF, dessen Mitgliederliste sich wie ein »Who's Who« der größten Banken und Unternehmen der Welt liest, übt erheblichen Einfluss auf die Vereinten Nationen aus, nachdem es im Juni 2019 ein strategisches Partnerschaftsabkommen mit dieser multilateralen Organisation unterzeichnet hat, das auf die »Beschleunigung der Umsetzung der Agenda 2030 für nachhaltige Entwicklung« abzielt.

Das Abkommen löste von Anfang an den Vorwurf aus, dass die Unternehmen den Entscheidungsprozess der UNO übernehmen. »Es stellt formal eine beunruhigende Vereinnahmung der UN durch Unternehmen dar. Es bewegt die Welt auf gefährliche Weise in Richtung einer privatisierten und undemokratischen ›Global Governance‹«, sagte Gonzalo Berrón vom Transnational Institute bei der Vorstellung eines von 240 zivilgesellschaftlichen Organisationen und 40 internationalen Netzwerken unterzeichneten Schreibens. »Das Abkommen verschafft transnationalen Unternehmen einen bevorzugten und differenzierteren Zugang zum UN-System auf Kosten der Staaten und Vertretern des öffentlichen und allgemeinen Interesses«, warnte das Internationale Netzwerk für wirtschaftliche, soziale und kulturelle Rechte, das mehr als 280 Nichtregierungsorganisationen, soziale Bewegungen und Anwälte aus mehr als 75 Ländern vereint.[163]

Das WEF hat seinen neu gewonnenen Einfluss bei der UNO genutzt, um die Einführung von Impfpässen und digitalen IDs voranzutreiben. Es hat sogar vorgeschlagen, Papierpässe ganz abzuschaffen, unter dem Vorwand, die länderübergreifende Mobilität zu fördern.[164] In einem Weißbuch mit dem Titel »Three Ways to Accelerate a Digital-Led Recovery« (»Drei Wege zur Beschleunigung eines digital gesteuerten Aufschwungs«) argumentiert das WEF, dass, »um den Funken des kommerziellen und menschlichen Fortschritts zu entzünden, jeder Mensch eine einzigartige digitale Identität haben sollte, damit er vollen Zugang zur digitalen Welt im wirtschaftlichen, sozialen und politischen Bereich hat«. Das Weißbuch suggeriert sogar, dass kleine und mittlere Unternehmen von dieser Entwicklung profitieren werden – eine Behauptung, die weiter von der Wahrheit nicht entfernt sein könnte.[165]

Die Vernichtung von Kleinbetrieben

Kleine Unternehmen haben bereits die Hauptlast der wirtschaftlichen Folgen der Covid-19-bedingten Lockdowns, Einschränkungen und »Homeoffice«-Verordnungen zu tragen. Wie das Weißbuch feststellt, haben diese Maßnahmen, die in Ländern auf der ganzen Welt angewandt werden, dazu geführt, dass »viele Unternehmen mit Personalpräsenz und -kontakt ihre Pforten schließen mussten«, während sie »digitalen Unternehmen zu Wachstum verholfen haben«. Viele der kleinen Personengesellschaften, die noch bestehen, haben sich hoch verschuldet, um einer Schließung zu entgehen. Etliche haben nun Schwierigkeiten, ihre Kredite zu bedienen. Nach einer Untersuchung der Bank of England (BoE) sind 33 Prozent der kleinen Unternehmen im Vereinigten Königreich solchermaßen in Bedrängnis geraten, verglichen mit 14 Prozent vor Covid-19.

»Obwohl die Verschuldung auf kurze Sicht erschwinglich erscheint, dürften die Insolvenzen ab dem vierten Quartal 2021 steigen, wenn die staatliche Unterstützung wie geplant eingestellt wird«, so der Ausschuss für Finanzpolitik der BoE. Das britische Hilfsprogramm für die Freistellung von Arbeitnehmern lief Ende September 2021 aus, während die großzügigsten Unterstützungsdarlehen der Regierung – Teil des »Bounce Back Loan Scheme« – im März 2022 ausliefen und durch das »Recovery Loan Scheme« ersetzt wurden.[166]

Auch in China bleiben viele Klein- und Kleinstunternehmen auf der Strecke, da die Inflation die Kosten in die Höhe treibt und die Zentralregierung zunehmend große Staatsunternehmen begünstigt, so ein Bericht der *South China Morning Post*. Einer offiziellen Zählung zufolge gibt es in China rund 139 Millionen Kleinunternehmen. Im offiziellen chinesischen Einkaufsmanagerindex für Juli 2021 beklagten viele der Klein- und Kleinstunternehmen den zweiten Monat in Folge eine Verschlechterung der Lage, während große Unternehmen ein leichtes Wachstum verzeichneten.[167]

Es liegt in der Natur der Sache, dass die meisten Kleinunternehmen hinsichtlich ihrer Einnahmen stark von der Kundschaft vor Ort abhängen, seien es die dort ansässigen Verbraucher oder andere Unternehmen im Umfeld. Sie sind der Eckpfeiler einer jeden lokalen Gemeinschaft, bieten Grundversorgung und Dienstleistungen an, schaffen Arbeitsplätze, lassen die lokale Wirtschaft florieren und eröffnen Räume, an denen Menschen sich treffen und miteinander in Kontakt treten können. Klein- und Kleinstunternehmen sind auch für das Prosperieren der Weltwirtschaft von wesentlicher Bedeutung. Sie schließen die überwiegende Mehrheit aller Geschäfte weltweit ab und stellen global betrachtet rund 90 Prozent aller Unternehmen und mehr als die Hälfte aller Arbeitsplätze.

Indem die Impfpasspolitik ungeimpfte Personen aus den Geschäftsräumen kleiner Unternehmen praktisch verbannt und damit deren Kundenstamm drastisch schmälert, wird es für diese Unternehmen noch schwieriger zu überleben. Darüber hinaus hofft das WEF, dass die Impfpässe bald zu digitalen IDs werden. All dies wird kleinen Unternehmen, die nicht über die Ressourcen und das technische oder juristische Know-how von Großunternehmen verfügen, eine zusätzliche Flut von Vorschriften und Kosten aufbürden.

In Schottland haben Wirtschaftsverbände die Regierungschefin Nicola Sturgeon gewarnt, dass die Impfpassregeln die ohnehin schon angeschlagenen Unternehmen in den Abgrund zu stürzen drohen. Liz Cameron, Geschäftsführerin der schottischen Handelskammer, wies in einem Brief an Sturgeon darauf hin, dass die Unternehmen »weiterhin im Überlebensmodus operieren«, und fügte hinzu, dass »die wirtschaftliche Erholung zerbrechlich und die langfristige Überlebensfähigkeit vieler Unternehmen und Arbeitsplätze nicht gesichert ist«.[168] Die Regierung beharrte auf ihrem Standpunkt und führte als erstes Land im Vereinigten Königreich den Impfpass ein.[169]

Vertreter des walisischen Gastgewerbes warnten in ähnlicher Weise vor den Vorschriften der örtlichen Regierung für den Impfpass. »Die Nachricht, dass ab dem 11. Oktober Covid-Pässe für den Zutritt zu walisischen Nachtclubs und einigen Großveranstaltungen erforderlich sind, ist äußerst enttäuschend«, sagte David Chapman, UKHospitality Executive Director für Wales. »Diese Entscheidung erfolgt trotz mehrwöchiger Sitzungen, in denen [wir] wiederholt gegen die Einführung der Impfpässe plädiert haben, weil es Schwierigkeiten bei der Einhaltung von Vorschriften hinsichtlich der Definition von Geschäftsbereichen, Bedenken wegen Kundenbeschwerden und eine Reihe anderer Umsetzungsprobleme gibt, während die Branche gleichzeitig um ihr Überleben ringt und verzweifelt versucht, mit dem Personalmangel zurechtzukommen.«[170]

Kleine Unternehmen auf der ganzen Welt haben mit vielerlei Problemen bei den Lieferketten und bei der Personalbeschaffung zu kämpfen. In den Vereinigten Staaten litten bereits 45 Prozent der Kleinunternehmen im Oktober 2021 unter Verzögerungen durch inländische Lieferanten, verglichen mit 26,7 Prozent zu Beginn des Jahres, wie aus der »Small Business Pulse Survey« (Umfrage zum Zustand von Kleinunternehmen) des US Census hervorgeht.[171] Dringende Lieferungen sind von dieser Gruppe grundsätzlich schwieriger zu beschaffen, zumal die Eigentümer nicht immer in großen günstigeren Mengen kaufen oder sich im großen Stil bevorraten können, wie es größeren Unternehmen möglich ist. Darüber hinaus meldeten 50 Prozent der Mitglieder der National Federation of Independent Business (NFIB), der größten Handelsorganisation von Kleinunternehmen, dass sich offene Stellen kaum besetzen lassen. Dies entspricht einem Anstieg um 23 Prozent im Vergleich zum Vorjahr.

»Leider besteht die Herausforderung für Kleinunternehmer darin, dass die Wirtschaft ›Rekorde‹ in den falschen Bereichen bricht«, sagte Bill G. Smith, der NFIB-Bundesvorsitzende für Wisconsin. »Eine Rekordzahl von 50 Prozent unserer Kleinunternehmer berichtet, dass sie nicht in der Lage sind, offene Stellen zu besetzen. Das ist der tiefste Stand in den letzten 48 Jahren. Ein weiterer Tiefpunkt ist, dass der Optimismus der Kleinunternehmer mit Blick auf die nächsten 6 Monate auf den niedrigsten Stand seit 2012 gesunken ist.«[172]

Auf dem Weg in eine neue Wirtschaftskrise?

Vor diesem Hintergrund beschloss die US-Bundesregierung Anfang November 2020, ihre Impfpflicht auf 80 Millionen Arbeitnehmer auszuweiten. Präsident Biden kündigte an, dass Unternehmen mit mehr als 100 Beschäftigten bis zum 4. Januar dafür sorgen müssen, dass ihre Mitarbeiter vollständig geimpft sind oder wöchentlich getestet werden. Andernfalls drohen Bußgelder in Höhe von mehreren Zehntausend Dollar pro Verstoß.

Die Impfpasspolitik der Regierungen birgt auch die Gefahr, die Fliehkräfte zu verstärken, die die Weltwirtschaft in den letzten 1½ Jahren erzeugt hat. In einer Zeit, in der die Welt mehr Arbeitskräfte denn je braucht, entsorgen Regierungen und Unternehmen Millionen von durchaus fähigen Arbeitnehmern auf die Halde, weil sie sich einem Impfstoff verweigern, der die Übertragung von Covid-19 nicht verhindert und eine Infektion nur unzureichend blockiert.

Dummerweise betrifft dies Millionen Arbeitnehmer in strategischen Schlüsselindustrien wie Schifffahrt, Logistik, Transport, Strafverfolgung und Gesundheitswesen. Als die italienische Regierung am 15. Oktober 2021 ihr pauschales »Keine Impfung, kein Job«-Mandat verhängte, waren 40 Prozent der Hafenarbeiter im wichtigsten Handelshafen des Landes, Triest, nicht geimpft. Die meisten dieser Arbeiter weigerten sich, einzulenken, und begannen einen wochenlangen Streik. Der Hafen wurde zu einem Brennpunkt der italienischen Anti-Impfpass-Bewegung. Nach tagelangen Protesten und Blockaden vertrieb die örtliche Polizei die Streikenden mit Gewalt aus dem Hafen. Sie versammelten sich daraufhin auf dem Hauptplatz von Triest. Aber auch das war schließlich nicht mehr erlaubt.

Ende Oktober verbot die örtliche Regierung alle Formen des Protests auf dem Hauptplatz der Stadt bis zum Ende des Jahres mit der fadenscheinigen Begründung, die Demonstrationen hätten den jüngsten Anstieg der Covid-19-Infektionen verursacht. Der Polizeichef von Triest, Valerio Valenti, erklärte, der Ausbruch der Krankheit hinge »unmittelbar mit den Anti-Impf-Protesten« zusammen. »Bei der Interessenabwägung hat das Recht auf Gesundheit Vorrang vor dem Recht zu demonstrieren.«[173]

Andere italienische Städte, darunter Rom, Mailand und Bologna, sind diesem Beispiel gefolgt und haben Proteste gegen den Green Pass massiv unterbunden.[174]

Aber eines können die Behörden nicht tun: die Hafenarbeiter zur Arbeit zwingen. Und das ist fatal angesichts der Bedeutung des Triester Hafens für die Lieferketten in Europa. Triest ist ein Dreh- und Angelpunkt auf der Baltisch-Adriatischen Achse, eine der wichtigsten transeuropäischen Straßen- und Schienenkorridore in Mitteleuropa. Je länger der Streik andauert, desto mehr droht er die Krise der europäischen Versorgungskette zu verschärfen. Der Impfzwang der Draghi-Regierung birgt auch die Gefahr, dass Italiens ohnehin schon große Schattenwirtschaft einen enormen Aufschwung erfährt. Italiens Mafia-Familien reiben sich zweifellos die

Hände, da ungeimpfte Arbeitnehmer nun gezwungen sind, unter dem Radar zu arbeiten.

Insofern ist der Impfzwang der Draghi-Regierung als ein gewaltiges und riskantes Spiel mit hohem Einsatz zu werten. Wenn es aufgeht, wird sich die Mehrheit der italienischen Impfverweigerer am Ende fügen, sich impfen lassen, den Impfpass herunterladen und wieder an die Arbeit gehen. Andere Regierungen in ganz Europa werden mit ähnlichen »Keine Impfung, kein Job«-Vorgaben nachziehen. Aber Draghi dürfte es dennoch schwer haben, Überzeugungsarbeit zu leisten, da die Ansteckungen im Land seit der Umsetzung des Mandats nur noch gestiegen sind. Bis Ende 2021 verzeichnete Italien 145 000 neue Fälle pro Tag – fast das 4-Fache des bisherigen Rekords, der im November 2020 registriert wurde. Wenn Draghis Masche also nicht zieht und der Widerstand der Bevölkerung zunimmt, könnte Italiens Wirtschaft ins Chaos stürzen und die Regierung zu einem peinlichen Rückzug gezwungen werden.

In den Vereinigten Staaten steht wohl noch mehr auf dem Spiel, da das Land für die Weltwirtschaft so bedeutsam ist und mehr Impfgegner hat als die meisten anderen westlichen Länder. Wie in Italien weigern sich viele Beschäftigte aus dem Logistik- und Transportwesen sowie aus anderen Arbeitsfeldern »an der Front«, auf ihre körperliche Selbstbestimmung zu verzichten. Ende 2021 sahen sich die Vereinigten Staaten mit einem enormen Arbeitskräftemangel konfrontiert, und das, obwohl es um diesen Zeitpunkt herum 3,5 Millionen weniger registrierte Arbeitssuchende gab als 2 Jahre zuvor.[175] Schon vor der Impfpflicht fehlten in den USA rund 80 000 Trucker. Jon Samson, geschäftsführender Direktor der American Trucking Associations, sagte, dass große Speditionsunternehmen befürchten, der Impfzwang könnte eine Abwanderung von Arbeitnehmern hin zu kleineren Unternehmen oder in andere

Branchen auslösen. Die Auswirkungen auf die bereits überlasteten Lieferketten Amerikas könnten katastrophal sein.[176]

Andere lebensnotwenige Sektoren stehen vor ähnlichen Problemen. 40 Prozent der 50 000 Mitarbeiter der Transportsicherheitsbehörde der USA sind nicht geimpft. Im Oktober strich Southwest Airlines mehr als 2000 Flüge – wegen angeblicher »Krankmeldungen« der Piloten – aufgrund des Impfzwangs, obwohl das Unternehmen dies bestritt. Kurz nach den darauffolgenden Stornierungen lockerte die Unternehmensleitung die verhängte Impfpflicht und erlaubte nicht-geimpften Arbeitnehmern, weiterzuarbeiten, sofern sie eine Befreiung aus medizinischen oder religiösen Gründen beantragen. Wie Alex Gutentag in »Revolt of the Essential Workers«[177] schreibt, »trägt jeder lokale Kampf wegen des Impfzwangs letztlich zu einem nationalen Spiel mit hohem Einsatz bei, bei dem die arbeitende Bevölkerung gegen eine reiche, zunehmend autoritär agierende Oberschicht antritt«.

Während all dies geschieht, war die Kluft zwischen der Realwirtschaft und den Finanzmärkten noch nie so groß wie heute. Obwohl die Welt in den ersten 6 Monaten des Jahres 2021 einen massiven Nachfrageschub erlebte, begann der Aufschwung bereits im dritten Quartal zu verpuffen. Die US-Wirtschaft wuchs im dritten Quartal mit einer annualisierten Rate von nur 2 Prozent – das langsamste Wirtschaftswachstum seit Beginn des Aufschwungs. Die hochgradig ansteckende Delta-Variante, das Chaos in den Lieferketten, der Arbeitskräftemangel, die steigende Inflation und die nachlassende Wirkung der Konjunkturpakete belasteten die Wirtschaft spürbar.

Auf globaler Ebene werden die wirtschaftlichen Auswirkungen der Lockdowns und Einschränkungen während des letzten Jahres immer deutlicher. Ende Oktober waren Armut, Ungleichheit und Arbeitslosigkeit laut einer Ipsos-MORI-Umfrage in 28 Ländern ein größeres Problem als die Coronavirus-Pandemie. 64 Prozent der Befragten gaben an, dass sie der Meinung sind, ihr Land bewege sich in die falsche Richtung.[178] Nicht wenige Daten deuten darauf hin, dass wir uns im Anfangsstadium eines weltweiten wirtschaftlichen Zusammenbruchs befinden. Viele der Ursachen der letzten Wirtschaftskrise – einschließlich der enormen privaten Verschuldung (die zu einem großen Teil auf die öffentliche Hand verlagert wurde), der ungezügelten Spekulation auf den Finanzmärkten und der Schaffung von immer destruktiveren Finanzinstrumenten – wurden nie richtig angegangen. Die meisten politischen Entscheidungen der Regierungen und Zentralbanken haben lediglich dazu beigetragen, die wirtschaftlichen Risiken und Ungleichheiten zu verschärfen.

In China, der zweitgrößten Volkswirtschaft der Welt, das die Weltwirtschaft fast im Alleingang aus der letzten Finanzkrise geführt hat, braut sich bereits die nächste Krise zusammen. Die Entscheidung der chinesischen Regierung, die Abhängigkeit der Wirtschaft von Immobilien zu verringern, ist zwar sicherlich sinnvoll, aber mit Risiken behaftet. Im schlimmsten Fall könnte sie einen ungeordneten Zusammenbruch des größten Immobilienmarktes der Welt auslösen. Im Spätsommer 2021 legten die lokalen Regierungen eilig Rettungsfonds in Milliardenhöhe auf, um staatliche Konzerne nach einer Reihe von Zahlungsausfällen zu retten. Im August erhielt China Huarong Asset Management ein Rettungspaket in Höhe von 16 Milliarden Dollar. Bei anderen notleidenden Kreditnehmern, darunter auch Bauträger, hat die Regierung jedoch weniger Unterstützung bereitgestellt. Am 10. Dezember geriet die China Evergrande Group, das am stärksten verschuldete Immobilienunternehmen der Welt, in extreme Schieflage und

Zahlungsverzug, während viele kleinere chinesische Bauträger am Rande des Abgrunds standen.

Wie *Bloomberg* am 2. Januar 2022 berichtete, »müssen Chinas Bauunternehmer immer mehr Rechnungen bezahlen und haben immer weniger Möglichkeiten, die erforderlichen Mittel aufzubringen«. Allein im Januar »wird die Branche mindestens 197 Milliarden Dollar auftreiben müssen, um fällige Anleihen, Coupons, Treuhandprodukte und gestundete Löhne für Millionen von Wanderarbeitern zu bezahlen, so die Berechnungen von *Bloomberg* und Schätzungen der Analysten«.[179] Vor allem kleinere Immobilienunternehmen haben Schwierigkeiten, Finanzmittel zu finden. Wenn die Auswirkungen des Zahlungsausfalls von Evergrande nicht eingedämmt werden, könnte dies eine weitere globale Finanzkrise auslösen.

Dennoch bleiben die Anleger im Westen zuversichtlich. Die Finanzmärkte auf beiden Seiten des Atlantiks erreichten weiterhin regelmäßig neue Höchststände. Bis zum 1. November 2021 verzeichnete der S&P 500 allein im Jahr 2021 mehr als 50 neue Höchststände, und der Nasdaq lag um mehr als 80 Prozent über seinem Niveau vor der Pandemie. Bis zum Jahresende erreichten der S&P 500, der Nasdaq Composite Index, der FTSE 100, der deutsche DAX 30 und der französische CAC 40 allesamt neue Höchststände oder standen kurz davor.

Ein offensichtlicher Grund dafür ist, dass viele der größten börsennotierten Banken und Unternehmen der Welt, die mit Konjunkturgeldern überschwemmt wurden, wieder einmal ihre eigenen Aktien zurückkauften, anstatt in neue Produkte, Maschinen oder Arbeitskräfte zu investieren. Dies ist eine großartige Möglichkeit für die Aktionäre, sich zu bereichern, doch für die Gesamtwirtschaft hat dies negative Folgen. Ein solches Vorgehen treibt lediglich die Preise für Vermögenswerte weiter in die Höhe und füllt die Taschen derjenigen 10 Prozent der Bevölkerung, welche die meisten Finanzanlagen besitzen, während weder neue Produkte noch Dienstleistungen entstehen. Es ist noch gar nicht so lange her, da galten Aktienrückkäufe als eine Form der Marktmanipulation und waren nach den Vorschriften der US-Börsenaufsichtsbehörde (Securities and Exchange Commission, SEC) verboten. Im Jahr 1982 erließ die SEC dann die Regel 10b-18, die Unternehmen einen »sicheren Hafen« (»safe harbor«) für den Rückkauf ihrer eigenen Aktien unter bestimmten Bedingungen bot. Seitdem hat sich diese Praxis explosionsartig verbreitet. Wie der in San Francisco ansässige Finanzanalyst Wolf Richter im März 2020 berichtete, haben die S&P-500-Unternehmen zwischen 2012 und 2020 4,5 Billionen Dollar für Aktienrückkäufe vergeudet.[180] Im Jahr 2021 werden sowohl Apple als auch Microsoft ihre bisher größten Aktienrückkäufe durchführen, was den Wert ihrer Aktien weiter in die Höhe treibt.

Doch Rekordbewertungen von Aktien sind normalerweise ein Zeichen dafür, dass vermutlich eine Korrektur angebracht ist. Ende 2021 bekamen selbst die größten Unternehmen der Welt, darunter auch Amazon, die Auswirkungen der Inflation, der weltweit steigenden Arbeitskosten und der Betriebsunterbrechungen zu spüren. Die finanziellen Risiken stiegen wieder. Als Reaktion auf die wachsende Inflation haben viele Zentralbanken begonnen, die Zinssätze zu erhöhen und ihre Programme zur Quantitativen Lockerung (QE) auslaufen zu lassen. Die Federal Reserve hat signalisiert, dass sie dies Anfang 2022 ebenfalls tun wird. Eine plötzliche Straffung der Geldpolitik der Zentralbanken auf der ganzen Welt ist zwar mit ziemlicher Sicherheit notwendig, um die Inflation einzudämmen, wird aber wahrscheinlich eine scharfe

Korrektur an den Aktien- und Anleihemärkten auslösen, wie bereits Ende 2018 geschehen. Sie wird voraussichtlich auch zu einem stärkeren Dollar führen, was den Druck auf die Währungen und Volkswirtschaften der Schwellenländer noch erhöhen wird.

Nach etwas mehr als einem Jahr verpufft der weltweite Wirtschaftsaufschwung, während gleichzeitig Ungleichheit, Armut und Arbeitslosigkeit auf den Seelen und Taschen der Milliarden Menschen lasten, die sich keine Apple- und Microsoft-Aktien leisten können. Wenn sich der Boom in eine Pleite verwandelt und noch mehr Arbeitslosigkeit und Ungleichheit hinterlässt, werden diese Menschen verzweifelt und wütend sein. Und viele sogar hungrig. Wenn 2019 das Jahr der Proteste gegen korrupte und unfähige Regierungen war, könnte 2022 das Jahr der ungestillten Wut werden. Aber bevor das passiert, sind Regierungen und globale Unternehmen entschlossen, Impfpass- und digitale Ausweissysteme einzuführen, die ihnen eine viel stärkere Kontrolle über die unruhige Weltbevölkerung ermöglichen.

Kapitel 6

Ein neuer Gesellschaftsvertrag

»Nun, dies ist nicht das Ende. Es ist nicht einmal der Anfang vom Ende. Aber es ist, vielleicht, das Ende des Anfangs.«

Diese unsterblichen Worte stammen – natürlich – von Winston Churchill. Sie wurden am 10. November 1942 gesprochen, nachdem General Harold Alexander und Oberbefehlshaber Bernard Montgomery die Truppen Rommels bei El Alamein zurückgeschlagen und damit das gewonnen hatten, was Churchill »Die Schlacht um Ägypten« nannte.

Im Februar 2021 entlieh eine wenig bekannte Organisation namens Good Health Pass Collaborative* Churchills Worte für ihr Werbedokument »A Safe Guide to Global Reopening«**. Das Zitat tauchte in einem Abschnitt mit der Überschrift »Chancen und Herausforderungen« auf. Sehr passend, wenn man bedenkt, dass Impfpässe für viele der Unternehmen, Regierungen und supranationalen Organisationen, die sie einführen, genau das darstellen: eine historische Chance und eine Herausforderung.

---

* *https://www.goodhealthpass.org/*

** Zu Deutsch etwa: Ein Sicherheitsleitfaden für die globale Wiedereröffnung [Anm. d. Verlags]

Für die Initiative »Good Health Pass« besteht die größte Herausforderung darin, die Interoperabilität der unzähligen Impfpasssysteme zu gewährleisten, also sicherzustellen, dass die unterschiedlichen Systeme möglichst nahtlos zusammenarbeiten:

> *Da zahlreiche Unternehmen auf der ganzen Welt mit Lösungen für digitale Gesundheitsausweise auf den Markt drängen, ist es unwahrscheinlich, dass eine einzige Lösung global implementiert wird. Daher ist es von entscheidender Bedeutung, dass die Lösungen auf Interoperabilität ausgelegt sind – sowohl untereinander als auch über institutionelle und geografische Grenzen hinweg. Dies kann nur durch eine Reihe offener Standards erreicht werden, an die sich alle digitalen Gesundheitspasssysteme halten müssen. Wird die Interoperabilität nicht berücksichtigt, könnte dies die Akzeptanz, Annahme und letztlich den Nutzen von digitalen Gesundheitspässen untergraben.*[181]

Zu den Mitgliedern der Good Health Pass Collaborative gehören eine Reihe von Entwicklern von Impfpässen sowie globale Unternehmen und Institutionen wie Mastercard, IBM, Airports Council International, die Grameen Foundation und die Internationale Handelskammer. Die Initiative wurde von einer NGO namens Identity2020 Systems Inc. ins Leben gerufen, einer obskuren gemeinnützigen Organisation mit Sitz in New York, die sich selbst als »eine globale Allianz für ethische, ›datenschutzfreundliche‹ Ansätze für digitale Ausweise« bezeichnet. Die ID2020-Allianz wurde nicht etwa im Jahr 2020 ins Leben gerufen, sondern schon 2016, und zwar mit Startkapital von Microsoft, Accenture, PricewaterhouseCoopers, der Rockefeller Foundation, Cisco und

Gavi, der Vaccine Alliance (die ihrerseits von der Bill & Melinda Gates Foundation mitfinanziert wurde) und von vielen der weltweit größten Unternehmen und den Regierungen der reichsten Länder der Welt.[182]

ID2020 hat sich zum Ziel gesetzt, bis 2030 digitale Identitäten für *alle Menschen* zu schaffen, auch für die am stärksten gefährdeten Bevölkerungsgruppen. Auf dem Eröffnungsgipfel sprachen Vertreter von Technologieunternehmen wie Microsoft und Accenture sowie von UN-Organisationen wie dem Welternährungsprogramm über die Schaffung einer digitalen Identität, die mit Fingerabdrücken, Geburtsdaten, Krankenakten, Ausbildungsstand, Reisedaten, Bankkonten und mehr verknüpft ist. Und der Türöffner zur Erreichung dieses Ziels ist die Impfung.

Impfpass = Digitale ID

Der Impfpass ist nicht mehr und nicht weniger als ein digitaler Ausweis. Spätestens seit 2016 hat sich eine mächtige Allianz aus UN-Organisationen, globalen Unternehmen und wohlhabenden Stiftungen zum Ziel gesetzt, weltweit digitale Ausweise zu schaffen und umzusetzen. Organisationen wie ID2020, die Good Health Pass Collaborative, die Vaccine Credential Initiative, CommonPass und Gavi sind die ausführenden Organe, mit denen sie dieses Ziel zu erreichen hoffen. Die Covid-19-Pandemie und die anschließende Einführung neuer Impfstofftechnologien haben den Vorwand geliefert.

Im März 2018, fast 2 Jahre vor der Coronavirus-Pandemie, veröffentlichte ID2020 einen Artikel mit dem Titel »Immunization:

An Entry Point for Digital Identity«*. Darin heißt es, dass »die Immunisierung eine große Chance für die Verbreitung der digitalen Identität darstellt«:

> *In vielen Entwicklungsländern übersteigt die Durchimpfungsquote die Zahl der registrierten Geburten bei Weitem. Nach den besten verfügbaren Schätzungen erhalten mehr als 95 Prozent der Kinder weltweit mindestens eine Dosis eines Impfstoffs (wobei 86 Prozent der Kinder weltweit die vollen drei empfohlenen Dosen des Diphtherie-Tetanus-Pertussis-Impfstoffs erhalten, was üblicherweise zur Messung der Durchimpfungsrate verwendet wird).*
>
> *Wenn ein Kind zum ersten Mal geimpft wird, erhält es eine Kindergesundheitskarte aus Papier. In vielen Entwicklungsländern ist die häufigste Form der Identifizierung nicht etwa die Geburtsurkunde, sondern diese Karte. Die nahezu allgegenwärtige Verfügbarkeit dieser Dokumente bietet eine enorme Chance.*[183]

Diese Gelegenheit könnte nicht günstiger sein: die globalen gesundheitlichen Herausforderungen als Vorwand für die Umsetzung der Programme zur digitalen Identität auf der ganzen Welt zu nutzen, und genau das geschieht gerade jetzt.

Auch wenn die digitale ID gewisse Vorteile für die Bürgerinnen und Bürger mit sich bringt, zum Beispiel die einfachere Überprüfung der eigenen Identität und die Bequemlichkeit, alle relevanten

---

* Zu Deutsch etwa: »Immunisierung: Einstieg in die digitale Identität« [Anm. d. Verlags]

Daten an einem Ort zu speichern, birgt sie auch große Gefahren. Die größte besteht darin, dass Regierungen und Unternehmen viel mehr Möglichkeiten haben werden, die Bevölkerung zu verfolgen und zu kontrollieren, Verhaltensweisen vorzuschreiben und die Politik zu beeinflussen. Die weltweite Einführung von Impfpässen/digitalen IDs bedeutet nichts weniger als die Neuausrichtung der staatlichen Rechtsordnungen und mithin dessen, was wir den Gesellschaftsvertrag nennen – eine Tatsache, die das Weltwirtschaftsforum in seinem Bericht »Identity in a Digital World« (zu deutsch etwa: »Identität in einer digitalen Welt«) von 2018 einräumt: »A New Chapter in the Social Contract« (zu Deutsch etwa: »Ein neues Kapitel im Gesellschaftsvertrag«):

Die Regierungen der Welt, der Privatsektor und die Zivilgesellschaft aus dem Netzwerk des Weltwirtschaftsforums haben sechs Schwerpunktbereiche für die Zusammenarbeit festgelegt, um die digitalen Identitäten der Zukunft zu gestalten:

- → *Verlagerung des Schwerpunkts von der Identität für alle hin zu Identitäten, die einen Mehrwert für die Nutzer bieten*
- → *Schaffung von Maßstäben und Verantwortlichkeit für eine gute Identität*
- → *Aufbau neuer Governance-Modelle für digitale Identitätsökosysteme*
- → *Förderung des Umgangs mit der guten Identität*
- → *Förderung von Partnerschaften für bewährte Praktiken und Interoperabilität, wo dies angebracht ist*
- → *Innovation mit Technologien und Modellen und Aufbau einer Datenbank erfolgreicher Pilotprojekte*

Als internationale Organisation für öffentlich-private Zusammenarbeit bietet das Weltwirtschaftsforum eine Plattform für eine solche Zusammenarbeit, die die Praxis der »guten« Identitäten fördert und den Wert für den Einzelnen maximiert.[184]

Auf der WEF-Jahrestagung in Davos 2018 verpflichteten sich hochrangige Vertreter von Unternehmen, Regierungen und der Zivilgesellschaft, sich für eine »gute« Zukunft der digitalen Identität einzusetzen. In den darauffolgenden Monaten ermittelten diese Stakeholder die ersten fünf Anforderungen, die eine »gute« Identität erfüllen sollte und die das WEF in seinem Bericht »Identity in a Digital World« veröffentlicht hat. Damit eine digitale Identität als »gut« eigestuft werden kann, muss sie folgende Kriterien erfüllen:

1. Sie muss einem Zweck dienen, indem sie »Einzelpersonen eine verlässliche Möglichkeit bietet, Vertrauen zu entwickeln zu der Person, die sie angeben zu sein, wie auch in die Ausübung ihrer Rechte und Freiheiten und/oder in ihre Berechtigung, digitale Interaktionen durchzuführen«.

2. Sie muss sicher sein – Personen, Organisationen, Geräte und Infrastrukturen vor Identitätsdiebstahl, unbefugter Datenweitergabe und Menschenrechtsverletzungen schützen.

3. Sie muss nutzbringend sein, das heißt »Zugang zu einer breiten Palette nützlicher Dienste und Interaktionen bieten und einfach einzurichten und zu nutzen sein«.

4. Sie muss Wahlmöglichkeiten bieten. Der Bericht behauptet, dass eine digitale ID den Nutzern die Möglich-

keit gibt, selbst zu bestimmen, »welche Daten sie für welche Interaktion mit wem und für wie lange teilen«. Dies ist höchstwahrscheinlich ein leeres Versprechen. Denn wie viel Kontrolle und Verfügungsgewalt haben wir über die Unmengen an digitalen Daten, die wir heute erzeugen?

5. Sie muss integrativ sein. Dies ist ein beliebtes Schlagwort, das oft verwendet wird, um Dinge zu beschreiben, die alles andere als integrativ sind. So wird beispielsweise die bargeldlose Wirtschaft oft als Mittel zur Förderung der »finanziellen Integration« vermarktet, obwohl sie genau das Gegenteil bewirkt. Diejenigen, die am meisten von der bargeldlosen Wirtschaft profitieren werden, gehören zu den wohlhabenderen Schichten, die mit einem Computer umgehen können und bereits digitales Geld für die meisten ihrer Transaktionen verwenden, während diejenigen, die am meisten auf Bargeld angewiesen sind – die Armen und die Älteren –, es plötzlich sehr viel schwerer im Leben haben werden.

Wer würde also am meisten von einem System obligatorischer digitaler IDs profitieren? Die wahrscheinlichste Antwort auf diese Frage ist: die wichtigsten Interessengruppen des WEF. Als da wären: die mächtigsten Unternehmen der Welt, die größten Finanzinstitute und die reichsten Einzelpersonen. Mit anderen Worten: der Davos-Mann und die Davos-Frau.

In Kapitel 5 (siehe »Unternehmen übernehmen so gut wie alles«) wurde darauf hingewiesen, dass das WEF 2019 die Mutter aller öffentlich-privaten Partnerschaften abschloss, als es ein strategisches Partnerschaftsabkommen mit den Vereinten Nationen unterzeichnete, das multinationalen Unternehmen noch mehr Einfluss auf die globale Governance im Namen einer beschleunigten Umsetzung der Agenda 2030 für nachhaltige Entwicklung gewährte. Das strategische Partnerschaftsabkommen stellte eine seismische Verschiebung des Gründungsversprechens der UNO vom Multilateralismus zum WEF-Modell des »Kapitalismus vieler Interessengruppen« (»Multi-Stakeholderismus«) dar, indem es Unternehmen einen bevorzugten Platz innerhalb des UN-Systems einräumte.

Wenn es um die Gestaltung der globalen Agenda geht, ist das WEF auch in der Lage, sein riesiges Netzwerk aus Unternehmern und leitenden Angestellten, Politikern, Wissenschaftlern, Journalisten und anderen Meinungsmachern sowie führenden Vertretern globaler Institutionen zu nutzen. Im Kuratorium des WEF sitzen unter anderem Kristalina Georgieva, die geschäftsführende Direktorin des Internationalen Währungsfonds, Larry Fink, der CEO von BlackRock, dem weltweit größten Fondsmanager, der großen Einfluss auf die Politik der US-Notenbank und anderer wichtiger Zentralbanken ausübt, sowie Christine Lagarde, die Präsidentin der Europäischen Zentralbank. Des Weiteren Jack Ma, Mitbegründer und ehemaliger Vorstandsvorsitzender des chinesischen Tech-Giganten Alibaba Group, Mark Carney, ehemaliger Gouverneur der Bank of England, der jetzt (in den Worten des *Wall Street Journal*) »der Mann der UNO für die globale Klimafinanzierung«[185] ist, und der ehemalige US-Vizepräsident Al Gore.

Seit 1993 führt das WEF das Programm »Global Leaders for Tomorrow« durch, das heute den Namen »Forum of Young Global Leaders« trägt. Um sich für eine Mitgliedschaft zu qualifizieren, muss man jünger als 38 Jahre und in seinem jeweiligen Fachgebiet hoch qualifiziert sein. Im Jahr 2008 beschrieb Bruce Nussbaum von *Businessweek* das Forum of Young Global Leaders als »das exklusivste private soziale Netzwerk der Welt«. Die Organisation selbst sagt, dass ihre Mitglieder »die Stimme der Zukunft und die Hoffnungen der nächsten Generation« repräsentieren.

Die Organisatoren des Programms haben zweifellos ein Händchen für die Auswahl künftiger globaler Führungskräfte. Im 29. Jahr seines Bestehens hat das Programm weit über tausend aktuelle und ehemalige Teilnehmer. Darunter sind viele Milliardäre aus dem Silicon Valley, von Bill Gates (Microsoft) über Mark Zuckerberg (Facebook), Peter Thiel (Palantir), Jeff Bezos (Amazon), Pierre Omidyar (eBay) bis hin zu Eric Schmidt (Google) und Larry Page (Google). Zu ihnen gehören auch viele Staatsoberhäupter und Gesundheitsminister, aktuelle und ehemalige, die großen Einfluss auf die Covid-19-Reaktion ihres jeweiligen Landes, insbesondere in Europa, hatten. Hier ein paar Beispiele:

- **Tony Blair,** ehemaliger britischer Premierminister und Verfechter des Impfpasses
- **Gordon Brown,** ehemaliger britischer Premierminister und Finanzminister
- **Angela Merkel,** ehemalige deutsche Bundeskanzlerin, die zwischen 2005 und 2021 die deutsche Politik dominierte
- **Jean-Claude Juncker,** ehemaliger Präsident der Europäischen Kommission
- **Emmanuel Macron,** der derzeitige französische Präsident
- **Jens Spahn,** ehemaliger deutscher Bundesgesundheitsminister

- → **Leo Varadkar,** ehemaliger Premierminister Irlands (2017–2020)
- → **Sanna Marin,** die derzeitige Ministerpräsidentin Finnlands
- → **Sebastian Kurz,** ehemaliger Bundeskanzler Österreichs (zunächst von Dezember 2017 bis Mai 2019 und dann ein zweites Mal von Januar 2020 bis Oktober 2021)
- → **Alexander De Croo,** der derzeitige Premierminister von Belgien
- → **Jacinda Ardern,** die derzeitige Premierministerin Neuseelands[186]

Ein neuer Gesellschaftsvertrag

In dem neuen Gesellschaftsvertrag, den das WEF anstrebt und in seinem Bericht »Identity in a Digital World« von 2018 darlegt, werden Unternehmen und Regierungen die totale, nahtlose Kontrolle über das Leben der Bürger haben. Ein Beispiel dafür ist das Impfzertifikat der EU, der sogenannte Green Pass, der seit 2018, also über ein Jahr vor Ausbruch der Covid-19-Pandemie, entwickelt wurde.[187]

Ziel war es, bis 2022 einen gemeinsamen Impfausweis/-pass für alle EU-Bürger einzuführen und die nationalen Informationssysteme zu Fragen der Immunisierung der Bevölkerung der EU-Mitgliedstaaten kompatibel zu machen. Dank der Katalysatorwirkung der Covid-19-Pandemie wurden diese Ziele bereits 2021 erreicht. Der Green Pass macht Sie nicht frei, sondern bindet Sie unerbittlich an die Launen der Regierungen und Unternehmen. Ohne den Green Pass können italienische Staatsbürger nicht arbeiten, zumindest nicht innerhalb der Grenzen der offiziellen Wirtschaft. In einigen Ländern hat man ohne ihn keinen Zugang zu den meisten öffentlichen Einrichtungen oder zum Studium.

Es ist eher ein System der Ausgrenzung als der Inklusion. Wie das WEF selbst einräumt, schaffen überprüfbare Identitäten zwar »neue Märkte und Geschäftsfelder« für Unternehmen, vor allem in der Technologiebranche, die beim Betrieb der Ausweissysteme helfen und dabei zweifellos die Daten abgreifen werden, aber sie »öffnen (*oder verschließen*) die digitale Welt« für den Einzelnen. [Hervorhebung durch den Autor]

Dies ist der neue Gesellschaftsvertrag, den das WEF schaffen will. Wie ich in Kapitel 7 erläutern werde, weist er einige Gemeinsamkeiten mit dem sehr ehrgeizigen Sozialkredit-System auf, das in China im Aufbau ist. Wie im Reich der Mitte werden dann viele der administrativen Entscheidungen, die unser Leben bestimmen, von Maschinen und nicht mehr von Menschen getroffen.

Dieses Maß an Überwachung und Kontrolle sollte uns beunruhigen, selbst wenn die Technologie perfekt funktionieren würde. Aber wie wir wissen, funktioniert die Technologie nicht perfekt. In Algorithmen eingebrachte Fehler oder Verzerrungen könnten tiefgreifende Auswirkungen auf das Leben des Einzelnen und der gesamten Gesellschaft haben, die sich mit der Zeit möglicherweise noch verstärken und verfestigen. Bedenken Sie bitte Folgendes: Zwischen 2015 und 2018 bemühte sich Amazon darum, Wahrnehmungsverzerrungen in Bezug auf das soziale Geschlecht (»Gender Bias«) in seinem KI-basierten Verfahren für die Einstellung neuer Mitarbeiter auszumerzen, vermochte dies aber nicht und musste den Versuch schließlich aufgeben.[188] Wenn Amazon Verzerrungen in seiner KI-Programmierung nicht beseitigen kann, wer dann?

Doch das WEF ist nach wie vor entschlossen, die Einführung digitaler IDs voranzutreiben – und zwar überall. Auf seiner Jahrestagung 2018 in Davos verpflichteten sich die Teilnehmer – darunter wieder die Vertreter der weltweit größten Banken, Technologieunternehmen und multinationalen Konzerne – zur gemeinsamen Zusammenarbeit bei der Förderung »guter«, nutzerorientierter digitaler Identitäten. Seitdem hat sich eine breitere Gruppe von Interessenvertretern diesem Gespräch angeschlossen: Experten, politische Entscheidungsträger, Führungskräfte aus der Wirtschaft, Ärzte, Rechtsanwälte, humanitäre Organisationen und die sogenannte Zivilgesellschaft.[189]

Mit anderen Worten: Fast 2 Jahre *vor* Beginn der Covid-19-Pandemie hatten sich viele der mächtigsten Unternehmen und Institutionen der Welt bereits darauf geeinigt, digitale Ausweissysteme zu entwickeln und weltweit zu installieren. Diese Vision wird nun vor unseren Augen Wirklichkeit. Die Technologien zur Verwirklichung sind bereits vorhanden. Das IT-Dienstleistungs- und Beratungsunternehmen Accenture, das an der Gründung von ID2020 mitgewirkt hat, gibt auf seiner Unternehmenswebsite an, dass es bereits eine Unique-Identity-Service-Plattform entwickelt hat, »um ein bahnbrechendes biometrisches System einzusetzen, das Fingerabdrücke, Irisscans und andere Daten verwalten kann«.[190]

Das System ist Teil des Plans der ID2020-Allianz, eine »globale Identitätslösung« bereitzustellen, so Accenture. »Die Allianz stützt sich auf Fortschritte in der Biometrie und innovative Technologien und bringt Fachwissen aus Unternehmen, Regierungen und Nichtregierungsorganisationen zusammen. Unsere Experten im Dublin Innovation Center bringen funktions- und kulturübergreifendes Fachwissen ein, um das Projekt in Zusammenarbeit mit den Vereinten Nationen und anderen globalen humanitären Organisationen voranzutreiben.«

Im September 2019, nur wenige Monate vor dem Ausbruch von Covid-19 in Wuhan, China, begann ID2020, einige dieser Ideen in die Praxis umzusetzen. Im Rahmen einer Partnerschaftsvereinbarung mit Gavi und der Regierung von Bangladesch startete ID2020 ein sogenanntes »gutes digitales Identitätsprogramm« (man beachte, dass die gleiche Wortwahl benutzt wird wie vom WEF) für die Neugeborenen in Bangladesch. Das Programm machte sich die Impfungen als Vehikel für die digitale ID zunutze und bediente sich der bestehenden Impf- und Geburtenregistrierungsverfahren, um Neugeborenen eine biometrisch verknüpfte digitale Identität anzubieten.

»Wir verfolgen einen zukunftsweisenden Ansatz für die digitale Identität, der dem Einzelnen die Kontrolle über seine eigenen persönlichen Daten gibt und gleichzeitig auf bestehenden Systemen und Programmen aufbaut«, sagte Anir Chowdhury, politischer Berater beim Access-to-Information-Programm (a2i) der Regierung Bangladeschs. »Die Regierung Bangladeschs ist sich bewusst, dass die Gestaltung digitaler Identitätssysteme weitreichende Auswirkungen auf den Zugang des Einzelnen zu Dienstleistungen und den Lebensunterhalt hat, und wir sind bestrebt, mit diesem Ansatz Pionierarbeit zu leisten.«

Dakota Gruener, geschäftsführender Direktor von ID2020 (und ehemaliger Mitarbeiter von Gavi), zeigte sich ebenfalls begeistert von der Initiative:

> *Die digitale Identität wird heute definiert und eingeführt. Wir sind uns bewusst, wie wichtig ein rasches Handeln ist, um die Identitätslücke zu schließen. Jetzt ist es an der Zeit, mutige Verpflichtungen einzugehen, um sicherzustellen, dass wir sowohl schnell als auch verantwortungsbewusst reagieren. Wir und unsere derzeitigen und künftigen Partner der ID2020-Allianz sind entschlossen, uns dieser Herausforderung zu stellen.*[191]

Nachdem die Covid-19-Pandemie begonnen hatte, dauerte es nicht lange, bis die Mitglieder von ID2020 die Diskussion auf die digitale Identität verlagerten. Die Rockefeller Foundation schrieb im April 2020 im Positionspapier »National Covid-19 Testing Action Plan«, das nur wenige Wochen nach Beginn der Pandemie veröffentlicht wurde:

> *Die überprüften Personen müssen eine eindeutige Patientenidentifikationsnummer erhalten, die mit Informationen über den Virus-, Antikörper- und eventuell Impfstatus eines Patienten in einem System verknüpft wird, das problemlos mit anderen Systemen verbunden werden kann, um die Rückkehr zu normalen gesellschaftlichen Funktionen zu beschleunigen. Schulen könnten dies mit Anwesenheitslisten verknüpfen, große Bürogebäude mit Mitarbeiterausweisen, die TSA* mit Passagierlisten und Konzert- und Sportveranstaltungen mit Ticketkäufern.*[192]

Viele der fortschrittlichsten Volkswirtschaften der Welt, insbesondere in Europa, haben bereits einige der Vorschläge der Stiftung

* Die Transportation Security Administration (TSA) ist die Bundsbehörde für Transportsicherheit der USA [Anm. d. Verlags]

übernommen. In den ärmeren Teilen der Welt, wo die Akzeptanz von Impfstoffen geringer ist, werden digitale IDs unter ganz anderen Vorwänden durchgesetzt. In Mexiko steht die Regierung kurz davor, ein verpflichtendes biometrisches Ausweissystem einzuführen, das mit 250 Millionen Dollar aus dem Programm Identification for Development (ID4D) der Weltbank finanziert wird. Das Programm wurde 2014 mit »katalytischen Beiträgen« der Gates Foundation, des Omidyar Network und der Regierungen Großbritanniens, Frankreichs und Australiens ins Leben gerufen. Es ist eine »sektorübergreifende Plattform, die Partnerschaften mit Organisationen der Vereinten Nationen, anderen Gebern, Nichtregierungsorganisationen, der Wissenschaft und dem Privatsektor erschafft und fördert«, mit dem Ziel, »Ländern dabei zu helfen, das transformative Potenzial digitaler Identifikationssysteme zu realisieren«.[193]

Wie die in London ansässige Wohltätigkeitsorganisation Privacy International berichtet, drängt die Europäische Kommission auch Länder in ihrem Einflussbereich, die für einen großen Zustrom von Migranten in die EU sorgen – vor allem in Afrika, im Nahen Osten und in Nicht-EU-Mitgliedsstaaten auf dem Balkan, einschließlich einiger Länder mit einer erschütternden Menschenrechtsbilanz –, biometrische Datenbanken einzurichten. In einigen Fällen, wie zum Beispiel in Nigeria, hat die Kommission mit der Weltbank zusammengearbeitet, um die Entwicklung der digitalen ID-Systeme zu finanzieren.[194]

Die Einführung dieser Systeme durch die Etablierung von Impfpässen und anderen Formen der digitalen Identifizierung sollte die Bürger der Welt aus drei Hauptgründen zutiefst beunruhigen. Erstens werden die Impfpässe der persönlichen Privatsphäre den endgültigen Todesstoß versetzen. Zweitens werden sie Regierungen, Unternehmen und anderen staatlichen und nicht-staatlichen Akteuren Zugang zu unseren wertvollsten Daten verschaffen: unseren Gesundheits- und biometrischen Daten. Und drittens besteht die Gefahr einer schleichenden Ausweitung des Einsatzes: Der Impfpass wird zwar als digitaler Impfnachweis beworben, soll aber eindeutig viel, viel umfassender eingesetzt werden.

Das Ende jeglicher Privatsphäre

Impfpässe werfen große Bedenken hinsichtlich des Datenschutzes auf. Datenhungrige Unternehmen wie Microsoft, ein Mitglied der Vaccine Credential Initiative, Facebook und die Google-Muttergesellschaft Alphabet, die in neue Impfstofftechnologien investiert, werden neue Möglichkeiten erhalten, unsere täglichen Bewegungen und Aktivitäten zu verfolgen und diese Daten mit Dritten zu teilen. Auf diese Weise verdienen sie einen Großteil ihres Geldes. Wie der deutsche Finanzjournalist Norbert Häring warnt, droht die überstürzte Einführung von Impfpässen, die Tech-Giganten aus dem Silicon Valley – die bereits viel zu viel Monopolmacht auf Kosten der Öffentlichkeit angehäuft haben, einschließlich der Macht, Informationen im Internet zu zensieren – als globale Passbehörden zu verankern.

Die Bürgerinnen und Bürger haben bereits einen Großteil ihrer Privatsphäre geopfert, um sich im Internet bewegen und soziale Medien nutzen zu können. Wir dachten, wir bekämen einen fairen Deal. Um die Dienste der Tech-Giganten wie Google, Facebook und Twitter kostenlos in Anspruch nehmen zu können, mussten wir diesen Unternehmen lediglich die Nutzung unserer persönlichen Daten gestatten, die sie neu verpackten und verkauften, um gezielte, personalisierte Werbung zu unterstützen. Dies ist die Grundlage dessen, was Professor Carissa Véliz vom Institut für Ethik in der KI an der Universität Oxford als »Datenwirtschaft« bezeichnet. Der Preis, den wir dafür zahlen mussten, war unsere eigene persönliche Privatsphäre. Wie Véliz sagt, ist die Privatsphäre wichtig, weil sie uns vor dem Einfluss anderer schützt.[195]

> *Je mehr Unternehmen über Sie wissen, desto mehr Macht haben sie über Sie. Weiß man, dass Sie verzweifelt Geld brauchen, wird man Ihre Situation ausnutzen und Ihnen Anzeigen für Kredite mit Wucherzinsen zeigen. Kennt man Ihre ethnische Zugehörigkeit, zeigt man Ihnen vielleicht keine Anzeigen für bestimmte exklusive Orte oder Dienstleistungen, und Sie würden nie erfahren, dass Sie diskriminiert wurden. Ist erst einmal bekannt, was Sie in Versuchung führt, wird man Produkte entwickeln, die Sie bei der Stange halten, auch wenn das Ihrer Gesundheit schadet, Ihre Arbeit beeinträchtigt oder Sie von Ihrer Familie oder grundlegenden Bedürfnissen wie Schlaf abhält. Kennt man Ihre Ängste, wird man sich diese zunutze machen und Sie über Politik belügen oder Sie dazu zu bringen, einen bestimmten Kandidaten zu wählen. Ausländische Stellen analysieren unsere Persönlichkeitsprofile, um uns zu polarisieren und so das Vertrauen der Öffentlichkeit und deren Unterstützung zu untergraben. Die Liste ließe sich beliebig fortsetzen.*

Selbst Menschen, die sich bemühen, ihre persönlichen Daten und ihre Privatsphäre vor den umherstreifenden Augen von Big Tech zu schützen, geraten immer noch in deren Datenschleppnetz. Wie die Soziologin und Kolumnistin der *New York Times* Zeynep Tufekci feststellte, bedeutet die Macht von Big Data, dass Online-Unternehmen wie Facebook jetzt »eine breite Palette an Informationen über Sie ableiten können, die Sie vielleicht nie preisgegeben haben, einschließlich Ihrer Stimmungen, Ihrer politischen Überzeugungen, Ihrer sexuellen Orientierung und Ihrer Gesundheit«.[196]

Die Einführung von Impfpässen respektive digitalen IDs wird sowohl Firmen als auch Regierungen einen beispiellosen Zugriff auf einige unserer persönlichsten – und wertvollsten – Daten ermöglichen: unsere Gesundheitsdaten. Diese Daten sind von immensem Wert für alle möglichen Unternehmen, insbesondere für Pharma- und Versicherungsunternehmen.

Unsere derzeitige Datenwirtschaft basiert darauf, so viele personenbezogene Daten wie möglich zu sammeln, sie auf unbestimmte Zeit zu speichern und sie an den Meistbietenden zu verkaufen, sagt Véliz. »Dass so viele sensible Daten frei im Umlauf sind, ist leichtsinnig.«

Die meisten Regierungen, Tech-Giganten, Banken und anderen Unternehmen haben bereits gezeigt, dass man ihnen unsere Daten nicht anvertrauen kann. Die Daten, die sie über uns sammeln, werden häufig an Drittunternehmen, Regierungen, Polizeibehörden oder sogar Sicherheitsdienste weitergegeben, in der Regel zu einem bestimmten Preis und oft ohne unsere Zustimmung. Selbst Regierungen, die sich um den Schutz von Gesundheitsdaten bemühen, wie zum Beispiel in Finnland, haben Probleme mit dem Datenschutz.[197]

In Kanada warnte die frühere Datenschutzbeauftragte von Ontario, Ann Cavoukian, im Oktober 2021, dass das Impfpasssystem der Regierung ein höchst intrusives Überwachungssystem schaffen würde, das die Kanadier nicht nur zwingt, ihre Gesundheitsdaten preiszugeben, sondern auch ihre Bewegungen verfolgen kann. 2 Monate später schlug sie erneut Alarm, als bekannt wurde, dass die kanadische Gesundheitsbehörde PHAC (Public Health Agency of Canada) seit Ausbruch der Pandemie heimlich die Bewegungen von Kanadiern analysiert, um die Regierung bei der Pandemiebekämpfung zu unterstützen.

»Im März 2020 sagte [Premierminister Justin] Trudeau, dass die Überwachung von Handynutzern nicht in Betracht gezogen werde. Nun, sie haben es getan, PHAC hat es getan, und sie wollen es in noch größerem Maße tun,« sagte Cavoukian und fügte hinzu: »Es beunruhigt mich sehr, dass die Regierung dadurch in die Lage versetzt wird, mehr und mehr Informationen zu sammeln. Ich möchte nicht, dass die Regierung immer mehr Informationen sammelt, und zwar ab sofort. Man kann der Regierung nicht trauen.[198]

Mitte Januar 2022 wurde bekannt, dass deutsche Behörden unrechtmäßig verschlüsselte Daten aus einer Covid-19-Kontaktverfolgungs-App erworben hatten, um Zeugen in einem Strafverfahren aufzuspüren. Wie die *Deutsche Welle* berichtete, steht der Fall exemplarisch für die von Datenschutzexperten geäußerten Bedenken.[199]

Da der britische National Health Service (NHS) dringend Geld benötigt, hat er kürzlich beschlossen, die privaten Gesundheitsdaten aller 55 Millionen Nutzer zu digitalisieren und an private Unternehmen und andere Dritte zu verkaufen. »Eine der großen Anforderungen an die Gesundheitstechnologie ist eine einheitliche Gesundheitsdatenbank«, sagte Damindu Jayaweera, Leiter der Technologieforschung bei Peel Hunt, gegenüber *Investors' Chronicle.* »Soweit ich weiß, gibt es nur zwei Länder, die die Daten der gesamten Bevölkerung von der Geburt bis zum Tod digitalisieren: China und das Vereinigte Königreich.«[200]

Zu den zum Verkauf stehenden Daten gehörten selbstverständlich auch hochsensible Informationen über die körperliche, geistige und sexuelle Gesundheit sowie über Geschlecht, ethnische Zugehörigkeit, Vorstrafen und Missbrauch in der Vergangenheit – Informationen, die NHS-Patienten vertrauensvoll an ihren Hausarzt weitergeben. Die Verantwortlichen von NHS Digital würden es den Menschen theoretisch ermöglichen, aus dem System auszusteigen. Allerdings haben sie es grundsätzlich versäumt, die Menschen zunächst einmal rechtzeitig über die Existenz des Systems zu informieren. Sie informierten nur kurz vor Ablauf der Opt-out-Frist.

Als die *Financial Times* im Mai 2021 einen Enthüllungsbericht veröffentlichte, sah sich NHS Digital gezwungen, das Vorhaben auf Eis zu legen.[201] Leider hatte NHS Digital bereits begonnen, Patientendaten mit über 40 globalen Unternehmen zu teilen, darunter McKinsey & Company, KPMG, Experian und eine Big-Data-Firma, die von der Familie Sackler mitbegründet wurde, deren Arzneimittelhersteller Purdue Pharma einer der Hauptverantwortlichen für die Opioid-Krise in den USA war.[202] NHS Digital teilte auch Patientendaten mit dem skandalumwitterten US-Spionageunternehmen Palantir, das datenwissenschaftliche Unterstützung für US-Militäroperationen, Massenüberwachung und prädiktive Polizeiarbeit bietet. Am umstrittensten ist vielleicht, dass NHS Digital trotz des Anspruchs auf Vertraulichkeit am Ende die Gesundheitsdaten von mehr als 80 Prozent der NHS-Patienten weitergab, die sich gegen die Weitergabe und Nutzung der Daten entschieden hatten. Die *FT* »fand heraus, dass die Erkenntnisse aus den Daten oft an andere kommerzielle Einrichtungen und Anbieter weitergereicht oder verkauft wurden. Diese nutzen sie dann zur Preisgestaltung von Produkten, die an den NHS zurückverkauft werden oder, umgekehrt, den Zugang des NHS zur Analyse der eigenen

Daten einschränken, wodurch Interessenkonflikte entstehen. Zu den größten Kritikpunkten gehörten die Ungewissheit über den Verbleib der Daten, nachdem sie die Server des NHS verlassen haben, und das Fehlen eines Überprüfungsweges über die im Register aufgeführten Unternehmen hinaus.«[203]

Leider scheint der Skandal keine bedeutsamen Veränderungen bei der NHS Digital ausgelöst zu haben. Innerhalb von 3 Monaten brach ein weiterer Skandal aus, diesmal ging es um Gesichtserkennungsdaten, die von der NHS-App gesammelt wurden, einer vielseitigen Plattform, die von NHS-Patienten genutzt werden kann, um auf das NHS-Zertifikat zuzugreifen, das ihren Covid-19-Impfstatus belegt. Um auf die App zugreifen zu können, müssen NHS-Patienten jedoch ihre Gesichtserkennungsdaten weitergeben – Daten, die von ungenannten Unternehmen verwaltet werden. Schlimmer noch, der NHS scheint einige dieser Gesichtserkennungsdaten an Strafverfolgungsbehörden weiterzugeben, wie der *Guardian* berichtet. Sie sind wahrscheinlich auch für britische und ausländische Geheimdienste von Interesse.[204]

Da immer mehr Unternehmen und Behörden unsere Gesundheitsdaten in die Hände bekommen, wird die Sicherheit dieser Daten immer ungewisser. Wenn uns die jüngste Geschichte etwas gelehrt hat, dann, dass Daten niemals völlig sicher sind. Und das sollte ein großer Grund zur Sorge sein, da viele Impfzeugnisse wahrscheinlich unsere wertvollsten Daten enthalten: unsere biometrischen Daten.

Biometrische Daten: die wertvollsten Daten von allen

Biometrische Systeme dienen der Identifizierung oder Authentifizierung der Identität anhand angeborener physischer oder verhaltensbezogener Merkmale wie Fingerabdrücke, Gesichts- und Handflächenabdrücke, Irismuster, Stimme, Gang, Atem und DNA. Das Argument für ihren Einsatz ist, dass die Behörden durch die Verknüpfung digitaler Ausweise mit biometrischen Merkmalen das Risiko durch Betrug und Identitätsdiebstahl weitgehend ausschalten können – ein Problem, das kürzlich in Frankreich und anderswo bei Impfpässen aufgetreten ist.

Biometrische Technologien werden bereits in verschiedenen Bereichen eingesetzt, in Banken und anderen Finanzinstituten bis hin zu Schulen und Arbeitsplätzen. Die britische Großbank Standard Chartered hat im Rahmen eines 1,5 Milliarden Dollar schweren Investitionspakets Fingerabdruckverfahren und andere biometrische Technologien in vielen der afrikanischen und asiatischen Märkte, in denen sie tätig ist, eingeführt. Mexikanische Banken haben biometrische Daten (Fingerabdrücke und Irisscans) von allen ihren Kunden erfasst. Pässe auf der ganzen Welt enthalten seit Jahren biometrische Merkmale, ebenso wie andere Arten von Ausweisen. Viele Menschen entscheiden sich dafür, sich mit ihren biometrischen Daten bei ihren Mobiltelefonen anzumelden.

Auch Kinder werden darauf konditioniert, biometrische Systeme zu nutzen, manchmal aus den banalsten Gründen. In Schottland beispielsweise haben einige Schulen im Jahr 2021 damit begonnen, Gesichtserkennung einzusetzen, um die Essensausgabe in der

Schule zu optimieren. Die Gemeindeverwaltung von North Ayrshire erklärte, dass die neue Technologie einen beschleunigteren Mittagessenservice ermöglicht, ohne dass ein Kontakt an der Verkaufsstelle erforderlich ist: »Mit der Gesichtserkennung wählen die Schüler einfach ihr Menü aus, schauen in die Kamera und können sofort loslegen, was zu einer schnelleren Essensausgabe führt, ohne dass es zu einem Kontakt an einer Ausgabestelle kommt.«[205]

Ähnliche Gesichtserkennungssysteme werden in den Vereinigten Staaten bereits seit Jahren eingesetzt, allerdings meist als Sicherheitsmaßnahme. Im Fall der Schulen in Ayrshire wird mit Einfachheit, Schnelligkeit und Effizienz argumentiert. Kritiker argumentieren jedoch, dass diese Pilotprojekte einem viel düstereren Zweck dienen, als die Warteschlangen für das Schulessen zu verkürzen: Es gehe darum, die Kinder auf den weit verbreiteten Einsatz von Gesichtserkennung und anderen biometrischen Technologien vorzubereiten und daran zu gewöhnen.

Stephanie Hare, Autorin von *Technology Is Not Neutral: A Short Guide to Technology Ethics*, argumentiert, dass der weit verbreitete Einsatz dieser Technologien dazu führt, dass Kinder »ihren Körper als etwas verstehen, dessen sie sich für Transaktionen bedienen. So konditioniert man eine ganze Gesellschaft darauf, Gesichtserkennung zu nutzen.«

Schließlich beschloss der Stadtrat von North Ayrshire, das Pilotprojekt auf Eis zu legen, nachdem Eltern und Datenethikexperten Bedenken geäußert hatten, dass die Auswirkungen auf die Privatsphäre möglicherweise nicht in vollem Umfang berücksichtigt worden waren.[206] Auch in den Vereinigten Staaten gab es Widerstand von Seiten der Bürger gegen den Einsatz von Gesichtserkennung in Schulen. In New York war der öffentliche Widerstand so groß, dass die Regierung des Bundesstaates die Verwendung biometrischer Identifizierungstechnologien in Schulen bis mindestens Juli 2022 aussetzte.

Die in San Francisco ansässige Gruppe für digitale Rechte Electronic Frontier Foundation ist der Ansicht, dass biometrische Systeme »extreme Risiken« für die Privatsphäre und die Sicherheit persönlicher Daten bergen:

> *Die Regierung besteht darauf, dass biometrische Datenbanken wirksam für die Grenzsicherung, die Überprüfung von Arbeitsverhältnissen, die Identifizierung von Kriminellen und die Terrorismusbekämpfung eingesetzt werden können. Private Unternehmen argumentieren, dass die Biometrie unser Leben verbessern kann, indem sie uns hilft, unsere Freunde leichter zu identifizieren und uns den Zugang zu Orten, Produkten und Dienstleistungen schneller und präziser zu ermöglichen. Doch die Risiken für den Schutz der Privatsphäre, die mit biometrischen Datenbanken einhergehen, sind extrem.*
>
> *Die größte Gefahr für die Privatsphäre geht von der Möglichkeit der Regierung aus, die Biometrie zur Überwachung einzusetzen. Da die Technologien zur Gesichtserkennung immer effektiver werden und die Kameras immer mehr Details aufzeichnen können, könnte die heimliche Identifizierung und Überwachung zur Norm werden.*
>
> *Die Probleme vervielfachen sich, wenn biometrische Datenbanken »multimodal« sind, das heißt die Erfassung und Speicherung mehrerer unterschiedlicher*

> *biometrischer Daten in einer Datenbank ermöglichen und diese mit herkömmlichen Daten wie Name, Adresse, Sozialversicherungsnummer, Geschlecht, Rasse und Geburtsdatum kombinieren. Darüber hinaus könnten Technologien zur Verfolgung der Geolokalisierung, die auf großen biometrischen Sammlungen aufbauen, eine ständige Überwachung ermöglichen.*[207]

Dieses Problem wird in einem Artikel der *Financial Times* über Aadhaar, Indiens biometrisches ID-System, hervorgehoben. Es wurde 2016 eingeführt, nachdem die Regierung das Aadhaar-Gesetz ohne jegliche Debatte, Diskussion oder gar Zustimmung des Parlaments verabschiedet hatte. Aadhaar (Hindi für »Stiftung«) ist eine 12-stellige eindeutige Identitätsnummer (UID)*, die von der Regierung nach Bestätigung der biometrischen und demografischen Daten einer Person ausgestellt wird. Als größtes System seiner Art auf der Welt verlangt Aadhaar von indischen Bürgern, dass sie ihr Foto, ihren Irisscan und ihre Fingerabdrücke einreichen, um sich für Sozialleistungen, Entschädigungen, Löhne, Stipendien, Rechtsansprüche und sogar Ernährungsprogramme zu qualifizieren. Bis 2021 hatte die Unique Identification Authority of India (UIDAI) 1,3 Milliarden UIDs ausgegeben, die rund 92 Prozent der Bevölkerung abdeckten.

Die UIDAI wurde vom indischen Tech-Milliardär Nandan Nilekani geleitet, dem Mitbegründer und nicht-geschäftsführenden Vorsitzenden von Infosys, Indiens zweitgrößtem IT-Unternehmen. Nilekani, der von Bill Gates als einer seiner sogenannten »Helden auf dem Schlachtfeld« gelobt wurde, weil er die

---

* UID = »Unique Identity Number« [Anm. d. Verlags]

»unsichtbaren Menschen der Welt sichtbar gemacht hat«, hat in den letzten Jahren mit der Weltbank zusammengearbeitet, um anderen Regierungen bei der Einrichtung ähnlicher digitaler ID-Systeme zu helfen.[208]

Aadhaar dient nicht nur als Tor zu staatlichen Dienstleistungen, sondern erfasst auch die Bewegungen der Nutzer zwischen Städten, ihren Beschäftigungsstatus und ihre Einkaufsdaten. Es ist de facto ein Sozialkredit-System, das als zentraler Zugangspunkt für die Inanspruchnahme von Dienstleistungen in Indien dient. Während das System dazu beigetragen hat, die indische Bürokratie zu beschleunigen und zu vereinfachen, hat es auch die Überwachungsbefugnisse der indischen Regierung massiv ausgeweitet und über 100 Millionen Menschen von Wohlfahrtsprogrammen und grundlegenden Dienstleistungen ausgeschlossen, wie der FT-Artikel feststellt:

> *In den indischen Medien wurde über mehrere Fälle berichtet, in denen Menschen ohne Karte verhungert sind, weil sie keinen Zugang zu Leistungen hatten, auf die sie Anspruch hatten. »Aadhaar ist tief in das indische Leben eingebettet und funktioniert für die meisten Menschen die meiste Zeit. Wenn es jedoch nicht funktioniert, trifft es vor allem diejenigen, die ohnehin gefährdet sind«, heißt es im Bericht [2019 State of Aadhaar].*
>
> *Einige Kritiker gehen noch weiter und argumentieren, dass Aadhaar sein ursprüngliches Versprechen, den Wohlstand zu verbessern, weitgehend nicht erfüllt hat und nun als Instrument für soziale Ausgrenzung und unternehmerische Einflussnahme dient. In* Dissent on

> *Aadhaar (2019) untersuchten 15 Wissenschaftler, Juristen und Technologen die Unzulänglichkeiten von Aadhaar und konzentrierten sich dabei auf ein fast kafkaeskes Missverhältnis zwischen der »Hilflosigkeit, Frustration und Verletzlichkeit« des Einzelnen und der Allwissenheit und Undurchsichtigkeit großer Bürokratien. »Das Aadhaar-Projekt ist eine Perversion des sinnvollen Nutzens der Technologie, den Bedürfnissen der Gesellschaft zu dienen«, schloss Reetika Khera, die Hauptautorin des Buches.*[209]

Biometrische Systeme sind zudem anfällig für Fehler, warnt die in London ansässige Wohltätigkeitsorganisation Privacy International:

> *Dies kann auf Probleme wie das Verblassen von Fingerabdrücken (ältere Menschen und Arbeiter sind besonders gefährdet) oder den Grauen Star zurückzuführen sein, der die Irisscans beeinträchtigt.*
>
> *Mit schwerwiegenden Folgen, wie zum Beispiel wenn man keinen Zugang zu Leistungen erhält, auf die man Anspruch hat. Dies ist keine abstrakte Sorge. Es gibt bereits Berichte, dass dies in Indien zu Hungertoten geführt hat.*[210]

Die Systeme sind auch bei Frauen und Menschen mit dunklerer Hautfarbe notorisch ungenau, und sie können auch bei Kindern, deren Gesichtsmerkmale sich schnell verändern, unzuverlässig sein. Das Magazin *Wired* berichtete 2019, dass »Tests der US-Regierung ergeben haben, dass selbst die leistungsfähigsten Gesichtserkennungssysteme Schwarze fünf- bis zehnmal häufiger falsch identifizieren als Weiße«.[211]

Es besteht auch das Risiko, dass die biometrischen Kenndaten der Menschen in die falschen Hände geraten könnten. Eine groß angelegte Datenpanne in Indien beispielsweise könnte über eine Milliarde Menschen betreffen. Privacy International berichtet, dass die Behörden in Indien, Südkorea und auf den Philippinen bereits »umfangreiche Sicherheits- und Datenverletzungen zu verzeichnen haben, die zum Bekanntwerden biometrischer Identifikationsdaten von Millionen von Menschen in diesen Ländern geführt haben«. Wenn biometrische Daten gehackt werden, gibt es keine Möglichkeit, den Schaden rückgängig zu machen. Sie können Ihre Iris, Ihren Fingerabdruck oder Ihre DNA nicht ändern oder löschen, wie Sie ein Passwort ändern oder Ihre Kreditkarte sperren können.

»Die Gefahr einer Datenpanne ist nicht eine Frage nach dem Ob, sondern nach dem Wann, sagt Professor Sandra Wachter, Expertin für Datenethik am Oxford Internet Institute. »Willkommen im Internet: Alles ist hackbar.«

Die meisten Datenbanken sind äußerst angreifbar, selbst in Ländern mit fortschrittlichen Cybersicherheitssystemen, wie der jüngste Hack der Exchange-Server von Microsoft gezeigt hat.[212] Staatliche Datenbanken sind häufig Ziel von Angriffen, da sie über weniger Ressourcen und oft weniger qualifizierte IT-Teams verfügen.[213] Auch Zentralbanken, wie die Reserve Bank of New Zealand und die Banco de Mexico, sind ins Visier von Cyberkriminellen geraten. Diese Vorfälle geben Anlass zur Besorgnis über jedes System, das die biometrischen Kenndaten Hunderter Millionen oder sogar von Milliarden Menschen erfassen, integrieren und nutzen will. Die meisten Impfpasssysteme haben zwar noch keine biometrischen Daten der Nutzer erfasst, doch ist es vermutlich nur eine Frage der Zeit, bis sie dies tun. Es ist unwahrscheinlich, dass diese sensiblen Daten völlig sicher sind.

Peter Yapp, ehemaliger stellvertretender Direktor des National Cyber Security Centre (NCSC) des britischen Government Communications Headquarters (GCHQ), warnte kürzlich davor, dass der Aufbau einer weiteren zentralen Datenbank, in der noch mehr persönliche Daten gespeichert werden, Hackern und Cyberkriminellen noch mehr Möglichkeiten bieten würde:

> *Zentralisierte Datenbanken bedeuten, dass viele Daten an einem Ort gespeichert werden, sodass sie ein attraktives Ziel für Hacker und dergleichen darstellen. Es ist also wie ein Honigtopf – es lockt Leute an, die sich daran versuchen werden, weil es so viele Daten gibt.*

Steve Baker, stellvertretender Vorsitzender der Covid Recovery Group (CRG) der konservativen Abgeordneten, sagte, ein zentralisiertes Impfpasssystem würde zu einem Magneten für Hacker werden:

> *Ungenauigkeiten in der Programmierung (Bugs) schaffen Sicherheitslücken. Deshalb ist es eine schreckliche Idee, so viele Daten von so großer Bedeutung an einem Ort zusammenzutragen. Dies ist ein weiterer Sargnagel für die Idee der Covid-Zertifizierung.*[214]

Es gibt noch einen weiteren Grund, warum Impfpasssysteme eine Bedrohung für unsere persönlichen Freiheiten, unsere Privatsphäre und unsere digitalen Rechte darstellen: das Ausmaß und der Umfang ihrer Anwendung werden mit der Zeit zunehmen.

»Mission Creep« – die schleichende Ausweitung einer Operation

Als die Europäische Union im Juni 2021 ihre Initiative »Green Pass« startete, sollten die Grenzen der EU wieder geöffnet und der internationale Tourismus wieder ermöglicht werden. Doch innerhalb weniger Monate wurde der Pass von vielen Mitgliedstaaten genutzt, um ungeimpfte Menschen vom Zugang zu vielen öffentlichen Räumen und grundlegenden Dienstleistungen auszuschließen. Die italienische Regierung hat ihre Version des Green Pass genutzt, um fast vier Millionen Menschen den Zugang zum Erwerbsleben zu verwehren. In Österreich schickte die Regierung etwa zwei Millionen Menschen in den Lockdown, weil sie nicht geimpft waren, bevor sie 5 Tage später einlenkte und alle anderen ebenso einsperrte.

Dies geschah obwohl die EU-Gesetzgebung zum Green Pass vorsieht, dass »die Ausstellung von [Covid-]Zertifikaten [...] nicht zu einer Diskriminierung aufgrund des Besitzes einer bestimmten Kategorie von Bescheinigungen führen sollte«.[215] Der Europarat, Europas wichtigste Menschenrechtsorganisation, ging sogar noch weiter und argumentierte nicht nur, dass niemand »diskriminiert werden sollte, weil er nicht geimpft wurde«, sondern auch, dass die Impfung nicht obligatorisch sein sollte.[216]

Als Ergänzung zum Green Pass hat die EU bereits eine digitale Brieftasche eingeführt, in der Name, Vorname, Geburtsdatum und -ort, Geschlecht und Staatsangehörigkeit gespeichert werden und die es den Europäern ermöglicht, sich online zu identifizieren. Dies ist ein wesentlicher Bestandteil der digitalen Identitätsrevolution, die von Organisationen wie dem Weltwirtschaftsforum, Gavi und ID2020 vorangetrieben wird.

In ähnlicher Weise kündigte die britische Regierung am 27. Dezember 2021, nur wenige Wochen nach der Einführung ihres Impfpasssystems, Pläne zur Entwicklung eines »gesicherten Rahmens für digitale Identität und entsprechende Attribute« an, der es »Arbeitgebern und Vermietern (Vermietungsgesellschaften) ermöglichen wird, ab dem 6. April 2022 zertifizierte IDVT-Dienstleister (IDVT = Identification Document Validation Technology) zu nutzen. Sie können diese Dienstleister beauftragen, in ihrem Namen digitale Identitätsprüfungen für viele Personen durchzuführen, die nicht in den Anwendungsbereich der Onlinedienste des Innenministeriums fallen, einschließlich britischer und irischer Staatsbürger«. [217]

Sobald Impfpässe oder digitale ID-Systeme eingeführt sind, ist ein sich schleichend ausdehnender Einsatz praktisch garantiert. Der französische Rüstungskonzern Thales Group hat dies in einem internen Blog seiner Leiterin des Portfolios für digitale Identitätsdienste, Kristel Teyras, dargelegt:

> *Das Ziel ist gewaltig, sowohl in Bezug auf den Umfang – da es für alle EU-Mitgliedstaaten gilt – als auch in Bezug auf die Macht, die es den Bürgern im gesamten Euroblock verleihen würde. Zum ersten Mal könnten die Bürgerinnen und Bürger von ihrem Telefon aus eine europäische digitale Identität nutzen, die ihnen Zugang zu Dienstleistungen in jeder beliebigen Region in ganz Europa verschaffen würde.*[218]

Beachten Sie, dass Teyras im zweiten Satz das Verb »könnten« verwendet. Der deutsche Finanzjournalist Norbert Häring weist darauf hin, dass, »wenn wir den ›Glitzer‹ streichen wollen […], wir nur ›können‹ durch ›müssen‹ ersetzen müssten«.

»Das klingt doch gleich ein bisschen unheimlicher, oder?«, fragt Häring.

Eines der an der Entwicklung des britischen Covid-19-Impfpasses beteiligten Unternehmen, die US-amerikanische IT-Firma Entrust, erklärte, dass das Impfpasssystem auch als nationaler Personalausweis eingesetzt werden könnte. Und das, obwohl ein früheres digitales Ausweissystem im Jahr 2011 nach einem öffentlichen Aufschrei gegen die damit verbundenen Eingriffe und möglichen Menschenrechtsverletzungen wieder abgeschafft wurde.

In einem Blog, der kurz vor der Vergabe eines 250 000-Pfund-Auftrags an Entrust im Mai 2021 geschrieben wurde, um die Cloud-Software für das britische Impfstoff-Zertifizierungssystem bereitzustellen, schrieb Jenn Markey, die Produktmarketing-Managerin des Unternehmens, Folgendes:

> *Impfausweise können Teil der Infrastruktur der neuen Normalität (New Normal) werden [...] Warum sollten diese Bemühungen nicht in ein nationales Bürgeridentifikationsprogramm umgewandelt werden, das für mehrere Zwecke genutzt werden kann, einschließlich der sicheren Erbringung von Dienstleistungen der Regierung, des sicheren grenzüberschreitenden Reiseverkehrs und der Dokumentation von Impfungen.*[219]

Die »digitale Brieftasche« deutet darauf hin, dass wirtschaftliche Aktivitäten zu einem integralen Bestandteil der Funktionen dieses digitalen Rahmens werden könnten – eine Aussicht, die jeden zutiefst erschrecken sollte, die Teyras aber als »wirklich aufregend« bezeichnet. Der ehemalige britische Premierminister und führende Verfechter des Impfpasses, Tony Blair, sprach diese Möglichkeit in einer Rede vor WEF-Mitgliedern ebenfalls an: »Die digitale Identität kann bei Covid eine Rolle spielen, aber auch wenn Sie an die Transaktionen denken, die Sie jetzt mit Ihren Kunden durchführen wollen, ist es für diese viel einfacher, wenn sie über eine digitale Identität verfügen.«[220]

Die Verschmelzung Ihrer Gesundheit mit Ihrem Vermögen

Viele der betroffenen Unternehmen und Organisationen, die die Einführung digitaler Ausweise vorantreiben, drängen auch auf die Abschaffung von Bargeldtransaktionen. Zu diesen Unternehmen und Organisationen gehören globale Banken, Fintech-Start-ups, große Tech-Giganten und Kreditkartenunternehmen. Die Europäische Kommission hat bereits einen Plan angekündigt, Bargeldzahlungen in der gesamten EU auf 10 000 Euro zu begrenzen – trotz des heftigen Widerstands von Ländern, die Bargeld lieben, wie Österreich und Deutschland.

Natürlich ist Bargeld in einer Welt zunehmender staatlicher Überwachung und Kontrolle eines der letzten Überbleibsel persönlicher Freiheit und Privatsphäre, die uns noch geblieben sind.

»Bargeld gibt den Menschen ein Gefühl von Sicherheit, Unabhängigkeit und Freiheit«, sagte Gernot Blümel, Österreichs ehemaliger Finanzminister. »Wir wollen diese Freiheit für die Menschen bewahren.«[221]

Andere Länder haben jedoch andere Vorstellungen. Schon vor der Einführung der Bargeldgrenze setzte sich die französische Regierung für eine Untergrenze ein. Norbert Häring beschreibt, wie diese Taktik mit der Strategie des IWF übereinstimmt, das Bargeld auch gegen den Widerstand der Bevölkerung abzuschaffen: »[...] mit einer hohen, nicht anstößigen Grenze zu beginnen und diese schrittweise zu senken«.[222]

Von Beginn der Pandemie an wurde Bargeld als möglicher Infektionsüberträger genannt. Anfang März 2020 antwortete ein Sprecher der Weltgesundheitsorganisation (WHO) auf die Frage, ob Banknoten das Coronavirus verbreiten könnten: »Ja, das ist möglich, und es ist eine gute Frage. Wir wissen, dass Geld häufig den Besitzer wechselt und alle Arten von Bakterien und Viren aufnehmen kann [...] wenn möglich, ist es eine gute Idee, kontaktlose Zahlungen zu verwenden.«[223]

Die klassischen Medien griffen die Äußerungen der WHO auf und übertrieben sie, wodurch Ängste über die Sicherheit von Bargeld geweckt wurden. Inzwischen hat die WHO ihre Äußerungen zurückgenommen und argumentiert, dass sie nicht dafür plädiert, dass die Menschen auf Bargeld verzichten, sondern dass sie sich nach dem Umgang mit Bargeld die Hände waschen sollten.

Auch die Zentralbanken haben versucht, die Ängste der Öffentlichkeit zu zerstreuen. Doch gleichzeitig prüfen viele dieser Zentralbanken, darunter die People's Bank of China, die Federal Reserve Bank, die Europäische Zentralbank und die Bank of England, die Möglichkeit, in naher Zukunft eigene digitale Zentralbankwährungen (CBDCs) einzuführen.

Die Kombination digitaler Währungen mit digitalen IDs bei gleichzeitiger schrittweiser Abschaffung oder gar einem Verbot, Bargeld zu verwenden, würde Regierungen und Zentralbanken nicht nur die Möglichkeit geben, jeden unserer Einkäufe zu verfolgen, sondern auch zu bestimmen, wofür wir unser Geld ausgeben können und wofür nicht. Sie könnten auch verhindern, dass bestimmte »unerwünschte« Personen etwas kaufen. Jeder, der einen Sperrvermerk auf seiner digitalen Identität hat, wäre »somit nicht in der Lage, viele der grundlegendsten Dinge selbstständig zu tun«, so Häring. Die Zentralbanken könnten sogar Konjunkturprogramme mit einem Verfallsdatum ausgeben, um die Menschen so zu zwingen, ihr Geld auszugeben, anstatt zu sparen.

Zwischen Bargeld und CBDC liegen Welten, wie Agustín Carstens, der Präsident der Bank für Internationalen Zahlungsausgleich, der Zentralbank der Zentralbanken, in einem Interview einräumte:

> *Wir wissen nicht, wer heute einen 100-Dollar-Schein verwendet, und wir wissen nicht, wer heute einen 1000-Peso-Schein verwendet. Der Hauptunterschied zum CBDC besteht darin, dass die Zentralbank die absolute Kontrolle über die Regeln und Vorschriften haben wird und darüber, wie die Regeln der Zentralbankhaftung auszulegen sind, und dass wir auch die Technologie haben, um diese Kontrollen durchzusetzen.*[224]

Für die Zentralbanken dürfte die Einführung ihrer digitalen Zentralbankwährungen einen enormen Zuwachs an Macht bedeuten, die sie ohnehin bereits über die Wirtschaft ausüben. Es bedeutet auch, dass sie in direkten Wettbewerb mit jenen Banken treten, die sie eigentlich regulieren sollen. Einige Ökonomen haben sogar davor gewarnt, dass sowohl die großen Kreditinstitute, aber insbesondere auch kleinere Häuser untergehen könnten, wenn die Sparer ihr Geld beim geringsten Anzeichen einer Finanzkrise auf ein sicheres digitales Konto bei ihrer jeweiligen Zentralbank umleiten.

Für die Öffentlichkeit sind die Vorteile nicht so groß, während die Risiken enorm sind. In Großbritannien ergab eine *Politico*-Umfrage unter 2500 Erwachsenen, dass die Briten »mehr Misstrauen gegenüber zentralbankgestützten digitalen Währungen (CBDCs) hegen als dass sie Begeisterung darüber empfinden«. Nur 24 Prozent der Befragten glaubten, dass das digitale Pfund mehr Nutzen als Schaden bringen würde, während 30 Prozent vom Gegenteil ausgingen. 73 Prozent der Befragten äußerten sich besorgt über die Gefahr von Cyberangriffen und Hackern. Die Aussicht auf den Verlust des Datenschutzes bei Zahlungen beunruhigte 70 Prozent.

Selbst die Befürworter von CBDCs räumen ein, dass eine digitale Zentralbankwährung schwerwiegende Nachteile haben könnte, darunter eine weitere Verschärfung der Einkommens- und Vermögensungleichheit.

»Die Reichen sind vielleicht besser in der Lage als andere, die neuen Investitionsmöglichkeiten zu nutzen und mehr von den Vorteilen zu profitieren«, sagt Eswar S. Prasad, Senior Professor am Brookings Institute und Autor von *The Future of Money: How the Digital Revolution Is Transforming Currencies and Finance* (zu Deutsch etwa: »Die Zukunft des Geldes: Wie die digitale Revolution Währungen und Finanzen verändert«). »Da wirtschaftlich Ausgegrenzte nur begrenzten digitalen Zugang haben und nicht über die nötige Finanzkompetenz verfügen, könnten einige der Änderungen diesen Bevölkerungsgruppen ebenso schaden wie sie ihnen helfen könnten.«[225]

Mit der Einführung von digitalem Zentralbankgeld CBDCs wird den Bürgern der Welt also nicht nur eines der letzten Überbleibsel von Freiheit, Privatsphäre und Anonymität (das heißt Bargeld) genommen, sondern es könnte auch den Vermögenstransfer nach oben befeuern, den viele Gesellschaften seit Beginn der Covid-19-Pandemie erlebt haben. Zusammen mit den Impfpässen werden die CBDCs eine noch stärkere Konzentration von Reichtum und Macht ermöglichen – und für die Wohlhabenden und Mächtigen kann das nicht schnell genug gehen. Wie Häring in seinem demnächst erscheinenden Buch *Endspiel des Kapitalismus* darlegt, sind sich die Eliten völlig darüber im Klaren, dass das Schneeballsystem (Ponzi-Schema) des aktuellen Kapitalismus, das auf dem Fundament einer unbezahlbaren öffentlichen und privaten Verschuldung aufgebaut ist, bald zusammenbrechen wird. Bevor das passiert, versuchen sie, eine neofeudale Gesellschaft einzuführen, in der sie weiterhin den größten Teil der Macht und des Reichtums behalten können.

Kapitel 7

Blick in die Zukunft

Im Jahr 2014 stellte die Kommunistische Partei Chinas einen Plan zur Schaffung des weltweit ersten landesweiten Sozialkredit-Systems vor. Dabei handelt es sich, neutral formuliert, um eines der umfassendsten Projekte zur sozialen Kontrolle, das je entwickelt wurde. Das übergeordnete Ziel dieses digital verwalteten »Social Scoring«-Systems besteht darin, jeden einzelnen chinesischen Bürger, jedes Unternehmen und jede staatliche Einrichtung in Echtzeit zu verfolgen und zu überwachen, indem große Daten aus öffentlichen und privaten Quellen zusammengeführt werden. Diese Daten werden verwendet, um eine »Gesellschaft mit hohem Vertrauen« aufzubauen, in dem der Mensch, Unternehmen und Organisationen einen starken Anreiz haben, sich an die Gesetze zu halten und ethisch zu handeln.

Zu diesem Zweck werden jedem Menschen, jedem Unternehmen und jeder staatlichen Einrichtung auf der Grundlage ihres Verhaltens sogenannte Sozialpunkte zugewiesen. Der Staatsrat nennt es ein »Kreditsystem, das die gesamte Gesellschaft abdeckt«. Wenn Sie die Regeln, die Erlasse der Kommunistischen Partei befolgen und sich wie ein »guter Bürger« verhalten, verdienen Sie Punkte, und Ihr öffentliches »Rating« steigt. Wenn man die Regeln bricht oder sich anderweitig wie ein »schlechter Bürger« verhält, werden einem Punkte abgezogen. Wie die Zeitschrift *Foreign Policy* im Jahr 2018 berichtete, ist es das ultimative Ziel der chinesischen Regierung, ein System zu schaffen, das es »den Vertrauenswürdigen erlaubt, überall unter dem Himmel umherzuwandern, während es den Diskreditierten schwer gemacht wird, auch nur einen einzigen Schritt zu tun«.[226]

Die Absicht könnte nicht deutlicher sein: Diejenigen, die unter eine bestimmte Sozialpunktegrenze fallen, bilden buchstäblich eine Unterschicht, die gezwungen ist, am Rande der Gesellschaft ein kümmerliches Dasein zu fristen. Kommt Ihnen das bekannt vor? Tauschen Sie das Wort »vertrauenswürdig« gegen »geimpft« und »diskreditiert« gegen »ungeimpft« aus, und die Ähnlichkeiten sind frappierend.

Ein unvollständiges System

Während die Absicht hinter Chinas Sozialkredit-System klar ist, ist dessen Entwicklung und Ausbreitung in der Praxis weit weniger klar. China ist so groß und die Reichweite seiner Regierung so allumfassend, dass es äußerst schwierig ist, den Fortgang des Projekts zu verfolgen. Und natürlich kann man sich mit Kritik an der Regierungspolitik in China ernsthafte Probleme einhandeln. Hinzu kommt, dass westliche Darstellungen des Systems zu Vereinfachungen und Übertreibungen neigen. So auch *The Diplomat*, ein internationales Online-Nachrichtenmagazin, das über geopolitische Trends und Entwicklungen in der indo-pazifischen Region berichtet und 2019 feststellte:

Die Kritik an dem System, insbesondere von westlichen Beobachtern, geht im Wesentlichen in zwei scheinbar widersprüchliche Richtungen: Das Projekt sei entweder zu ehrgeizig, um erfolgreich zu sein, oder, angesichts der erfolgreichen Unterdrückung abweichender Meinungen, zu »orwellianisch«, um zu scheitern.[227]

Ein Beispiel dafür ist ein Bericht von France 24 vom Mai 2019, in dem behauptet wird, dass »das Verhalten der chinesischen Bürger überwacht und geprüft wird – sie erhalten Punkte und werden nach von der Regierung festgelegten Kriterien eingestuft«. In Wirklichkeit fand und findet diese Art der sozialen Kontrolle nur in ausgewählten Teilen des Landes statt, insbesondere in den Städten, in denen Pilotprojekte für Sozialkredite durchgeführt werden.[228] Und im Moment stehen die Unternehmen im Mittelpunkt des Interesses. Eine MERICS-Studie ergab, dass zwischen 2003 und 2020 fast drei Viertel der Nennungen in offiziellen Dokumenten »Unternehmen« als Ziel von Sozialkrediten betrafen, verglichen mit nur 10 Prozent für Einzelpersonen.[229]

Die chinesische Regierung wollte ihr Sozialkredit-System bis Ende 2020 zum Laufen bringen, aber diese Frist ist bereits verstrichen, und das System ist noch lange nicht fertig. Derzeit wird es noch in etwa 30 Städten im ganzen Land erprobt, und die Einführung in den einzelnen Regionen ist äußerst uneinheitlich. Außerdem ist es immer noch freiwillig. Die Roadmap, die in der »Planungsübersicht für den Aufbau eines Sozialkredit-Systems (2014–2020)« dargelegt ist, sieht vor, dass es schließlich verbindlich und landesweit einheitlich wird.[230]

Das System ist zudem stark fragmentiert. Lokale Regierungen, die für die Pilotprojekte ausgewählt wurden, haben ihre eigenen

Sozialpunkte-Register entwickelt, die parallel neben den inoffiziellen Sozialpunkte-Systemen privater Finanzinstitute existieren und den Menschen auf der Grundlage ihres Onlineverhaltens Punkte gewähren oder abziehen. Die beiden wichtigsten dieser Systeme sind Tencent Credit, eine Lösung innerhalb der Super-App WeChat – der Messaging-, Social-Media- und mobilen Zahlungs-App des Tech-Giganten Tencent –, und Sesame Credit (Zhima Credit) von Alipay. Alipay gehört zum Technologiegiganten Ant Group, der wiederum eine Tochtergesellschaft der chinesischen Alibaba Group ist, welche die gleichnamige Handelsplattform betreibt. Sowohl Alibaba als auch WeChat haben Hunderte von Millionen monatlicher Nutzer.

Einem Bericht der chinesischen Internetsuchmaschine Sohu zufolge müssen die Nutzer von Tencent Credit ihren echten Namen und ihre chinesische ID-Nummer eingeben, um ihre Punktzahl zu erfahren, die zwischen 300 und 850 liegt. WeChat unterteilt die Punktzahl in fünf Unterkategorien: Konsumverhalten, soziale Verbindungen, Sicherheit, Wohlstand und Compliance.[231]

Das Sesame Credit System von Alipay wurde erstmals 2013 von Führungskräften des Unternehmens konzipiert und 2 Jahre später eingeführt. Wie Mara Hvistendahl in ihrem 2017 erschienenen Artikel »Inside China's Vast New Experiment in Social Ranking«* für das Magazin *Wired* berichtet, ist der Einflussbereich des Unternehmens fast unüberschaubar:

> *Wenn Sie in den Vereinigten Staaten leben, sind Sie inzwischen daran gewöhnt, Ihre Daten an Unternehmen*

---

* Zu Deutsch etwa: »Einblicke in Chinas weitreichendes neues Experiment des sozialen Rankings« [Anm. d. Verlags]

weiterzugeben. Kreditkartenunternehmen wissen, wann Sie in einer Bar ihre Rechnung bezahlen oder Sexspielzeug kaufen. Facebook weiß, ob Sie Tasty-Kochvideos oder Breitbart News mögen. Uber weiß, wohin Sie fahren und wie Sie sich auf dem Weg dorthin verhalten. Aber Alipay weiß all diese Dinge über seine Nutzer und noch mehr. Alipay ist im Besitz von Ant Financial, einer Tochtergesellschaft des riesigen Alibaba-Konzerns, und wird manchmal als Super-App bezeichnet. Sein Hauptkonkurrent, WeChat, gehört dem Social-Network- und Spielegiganten Tencent. Alipay und WeChat sind weniger einzelne Apps als vielmehr ganze Ökosysteme.[232]

Die Sozialkredit-Systeme von Alipay und WeChat erfassen Einkaufsgewohnheiten und andere Daten, die in die Bewertung der Kreditwürdigkeit einfließen. Diese privaten Systeme funktionieren auf Opt-in-Basis, und obwohl sie oft mit den Regierungsplänen verwechselt werden, sind sie nicht Teil des offiziellen Systems. Es ist jedoch zu erwarten, dass die von privaten Unternehmen gesammelten Daten in Zukunft mit der Regierung geteilt werden, und einige der Daten werden bereits testweise von der Regierung verwendet. Laut Sesame Credit geschieht dies nur mit Zustimmung der Nutzer.

»Wir wollen, dass sich die Menschen bewusst sind, dass ihr Onlineverhalten einen Einfluss auf ihre Onlinekreditwürdigkeit hat, damit sie wissen, wie sie sich besser verhalten können«, zitierte das *Wall Street Journal* Joe Tsai, den stellvertretenden Vorstandsvorsitzenden Alibabas.[233]

Problematisch wird es, wenn diese privaten Systeme mit den staatlichen Rankings verschmolzen werden – was bei einigen Pilotprojekten bereits der Fall ist. Mareike Ohlberg, wissenschaftliche Mitarbeiterin am MERICS, sagte dem Magazin *Wired.* »Es wird eine Art Absichtserklärung geben, wie es beispielsweise bereits Vereinbarungen zwischen der Stadt und Alibaba und Tencent über den Datenaustausch und die Einbeziehung dieser Daten in die Bewertungen der Bürger gibt.«[234]

Das Sozialkredit-System der chinesischen Regierung wird als eine modifizierte Version der Kreditauskunft zur Überprüfung der Bonität vermarktet. Wie Hvistendahl anmerkt, ist China in den letzten Jahrzehnten in rasantem Tempo zur zweitgrößten Volkswirtschaft der Welt aufgestiegen, hat aber nie ein funktionierendes Kreditsystem entwickelt:

> *Die People's Bank of China, die zentrale Bankaufsichtsbehörde des Landes, verfügt über Datensätze von Millionen Verbrauchern, die jedoch oft nur wenige oder gar keine Informationen enthalten. Bis vor Kurzem war es schwierig, eine Kreditkarte bei einer anderen Bank als der eigenen zu bekommen. Die Verbraucher nutzten hauptsächlich Bargeld. Als die Immobilienpreise in die Höhe schnellten, wurde dies zunehmend unhaltbar. »Jetzt braucht man zwei Koffer, um ein Haus zu kaufen, nicht nur einen«, sagt Zennon Kapron, der das Finanztechnologie-Beratungsunternehmen Kapronasia leitet. Dennoch scheiterten die Bemühungen, ein zuverlässiges Kreditsystem zu etablieren, daran, dass es in China keine dritte Stelle für die Prüfung der Kreditwürdigkeit gab.*[235]

Als ein solches war das Sozialkredit-System der Regierung ursprünglich gedacht. Im Jahr 2002 wurde es auf dem 16. Parteitag der Kommunistischen Partei Chinas als Teil der Bemühungen der

KPCh zur Schaffung eines »einheitlichen, offenen, wettbewerbsfähigen und geordneten modernen Marktsystems« erwähnt. Ziel war es, das Geschäftsumfeld des Landes zu straffen, bürokratische Hürden abzubauen und ein Instrument zu schaffen, mit dem die Kreditwürdigkeit und die ethischen Standards der Millionen von in- und ausländischen Unternehmen, die im Land tätig sind, überwacht werden können. Im Jahr 2007 wurden Aufzeichnungen über Kreditwürdigkeit, Steuern und Vertragserfüllung als potenzielle Elemente für den Sozialkredit-Status einer Person vorgeschlagen.

Doch wie es bei solchen Projekten üblich ist, unterwanderte die Mission Creep dieses Vorhaben recht schnell. Im Jahr 2014 veröffentlichte Peking seinen sogenannten Planungsentwurf für den Aufbau eines Sozialkredit-Projekts. In dem Plan wurde dargelegt, wie das System als landesweiter Anreizmechanismus funktionieren soll, indem Informationen über Sozialpunkte von jeder Person, Organisation und jedem Unternehmen gesammelt werden, um gutes Verhalten zu belohnen und schlechtes zu bestrafen.

»Ein Sozialkredit-System ist ein wichtiger Bestandteil des sozialistischen Marktwirtschaftssystems und des Systems der sozialen Steuerung«, heißt es in dem Dokument. »Es basiert auf einem vollständigen Netzwerk, das die Kreditdaten der Mitglieder der Gesellschaft und die Kreditinfrastruktur umfasst. Es wird durch die rechtmäßige Anwendung von Kreditinformationen und ein Kreditsystem unterstützt.«[236]

Oberstes Ziel ist es, »die ehrliche Mentalität und das Kreditniveau der gesamten Gesellschaft anzuheben«. Zu diesem Zweck sollen alle chinesischen Bürger in vier Hauptbereichen – Verwaltung, Handel, soziales Verhalten und Strafverfolgung – bewertet werden. Der Kerngedanke ist, dass jeder eine Kreditbewertung erhält und dann je nach gutem oder schlechtem Verhalten Punkte verdient oder verliert. Das Konzept ähnelt der klassischen Kreditauskunft – also der Überprüfbarkeit der Bonität bei Geldgeschäften –, aber Chinas Sozialkredit-System würde das Konzept darüber hinaus auf fast alle Lebensbereiche ausdehnen.

»Ein guter Kredit wird zu einem Vermögenswert«, sagt Gang Zeng, der stellvertretende Direktor des Nationalen Instituts für Finanzen und Entwicklung, einer der einflussreichsten Denkfabriken Chinas. »Für Menschen mit einer guten Kredithistorie bringt dieser Vermögenswert Vorteile, insbesondere in finanzieller Hinsicht. Wenn sich jeder um eine gute Kreditgeschichte bemüht, führt das zu einer ehrlichen Gesellschaft«.[237]

In einigen der Städte, in denen das System erprobt wird, wie zum Beispiel in Rongcheng in der Provinz Shandong, erhält jeder Einwohner 1000 Punkte. Auf der Grundlage der Kreditdaten und der Kreditwürdigkeit werden die Bewertungen in vier Klassen eingeteilt: A, B, C und D. Wer 1050 Punkte erreicht, gilt als AAA-Bürger (Triple-A-Kategorie). Dies bringt Vorteile mit sich, wie zum Beispiel niedrigere Kreditzinsen oder Ermäßigungen bei Reisen. Mit einem Rating zwischen 1030 und 1049 Punkten sind Sie ein Doppel-A-Bürger. Wenn Ihre Punktzahl unter 900 fällt, werden Sie als B eingestuft.

Ein schlechtes Rating kann das Leben sehr viel schwieriger machen. Wer als »C« (unter 850) oder gar »D« (unter 650) eingestuft wird, hat möglicherweise Schwierigkeiten, einen Platz in der Business Class in einem Flugzeug zu buchen, einen Kredit aufzunehmen oder sein Kind auf eine Privatschule zu schicken. Zu den Handlungen, die sich negativ auf die Kreditwürdigkeit auswirken können, gehören: bei Rot über die Straße gehen, Müll wegwerfen, zu schnell fahren, Schulden nicht begleichen oder bei Prüfungen oder Onlinespielen schummeln. Ihre Kreditwürdigkeit verbessern hingegen können beispielsweise gesundes Essen, sportliche Leistungen, die Meldung von schlechtem Verhalten anderer Personen oder die Spende von Knochenmark.[238]

Bisher wurden die bereits bestehenden lokalen Sozialpunkte-Systeme in China selbst kaum kritisiert. Ein Grund dafür ist, dass das System noch lange nicht umfassend greift, was bedeutet, dass viele Menschen noch nicht direkt davon betroffen sind. Selbst in den Städten, in denen Pilotprojekte durchgeführt wurden, ist die Teilnahme immer noch freiwillig. Viele Einwohner weigern sich, sich anzumelden, weil es keine nennenswerten Vorteile gibt, sagt Dai Xin, außerordentlicher Professor für Rechtstheorie an der juristischen Fakultät der Universität Peking.[239]

Viele chinesische Bürger sind allerdings auch der Meinung, dass der vermeintliche Zweck des Sozialkredit-Systems – die Förderung eines vertrauenswürdigeren sozialen Verhaltens von Einzelpersonen und Unternehmen – die Mittel heiligt. Schließlich gibt es in vielen Bereichen der chinesischen Wirtschaft und Gesellschaft ein erhebliches Vertrauensdefizit. Im Jahr 2018 sagte ein 32-jähriger Unternehmer, der als seinen Namen nur »Chen« angab, dem Magazin *Foreign Policy*, er habe das Gefühl, dass das Verhalten der Menschen seit dem Start des Pilotprojekts »immer besser geworden« sei. »Wenn wir jetzt zum Beispiel Auto fahren, halten wir immer vor Zebrastreifen an. Wenn man nicht anhält, verliert man Punkte. Am Anfang hatten wir nur Angst, Punkte zu verlieren, aber jetzt haben wir uns daran gewöhnt.«[240]

Eine 2019 von *SAGE Journals* veröffentlichte Studie von Genia Kostka, Professorin für chinesische Politik an der Freien Universität Berlin, deutet darauf hin, dass das Ausmaß der Zustimmung der chinesischen Bürger zum Sozialkredit-System (SCS) von ihrer sozialen Stellung und ihrem Status abhängen könnte:

> *Auf der Grundlage einer überregionalen Umfrage zeigt die Studie ein überraschend hohes Maß an Zustimmung zum SCS in allen Befragtengruppen. Interessanterweise zeigen sozial bessergestellte Bürger (wohlhabendere, besser gebildete und in Städten lebende) die größte Zustimmung zum SCS, ebenso wie ältere Menschen. Während man erwarten könnte, dass solche sachkundigen Bürger am meisten über die Auswirkungen des SCS auf die Privatsphäre besorgt sind, scheinen sie stattdessen das SCS zu befürworten, weil sie es im Sinne der Nutzengenerierung und der Förderung eines ehrlichen Umgangs mit der Gesellschaft und der Wirtschaft interpretieren und nicht als Verletzung der Privatsphäre.*[241]

Die scheinbar breite öffentliche Akzeptanz von Sozialpunkte-Systemen in China könnte auch die Härte der Strafe widerspiegeln, die auf eine öffentliche Äußerung gegen die Regierung folgen kann. Es ist aber auch eine kulturelle Dimension im Spiel. Die Chinesen haben eine völlig andere Vorstellung von Privatsphäre als ihre westlichen Zeitgenossen. In der traditionellen konfuzianischen Philosophie übertrumpft die allgemein akzeptierte Moral nämlich die Achtung der individuellen Rechte als Leitprinzip für zwischenmenschliche Beziehungen und die Regierung einer Gesellschaft, stellt Eunsun Cho in ihrem Beitrag »The Social Credit System: Not Just Another Chinese Idiosyncrasy«* fest, der im

---

* Zu Deutsch etwa: »Das Sozialkredit-System: mehr als eine weitere chinesische Idiosynkrasie« [Anm. d. Verlags]

Princeton *Journal of Public and International Affairs* veröffentlicht wurde. Es hilft demnach auch, dass die Chinesen bereits an Überwachung gewöhnt sind:

> *Seit der Mao-Ära führt die chinesische Regierung ein sogenanntes »Dang'an«, ein geheimes Dossier, über Millionen von Stadtbewohnern, das bis heute Einfluss auf den öffentlichen Sektor hat (Jacobs 2015; Yang 2011). Die in der Akte enthaltenen Informationen reichen von der Bildungs- und Arbeitsleistung, dem familiären Hintergrund und Aufzeichnungen über Selbstkritik bis hin zu psychischen Erkrankungen, aber der Einzelne hat keinen Zugang zu seinem Dang'an (ebd.). Wenn ein völlig undurchsichtiges System wie das Dang'an bereits seit Jahrzehnten besteht, wird ein übergriffiges Programm wie das SCS von der chinesischen Öffentlichkeit anscheinend als weniger anstößig empfunden.*
>
> *Die Überwachung durch Big Data findet bereits im ganzen Land statt. In Xinjiang, einer autonomen Region im Westen Chinas, in der die muslimische Minderheit der Uiguren lebt, sammelt die Regierung eine Vielzahl von Informationen über die Bürger – einschließlich (aber nicht beschränkt auf) DNA-Proben, Irisscans, Stimmproben, auf Telefonen installierte Anwendungen und Aufzeichnungen über den Stromverbrauch –, um nach »mutmaßlichen Kriminellen« zu suchen.*[242]

Zusätzliche Werkzeuge der Repression

Der Begriff »Sozialkredit-System« sei eine falsche Bezeichnung, meint das Asan Institute for Policy Studies, eine südkoreanische gemeinnützige Denkfabrik: »Das hat nichts mit Kredit- oder Bonuspunkten zu tun, sondern mit Kontrolle. Durch die Verbindung von Algorithmen und Big Data versucht die chinesische Regierung, eine höhere Moral einzuführen und ihre Kontrolle über die Menschen zu verstärken«.[243]

Aber das System ist »unglaublich chaotisch«, so Vincent Brussee, ein Associate Analyst bei MERICS. Es gibt buchstäblich Tausende von Regierungsdokumenten, in denen Kredit- oder Sozialpunkte erwähnt werden. Anstatt als ein riesiges zentralisiertes System zu funktionieren, wie es in den westlichen Medien oft dargestellt wird, ist das chinesische System »eher ein lose zusammenhängender politischer Regelwirrwarr«, sagt Brussee. So haben beispielsweise verschiedene Städte, Ministerien und Abteilungen jeweils ihre eigene Interpretation dessen, was vertrauenswürdig oder nicht vertrauenswürdig ist.[244]

Das System ist jedoch nur ein Teil von Chinas riesigem Überwachungs- und Durchsetzungsapparat. Es gibt nach wie vor die schwarzen Listen, die dem Sozialkredit-System vorausgingen und welche die Regierung verwendet, um Finanzsünder vom Zugang zu grundlegenden Dienstleistungen wie dem öffentlichen Nahverkehr auszuschließen. Die Listen sind auf einer Regierungswebsite namens *Credit China* öffentlich einsehbar.

Im April 2018 berichtete die regierungsnahe Nachrichtenwebsite *Global Times*, dass mehr als 11 Millionen Flüge und 4,25 Millionen Reisen mit Hochgeschwindigkeitszügen für sogenannte »diskreditierte Personen« verweigert wurden.[245] Ein Jahr später berichtete *Fortune*, dass sogar 23 Millionen Menschen mit einem Reiseverbot belegt wurden. Zu den Gründen für die Aufnahme in Pekings Flug- oder Zugverbotslisten gehören die nicht rechtzeitige Zahlung von Bußgeldern oder Steuern sowie Finanzbetrug oder irreführende Werbung.[246]

Auch wenn man über die falschen Dinge spricht, kann man in Schwierigkeiten geraten. Liu Hu, ein Journalist in China, der über Zensur und Korruption in der Regierung berichtet, wurde vom Obersten Volksgerichtshof auf eine Liste von unehrenhaften Personen gesetzt, die der Vollstreckung unterliegen. Infolgedessen wurde ihm der Kauf eines Flugtickets untersagt, und verboten, einige Zugstrecken zu befahren, Immobilien zu kaufen oder einen Kredit aufzunehmen.

»Es gab keine Akte, keinen Haftbefehl, keine offizielle Vorankündigung. Sie haben mich einfach von den Dingen abgeschnitten, auf die ich einmal Anspruch hatte«, so Liu Hu gegenüber *The Globe and Mail.* »Was wirklich beängstigend ist, ist, dass man nichts dagegen tun kann. Man kann sich bei niemandem melden. Man sitzt mitten im Nirgendwo fest.«[247]

Auch Kommunalverwaltungen nutzen die öffentliche Beschämung, um Verstöße zu bestrafen. Bei der Erprobung des Sozialkredit-Systems ging die Stadtverwaltung von Suzhou in der Provinz Anhui so weit, dass sie auf ihrem WeChat-Konto Fotos von

Einwohnern veröffentlichte, die im Schlafanzug durch die Stadt liefen. Die Beamten erklärten, man wolle an den Menschen ein Exempel statuieren, um »unzivilisierte Verhaltensweisen aufzudecken und die Qualität der Bürger zu verbessern«. Die auf WeChat geposteten Bilder wurden von Überwachungskameras aufgenommen und enthielten private Daten wie den Namen und die Nummer des Personalausweises der betreffenden Person.[248]

Dies weist auf ein weiteres Kernstück der sozialen Kontrolle in China hin: das riesige KI-gestützte Überwachungssystem der Regierung. China hat mehr Überwachungskameras pro Person als jedes andere Land der Welt – keine kleine Leistung für ein Land mit 1,44 Milliarden Menschen. Von den 770 Millionen Überwachungskameras, die 2018 weltweit im Einsatz waren, befanden sich 54 Prozent in China, wie aus dem Branchenbericht 2019 von IHS Markit hervorgeht. Laut der Verbraucher-Website *Comparitech* befinden sich in China 16 der 20 am stärksten überwachten Städte der Welt (gemessen an der Anzahl der Kameras pro 1000 Einwohner). London ist übrigens die am drittstärksten überwachte Stadt der Welt.[249]

In China befindet sich auch der weltweit größte Hersteller von Überwachungskameras, Hikvision, dessen Fertigungsanlagen 260 000 Kameras pro Tag produzieren können. Laut einem Artikel der *Atlantic* aus dem Jahr 2021 mit dem Titel »China Is Watching You«* entspricht das »zwei von drei Menschen, die jeden Tag geboren werden«. Im Jahr 2019 stellte das Unternehmen fast ein Viertel aller Überwachungskameras der Welt her.[250]

---

* Zu Deutsch etwa: »China beobachtet dich« [Anm. d. Verlags]

An der Spitze eines globalen Trends

China mag führend sein, wenn es darum geht, seine Bürger digital zu überwachen und die entsprechenden Werkzeuge herzustellen, aber es ist keineswegs ein Ausreißer. Schätzungen zufolge werden bis Ende 2021 weltweit mehr als eine Milliarde Überwachungskameras installiert sein.[251] Mit Ausnahme von Taiyuan und Wuxi, die beide in China liegen, gibt es in London mehr Überwachungskameras pro Kopf als in jeder anderen Stadt der Welt.[252] Laut IHS gab es in den Vereinigten Staaten 2018 fast so viele Überwachungs- und Sicherheitskameras wie in China, nämlich eine pro 4,6 Einwohner (im Vergleich zu einer pro 4,1 Einwohner in China). Das Vereinigte Königreich lag mit einer Kamera pro 6,5 Einwohner nicht weit dahinter.

»In den letzten Jahren hat sich die Berichterstattung über den Überwachungsmarkt stark auf den massiven Einsatz von Kameras und Technologien der künstlichen Intelligenz (KI) in China konzentriert«, sagt Oliver Philippou, Analyst bei IHS Markit. »Was weit weniger Beachtung fand, war der hohe Verbreitungsgrad der Überwachungskameras in den Vereinigten Staaten. Da die Vereinigten Staaten in Bezug auf die Verbreitung der Kameras fast gleichauf mit China sind, wird die künftige Debatte über Massenüberwachung wahrscheinlich Amerika genauso betreffen wie China.«[253]

Das Vereinigte Königreich und die Vereinigten Staaten investieren in großem Umfang in Gesichtserkennungstechnologien. Beide Länder erproben seit einigen Jahren die Überwachung mit Live-

Gesichtserkennung (LFR*) an öffentlichen Plätzen. Die Polizei und die Sicherheitskräfte in beiden Ländern setzen auch die retrospektive Gesichtserkennung (RFR) ein, die noch umstrittener ist als die LFR. Während die LFR Live-Bilder mit den Personen auf einer speziellen Überwachungsliste vergleicht, ermöglicht die RFR der Polizei einen Abgleich mit einer viel umfangreicheren Sammlung von Quellen, einschließlich Videoüberwachungen und sozialen Medien.

»Diejenigen, die sie einsetzen, können die Uhr zurückdrehen, um zu sehen, wer du bist, wo du warst, was du getan hast und mit wem, über viele Monate oder sogar Jahre hinweg«, sagte Ella Jakubowska, politische Beraterin bei European Digital Rights, einer Interessengruppe, gegenüber dem Magazin *Wired.* Sie fügte hinzu, dass die Technologie »die freie Meinungsäußerung, die Versammlungsfreiheit und die Befähigung der Menschen, ohne Angst zu leben, unterdrücken kann«.[254]

In der Europäischen Union wurde ein Kräftemessen zwischen Verfechtern des Schutzes der Privatsphäre und Sicherheitskräften über die vorgeschlagenen Rechtsvorschriften für die Verwendung biometrischer Fernerkennungssysteme in der Öffentlichkeit, wie zum Beispiel der Gesichtserkennung, losgetreten. Die Befürworter dieser Technologie, darunter auch die Strafverfolgungsbehörden, argumentieren, dass sie zur Ergreifung der Straftäter erforderlich sei. Datenschützer und einige europäische Gesetzgeber haben jedoch ein vollständiges Verbot gefordert. Zu ihnen gehört Wojciech Wiewiórowski, der die EU-interne Datenschutzbehörde EDSB

---

* LFR = »Life Facial Recognition«, zu deutsch etwa: »Gesichtserkennung in Echtzeit« [Anm. d. Verlags]

leitet, die sicherstellen soll, dass die EU-Behörden die strengen Datenschutzvorschriften des Kontinents einhalten.

Wiewiórowski warnt davor, dass der Einsatz der Technologie »die Gesellschaft, unsere Bürger und die Orte, an denen wir leben, in Bereiche verwandeln würde, in denen wir ständig identifizierbar sind. Ich bin mir nicht sicher, ob wir als Gesellschaft dafür wirklich bereit sind«.[255]

Anfang Dezember berichtete die Bürgerrechtsgruppe Statewatch, dass der Rat der EU, in dem die hochrangigen Minister der 27 Mitgliedstaaten sitzen, nicht nur beabsichtigt, die Zwecke, für die biometrische Systeme im Rahmen des vorgeschlagenen EU-Gesetzes über künstliche Intelligenz eingesetzt werden können, zu erweitern, sondern auch privaten Akteuren den Betrieb biometrischer Massenüberwachungssysteme im Auftrag von Polizeikräften zu ermöglichen.[256]

Entwicklungen wie diese, die das Abdriften angeblich demokratischer Gesellschaften und Nationen in einen technokratischen Autoritarismus beschleunigen, werden von der politischen, wirtschaftlichen und finanziellen Elite oft als unvermeidlich dargestellt. Die Technologie existiert bereits und ist zumindest für die Machthaber von großem Nutzen. Gleichzeitig eröffnet sie den Tech-Giganten eine noch größere Vielfalt an Geschäftsmöglichkeiten – warum also nicht davon Gebrauch machen?

Ein perfektes Beispiel für diese Denkweise ist das Buch *The Age of AI: And Our Human Future* (zu Deutsch etwa: »Das Zeitalter der künstlichen Intelligenz – und unsere menschliche Zukunft«), geschrieben von Henry Kissinger, den man hier nicht näher vorstellen muss, Eric Schmidt, ehemaliger CEO von Google, der enge

Beziehungen zum militärischen und sicherheitsindustriellen Komplex der Vereinigten Staaten unterhält, und Daniel Huttenlocher, dem Dekan des Schwarzman College of Computing des MIT, einem auf künstliche Intelligenz ausgerichteten Mega-Labor, das teilweise vom Stephen Schwarzman, dem Mitbegründer der Investmentgruppe Blackstone und Profiteur von Zwangsvollstreckungen, finanziert wird.

Wie Meredith Whittaker und Lucy Suchman in ihrem Artikel »The Myth of Artificial Intelligence« (zu Deutsch: »Der Mythos der künstlichen Intelligenz«) im *American Prospect* anmerken, dient das oben erwähnte Buch »der Agenda von Big Tech durch drei verwirrende Sprachstrategien«:

> *Erstens positionieren sie die KI und die Rechenleistung von Big Tech als kritische nationale Infrastruktur in Forschungs- und Entwicklungsumgebungen sowie in militärischen und staatlichen Operationseinheiten.*
>
> *Zweitens schlagen sie »Lösungen« vor, die die Technologieunternehmen enorm aufwerten und ihnen dabei helfen, ihre Gewinn- und Wachstumsprognosen zu erfüllen, während sie gleichzeitig KI-fokussierte Forschungsprogramme an Spitzenuniversitäten finanzieren. Dies dient dazu, Big Tech und die akademische Welt näher zusammenzubringen, ihre Interessen weiter zu verschmelzen und eine neue Welle von Forschern, die dem Silicon Valley kritisch gegenüberstehen, davon abzuhalten, sich zu äußern.*
>
> *Drittens, und das ist das Wichtigste, liefert das Buch Argumente gegen eine Einschränkung der Macht der Big-Tech-Unternehmen und stellt diese Unternehmen als*

zu wichtig für das amerikanische nationale Interesse dar, um sie zu regulieren oder zu zerschlagen.[257]

Auch westliche Regierungen beginnen, soziale Punktsysteme einzuführen, wenn auch – vorerst – in kleinem Maßstab und mit Belohnungsprogrammen anstelle von Bestrafungsmaßnahmen. Im Oktober kündigte die britische Regierung an, ein Pilotprogramm namens HeadUp zu starten. Es soll die Menschen ermutigen, am Handgelenk Geräte zu tragen, die personalisierte Gesundheitsempfehlungen aussprechen können, zum Beispiel mehr Schritte zu machen, mehr Obst und Gemüse zu essen und die Portionsgröße zu verringern. Die Regierung sagt, dass »gesunde Verhaltensweisen [...] Belohnungen freischalten, wie zum Beispiel Fitnessstudioausweise, Kleidungs- oder Lebensmittelgutscheine und Rabatte für Geschäfte, Kino- oder Freizeitparkkarten«:

Es ist erwiesen, dass finanzielle Anreize die körperliche Aktivität steigern und zu einer gesünderen Ernährung anregen können. HeadUp wird daher mit einer Reihe von Organisationen zusammenarbeiten, um Belohnungen wie Gutscheine, Waren, Rabatte und Geschenkkarten anzubieten.

Die Regierung hat sich verpflichtet, den Menschen zu helfen, ein gesünderes und glücklicheres Leben zu führen, indem sie es den Menschen erleichtert, gesunde Entscheidungen zu treffen.[258]

Eine ähnliche App mit dem Namen Carrot Rewards wurde 2016 in Kanada eingeführt. Die Nutzer erhielten Punkte für das Ausfüllen von Fragebögen und das Befolgen von Regeln für eine gesunde Lebensweise. Die App wurde in vier kanadischen Provinzen

(British Columbia, Neufundland, Labrador und Ontario) und in den Nordwest-Territorien eingeführt, bevor dem App-Entwickler 2019 die Mittel ausgingen. Doch das war nicht das Ende des Carrot-Rewards-Systems. Im Januar 2020 kaufte der in London ansässige Entwickler von Gesundheits-Apps, Optimity, Carrot Rewards und führte die Gesundheits-App unter einem neuen Konzept wieder ein.[259]

Das Carrot-Rewards-System offenbart ein interessantes Merkmal der Sozialkredit-Systeme, die sowohl im Westen als auch in China entwickelt und eingeführt werden: Die meisten von ihnen werden von privaten Unternehmen und nicht von der Regierung betrieben. Während diese Art von Optimierungssystemen an sich recht harmlos ist, zumindest in ihrer derzeitigen Form, ist festzustellen, dass Regierungen wie die des Vereinigten Königreichs in Erwägung ziehen, gesunde Ernährung zum Bestandteil eines auf Sozialpunkten basierenden Systems zu machen, während die Gesundheitsbehörden in diesem Land – wie auch in vielen anderen Ländern – systematisch ignorieren, welche Rolle gesunde Ernährung, Sport, die Einnahme von Nahrungsergänzungsmitteln und andere präventive Maßnahmen bei der Verringerung des Risikos von Covid-19 spielen könnten.

Im Jahr 2019 veröffentlichte das Wirtschaftsmagazin *Fast Company* einen Artikel mit dem Titel »Uh Oh: Silicon Valley Is Building a Chinese-style Social Credit System«*. Darin erläuterte der Journalist Mike Elgan, wie eine Gesetzesänderung in den USA es Lebensversicherungsunternehmen ermöglicht hat, das in den Social-Media-Posts ihrer Kunden gezeigte Verhalten als Grundlage

---

* Zu Deutsch etwa: »Oh-oh: Das Silicon Valley bastelt an einem Sozialkredit-System nach chinesischen Vorbild« [Anm. d. Verlags]

für die Prämienberechnung zu nutzen. »Die Versicherungsgesellschaften müssen nachweisen, dass Social-Media-Beiträge auf ein Risiko hindeuten und nicht auf irgendeiner Art von Diskriminierung beruhen – sie können Social Posts nicht verwenden, um die Prämien beispielsweise aufgrund von Rasse oder Behinderung zu ändern.«

In diesem Zusammenhang ist es interessant, dass Airbnb* Kunden aus beliebigen Gründen und ohne das Recht auf Einspruch lebenslang von seinem Portal ausschließen kann. In einer Mitteilung auf der Website des Unternehmens wird darauf hingewiesen, dass das Unternehmen nicht verpflichtet ist, die Gründe für die Sperrung eines Kontos bekannt zu geben. Airbnb hat sich selbst einen breiten Spielraum eingeräumt, um Nutzer auf unbestimmte Zeit zu sperren, wenn sie Vorstrafen haben, die das Unternehmen als »schwerwiegend« einstuft, ohne zu erklären, was es mit »schwerwiegend« meint. Im September 2020 schickte eine Koalition verschiedener Aktivistengruppen, darunter die ACLU, einen Brief an das in San Francisco ansässige Unternehmen. Sie beschwerten sich, dass die Verwendung von Verhaftungs- und Verurteilungsprotokollen zur Überprüfung potenzieller Nutzer den im Strafrechtssystem vorherrschenden Rassismus verewigt, und forderten das Unternehmen auf, seinen Kurs zu ändern.

»Nicht weniger als 100 Millionen Erwachsene in den Vereinigten Staaten – also fast ein Drittel der Gesamtbevölkerung – sind in irgendeiner Form vorbestraft«, sagte Marlon Peterson, Atlantic Fellow for Racial Equity. »Ich weiß aus eigener Erfahrung, dass viele dieser Verurteilungen schon Jahre zurückliegen, aber Airbnb hat

* Onlineportal zur Buchung und Vermietung von Unterkünften [Anm. d. Verlags]

beschlossen, diejenigen, die vorbestraft sind, auch dann noch zu bestrafen, wenn sie ihre Schuld gegenüber der Gesellschaft längst gesühnt haben«.[260]

Uber verfolgt eine ähnliche Politik und kann potenziellen Fahrern die Nutzung des Dienstes untersagen, wenn ihre Bewertung deutlich unter den Durchschnitt fällt. Auch Messaging-Apps wie WhatsApp sperren Nutzer oder schließen sie dauerhaft aus, wenn sie Spam oder bedrohliche Nachrichten versenden oder von anderen Nutzern blockiert wurden. Im Oktober 2021 hat das Unternehmen, das sich im Besitz von Facebook (jetzt Meta) befindet, in Indien allein zwei Millionen User geblockt.[261]

Wie Elgan warnt, ist das beunruhigendste Merkmal eines jeden Soziakredit-Systems, ob es nun von einer Regierung oder einem Privatunternehmen betrieben wird, nicht seine Übergriffigkeit, sondern die Tatsache, dass es außerhalb des gesetzlichen Rahmens agiert:

> *Straftaten werden außerhalb des Rechtssystems geahndet, das heißt ohne Unschuldsvermutung, ohne Rechtsbeistand, ohne Richter, ohne Geschworene und oft auch ohne die Möglichkeit einer Beschwerde oder Berufung. Mit anderen Worten, es ist ein alternatives Rechtssystem, in dem die Angeklagten weniger Rechte haben.*
>
> *Sozialpunkte-Systeme sind ein Ausweg aus den lästigen Komplikationen des Rechtssystems. Anders als in der chinesischen Regierungspolitik wird das in den USA entstehende Sozialpunkte-System von privaten Unternehmen durchgesetzt. Wenn die Öffentlichkeit nicht damit einverstanden ist, wie diese Gesetze durchgesetzt werden, kann sie keine neuen Entscheidungsträger wählen.*

Immer mehr gesellschaftliche »Privilegien« in Bezug auf Transport, Unterkunft, Kommunikation und die Tarife, die wir für Dienstleistungen (wie Versicherungen) zahlen, werden entweder von Technologieunternehmen kontrolliert oder davon beeinflusst, wie wir Technologiedienste nutzen. Und die Regeln des Silicon Valley für die Nutzung ihrer Dienste werden immer strenger.

Wenn sich die derzeitigen Trends fortsetzen, ist es möglich, dass in Zukunft die Mehrheit der Vergehen und sogar einige Verbrechen nicht mehr von Washington, D.C., sondern von Silicon Valley geahndet werden. Es ist eine schleichende Entwicklung weg von der Demokratie und hin zur technokratischen Konzernherrschaft.

Mit anderen Worten: Die Rechtsdurchsetzung könnte in Zukunft weniger durch die Verfassung und das Gesetzbuch als vielmehr durch Lizenzvereinbarungen mit den Endnutzern bestimmt werden.[262]

Auch die Banken der Wall Street könnten bald mitmischen. Im Jahr 2020 stellte der Internationale Währungsfonds (IWF) auf seiner Website Untersuchungen vor, die darauf hindeuten, dass Kreditgeber in Erwägung ziehen, Daten aus dem Internet-Browsing-, Such- und Einkaufsverhalten von Kreditnehmern zu nutzen, um eine genauere Kreditbewertung zu erstellen:

Die Verwendung von nicht-finanziellen Daten wird große Auswirkungen auf die Bereitstellung von Finanzdienstleistungen haben. Traditionell stützen sich die Banken auf die Analyse von Finanzdaten der Kunden aus Zahlungsströmen und Buchhaltungsunterlagen. Das Aufkommen des

> *Internets ermöglicht die Nutzung neuer Arten von nicht-finanziellen Kundendaten, wie zum Beispiel die Browser-Historie und das Online-Einkaufsverhalten von Einzelpersonen oder Kundenbewertungen für Onlinehändler.*
>
> *Die Literatur legt nahe, dass solche nicht-finanziellen Daten für die finanzielle Entscheidungsfindung wertvoll sind. Berg et al. (2019) zeigen, dass leicht zu erfassende Informationen wie der sogenannte »digitale Fußabdruck« (E-Mail-Anbieter, Mobilfunkanbieter, Betriebssystem usw.) bei der Bewertung des Kreditnehmerrisikos ebenso gut abschneiden wie herkömmliche Kreditwürdigkeitsprüfungen. Darüber hinaus gibt es Ergänzungsmöglichkeiten zwischen finanziellen und nicht-finanziellen Daten: Die Kombination von Kreditwürdigkeitsprüfungen und digitalem Fußabdruck verbessert die Vorhersage von Kreditausfällen weiter. Dementsprechend kann die Einbeziehung von nicht-finanziellen Daten zu erheblichen Effizienzgewinnen bei der Kreditvergabe führen.*[263]

Mit anderen Worten: Unsere Internetgewohnheiten könnten schon bald einen Einfluss darauf haben, ob die Banken uns Kredit gewähren oder nicht, wie viel sie bereit sind zu verleihen und zu welchem Zinssatz.

Wir haben auch gesehen, wie Silicon-Valley-Giganten wie Facebook und Twitter in den letzten Jahren zu den Schiedsrichtern der Wahrheit geworden sind, größtenteils auf Drängen der Regierung. Dies hat zu einer bizarren Situation geführt, in der Faktenprüfer, Programmierer und KI-Algorithmen von wissenschaftlichen Experten auf Gebieten wie Virologie, Epidemiologie, Medizin oder Pharmakologie bereitgestellte Inhalte entfernen, wenn diese Inhalte nicht mit der vorherrschenden offiziellen Darstellung übereinstimmen.

Im Dezember 2021 nahm der Desinformationskrieg eine noch düsterere Wendung, als Twitter in aller Stille seine »Covid-19-Richtlinie für irreführende Informationen« aktualisierte, um neue Sanktionen für Tweets zu verhängen, in denen unter anderem behauptet wird, dass Menschen, die vollständig geimpft sind, das Virus »verbreiten oder an andere weitergeben« können. Das bedeutet, dass Twitter-Nutzer nun für das Teilen oder Diskutieren einer wissenschaftlichen Tatsache bestraft werden können, die durch zahllose Studien bewiesen und sogar von den Centers for Disease Control and Prevention (CDC) eingeräumt wurde. Die Änderung der Richtlinien führte zu heftigen Reaktionen der Nutzer, und am 14. Dezember gab Twitter bekannt, dass es sich bei der Verwendung des Wortes »Virus« lediglich um einen Tippfehler gehandelt habe. Was es offenbar sagen wollte, war, dass es Behauptungen sanktionieren würde, dass die vollständig Geimpften »*den Impfstoff* an andere weitergeben oder ausscheiden« können.[264] [Hervorhebung durch den Autor]

Wir haben bereits erlebt, dass Social-Media-Unternehmen wie Twitter und Facebook Nutzer sperren, wenn sie die »falsche« Art von Inhalten erstellen oder teilen. Wenn sich diese Praxis so stark ausbreitet wie in Indien und die Social-Media-Aktivitäten der Nutzer mit einer digitalen ID oder einer Sozialkreditwürdigkeit verknüpft werden, könnte das Posten oder Teilen von umstrittenen Informationen zu einem kontroversen Thema, wie zum Beispiel Impfstoffe, nicht nur zu Zensur und Verbot führen, sondern auch negative Auswirkungen auf den sozialen Status einer Person und ihre Fähigkeit haben, auf bestimmte Dienste zuzugreifen. Mit anderen Worten: Wir können uns von der Redefreiheit verabschieden.

Bis zur Unkenntlichkeit

Seit der Veröffentlichung von Elgans Artikel im August 2019 hat sich die Situation über die Grenzen der Vorstellungskraft hinaus verschlechtert. Covid-19 kam Anfang 2020 und ist trotz der Einführung der Impfstoffe noch nicht wieder abgezogen. Viele der sogenannten liberalen Demokratien der Welt haben die dadurch ausgelöste Krise genutzt, um eine ganze Reihe repressiver Maßnahmen in Kraft zu setzen, von denen viele durch digitale Technologien ermöglicht werden. Diese Technologien, einschließlich der Impfpässe und anderer Formen der digitalen Identität, haben den Staaten nie da gewesene Massenüberwachungs- und Kontrollmöglichkeiten verliehen.

Nur wenige Länder sind diesen Weg so weit gegangen wie Australien, das einen der längsten Lockdowns der Welt verhängt hat. Außerdem werden Menschen – viele von ihnen völlig gesund – zwangsweise in »Quarantänelager« eingewiesen. Im Dezember 2021 verabschiedete der Bundesstaat Victoria, in dem die zweitgrößte Stadt Australiens, Melbourne, liegt, neue Pandemiegesetze, die dem Premierminister des Bundesstaates, Daniel Andrews, die Befugnis verleihen, eine Pandemie für unbegrenzte Zeit auszurufen. Das neue Gesetz, das die weitreichenden Befugnisse des Ausnahmezustands ersetzen soll, gibt dem Gesundheitsminister auch die Befugnis, »alle Anordnungen« zu erlassen, die er für notwendig hält, einschließlich Lockdowns und Impfzwang.

Der Präsident der Anwaltskammer von Victoria, Christopher Blanden QC, bezeichnete die vorgeschlagenen Gesetze als »extrem« und fügte zur Unterstreichung hinzu, dass die Stasi, die Geheimpolizei im kommunistischen Ostdeutschland, mit einem solchen »atemberaubenden« Umfang an Befugnissen mehr als zufrieden gewesen wäre. Blanden sagte auch, der Gesetzentwurf enthalte keine ausreichenden Kontrollen und Möglichkeiten zur Abwägung, gebe dem Premierminister zu viel Macht bei geringer parlamentarischer Kontrolle und erlaube eine unbefristete Inhaftierung von Personen, die gegen die Einschränkungen verstoßen.[265]

In England und Wales steht ein neues Polizeigesetz zur Verabschiedung an (zum Zeitpunkt der Entstehung dieses Buchs), mit dem das Recht auf Proteste faktisch ausgehebelt werden soll. Der neue Gesetzentwurf enthält unzählige Einschränkungen für Demonstrationen sowie neue Überwachungs- und Durchsuchungsbefugnisse, berichtet Jun Pang, Referent für Politik und Kampagnen bei Liberty, einer im Vereinigten Königreich ansässigen Menschenrechtsorganisation:

> *Das Grundrecht, durch das wir viele der Dinge errungen haben, die wir heute für selbstverständlich halten – vom Wahlrecht bis zur Gleichstellung der Ehe –, und das es uns allen ermöglicht, gegen Ungerechtigkeit aufzustehen. Jetzt wissen wir, dass die Regierung dieses Grundrecht mit dem Vorschlaghammer angreift und die Fähigkeit aller, sich gegen die Macht zu wehren, zerschlägt […].*
>
> *[Mit dem neuen Gesetzentwurf werden auch] neue Anordnungen zur Verhinderung schwerer Störungen oder Protestverbote geschaffen, die gegen Personen verhängt werden können, wenn sie zuvor wegen einer »protestbezogenen Straftat«, wie es in der Novelle heißt, verurteilt wurden – oder auch wenn sie in den letzten 5 Jahren nur an zwei Protesten teilgenommen haben, bei denen sie Aktivitäten durchgeführt haben, die zu schweren Störungen hätten führen können. Die Regierung hat erst diese Woche*

eine weit gefasste, allumfassende Definition des Begriffs »schwere Störung« vorgeschlagen, die auch in Zukunft vom jeweiligen Innenminister neu definiert werden kann.

Protestverbote können von den Betroffenen verlangen, die Polizei über ihren aktuellen Aufenthaltsort auf dem Laufenden zu halten, und sie können Einschränkungen in Bezug auf die Personen, mit denen sie sich treffen können, die Orte, an denen sie sich aufhalten, einschließlich der entsprechenden Zeiten, und die Nutzung des Internets beinhalten. Ein Verstoß gegen diese Auflagen kann zu einer 51-wöchigen Gefängnisstrafe, einer unbegrenzten Geldstrafe oder beidem führen.[266]

In den Vereinigten Staaten haben mehrere Städte, von New York bis Los Angeles, Impfpässe eingeführt. Im November verabschiedete das Repräsentantenhaus mit der Unterstützung von 80 Republikanern einen Gesetzentwurf zur Einrichtung einer bundesweiten Impfdatenbank. Wenn der Senat den Gesetzentwurf ebenfalls verabschiedet, wird die Bundesregierung 400 Millionen Dollar für eine »Modernisierung und Erweiterung des Immunisierungssystems« ausgeben, ein System, das als »vertrauliche, bevölkerungsbezogene, computergestützte Datenbank beschrieben wird, die Impfdosen aufzeichnet, die von einem beliebigen Gesundheitsdienstleister an Personen innerhalb des von dieser Datenbank abgedeckten geografischen Gebiets verabreicht wurden«.[267] Dies könnte letztendlich das Nachverfolgungssystem sein, an das ein digitaler Impfpass gekoppelt ist.

Aber es ist Europa, das den Weg wirklich vorgibt, wo fast alle Nationen eine noch nie da gewesene technologiegestützte Kontrolle und Spaltung in der Gesellschaft eingeführt haben.

Selbst die Kommunistische Partei Chinas muss beeindruckt sein. Seit den ersten Tagen der Pandemie hat Peking ein globales Covid-19-Verfolgungssystem mit QR-Codes gefordert, um den internationalen Reise- und Geschäftsverkehr wieder zu ermöglichen. In einer Rede auf dem virtuellen G20-Gipfel im vergangenen Jahr sagte Präsident Xi, dass die Länder eine einheitliche Politik und einheitliche Standards koordinieren müssten, um das »reibungslose Funktionieren« der Weltwirtschaft während und nach der Pandemie zu gewährleisten:

> *China hat einen globalen Mechanismus für die gegenseitige Anerkennung von Gesundheitsbescheinigungen auf der Grundlage von Nukleinsäuretestergebnissen in Form von international anerkannten QR-Codes vorgeschlagen. Wir hoffen, dass sich weitere Länder diesem Verfahren anschließen werden.*[268]

Wie die Chinesen mit ihrem Sozialkredit-System haben die meisten Europäer bisher die Einführung von Impfpässen akzeptiert. Laut einer Umfrage des britischen Meinungsforschungsinstituts YouGov (das übrigens vom ehemaligen britischen Impfminister Nadhim Zahawi mitbegründet wurde und ihm noch immer teilweise gehört) befürwortet eine Mehrheit der Menschen in Großbritannien (64 Prozent), Spanien (64 Prozent), Italien (62 Prozent), Schweden (62 Prozent), Deutschland (59 Prozent) und Frankreich (57 Prozent) die Verwendung von Impfpässen bei großen öffentlichen Veranstaltungen. 58 Prozent der Italiener, 54 Prozent der Deutschen, 51 Prozent der Spanier und 50 Prozent der Franzosen befürworten den Einsatz bei der Zugangskontrolle zu Restaurants.[269]

Die Macht der Furcht

Das alles sollte nicht weiter überraschen. Wenn die Menschen ausreichend verängstigt und verwirrt sind, können sie leicht kontrolliert werden. Wie der britische Autor Paul Kingsnorth in seinem Essay »How Fear Fuels the Vaccine Wars« (zu Deutsch etwa: »Wie die Angst die Impfstoffkriege anheizt«) feststellt, ist dies von allen Geschichten, die wir derzeit beobachten, die größte: die Manipulation der allgemeinen Angst in der Öffentlichkeit, um ein noch nie da gewesenes Maß an Kontrolle über die Bevölkerung zu erlangen:

> *Die ständige Bedrohung durch Covid – die endlosen Auffrischungsimpfungen, die endlosen Varianten – bedeutet, dass ein Ende dieser »neuen Normalität« nicht in Sicht ist. Wie zuvor der Krieg gegen den Terror, die Kontrolle und Überwachung der Bürger im Namen der »öffentlichen Gesundheit«, die Trennung der tugendhaften Geimpften (oder bald auch der Geboosterten) von den asozialen Ungeimpften, die internetweite Zensur von allem, was Silicon Valley als »Desinformation« bezeichnet, und der weit verbreitete Gehorsam der einstigen Mainstream-Presse gegenüber einer abgekarteten Geschichte, zu der sie ihre Leser stolpernd hinzusteuern versucht – nichts davon hat ein Verfallsdatum.*[270]

Dass die Impfpässe für Impfstoffe ausgestellt werden, die weder Immunität verleihen noch eine Übertragung verhindern, scheint keine Rolle zu spielen. Ende November 2021 – 5 Monate nach der Einführung des Green Pass durch Brüssel – war Europa erneut das Epizentrum der weltweiten Covid-19-Infektionen. Ende des Jahres wiesen viele der europäischen Länder mit den höchsten Pro-Kopf-Fallzahlen, wie Irland, Gibraltar, Italien, Spanien, Portugal und Island, auch die höchsten Impfquoten auf. Seit Rom ein Arbeitsverbot für nicht-geimpfte Italiener verhängt hat, ist die Zahl der Fälle sogar noch gestiegen. In Frankreich, einem der ersten Länder, das Personen ohne Impfpass den Zugang zu Gaststätten untersagt hat, stiegen die Fallzahlen ab Mitte Oktober exponentiell an und waren im Januar 2022 fast viermal so hoch wie beim vorherigen Höchststand im November 2020.

All diese Entwicklungen sind eine vernichtende Anklage gegen eine zutiefst gescheiterte Politik. Im Gegenteil, man könnte sogar argumentieren, dass die Einführung des Green Pass und alle nationalen Varianten, die er hervorgebracht hat, zu mehr Coronavirusinfektionen geführt haben und nicht zu weniger. Laut des belgischen Mikrobiologen Emmanuel André zeitigte die Einführung des Covid Safe Tickets (CST) in Belgien nicht nur einen vernachlässigbaren Anstieg der Impfquote, sondern es wurde auch zugelassen, dass bei öffentlichen Veranstaltungen, die ein CST erforderten, die Gesichtsmaske und die sozialen Distanzierungsmaßnahmen weggelassen wurden:

> *Das CST hat also das Gegenteil von dem bewirkt, was erwartet wurde, auch weil andere Maßnahmen bei seiner Einführung ausliefen […]. Masken sind neben dem Impfstoff und guter Belüftung nach wie vor eine der wichtigsten Maßnahmen zum Schutz vor dem Virus.*[271]

In jeder vernünftigen Welt hätte das Scheitern des europäischen Green-Pass-Systems bei der Eindämmung des Virus ausgereicht, um ein dramatisches politisches Umdenken zu erzwingen. Doch stattdessen haben die politischen Entscheidungsträger des Kontinents ihre verfehlte Strategie fortgesetzt. Als in Österreich täglich mehr Covid-Fälle registriert wurden als jemals zuvor seit der

Pandemie, reagierte die Regierung mit dem weltweit ersten »Lockdown der Ungeimpften«. Er dauerte 5 Tage, bevor die Regierung die Sperre auf alle ausdehnte. Aber der Präzedenzfall war geschaffen. 2 Wochen später folgte Deutschland diesem Beispiel und verbot nicht-geimpften Personen den Zutritt zu allen Geschäften, mit Ausnahme der wichtigsten.

Österreich hat sogar Pläne vorgestellt, die Impfung für alle Einwohner des Landes über 14 Jahren vorzuschreiben und wäre damit die erste sogenannte demokratische Nation, die einen solchen Schritt unternimmt. Nach dem geplanten Gesetzesentwurf wird jeder über diesem Alter (einschließlich Teenager), der sich weigert, sich nach Februar 2022 die Covid-19-Impfung verabreichen zu lassen, mit einer Geldstrafe von bis zu 3600 Euro belegt.[272] Deutschland erwägt eine ähnliche Maßnahme.[273]

In Griechenland, das bereits jetzt eine der höchsten Armutsraten in Europa aufweist, werden die Behörden damit beginnen, ungeimpfte Menschen über 60 mit einer Geldstrafe von 100 Euro für jeden Monat zu belegen, wenn sie nach dem 15. Januar nicht geimpft sind.

Null-Transparenz

Am bedrohlichsten ist, dass die Präsidentin der Europäischen Kommission, Ursula von der Leyen, eine Debatte über eine EU-weite Pflichtimpfung gefordert hat. Der Vorschlag ist mit Problemen behaftet, nicht zuletzt mit der Erkenntnis, dass der Impfstoff weder die Übertragung noch die Ansteckung verhindert oder dass die Impfstoffhersteller von der Haftung befreit sind.[274] Aber es gibt einen noch strittigeren Punkt: die mangelnde Transparenz der Vereinbarungen zwischen der Europäischen Kommission und den Impfstoffherstellern. Fünf Mitglieder des Europäischen Parlaments (MdEP) aus der Fraktion der Grünen/EFA haben sogar eine Klage beim Europäischen Gerichtshof eingereicht, in der sie die »stillschweigende Weigerung« der Kommission beklagen, Zugang zu Informationen über die Impfstoffverträge zu gewähren.

»Neun Monate lang hat sich die Kommission geweigert, sie offenzulegen, aber nachdem sie wegen der Undurchsichtigkeit ihrer Impfstoffpolitik heftig kritisiert wurde, hat sie stark geschwärzte Verträge veröffentlicht«, was »eindeutig unzureichend ist«, sagte Kim van Sparrentak, ein niederländischer Europaabgeordneter.[275]

Im April berichtete die *New York Times*, dass von der Leyen mit dem CEO von Pfizer, Albert Bourla, telefoniert und Texte ausgetauscht hat. (Es ist auch erwähnenswert, dass von der Leyens Ehemann, Heiko von der Leyen, seit Dezember 2020 als medizinischer Direktor des US-Biotech-Unternehmens Orgenesis tätig ist, das sich auf Zell- und Gentherapien, einschließlich Impfstoffe, spezialisiert hat.[276]) Als die Abgeordneten des Europäischen Parlaments Zugang zum Inhalt dieses Schriftwechsels zwischen von der Leyens und Bourla beantragten, erklärte die Kommission jedoch, dass sie keine Aufzeichnungen darüber habe. Textnachrichten, so die Kommission, seien im Allgemeinen »kurzlebig« und im Prinzip von ihren Aufzeichnungen ausgeschlossen.

Die Kommission weigert sich zu bestätigen, ob die Korrespondenz gelöscht wurde, ob sie noch existiert oder ob die Kommission es einfach nicht weiß. Es ist nicht das erste Mal, dass von der Leyen wegen gelöschter Textnachrichten in Schwierigkeiten geraten ist, berichtet der *Spiegel*:

> *Ende 2019 stellte sich heraus, dass Textnachrichten von zwei ihrer Diensthandys, die sie während ihrer Zeit als Verteidigungsministerin benutzt hatte, gelöscht worden waren, was zu einer Strafanzeige gegen von der Leyen und Ärger mit einem Untersuchungsausschuss des Deutschen Bundestages führte, der die Textnachrichten als Beweismittel angefordert hatte.*[277]

Zusammenfassend lässt sich sagen, dass die Präsidentin der Europäischen Kommission eine Debatte über die Einführung der Covid-19-Impfung in ganz Europa gefordert hat, obwohl die Impfstoffe nur wenig zur Verhinderung der Übertragung oder Infektion mit Covid-19 beitragen. Außerdem haben die meisten europäischen Gesetzgeber keinen Zugang zu den Verträgen, die die Kommission im März 2021 mit Impfstoffherstellern unterzeichnet hat. Die Kommissionspräsidentin selbst, die sich möglicherweise in einem Interessenkonflikt befindet, hat offenbar die Kommunikation mit dem Vorstandsvorsitzenden des weltweit größten Impfstoffherstellers gelöscht. Und das alles, während die EU bei der Einführung des digitalen Personalausweises für ihre fast 450 Millionen Bürger eine Vorreiterrolle spielt.

Der rumänische Europaabgeordnete Cristian Terheş beschreibt es so:

> *Was wir gerade erleben, ist ganz klar die chinesische Kolonisation Europas, das, was in China mit den Sozialkredit-Punkten geschieht, und wir sehen, wie dasselbe gerade jetzt […] in der Europäischen Union umgesetzt wird. Das Grüne Zertifikat war nur der erste Schritt. Es gibt weitere Vorschläge, die im Parlament diskutiert werden. Die europäische Wallet-ID, die europäische Sozialver-*

sicherungskarte – all diese Dinge schaffen ein System, das die Rechte aller europäischen Bürgerinnen und Bürger überwacht, beaufsichtigt und kontrolliert.[278]

Aber auch in Europa sind nicht alle an Bord, trotz der zunehmend autoritären Maßnahmen, die sowohl von der Europäischen Kommission als auch von den nationalen Regierungen umgesetzt werden. Wie von der Leyen selbst einräumte, war Ende November etwa ein Drittel aller Europäer, darunter die meisten Kinder unter 11 Jahren, noch nicht geimpft. Und das trotz des enormen Drucks, den die Regierungen auf die Bürgerinnen und Bürger ausüben, damit sie sich an die Regeln halten.

Und wie ich in Kapitel 8 zeigen werde, regt sich trotz der enormen Anstrengungen die Covid-19-Pandemie zu nutzen, um Macht und Kontrolle über die Bürger der Welt zu festigen, überall auf der Welt Widerstand.

Kapitel 8

Widerstand jetzt (oder nie)

Als sich das Jahr 2021 dem Ende zuneigte, schien die Welt noch düsterer zu sein als ein Jahr zuvor. Im größten medizinischen Live-Experiment, das jemals durchgeführt wurde, wurden »Wunderimpfstoffe« auf dem ganzen Planeten verteilt – zumindest für diejenigen, die sie sich leisten konnten – und Milliarden von Menschen in die Oberarme injiziert. Ende 2021 war klar, dass sie nicht annähernd so wirksam oder sicher sind, wie man uns glauben machen wollte. Heute gibt es täglich weit mehr Covid-19-Fälle als zu irgendeinem anderen Zeitpunkt der Pandemie.

Selbst die eifrigsten Befürworter der neuen, keine sterile Immunität bewirkenden Impfstofftechnologien geben zu, dass die Impfstoffe die Übertragung des Virus nicht verhindern. Sie sind verblüffend unwirksam gegen die Delta-Variante und noch ineffektiver gegen Omikron. »Vor allem bei Omikron, wo wir praktisch keinen Unterschied sehen, gibt es nur eine sehr geringe Diskrepanz zwischen geimpften und nicht-geimpften Personen, beide können sich mit einem Virus infizieren, mehr oder weniger im gleichen Tempo«, sagte Professor Cyrille Cohen, Leiter der Immunologie an der Bar-Ilan-Universität und Mitglied des Beratungsausschusses für Impfstoffe der israelischen Regierung.[279]

In Dänemark berichteten die Gesundheitsbehörden, die die Zahl der Covid-19-Fälle sowie das Auftreten und die Ausbreitung neuer Varianten im Allgemeinen gut verfolgen, Ende Dezember 2021, dass 89,7 Prozent der 17 800 Dänen, die sich bis zum 15. Dezember mit Omikron infiziert hatten, zwei- oder dreimal geimpft worden waren. Nur 8,5 Prozent waren nicht geimpft. Dagegen machten die nicht-geimpften Menschen 23,7 Prozent der Personen aus, die sich mit Delta oder anderen Varianten infiziert hatten. Und das in einem Land, in dem knapp 80 Prozent der Bevölkerung zweimal geimpft waren und 35 Prozent eine Boosterimpfung erhalten hatten. Ähnlich verhält es sich im Vereinigten Königreich, wo laut Impfbericht der Regierung vom 13. Januar 2022 die Zahl der Fälle pro 100 000 Personen bei den Geimpften höher war als bei den Ungeimpften.

Diese Ergebnisse deuten darauf hin, dass Omikron nicht nur die Impfstoffe vollständig umgeht, sondern möglicherweise sogar die Geimpften stärker infiziert als die Nicht-Geimpften. Einfach ausgedrückt: Es handelt sich um einen Impfstoff, der nicht mehr funktioniert. Am 11. Januar 2022 warnte die Weltgesundheitsorganisation (WHO), dass Omikron »eine neue Flutwelle von West nach Ost« darstelle, die innerhalb der nächsten 2 Monate mehr als die Hälfte der Bevölkerung in Europa – dem am meisten geimpften Kontinent der Welt – infizieren könnte. In Europa forderten einige Regierungen, das Covid-19-Virus wieder als endemisch einzustufen, was bedeutet, dass es zwar noch vorhanden ist, aber nicht mehr als Notfall für die öffentliche Gesundheit gilt. Einer der Gründe dafür ist, dass die öffentlichen Gesundheitsbehörden im Wesentlichen die Kontrolle über die Ausbreitung des Virus verloren haben. In meinem Heimatland Spanien waren die Fallzahlen so stark angestiegen, dass die Diagnoselabore des Landes mit der Nachfrage nach Tests nicht Schritt halten konnten, wie *El País* am 17. Januar berichtete.[280]

Der einzige Silberstreif am Horizont war, dass Omikron weniger virulent zu sein schien als andere dominante Varianten. Zum Zeitpunkt der Abfassung dieses Buches ist es noch zu früh, um mit absoluter Sicherheit sagen zu können, wie gesichert diese Einschätzung ist. Wir werden es wahrscheinlich erst wissen, wenn das Virus beginnt, eine große Zahl älterer Patienten in Ländern mit einer überalterten Bevölkerung zu infizieren. Sollte sich Omikron als wesentlich milder erweisen als frühere dominante Varianten, dann bedeutet das vielleicht, nur vielleicht, dass wir endlich die Wende in dieser globalen Gesundheitskrise einleiten. Aber wir sollten trotzdem vorsichtig sein. Angesichts seiner extremen Infektiosität hat Omikron immer noch das Potenzial, unsere stark geschwächten Krankenhaus- und Primärversorgungssysteme zu überfordern. Omikron scheint auch mehr symptomatische Fälle unter Kleinkindern hervorzurufen, was Anlass zu großer Sorge gibt. Und obwohl Omikron nicht wie frühere Varianten auf das Atmungssystem abzielt, gibt es beunruhigende Anzeichen dafür, dass andere Organe proportional stärker betroffen sein könnten als bei früheren Varianten. Wahrscheinlich sind noch weitere Varianten in der Pipeline, von denen eine oder mehrere noch virulenter sein könnten als Omikron.

Doch auch wenn immer mehr Regierungen eine Verkürzung der Quarantänezeiten, was mit ziemlicher Sicherheit die Ansteckungsgefahr erhöht, das Ende der Tests und eine Lockerung der Maskenpflicht fordern, halten sie an den Impfvorschriften fest und verschärfen die Anforderungen an den Impfpass. Fast alle Länder in Europa, Australasien und Nordamerika, von Frankreich über Deutschland, Australien und Neuseeland bis hin zu Kanada und Belgien, Spanien und Italien, haben der jahrzehntelangen – oder in einigen Fällen jahrhundertelangen – liberalen Demokratie ein jähes Ende bereitet. Stattdessen haben sie eine neue Form des

Regierens eingeführt, bei der die Grundrechte mit Füßen getreten werden, um ein Virus unter Kontrolle zu bringen, und zwar mit einer minderwertigen medizinischen Therapie, die keine der an sie gestellten Anforderungen erfüllt.

Aufbau eines globalen Biosicherheitsstaates

Das ultimative Ziel scheint die Schaffung eines globalen Biosicherheitsstaates zu sein. Am 1. Dezember kündigte die WHO an, einen Prozess in Gang zu setzen, »um eine Konvention, ein Abkommen oder ein anderes internationales Instrument im Rahmen der Verfassung der Weltgesundheitsorganisation zu entwerfen und auszuhandeln, um die Pandemieprävention, -vorsorge und -reaktion zu stärken«.[281] Wieder einmal mehr scheint die Europäische Union eine Schlüsselrolle zu spielen, wenn es darum geht, diesen »globalen Pandemievertrag« voranzutreiben.[282]

Wenn man bedenkt, wie schlecht die meisten Regierungen auf die Covid-19-Pandemie reagiert haben und wie schlecht die Staaten ihre Eindämmungsbemühungen koordiniert haben, spricht einiges dafür, Pandemiekontrollverfahren und -standards auf globaler Ebene einzuführen. Eine zentralisierte globale Pandemiebekämpfung unter der Schirmherrschaft einer Organisation wie der WHO würde jedoch bedeuten, dass die Gesundheitsbehörden gegenüber der lokalen Bevölkerung noch weniger verantwortlich wären. Klar ist, dass die WHO in ihrer jetzigen Form nicht das geeignete Gremium für diese Aufgabe ist.

Diese Organisation hat bei der Bekämpfung der aktuellen Pandemie bereits schlampige Arbeit geleistet. So hat sie beispielsweise erst viel zu spät erkannt, dass das Covid-19-Virus durch die Luft übertragen wird. Außerdem kämpfte sie auf Schritt und Tritt dagegen an, dass die nationalen Gesundheitsbehörden preisgünstige, nicht mehr patentgeschützte Medikamente wie Ivermectin für die frühe Behandlung der Covid-19-Patienten einsetzten. Diese beiden Versäumnisse haben unzählige Menschenleben gekostet. Die WHO befindet sich auch der Spenden wegen, die sie von privaten Unternehmen erhält, in einem schweren Konflikt. Viele Geldgeber kommen aus der Pharmaindustrie und privaten Stiftungen wie der Gates- und der Rockefeller-Stiftung, die beide an vorderster Front der Bemühungen stehen, der Weltbevölkerung eine globale digitale Identität aufzuzwingen. Diese Spenden machen inzwischen 80 Prozent der Finanzierung der Organisation aus.[283]

Mit anderen Worten: Wenn die WHO die volle Kontrolle über alle künftigen Reaktionen auf globale Pandemien übernehmen würde, wäre dies eine weitere Übernahme von Regierungsfunktionen durch Unternehmen – diesmal auf globaler Ebene. Darüber hinaus hat das Weltwirtschaftsforum (WEF) nach einem Abkommen über eine strategische Partnerschaft im Jahr 2019 (siehe Kapitel 6) nun einen großen Einfluss auf die Vereinten Nationen. Wenn der Aufbau eines globalen Biosicherheitsstaates nicht gestoppt wird, könnte er den Weg zu einer neofeudalen globalen Regierung ebnen, in dem ein winziger Teil der Weltbevölkerung alles besitzt und kontrolliert und globale Konzerne das Sagen haben. Der Rest von uns wird nichts besitzen, keine Privatsphäre und keine Kontrolle über den eigenen Körper – wir werden kaum eine andere Wahl haben, als das zu tun, was man uns sagt, da jede unserer Handlungen mit unserer digitalen Identität verbunden sein wird.

Schon vor Covid waren wir auf diesem Weg der Entwicklung bereits ziemlich weit. Jahrzehntelang hatten die Wall Street und die

Londoner City es zu einer Kunstform gemacht, »Mieteinnahmen als eine marktbasierte Form des Raubs bei helllichtem Tage darzustellen«, wie der Ökonom und ehemalige griechische Finanzminister Yanis Varoufakis in einem Artikel aus dem Jahr 2020 feststellte: »Techno Feudalism Is Taking Over« (zu Deutsch etwa: »Techno-Feudalismus übernimmt die Macht«). Seit der Finanzkrise von 2008 haben zwei weitere Entwicklungen diese Verschiebung verstärkt: Erstens wurde die Weltwirtschaft »durch die ständige Erzeugung von Zentralbankgeld angetrieben, nicht durch private Gewinne«, so Varoufakis. Gleichzeitig hat sich die Wertschöpfung »zunehmend von den realen Märkten auf digitale Plattformen wie Facebook und Amazon verlagert, die nicht mehr wie oligopolistische Unternehmen, sondern eher wie private Lehnsherren oder Gutsbesitzer agieren«.[284]

Die jüngste Entwicklung hin zu Biosicherheitsstaaten im gesamten ehemals liberalen Westen verspricht, diesen Wandel zu einem technologiegestützten Neo-Feudalismus noch zu beschleunigen. In den meisten europäischen Ländern muss man sich jetzt alle paar Monate gegen Covid-19 impfen lassen, um auch nur die einfachsten Dinge tun zu dürfen, vom Gang zur Arbeit über das Essen im Restaurant und den Einkauf im örtlichen Einkaufszentrum bis hin zum Besuch beim Hausarzt. In Deutschland und Österreich stehen die Nicht-Geimpften praktisch unter Hausarrest. In Italien dürfen sie nicht arbeiten oder an Taufen, Kommunionen und Hochzeiten teilnehmen. Sie dürfen nicht einmal mit dem Bus oder der U-Bahn fahren, und jeder, der älter als 50 Jahre ist, muss sich jetzt impfen lassen. In vielen Ländern ist jeder, der die Auffrischungsimpfung verweigert, selbst wenn er bei einer früheren Impfung eine schwere Nebenwirkung erlitten hat, dazu verurteilt, sich in die wachsende Zahl der Nicht-Geimpften einzureihen, die neue globale Klasse der Unberührbaren.

Viele der reichsten Menschen der Welt haben ihren Reichtum und ihre Macht in den letzten 2 Jahren massiv ausgeweitet, vor allem dank der Gelddruckerei der Zentralbanken. Varoufakis sagt: »Überall im Westen drucken die Zentralbanken Geld, das die Finanziers den Unternehmen leihen, die es dann verwenden, um ihre Aktien zurückzukaufen (deren Kurse sich von den Gewinnen entkoppelt haben).« Je näher man am Geldhahn ist, desto einfacher ist es, seinen Reichtum zu vergrößern. Währenddessen brechen kleine, unabhängige Unternehmen, die vor der Pandemie gut funktionierten, aber gezwungen waren, sich zu verschulden, nur um die Schließungen des letzten Jahres zu überstehen, zusammen, weil sich die wirtschaftlichen Bedingungen verschlechtern.

Viele der Ärmsten der Welt haben Schwierigkeiten, sich zu ernähren, was zum Teil auf die steigende Lebensmittelinflation zurückzuführen ist. In Lateinamerika und der Karibik, der Region, die am stärksten von der Pandemie betroffen ist, stieg die Zahl derjenigen, die von extremem Hunger betroffen sind, allein im Jahr 2020 um 13,8 Millionen auf 60 Millionen Menschen. Das sind etwa 10 Prozent der Bevölkerung der Region. Unglaubliche 267 Millionen Menschen – fast die Hälfte der Bevölkerung – hatten im Jahr 2020 unter Nahrungsmittelknappheit zu leiden.[285] Was die Menschen in den Industrieländern oft vergessen oder sich einfach nicht bewusst machen, ist die Tatsache, dass jedes Mal, wenn der Globale Norden von einer Pandemie betroffen ist, die angeschlagenen Volkswirtschaften im Globalen Süden die Auswirkungen noch stärker zu spüren bekommen, da die Nachfrage nach ihren Rohstoffen, Fertigwaren oder Tourismuszielen einbricht.

Wir können nicht behaupten, wir seien nicht gewarnt worden. Wie der in Deutschland lebende Dramatiker, Autor und Satiriker

C. J. Hopkins anmerkt, hat uns die globale Politik-, Finanz- und Wirtschaftselite all dies während der ersten Lockdowns im März 2020 mitgeteilt; die meisten von uns waren nur zu desorientiert und geschockt, um zuzuhören:

> *Sie teilten uns unmissverständlich mit, dass sich unser Leben für immer ändern würde. Sie warben für diese Veränderung und verkauften sie uns als »die neue Normalität«, für den Fall, dass wir – Sie wissen schon – kognitiv beeinträchtigt sein sollten. Sie verschleierten es nicht. Sie wollten, dass wir genau verstehen, was auf uns zukommt: eine global-kapitalistische Version des Totalitarismus, in der wir alle glückliche kleine faschistische »Konsumenten« sein werden, die sich gegenseitig ihre »Gehorsamkeitszertifikate« zeigen, um ihr Leben leben zu dürfen.*[286]

Aber es gibt immer noch Anlass zu Optimismus. Überall auf der Welt formiert sich Widerstand, während gleichzeitig das Vertrauen der Öffentlichkeit in die Covid-19-Impfstoffe zu schwinden scheint. Da die Regierungen immer weiter in den Autoritarismus abgleiten und von ihren jeweiligen Bevölkerungen die Einhaltung immer strengerer Auflagen verlangen, wächst dieser Widerstand. Und er nimmt viele Formen an, von gerichtlichen Anfechtungen über Kampagnen zur Förderung der Verwendung von Bargeld bis hin zu Verbraucherboykotten und großen – und immer populäreren – Demonstrationen in Städten auf der ganzen Welt. Mehr und mehr Menschen, so scheint es, erwachen aus ihrem Dornröschenschlaf.

Juristische Gegenwehr

Am 30. November 2021 entschied das Gericht erster Instanz in Namur in der belgischen Region Wallonien, dass der Impfpass des Landes – das sogenannte »Covid Safe Ticket« (CST) – rechtswidrig ist. Dem Urteil zufolge stellen die staatlichen Rechtsvorschriften, die von allen Bürgerinnen und Bürgern verlangen, dass sie ihren Impfpass vor dem Betreten von Cafés, Restaurants, Fitnessstudios und kulturellen Einrichtungen vorzeigen, eine unverhältnismäßige Einschränkung der individuellen Freiheiten dar, die nicht wenigstens dem Ziel dient, für das sie ursprünglich gedacht waren: der Kontrolle der Übertragung von Covid-19.

Das Gericht wies auch darauf hin, dass das CST möglicherweise gegen europäisches Recht sowie gegen das Recht auf den Schutz personenbezogener Daten verstößt. Die Richter entschieden, dass die Region »alle Maßnahmen ergreifen muss, die sie für angemessen hält, um dieser offensichtlichen Ungleichheit, die sich aus der Verwendung des CST in der Region Wallonien ergibt, ein Ende zu setzen«.[287] Sollte die wallonische Regierung diese Vorgabe nicht innerhalb von 7 Tagen nach der Verkündung des Urteils umsetzen, müsste sie für jeden Tag, an dem sie die Verwendung des CST weiterhin durchsetzt, eine Geldstrafe in Höhe von 5000 Euro zahlen.

Die wallonische Regionalregierung kündigte an, sie werde gegen die Entscheidung Berufung einlegen. Am 7. Januar 2022 entschied das Berufungsgericht in Lüttich zu ihren Gunsten und erklärte, dass das CST zwar die Freiheiten aller Belgier verletze, aber ein »notwendiges, objektives und verhältnismäßiges« Instrument sei, das zur Eindämmung der Covid-19-Epidemie erforderlich sei.[288]

Die Klage wurde von einer gemeinnützigen Organisation namens Notre Bon Droit (zu Deutsch: »Unser gutes Recht«) eingereicht, die sich selbst als eine »Allianz von Fachleuten des Gesundheitswesens, Wissenschaftlern, Anwälten und belgischen Bürgern bezeichnet, die der Meinung sind, dass die Reaktion der Regierung auf Covid-19 unangemessen ist und nicht auf den besten verfügbaren wissenschaftlichen Erkenntnissen beruht«. Das Kollektiv wurde von drei belgischen Bürgern gegründet: Isabelle Duchateau, eine Krankenschwester, die sagt, sie sei »insbesondere besorgt« um die Achtung der Patientenrechte sowie um »faire und unverfälschte« medizinische und wissenschaftliche Informationen; Stella André, eine Juristin in europäischem Recht, die befürchtet, dass der Rechtsstaat und die Grundrechte und -freiheiten »seit Beginn der Corona-Krise untergraben wurden«; und schließlich Benoit Clarembeau, ein Vater von drei Kindern, der sagt, er sei »besorgt, ihnen eine Zukunft in einem normalen Rechtsstaat zu sichern«.[289]

Notre Bon Droit bestreitet auch die Rechtmäßigkeit der Impfpässe in Frankreich und hat eine ähnliche Klage gegen das CST in Brüssel eingereicht. Wenn der Fall zu demselben ersten Ergebnis wie in Namur führt, würde dies bedeuten, dass ein Gericht in der EU-Hauptstadt, wo der Green Pass zuerst konzipiert wurde, entschieden hat, dass Impfpässe illegal sind. Bis Anfang Januar war noch kein Urteil ergangen.

Diese Entwicklungen sind ein Hoffnungsschimmer in einem Kontinent, der ansonsten im Dunkeln liegt. Allerdings ist es noch nur ein schwacher Schimmer. Selbst gerichtliche Hindernisse für den Impfpass können schnell umgestoßen werden, wie die Menschen in Spanien im Spätsommer 2021 erfahren haben.

Im August entschied das Oberste Regionalgericht von Andalusien in Südspanien gegen die Verwendung von Covid-Pässen zur Beschränkung des Zugangs zu öffentlichen Räumen. Als der Fall Mitte August den Obersten Gerichtshof Spaniens erreichte, bestätigte dieser die Entscheidung und war damit die erste Justizbehörde in Europa, die sich gegen die Verwendung von Covid-Pässen zur Beschränkung des Zugangs zu öffentlichen Räumen aussprach.[290] Das Urteil hatte jedoch nur einen Monat Bestand. Am 14. September entschied der Oberste Gerichtshof auf Antrag der Regionalregierung von Galicien, dass Impfpässe doch eine »geeignete, notwendige und verhältnismäßige« Maßnahme seien, um Neuinfektionen in Regionen mit hohem Ansteckungsrisiko zu verhindern. Bis Anfang Dezember hatten acht der siebzehn spanischen Regionen den Impfpass zur Bedingung für den Zutritt zu bestimmten Räumen gemacht, darunter Bars, Restaurants und Krankenhäuser.[291]

Die Lektion ist klar: Keine Stadt, keine Region und nicht einmal eine Nation kann im Alleingang verhindern, dass Impfpässe Realität werden. Aber wenn genügend Menschen in genügend Ländern eine konzertierte Kampagne des Widerstands auf allen Ebenen der Gesellschaft starten, ist alles möglich.

Doch die Zeit drängt. Bis Ende 2021 haben fast alle Länder Europas Gesetze verabschiedet, die Impfpässe zur Voraussetzung für den Zutritt zu öffentlichen Einrichtungen machen, darunter auch England, einer der letzten Abweichler. Am 15. Dezember verabschiedete das britische Unterhaus, eines der ältesten Parlamente der Welt, die »Plan B«-Gesetzgebung der Regierung Boris Johnsons für England, die die Einführung von Impfpässen für Nachtclubs und große Veranstaltungsorte vorsieht.[292] Dabei erfuhr die

Johnson-Regierung ihre bisher größte Rebellion im Hinterzimmer, konnte das Gesetz aber dank der Unterstützung der zunehmend schwächelnden Labour-Partei dennoch durchbringen.[293]

Das Gesetz wurde von der Kammer verabschiedet, obwohl die Impfpässe eindeutig nicht funktionieren, insbesondere nicht gegen eine Covid-19-Variante wie Omikron, die sich den Impfstoffen so leicht entziehen kann. Darüber hinaus widersprechen die obligatorischen Covid-Pässe den Empfehlungen des Ausschusses für öffentliche Verwaltung und konstitutionelle Angelegenheiten (PACAC) des britischen Parlaments, der in seinem Bericht über die Zertifizierung des Covid-19-Status zu dem Schluss kam, dass die Regierung keine stichhaltigen wissenschaftlichen Argumente zur Unterstützung von Impfpässen vorlegen kann und dass diese diskriminierend wären.[294]

In den Monaten vor der Abstimmung sagten mir Freunde und Familienmitglieder im Vereinigten Königreich mit typisch britischem Stolz, dass die äußerst diskriminierenden Maßnahmen und Praktiken auf dem europäischen Festland in einem so traditionell liberalen und demokratischen Land wie dem Vereinigten Königreich niemals erlaubt werden würden. Sie hatten Unrecht, aber nur bis zu einem gewissen Grad. Am 19. Januar überraschte Boris Johnson die Welt – oder zumindest die Welt außerhalb des Vereinigten Königreichs –, als er Pläne zur Aufhebung fast aller »Plan B«-Maßnahmen für England, einschließlich des Covid-19-Zertifikats, bekannt gab. Damit war das Vereinigte Königreich die erste sogenannte »liberale Demokratie«, die die Notwendigkeit einer obligatorischen nationalen Covid-19-Bescheinigung nachdrücklich ablehnte.

»Das Ende der Covid-Pässe in England ist ein MONUMENTALER Sieg für die bürgerlichen Freiheiten und die Gleichberechtigung.«, schrieb Silkie Carlo, Direktor der britischen Bürgerrechtsorganisation Big Brother Watch. »Was uns von einem Großteil des Covid-ID-verwalteten Westens unterscheidet, ist der prinzipienfeste Mut jedes Briten, der sich, als es darauf ankam, gegen alle Widerstände zur Wehr setzte, und unsere einzigartig starke Zivilgesellschaft.«[295]

Die Kehrtwende war ein politischer Verzweiflungsakt einer Regierung, die durch eine endlose Reihe von Korruptionsskandalen in die Knie gezwungen wurde. Nachdem so viele Kabinettsminister Boris Johnsons und auch Johnson selbst dabei erwischt wurden, wie sie ihre eigenen Covid-19-Regeln missachteten und anschließend diesbezüglich logen, gab es für die Regierung nur einen Weg, um im Amt zu bleiben: die Regeln abzuschaffen. Aber es ist fraglich, ob das ausreicht. Während ich dieses schreibe, wird die Medienkampagne gegen Johnson immer intensiver, die Thronanwärter wetzen ihre Messer, und ehemalige Kabinettsmitglieder fordern den Premierminister zum Rücktritt auf. Wenn dieses Buch veröffentlicht wird, könnte Johnson bereits aus dem Amt sein. Ist dies der Fall, könnte sein Nachfolger die Politik sehr schnell wieder umkehren und die Beschränkungen wieder aufleben lassen. Oder sie könnten die Beschränkungen, die Johnson aufrechterhalten hat, wie zum Beispiel den Impfzwang für alle NHS-Mitarbeiter, aufheben. Im Moment kann man nicht wissen, aus welcher Richtung der Wind wehen wird. Wie schon seit dem Brexit-Referendum von 2016 befindet sich das Vereinigte Königreich in einer höchst instabilen Lage.

Hass verbreiten

In der EU hingegen dringen die Impfpässe und Impfvorschriften unaufhaltsam in nahezu alle Bereiche der Wirtschaft und der Gesellschaft ein. In derselben Woche, in der das Vereinigte Königreich seine »Plan B«-Beschränkungen aufhob, verabschiedete der österreichische Gesetzgeber den ersten nahezu flächendeckenden Coronavirus-Impfzwang in Europa, und die italienische Regierung verfügte einen Erlass, der Personen ohne Impfpass den Zutritt zu allen Einzelhandelsgeschäften mit Ausnahme von Supermärkten, Apotheken, Optikern, Tierhandlungen und Tankstellen untersagt. Mit jedem neuen Eingriff treiben die europäischen Regierungen, allen voran die Europäische Kommission, den letzten Nagel tiefer hinein in den Sarg der liberalen Demokratie. Ähnliches geschieht in Kanada, Australien, Neuseeland und in Teilen der Vereinigten Staaten. Wenn wir dies zulassen, werden wir als die Generation in die Geschichte eingehen, die das Ende der Freiheit miterlebt und nichts dagegen unternommen hat. Wenn unsere Kinder und Enkel uns in Zukunft fragen werden, wie die Demokratie gestorben ist, werden wir uns die Worte aus Ernest Hemingways *Fiesta* (auf die Frage »Wie bist du bankrottgegangen?«) entlehnen können: »Erst schleichend und dann plötzlich.«

Nichts davon wäre ohne die Unterstützung der etablierten Medien möglich gewesen. Eine der dunkelsten orwellschen Methoden, die von den heutigen Propagandisten eingesetzt werden, ist die Behauptung, dass Menschen, die gegen Impfpässe sind, den Rest der Gesellschaft ihrer Freiheiten berauben. Ein perfektes Beispiel dafür lieferte der altgediente britische Journalist Andrew Neil, als am 9. Dezember 2021, nur wenige Tage vor der Verabschiedung des Gesetzes über den Impfpass durch das britische Parlament, in der *Daily Mail* ein Artikel von ihm erschien mit dem Titel »Es ist an der Zeit, die fünf Millionen Impfverweigerer in Großbritannien zu bestrafen: Sie setzen uns alle dem Risiko weiterer Beschränkungen aus. Warum sollten wir also nicht einige ihrer Freiheiten einschränken?« In dem Artikel schrieb Neil:

> *Solange die Zahlen in die Millionen gehen, wird die Nation unnötigerweise für die neueste Variante anfällig bleiben, was mehr Lockdowns, mehr Einschränkungen unseres Lebens, mehr verlorene Arbeitsplätze, mehr scheiternde Unternehmen, weniger Wirtschaftswachstum bedeutet – all das wird auf die Einführung des sogenannten Plan B der Regierung mit verstärkten Einschränkungen in dieser Woche folgen [...].*
>
> *Im Rahmen von Plan B werden Impfpässe für den Zutritt zu Nachtclubs und bei großen Menschenansammlungen an wichtigen Veranstaltungsorten verlangt. Es wäre nicht schwer, sie nach französischem Vorbild auf andere öffentliche Orte auszudehnen, einschließlich Restaurants, Kneipen und Bars sowie nicht lebensnotwendige Geschäfte (auch Ungeimpfte brauchen Lebensmittel und Medikamente!).*
>
> *Es würde denjenigen von uns, die das Richtige getan haben, mehr Schutz bieten, und denjenigen, die es nicht getan haben, eine Denkpause verschaffen.*[296]

Wie viele Prominente und hochrangige Medienvertreter stellt auch Neil die Impfpässe als »eine kleine Unannehmlichkeit« dar, vor allem, wenn »eine neue Welle der Coronavirus-Pandemie über den Kontinent hinwegfegt«. Was er nicht erwähnt, ist, dass Europa bereits jetzt der Kontinent der Welt ist, der die mit Abstand die höchste Impfquote aufweist. Hier gibt es auch mehr Impfpässe pro Person als in jeder anderen Region.

Da die aktuellen Covid-19-Impfstoffe keine sterile Immunität bieten und unglaublich unzuverlässig sind, insbesondere gegen die Omikron-Variante, könnte jeder in Europa, einschließlich des Vereinigten Königreichs, zwangsgeimpft werden, und der Kontinent wäre immer noch anfällig für die neueste Variante. Gibraltar – das am meisten geimpfte Land der Welt – hat das Weihnachtsfest aufgrund des Anstiegs der Covid-Fälle abgesagt. Die gesamte infrage kommende Bevölkerung Gibraltars ist geimpft.

An dieser Stelle bricht die gesamte Grundlage der Argumentation Neils komplett in sich zusammen: Die Impfpässe helfen den Ländern nicht nur nicht, die Übertragung des Virus zu bekämpfen, sondern scheinen diese sogar noch zu verschlimmern. Wie sonst wäre es zu erklären, dass Ende 2021 die EU, deren 27 Mitgliedstaaten seit fast einem halben Jahr Impfpässe in dem einen oder anderen Ausmaß verwenden, erneut zum Ausgangspunkt für die Covid-19-Pandemie wurde?

Man macht die nicht-geimpften Menschen zum Sündenbock und bereitet so die psychologische Grundlage für die Akzeptanz des Impfpasses vor. Dies dient jedoch noch einem weiteren Ziel: die Schuld für die fortschreitende Verschärfung der Restriktionen, den Verlust von Freiheiten und die unvermeidlichen wirtschaftlichen Folgen von den wirklich Verantwortlichen – der Regierung, den Gesundheitsbehörden, Organisationen wie der WHO, dem Weltwirtschaftsforum und der Bill & Melinda Gates Stiftung sowie den von ihnen vertretenen Unternehmen – all dies – kann man auf die Ungeimpften abwälzen.

Das ultimative Ziel ist es, die in der Psyche der Menschen schwelende Angst und Frustration in Wut und Hass auf die »Anderen« um- und gleichzeitig die Aufmerksamkeit von denjenigen abzulenken, die diesen Prozess wirklich vorantreiben. Es ist ein perfektes Beispiel für »Teile und herrsche«, und der Einsatz könnte höher nicht sein.

Dies ist der Kampf unseres Lebens – um unser Leben. Die Welt, wie wir sie kennen, überschreitet den Rubikon. Auf der anderen Seite liegt eine dunkle, düstere Zukunft mit uneingeschränkter staatlicher und unternehmerischer Überwachung und Kontrolle. Wenn es den Regierungen gelingt, den Aufbau des Biosicherheitsstaates zu vollenden, werden sie über nie da gewesene Instrumente verfügen, um die Bevölkerung zu formen, zu gestalten und zu steuern. Sie werden in der Lage sein, genau zu entscheiden, welche neue experimentelle Gentherapie in unseren Körper gelangt und wann. Sie werden in der Lage sein, so gut wie jeden Aspekt des menschlichen Verhaltens, Ausdrucks und Denkens zu kontrollieren und dabei auch jede unserer Bewegungen zu verfolgen.

Jeder, der versucht, Widerstand zu leisten, wird leicht identifiziert und aufgespürt werden. Dies ist ein entscheidender Punkt: In anderen Zeiten der Tyrannei gab es für Regimegegner immer die Möglichkeit, zu fliehen, sich zu verstecken und neu zu formieren, wenn auch unter großem Risiko. Im Biosicherheitsstaat von morgen wird das nicht mehr möglich sein. Mit anderen Worten: Wenn wir jetzt nicht handeln, wird es in Zukunft praktisch unmöglich sein, überhaupt noch zu handeln.

Wir riskieren nicht nur den Verlust unserer Privatsphäre und unserer Grundrechte und Freiheiten, für die Generationen unserer Vorfahren so hart gekämpft haben – wir riskieren auch, unsere kollektive Seele zu verlieren. Wie schon so oft in den dunkelsten Episoden der Geschichte drängen die Stimmen der Macht – oft über die Sprachrohre der etablierten Medien – die Menschen dazu, den »Anderen« (in diesem Fall die Ungeimpften) als »Feind« zu betrachten. Auch unter den Ungeimpften wachsen die Ressentiments gegenüber den Geimpften.

Die Regierungsbehörden sind bemüht, die eine Seite gegen die andere auszuspielen, aber wir müssen versuchen, nicht in diese Falle zu tappen. Lassen Sie nicht zu, dass Angst in Hass umschlägt. Denken Sie daran: Sowohl die Geimpften als auch die Nicht-Geimpften sind eure Freunde und Nachbarn, eure Brüder und Schwestern. Sie sind eure Mütter und Väter, eure Söhne und Töchter. Sie sind eure Ärzte und Krankenschwestern, eure Lehrer und Schüler.

Die Geschichte hat uns immer wieder gelehrt, dass Regierungen, die Hass gegen eine Gruppe von Menschen predigen, den Fokus dieses Hasses immer dann gern auf eine andere Gruppe lenken, wenn es ihnen passt. Unter Umständen wie diesen, wenn die eigene Regierung Böses tut, ist Passivität keine Option; sie ermutigt nur zu mehr. Wie der in Rumänien geborene amerikanische Schriftsteller, politische Aktivist, Nobelpreisträger und Holocaust-Überlebende Elie Wiesel einmal schrieb: »Wir müssen Partei ergreifen. Neutralität hilft dem Unterdrücker, niemals dem Opfer. Schweigen ermutigt den Peiniger, niemals den Gepeinigten.«

Wachsender Widerstand

Eine große Ironie der heutigen Welt besteht darin, dass die meisten Menschen gehorchen, um ein Ende der Beschränkungen, Entbehrungen und Verbote zu erreichen, ihr Gehorsam aber führt dazu, dass eben dies niemals geschehen wird. Die gute Nachricht ist, dass immer mehr Menschen beginnen, dies zu erkennen, und diese Erkenntnis kommt nicht einen Moment zu früh. Überall in Europa, den Vereinigten Staaten, Australien und weit darüber hinaus gibt es kleine Aktionen des Widerstands. Der Ladenbesitzer, der darauf besteht, seine nicht-geimpften Kunden weiter zu bedienen, obwohl die Regierung mit Geldstrafen droht. Die Kinobesitzerin, die sich weigert, ihre Türen für nicht-geimpfte Kinobesucher zu schließen. Der Arzt, der nicht-geimpfte Patienten weiter behandelt, obwohl die Regierung ihm dies verbietet.

Auch die Massenproteste nehmen zu. Bis Mitte Dezember gab es in vielen Städten in ganz Frankreich an 22 aufeinanderfolgenden Wochenenden Proteste gegen die Covid-Pass-Regeln der Regierung Macron. Die Demonstrationen haben sich sogar auf die französischen Überseegebiete ausgeweitet. Ende November sahen sich die französischen Behörden gezwungen, Polizeiverstärkung nach Guadeloupe zu schicken und eine Ausgangssperre über die Karibikinsel zu verhängen, nachdem es eine Woche lang zu »aufstandsähnlichen Verhaftungen« gekommen war.[297] Die französische Regierung verschob jedoch die Verhängung eines Impfzwangs auf der Insel. Dies ist eine heilsame Lektion: Die einzige Möglichkeit, Regierungen davon abzuhalten, unserem Leben immer drakonischere Beschränkungen aufzuerlegen, besteht darin, sie nicht mehr zu befolgen – aber ohne auf Gewalt zurückgreifen zu müssen.

In der Tschechischen Republik haben breite Demonstrationen die neue Mitte-Rechts-Regierung dazu veranlasst, ein Dekret zu streichen, das Covid-19-Impfungen für wichtige Arbeitnehmer und Personen über 60 Jahre vorschreibt. Wie *Reuters* am 19. Januar berichtete, hat die neue tschechische Regierung diesen Schritt unternommen, um eine »Vertiefung der Spaltung« in der Gesellschaft zu vermeiden. Das Dekret hatte jedoch auch nicht verhindern können, dass die Zahl der Fälle einen neuen Rekordstand erreichte.[298]

Einige Städte in Italien wurden durch so viele Demonstrationen erschüttert, dass die lokalen Behörden mit ausdrücklicher Unterstützung der technokratischen Regierung von Mario Draghi dazu übergegangen sind, diese ganz zu verbieten. Am 11. Dezember demonstrierten Zehntausende Menschen in Wien gegen die neuen Covid-19-Beschränkungen der Regierung, einschließlich der Anordnung von Hausarrest für Nicht-Geimpfte und der obligatorischen Covid-19-Impfung. Eine Woche später fanden in mehr als einem Dutzend Städten, darunter Wien, Innsbruck, Gmünd und Leibnitz, Proteste statt. Auch in Städten in Belgien, den Niederlanden, Spanien und Kroatien gab es große Proteste.[299] In einigen osteuropäischen Ländern wie Rumänien, Albanien und Bulgarien ist die Mehrheit der Menschen, von denen sich viele noch an das Leben unter der kommunistischen Herrschaft erinnern, noch immer nicht geimpft. Es wird interessant sein zu sehen, wie sie reagieren, wenn die EU versucht, ihnen die Impfung aufzuzwingen.

Deutschland, das bevölkerungsreichste Land und die größte Volkswirtschaft der EU, erlebt eine Welle von Demonstrationen nach der anderen, seit die Bundesregierung am 30. November 2021 Pläne zur Einführung einer Impfpflicht bekannt gegeben hat. Der deutsche Journalist Paul Schreyer verglich am 17. Dezember auf der Online-Nachrichten-Website *Multipolar* die aufblühende Protestbewegung mit den massiven Mobilisierungen im Herbst 1989, die zum Fall der Berliner Mauer beitrugen:

> *Seit Anfang Dezember wird in deutschen Städten in einem beispiellosen Umfang gegen die Corona-Politik*

und die geplante Impfpflicht demonstriert. Die Zahl der Protestierenden wächst von Woche zu Woche – eine landesweite, dezentrale Bewegung entsteht. Lokale Bürgerkomitees, die an runden Tischen mit den gewählten Stadtvertretern vor Ort in den Dialog treten, könnten den Protest noch wirksamer machen. Aktuell droht aber auch eine Eskalation durch verdeckt inszenierte Gewalttaten.

Unabhängig voneinander und ohne zentrale Planung haben sich binnen kürzester Zeit in zahlreichen Städten wöchentlich stattfindende Proteste etabliert. Seit dem vergangenen Wochenende sind gut 50 deutsche Städte davon betroffen: 8000 Demonstranten versammelten sich zuletzt in Hamburg, 3000 jeweils in München, Fürth, Magdeburg, Rostock und Cottbus, 2000 in Nürnberg, Reutlingen, Neumarkt, Freiburg, Aschaffenburg, Schweinfurt und Mannheim. Auch in zahlreichen weiteren Städten sind die Proteste in den vergangenen Tagen auf vierstellige Teilnehmerzahlen angewachsen – in vielen Fällen eine Verdopplung im Vergleich zur Vorwoche.

Aktuell demonstrieren in den vom Protest erfassten Städten im Schnitt etwa 0,5 bis 2 Prozent der Einwohner. Laut der fortlaufend aktualisierten repräsentativen COSMO-Studie der Universität Erfurt in Zusammenarbeit mit dem Robert Koch-Institut sind mit Stand vom 3. Dezember allerdings 15 Prozent der befragten Bürger »bereit, an einer Demonstration gegen die einschränkenden Maßnahmen teilzunehmen«. […] Es besteht also noch erhebliches Potenzial, was die Größe der Demonstrationen angeht.[300]

Es gibt auch Parallelen zu den turbulenten Ereignissen von 1968. Einige der Teilnehmer an den heutigen Demonstrationen werden sogenannte »68er« sein, damals noch Studenten, die vergeblich versuchten, die Verabschiedung des am 30. Mai 1968 beschlossenen Notstandsgesetzes zu verhindern. Im Mittelpunkt der Proteste stand die Befürchtung, dass die betreffenden Grundgesetzänderungen der Regierung außergewöhnliche Befugnisse verleihen könnten. Das Fehlen einer wirksamen Opposition im Parlament und die Protestwellen in den Nachbarländern (zum Beispiel in Frankreich, wo die Unruhen im Mai 1968 fast zum Sturz der Regierung geführt hätten) heizten die Debatte im ganzen Land an.

Obwohl die Proteste als spezifisch deutsch angesehen werden könnten, da die jüngere Generation gegen die NS-Vergangenheit ihrer Elterngeneration wettert, war das Ziel der vermeintliche Autoritarismus einer Regierung, dem der Alliierte Kontrollrat Notstandsbefugnisse zurückgegeben hatte. Trotz seines Rufs als gesetzestreue, geordnete Gesellschaft ist es im Nachkriegsdeutschland nicht ungewöhnlich, dass es zu Protesten kommt, wenn die Bevölkerung befürchten muss, dass ihre Regierung über das Ziel hinausschießt. Genau dies geschieht heute.

Am 3. Januar 2022 nahmen schätzungsweise 1390 Städte und Gemeinden an einem »Montagsspaziergang« teil, der sich laut dem Telegram-Kanal der Organisatoren direkt gegen die jüngsten Lockdownvorschriften der Regierung richtete. Die Protestbewegung erinnert an die sogenannten »Montagsdemonstrationen«, die zwischen 1989 und 1991 in Städten in Ostdeutschland gegen die Regierung der DDR stattfanden.[301]

»Der Regierung bereiten die dezentralen Aktionen Sorge«, vermeldet die *Welt*. »Gegen die Nato-Aufrüstung, den Irak-Krieg oder den Treibhausgasausstoß formierten sich schon weit größere Protestzüge, als sie derzeit gegen die Corona-Politik stattfinden. Doch noch nie in der Geschichte der Bundesrepublik gab es weitflächigere Demonstrationen als in diesen Wochen.«[302]

Während die Bewegung wächst, versucht die Regierung mit Hilfe der etablierten Medien in Deutschland und im Ausland, alle Demonstranten zu dämonisieren. Eine beliebte Strategie, die bereits in Italien und Frankreich erprobt wurde, besteht darin, sie alle mit dem pauschalen Vorwurf des Neonazismus zu belegen, was in Deutschland eine besonders starke Wirkung hat. In der Zwischenüberschrift ihres Artikels vom 14. Dezember, »Anti-Corona Protests Escalate, Riots in Several German Cities«*, berichtete die *Jerusalem Post*, dass »Impfgegner und Rechtsextreme zu einer homogenen Masse verschmelzen«:

> *Die deutsche Innenministerin Nancy Faeser beklagte eine zunehmende Gewaltbereitschaft und Radikalisierung bei Demonstrationen gegen die Corona-Maßnahmen. »Die Gewaltbereitschaft nimmt zu«, erklärte Faeser auf ihrem Twitter-Account:*
>
> *»Viele Querdenker werden immer radikaler. Drohungen und Einschüchterungen sind völlig inakzeptabel! Wir müssen die Anstrengungen für den gesellschaftlichen Zusammenhalt verstärken und die Spaltungsversuche der antidemokratischen Kräfte überwinden.«*[303]

---

* Zu Deutsch etwa: »Anti-Corona-Proteste eskalieren, Krawalle in mehreren deutschen Städten« [Anm. d. Verlags]

Es stimmt zwar, dass auch rechtsextreme Gruppen in der deutschen Bewegung gegen den Impfpass eine Rolle gespielt haben, aber alle, die sich der zunehmend drakonischen Politik der Regierung widersetzen, als Extremisten darzustellen, ist absurd, vor allem wenn man bedenkt, dass etwa jeder vierte Erwachsene noch immer nicht geimpft ist. Es ist auch eine Farce, wenn die Innenministerin einer Regierung, welche die zweite »Sperre für Ungeimpfte« in Europa verhängt hat, von der Notwendigkeit des sozialen Zusammenhalts spricht. Angesichts der zunehmenden Zahl und Größe der Proteste in Deutschland scheint es, als würden immer mehr Menschen aufwachen. Die Strategie der Regierung, die Demonstrationen wie die Demonstranten zu diffamieren, um zu verhindern, dass sie eine kritische Masse erreichen, scheint laut Schreyer aber nicht wirklich aufzugehen:

> *Zu viel Vertrauen haben die großen Medien bei der Gruppe der Maßnahmenkritiker und der Zweifler verloren, als dass sie mit ihrer Berichterstattung noch effektiv durchdringen würden. In Ermangelung von Alternativen wird dennoch weiterhin versucht, die Demonstranten als gefährliche Verwirrte oder Rechtsextreme zu diffamieren und auszugrenzen. Fast kein Kommentar von Bundes- und Landespolitikern zu den Protesten kommt ohne die Warnung vor „Radikalisierten" und „drohender Gewaltbereitschaft" aus. Dies wirkt umso seltsamer, als die Demonstrationen bislang fast überall friedlich ablaufen.*

Eines der wichtigsten Instrumente der Demonstranten zur Organisation von Protesten und zum Informationsaustausch ist der Instant-Messaging-Dienst Telegram. Und so drohte die deutsche Regierung Mitte Januar mit einem Verbot des Messengers, sollte er weiterhin auf diese Weise genutzt werden. »Das können wir nicht ausschließen«, sagte Faeser. »Eine Abschaltung wäre gravierend und eindeutig der letzte Ausweg. Alle anderen Optionen müssen zuerst ausgeschöpft werden.« Wie *The Independent* damals berichtete, »ist Deutschland nicht der einzige Staat, der potenziell Kontrollen für Telegram anstrebt. Verbote und Vorschriften gibt es in einer Reihe von Ländern, von China bis Indien und Russland« – drei Länder, die nicht gerade für ihren Respekt vor der Meinungsfreiheit bekannt sind.[304] Aber leider scheint dies die Richtung zu sein, die wir in Europa einschlagen.

Der deutsche Bundeskanzler Olaf Scholz, der im November 2021 die Nachfolge von Angela Merkel antrat, hat auf die aufkeimende Protestbewegung mit immer härteren Worten reagiert.

»Wir müssen den Bedrohungen mit aller Härte begegnen. Ich will das Land zusammenhalten. Und bin also auch der Kanzler der Ungeimpften«, sagte er Mitte Dezember. Der letzte Satz war wenig tröstlich, hatte Scholz doch Tage zuvor gesagt: »Für meine Regierung gibt es bei allem, was zu tun ist, keine roten Linien mehr. Es gibt nichts, was wir ausschließen können.«[305]

Während der neue deutsche Kanzler seine Sorge um die Nicht-Geimpften vortäuschte, zog der französische Premierminister Jean Castex eine ganz eigene Überraschung aus dem Ärmel. Ab Mitte Februar 2022 würde ein negatives Testergebnis für alle über 16-Jährigen nicht mehr ausreichen, um den »pass sanitaire« zu erhalten, der im Grunde zu einem »pass vaccinal« wird. Solange Sie nicht vollständig geimpft sind, was nach den neuen Vorschriften bedeutet, dass Sie innerhalb von 4 Monaten nach der letzten Impfung eine Auffrischungsimpfung erhalten haben, oder wenn

Sie über 18 Jahre alt sind und in den letzten 4 Monaten (bisher waren es 6 Monate) eine Infektion hatten, dies aber nicht nachweisen können, dürfen Sie die meisten öffentlichen Räume nicht betreten.

Mit den neuen Vorschriften wird Frankreich der erste (aber vermutlich nicht der letzte) EU-Mitgliedstaat sein, der negative PCR-Testergebnisse in seinen Rechtsvorschriften für den Impfpass vollständig abschafft und die Dauer der durch eine Infektion erworbenen Immunität verkürzt. Auch Deutschland hat die Gültigkeitsdauer der Genesenenbescheinigungen von 6 auf 3 Monate verkürzt und drängt die EU, dasselbe in ihrer Gesetzgebung für den Green Pass zu tun.[306] Die Tatsache, dass dies geschieht, während sich die Beweise häufen, dass der Schutz durch natürlich erworbene Immunität sowohl umfassender als auch langlebiger ist als die durch eine Impfung erreichte Immunität, ist ein weiterer Beleg dafür, dass diese drakonischen Maßnahmen wenig mit der Sorge um die allgemeine Gesundheit zu tun haben.

»Wir wollen die Ungeimpften unter Druck setzen«, sagte Castex, als ob sie das nicht schon seit 5 Monaten getan hätten.[307] Einige Wochen später schürte der französische Präsident Emmanuel Macron die Spaltung noch weiter, indem er versprach, »die Ungeimpften zu verärgern« (emmerder les non-vaccinés), die er offenbar für Frankreichs Rekordzahlen an Covid-19-Fällen verantwortlich macht.[308] Die abrupte Neufassung der Regeln, mit der die Schrauben für die Millionen nicht-geimpften Bürger des Landes noch fester angezogen werden sollen, sollte ein Weckruf für alle Franzosen sein, die auch nur das Geringste für Liberté, Égalité und Fraternité übrighaben – Losungen, von denen in der digitalen Dystopie, die im Eiltempo entsteht, nur wenig übrig bleiben wird.

Amerika: die letzte Bastion?

Es wäre ein interessantes Paradoxon: Das Land, das die meisten Unternehmen und Technologien hervorgebracht hat, die den Weg in eine digitale Diktatur ebnen, die Vereinigten Staaten von Amerika, könnten auch die letzte Bastion der Freiheit sein. Dafür gibt es drei Hauptgründe: Erstens ist es aufgrund der im US-Regierungssystem verankerten verfassungsmäßigen Kontrolle und Ausgewogenheit viel schwieriger, Gesetze durchzudrücken, die grundlegende Rechte und Freiheiten bedrohen, wie es in der EU geschehen ist. Zweitens hat das Spannungsverhältnis zwischen den Rechten der Bundesstaaten und der Macht des Bundes die Möglichkeiten der Bundesregierung eingeschränkt, landesweite Impfvorschriften zu erlassen. Und drittens ist die Freiheit des Einzelnen das mit Abstand am meisten geschätzte politische Prinzip in diesem Land – im Guten wie im Schlechten –, ein hohes Gut also, das ausdrücklich durch die Verfassung geschützt ist.

Anders als in Europa, Australien und Neuseeland wurden Impfvorschriften oder Impfpässe trotz der intensiven Bemühungen der Biden-Regierung nicht flächendeckend eingeführt. Am 4. November 2021 ordnete die Biden-Administration an, dass Bundesauftragnehmer, Angestellte von Unternehmen mit 100 oder mehr Beschäftigten und bestimmte Mitarbeiter des Gesundheitswesens bis zum 4. Januar 2022 einen Nachweis über eine vollständige Covid-19-Impfung erbringen oder sich wöchentlich auf Covid-19 testen lassen müssen. Doch wie die jüngsten Entwicklungen im Land gezeigt haben, ist es sehr viel einfacher, ein Impfmandat zu entwerfen, als es durchzusetzen.[309]

Die Vorschriften stießen sofort auf heftigen Widerstand. Ganze Abschnitte der Covid-19-Impfvorschriften wurden vorübergehend blockiert, da sich die Klagen gegen diese häuften. Am 12. November ordnete das US-Berufungsgericht für den Fünften Bezirk an, dass die Occupational Safety and Health Administration (OSHA) »bis zu einer weiteren gerichtlichen Verfügung keine Schritte zur Umsetzung oder Durchsetzung des Mandats unternehmen« darf. Damit wurden die Covid-19-Impf- und Testanforderungen für Unternehmen mit 100 oder mehr Beschäftigten, die rund 84 Millionen US-Arbeitnehmer betreffen, auf Eis gelegt.

Bidens Anordnung, nach der Auftragnehmer sicherstellen müssen, dass ihre Mitarbeiter gegen Covid geimpft sind, und die eine Politik der Maskenpflicht und räumlichen Distanzierung vorschreibt, stieß ebenfalls auf heftigen Widerstand. Das Gleiche gilt für die Impfpflicht für Beschäftigte im Gesundheitswesen. Einige der vom Gericht auferlegten Beschränkungen für die Impfpflicht wurden bis Ende 2021 aufgehoben, aber die endgültige Entscheidung wird wohl bei den Richtern des mächtigsten Gerichts des Landes liegen. Wie der Rechtsanwalt, Rechtswissenschaftler, Autor, Kommentator und Rechtsanalytiker Jonathan Turley feststellt, »sind alle diese Mandate auf dem Weg zu einer endgültigen Entscheidung des Obersten Gerichtshofs, wo sich drei (der neun) Richter bereits skeptisch über die Mandate geäußert haben«:

> *Am 29. Oktober 2021 äußerten drei Richter des Obersten Gerichtshofs eine abweichende Meinung in einem Fall, in dem ihres Erachtens eine Überprüfung hätte durchgeführt werden müssen. Die Richter Gorsuch, Thomas und Alito warfen die Frage auf, ob die bisherigen Maßnahmen zur Pandemie gerechtfertigt sind, und warnten, dass das »zwingende Interesse«, das in früheren Fällen anerkannt wurde, »nicht ewig als solches gelten kann«.*

Im Laufe des letzten Jahres haben sich die Gerichte sehr zurückhaltend gezeigt. Die drei Richter stellten jedoch zuvor fest: »Wenn uns die menschliche Natur und die Geschichte etwas lehren, dann ist es, dass die bürgerlichen Freiheiten ernsthaft gefährdet sind, wenn Regierungen unbefristete Ausnahmezustände ausrufen«.[310]

Während der Stillstand anhält, nehmen die rechtlichen Divergenzen zwischen den Bundesstaaten und Gemeinden weiter zu. Im November 2021 blockierte ein Bundesgericht in Louisiana den von Präsident Biden erlassenen Impfzwang für Beschäftigte im Gesundheitswesen. In der Folge setzten viele Krankenhäuser ihre Impfvorschriften aus, um den akuten Arbeitskräftemangel zu lindern, während andere sie beibehielten. Wie das *Wall Street Journal* feststellte, haben Tausende von Krankenschwestern und -pflegern die Branche verlassen oder den Verlust ihres Arbeitsplatzes hingenommen, anstatt sich impfen zu lassen:

Im September waren 30 Prozent der Beschäftigten in mehr als 2000 Krankenhäusern im ganzen Land, die von den Centers for Disease Control and Prevention befragt wurden, nicht geimpft.

»Es war eine Massenflucht, und viele Leute im Gesundheitswesen sind bereit, sich umzuorientieren«, sagte Wade Symons, ein Anwalt für Sozialrecht und Leiter der US-Regulierungspraxis der Beratungsfirma Mercer. »Wenn bestimmte Gesundheitseinrichtungen die Impfung verlangen, könnten diese ein Magnet für diejenigen sein, die sich nicht impfen lassen wollen. Sie werden es wahrscheinlich leichter haben, Arbeitskräfte zu finden.«[311]

Um das Chaos noch zu vergrößern, hob das in New Orleans ansässige US-Berufungsgericht des fünften Gerichtsbezirks am 15. Dezember 2021 ein landesweites Verbot des von der Bundesregierung erlassenen Impfzwangs für Beschäftigte im Gesundheitswesen auf. Nur in den 14 Bundesstaaten, die gemeinsam vor einem Bundesgericht geklagt hatten, in Louisiana und 10 weiteren Staaten, in denen das Mandat durch ein separates Urteil vom 29. November blockiert wurde, blieb es bestehen. Infolgedessen mussten viele der Krankenhäuser in den Bundesstaaten, in denen die Impfpflicht wieder in Kraft gesetzt wurde, diese nun wieder einführen, es sei denn, es käme zu einer weiteren einstweiligen Verfügung. Am 14. Januar meldete sich der Oberste Gerichtshof der USA in dieser Angelegenheit zu Wort, indem er die OSHA-Regelung vorübergehend blockierte und die Impfpflicht für die meisten Beschäftigten im Gesundheitswesen bestätigte.

Eine weitere Ironie besteht darin, dass bei dem Versuch, eine einheitliche, koordinierte Antwort auf die Pandemie zu finden, drei der größten Schwächen der Vereinigten Staaten sie nun daran hindern, kopfüber in eine biomedizinische Diktatur zu stürzen. Als da wären ihr dezentralisiertes Regierungssystem, die erbärmliche Inkompetenz und Korruption ihrer Gesundheitsbehörden und ihr unzusammenhängendes, größtenteils privates und gewinnorientiertes Gesundheitssystem. Anders als Brüssel hat Washington noch nicht die Befugnisse, den 50 Bundesstaaten der Union zu befehlen, einen Impfzwang einzuführen – zumindest noch nicht!

Das wird wahrscheinlich auch immer schwieriger werden, da mehr und mehr Beweise auftauchen, welche die zunehmend geringe Wirksamkeit der Impfstoffe bei der Verhinderung der Übertragung der Omikron-Variante bestätigen. Wie Biden selbst in der letzten Woche des Jahres 2021 einräumte, »gibt es keine föderale Lösung für die Pandemie«.[312] Natürlich hätte es eine föderale Lösung geben können, aber sie hätte eine ehrlichere öffentliche Kommunikation erfordert. Weiterhin wäre eine bessere Vorbereitung und umfassendere Strategie nötig gewesen, die mehr Maßnahmen umfasst, als lediglich Impfzwänge einzuführen und Nicht-Geimpfte zu Sündenböcken zu erklären. Es gibt auch wenig Anzeichen dafür, dass Washington in der Lage wäre, ein zentralisiertes Impfpasssystem für das ganze Land zu entwickeln und durchzusetzen, zumindest nicht ohne einen Bürgerkrieg zu entfesseln.

Und das ist eine gute Sache. Es hat große Teile des Landes vor der dunklen, diskriminierenden und gefährlichen Politik bewahrt, die die Gesellschaften in Europa und anderen Teilen der Welt radikal umgestaltet. Allerdings *gibt* es in vielen Teilen der Vereinigten Staaten Impfpasssysteme und Vorschriften, wenn auch nur auf lokaler oder bundesstaatlicher Ebene.

Mancherorts sind die getroffenen Maßnahmen denen in Europa zumindest ebenbürtig. Am 6. Dezember 2021 verlangte der Bürgermeister von New York City, Bill de Blasio, dass alle Kinder im Alter von 5 bis 11 Jahren einen Impfnachweis vorlegen müssen, um Zugang zu »Indoor-Aktivitäten in öffentlichen Gebäuden« zu erhalten. Doch trotz der Einführung des Impfzwangs und des Impfpasssystems kämpfte New York Ende 2021 immer noch mit der Eindämmung des Virus. Der Bundesstaat verzeichnet eine der höchsten Impfquoten unter den bevölkerungsreichsten Bundesstaaten der Vereinigten Staaten, jedoch wurden zwischen Anfang Dezember und Anfang Januar fast täglich neue positive Covid-Fälle in Rekordhöhe registriert.[313]

Genug ist genug!

Fast alle Zwangsverordnungen zu Impfpässen und Impfsystemen, die in den Vereinigten Staaten eingeführt werden, wurden in von Demokraten geführten Bundesstaaten erlassen, in denen die regierende Klasse und ihre Wähler stolz auf ihr Engagement für an Vielfalt, Toleranz und soziale Gerechtigkeit sind. Dieselbe Regierungsklasse, die der Macht der Konzerne gehorcht, ist dabei, ein neues System der Diskriminierung und Trennung einzuführen. Dieses System wird sich, wenn es nicht gestoppt wird, als weitaus effizienter bei der Ausgrenzung von Bürgern zweiter Klasse aus der Gesellschaft erweisen, als es die Politik der Rassentrennung des vergangenen Jahrhunderts vermochte.

Doch viele Anhänger der Demokraten schauen zu und applaudieren oder nicken zumindest zustimmend mit dem Kopf. Wie der britische Autor Paul Kingsnorth feststellt, hat Covid die autoritäre Ader offenbart, die in so vielen Menschen steckt und die in Zeiten der Angst immer zum Vorschein kommt:

> *Allein im letzten Monat habe ich beobachtet, wie Medienkommentatoren zur Zensur ihrer politischen Gegner aufriefen, Philosophieprofessoren Masseninternierungen rechtfertigten und Menschenrechtslobbygruppen zu »Impfpässen« schwiegen. Ich habe beobachtet, wie sich ein Großteil der politischen Linken offen in die autoritäre Bewegung verwandelt hat, die sie wahrscheinlich schon immer war, und wie zahllose »Liberale« Kampagnen gegen die Freiheit geführt haben. Während eine Freiheit nach der anderen weggenommen wurde, habe ich beobachtet, wie ein Intellektueller nach dem anderen dies alles rechtfertigte.*[314]

Es ist an der Zeit, »Genug ist genug!« zu sagen. Hier geht es nicht darum, ob Sie geimpft sind oder nicht, oder wie oft Sie geimpft worden sind. Es geht darum, ob Sie bereit sind, für einen Impfstoff, der die Ansteckung nicht verhindert, die Kontrolle über Ihr eigenes Leben aufzugeben.

Dies ist ein einmaliges Angebot, das uns (nicht ernsthaft) gemacht wird. Für die große Mehrheit von uns, welche die unteren und mittleren Schichten der wirtschaftlichen und sozialen Klassen bilden, ist es ein mieses Geschäft. Uns wird gesagt, dass wir praktisch alles aufgeben sollen, was von Bedeutung ist:

→ die Freiheit, uns mit wem auch immer zu verbinden,

→ die Freiheit, uns ungehindert zu bewegen (nicht nur von Land zu Land, sondern auch innerhalb unserer eigenen Länder und sogar, wenn die jüngsten Entwicklungen in Italien ein Hinweis darauf sind, innerhalb unserer eigenen Städte),

→ die freie Meinungsäußerung,

→ die Möglichkeit, uns umfassend zu informieren und selbst zu denken,

→ das Recht, gegen Korruption, Missbrauch oder Übervorteilung durch die Regierung zu protestieren,

→ das Recht, selbst zu entscheiden, welche experimentellen, medizinischen Produkte in unseren Körper gelangen,

→ das Recht zu arbeiten.

Um im Gegenzug dafür praktisch nichts zu bekommen.

Für Regierungen und nationale Sicherheitsbehörden liegen die Vorteile der digitalen Diktatur auf der Hand: erweiterte Macht und Kontrolle in einer Zeit, in der sich die wirtschaftlichen Bedingungen für die große Mehrheit der Bevölkerung unvorstellbar verschlechtern werden. Für die großen Technologieunternehmen ergeben sich daraus neue Möglichkeiten, noch mehr Daten über unser Leben zu sammeln, die sie dann in noch mehr Umsatz und Gewinne umwandeln können. Für die Pharmakonzerne bietet der Biosicherheitsstaat das perfekte Geschäftsmodell. Impfzwang sorgt für eine kontinuierliche Nachfrage nach den von ihnen hergestellten Produkten, egal wie minderwertig oder unsicher sie auch sein mögen.

Vor der Covid-19-Pandemie stand Moderna kurz vor dem Zusammenbruch, da Sicherheitsbedenken und Vorbehalte gegenüber dem Verteilsystem im Hinblick auf seine mRNA-basierten Entwicklungen die gesamte Produktpipeline gefährdeten. Mitte Januar 2022 belief sich der Aktienkurs auf mehr als das 5-Fache des Wertes vom März 2020, obwohl er von seinem Rekordhoch im September 2021 um 65 Prozent gefallen war. Während einer vom Weltwirtschaftsforum im Januar 2022 organisierten Podiumsdiskussion sagte CEO Stéphane Bancel, dass sein Unternehmen derzeit an einer kombinierten Auffrischungsimpfung für Covid-19, Influenza und RSV arbeitet.[315] In derselben Woche gab Bill Gates eine weitere Warnung heraus, dass die Welt vor Pandemien steht, die noch gefährlicher sind als Covid-19, und forderte die Regierungen auf, noch mehr Geld in Impfstofftechnologien zu pumpen, in die er mit seiner Stiftung stark investiert.[316] In der Zwischenzeit ignorieren wir die meisten anderen Schlüsselbereiche der öffentlichen Gesundheitspolitik, einschließlich der frühzeitigen ambulanten Behandlung, der künstlichen Beatmung und der präventiven Gesundheitsmaßnahmen. Wie meine Kollegin vom Wirtschafts- und Finanzblog Naked Capitalism, Yves Smith, in ihrem Artikel »Covid: The Narrative Is Crumbling« (zu Deutsch etwa: »Covid: Das Narrativ zerbröselt«) schrieb, sollten sich die Vereinigten Staaten »dafür schämen, dass Dritte-Welt-Länder besser abschneiden, indem sie Diagnose- und Behandlungspakete an die Bürger schicken, die Thermometer, Fingerpulsoximeter, Testkits, Zink, Vitamin C, Vitamin D, rezeptfreie Medikamente gegen Fieber und manchmal das Medikament I* enthalten«.[317]

Für die überwiegende Mehrheit der Weltbevölkerung bietet dieses Abkommen keine wirklichen Vorteile, sondern nur Nachteile, Entbehrungen und Strafen. Was wahrscheinlich der Grund dafür ist, dass wir auch nicht zu den Bedingungen befragt oder gar darüber informiert werden. Doch die Regierungen der angeblich demokratischen Nationen brauchen immer noch die stillschweigende Zustimmung der Mehrheit, selbst wenn sie versuchen, die Reste unserer Grundrechte und -freiheiten auszulöschen.

Bevor es zu spät ist, was eher früher als später der Fall sein wird, muss sich ein jeder eine einfache Frage stellen: Wo verläuft meine rote Linie? Für viele Menschen ist diese erreicht, wenn es um Massenimpfungen gesunder Kinder geht, die durch das Virus weniger gefährdet sind als Erwachsene und deren junge Körper unnötigerweise dem Risiko der noch unbekannten Langzeitnebenwirkungen der Impfstoffe ausgesetzt werden.

Wo ziehen Sie Ihre persönliche rote Linie? Bei der erzwungenen Impfung? Beim Booster alle 2 oder 3 Monate? Bei der uneingeschränkten Überwachung? Bei der unbefristeten Haft für dieje-

---

* Anspielung auf den Arzneistoff Ivermectin [Anm. d. Verlags]

nigen, die nicht gehorchen? Bei der totalen Zensur der sozialen Medien? Bei der Einrichtung digitaler Kontrollpunkte überall im öffentlichen Raum? Und all das nur, um den Einsatz fragwürdiger Impfstoffe zu unterstützen, die nicht einmal vor der Übertragung der Delta-Variante schützen und die gegen Omikron noch weniger wirksam zu sein scheinen.

Wo auch immer Ihre persönliche rote Linie verlaufen mag, die Chancen stehen gut, dass es zu dem Zeitpunkt, an dem sie überschritten wird, bereits zu spät sein wird, um Widerstand zu leisten. Tag für Tag, Stunde für Stunde zieht sich das digitale Kontrollnetz enger um uns zusammen, während unsere demokratisch gewählten Regierungen unsere Grundrechte und Freiheiten im großen Stil abbauen.

Aber noch ist es nicht zu spät. Noch gibt es dieses kleine Zeitfenster, in dem sich die Bevölkerungen der liberalen Demokratien der Welt – geimpft und ungeimpft – zusammenschließen können, um diesen Wahnsinn zu stoppen, um die Uhr zurückzudrehen und die Kontrolle über unser aller Leben zurückzugewinnen. Genug ist genug!

DANKSAGUNGEN

Zuallererst möchte ich meiner geliebten Frau Alaisita danken, ohne die ich nicht in der Lage gewesen wäre, dieses Buch zu schreiben. Sie sorgte dafür, dass ich gut ernährt und unterhalten wurde, sie sorgte für guten Ausgleich. Sie begleitete mich während dieser intensiven Monate des Schreibens gelegentlich durch einige ziemlich düstere Tunnel. Außerdem bin ich Wolf Richter von der in San Francisco ansässigen Wirtschafts- und Finanzwebsite *Wolf Street* zu großem Dank verpflichtet, weil er mir einen Platz zum Schreiben bot und mir so viel Wissen über Finanzen und Wirtschaft sowie die Verwendung von Rohdaten vermittelte.

Ich bin auch Yves Smith, Lambert Strether und Jerry-Lynn Scofield von *Naked Capitalism* sehr dankbar dafür, dass sie mir das Gefühl gegeben haben, Teil ihres Teams zu sein, und für die redaktionelle Freiheit, Themen zu behandeln, die viele Verlage nicht anzufassen wagen, einschließlich der dunklen Seite der Impfpässe. Ein großes Dankeschön schulde ich auch Larisa Tatge und Brianne Goodspeed für ihre großartige Arbeit beim Lektorat und Margo Baldwin für ihren Mut, dieses Buch zu veröffentlichen.

Während der Pandemie war mein Vater wie immer ein Fels in der Brandung für meine Frau und mich, obwohl er über 1000 Meilen entfernt lebt. Ich danke auch meiner Mutter dafür, dass sie immer für mich da war und mich über die Neuigkeiten in der Familie auf dem Laufenden gehalten hat, und meiner Schwiegermutter Sylvia dafür, dass sie mich vor fast einem Jahrzehnt dazu ermutigt hat, meine eigenen Artikel zu schreiben. Zu guter Letzt ein Lob an Gus, Gerard und Dom, die für kurze Momente der Ablenkung vom Schreibprozess sorgten und sich stoisch meine gelegentlichen Tiraden anhörten, sowie an Mimi, die mich ständig über die neuesten Entwicklungen in Mitteleuropa informierte.

Anmerkungen

Alle hier aufgeführten Links waren bei Redaktionsschluss aufrufbar. Sollte dies bei Drucklegung nicht mehr der Fall sein, kann der entsprechende Link in der Regel beim Internetarchiv *(https://archive.org/web/)* gefunden werden.

1 Glenn Greenwald, »I Oppose Them for the Same Reasons I Opposed the War on Terror«, Bari Weiss (Hg.), »Vaccine Mandates: The End of Covid? Or the Beginning of Tyranny?«, *Common Sense*, 22. September 2021, *https://bariweiss.substack.com/p/vaccine-mandates-the-end-of-covid*.

2 *Good Morning Britain*, »›Vaccination, in the End, Will Be Your Route to Liberty,‹ Says Tony Blair«, Interview von Piers Morgan und Susanna Reid mit Tony Blair, YouTube-Video, 14:31, 6. Januar 2021, *https://www.youtube.com/watch?v=QA9Ms5-D-f0*.

3 Kristel Teyras, »How Digital ID Can Help Citizens Access Government Services from Anywhere«, *Thales*, zuletzt aktualisiert: 1. Dezember 2021, *https://dis-blog.thalesgroup.com/identity-biometric-solutons/2021/07/27/how-digital-id-can-help-citizens-access-government-services-from-anywhere*.

4 Mathieu Pollet, »Blockchain Might Be the Solution to the Digital Identity Hurdle«, *EURACTIV France*, 8. September 2021, *https://www.euractiv.com/section/digital/news/blockchain-might-be-the-solution-to-the-digital-identity-hurdle/*.

5 »The European Payments Initiative: Laying the Infrastructure for Europe's Super Payments App«, *PYMNTS*, 14. September 2021, *https://www.pymnts.com/news/payment-methods/2021/the-european-payments-initiative-laying-the-infrastructure-for-europes-super-payments-app*.

6 »#CashFriday«, *The Solari Report*, 2. Juli 2021, *https://home.solari.com/cash-friday/*.

7 Marianne Guenot, »Israel's Vaccine Pass Will Expire 6 Months after the 2nd Dose, Meaning People Will Need Booster Shots to Keep Going to Restaurants and Bars«, *Business Insider*, 1. September 2021, *https://www.businessinsider.com/israel-vaccine-pass-to-expire-after-6-months-booster-shots-2021-9*.

8 *Reuters,* »Israel Approves 4th Covid Vaccine Dose for People 60 and Over«, *New York Times,* 2. Januar 2022, *https://www.nytimes.com/video/world/middleeast/100000008143010/israel-covid-vaccine-booster.html.*

9 »Covid-19: Italy Makes Vaccine Passport Compulsory – Workers Can Be Fined and Suspended without Pay«, *Sky News,* 17. September 2021, *https://news.sky.com/story/covid-19-italy-makes-vaccine-passport-compulsory-workers-can-be-fined-and-suspended-without-pay-12410130.*

10 Kaia Hubbard, »24 States Threaten Legal Action Against Biden's Vaccine Mandate«, *US News and World Report,* 16. September 2021, *https://www.usnews.com/news/health-news/articles/2021-09-16/24-states-threaten-legal-action-against-bidens-vaccine-mandate.*

11 Kevin Breuninger, Spencer Kimball, »Businesses, Republican States Ask Supreme Court to Halt Biden Vaccine and Testing Mandate«, CNBC, 20. Dezember 2021, *https://www.cnbc.com/2021/12/20/covid-news-supreme-court-asked-to-halt-biden-vaccine-and-testing-mandate.html.*

12 *Reuters* und *The Associated Press*, »Municipal Workers Protest Against N.Y.C. Vaccine Mandate«, *New York Times*, 25. Oktober 2021, *https://www.nytimes.com/video/us/100000008043411/nyc-covid-vaccine-mandate-protest.html.*

13 Álvaro Soto, »El Supremo tumba el pasaporte covid para entrar en el ocio nocturno« (»Oberster Gerichtshof kippt Covid-19-Pass als Eintrittskarte ins Nachtleben«), *El Correo*, 18. August 2021, *https://www.elcorreo.com/sociedad/salud/supremo-tumba-pasaporte-20210818170045-ntrc.html.*

14 »PM Speech to the UN General Assembly: 24 September 2019«, GOV.UK, 25. September 2019, *https://www.gov.uk/government/speeches/pm-speech-to-the-un-general-assembly-24-september-2019.*

15 AFP/*Reuters*, »British Vaccine Experts Do Not Recommend Jab for Healthy 12–15s«, *RTÉ,* 3. September 2021, *https://www.rte.ie/news/coronavirus/2021/0903/1244452-coronavirus-global.*

16 Barbara Jacquelyn Sahakian et al., »Vaccine Passports: Why They Are Good for Society«, *The Conversation*, 13. Mai 2021, *https://theconversation.com/vaccine-passports-why-they-are-good-for-society-160419.*

17 Mira Patel, »From Smallpox to Covid-19: The History of Vaccine Passports and How It Impacts International Relations«, *The Indian Express*, 4. Juni 2021, *https://indianexpress.com/article/research/from-smallpox-to-covid-19-the-history-of-vaccine-passports-and-how-it-impacts-international-relations-7274871*.

18 Philippa Roxby, Nick Triggle, »Scientists Not Backing COVID Jabs for 12- to 15-Year-Olds«, *BBC News,* 3. September 2021, *https://www.bbc.com/news/health-58438669*.

19 Sarah Tanveer et al., »Transparency of Covid-19 Vaccine Trials: Decisions without Data«, *BMJ Evidence-Based Medicine,* 9. August 2021, doi:10.1136/bmjebm-2021-111735, *https://archive.hshsl.umaryland.edu/bitstream/handle/10713/16360/bmjebm-2021-111735.full.pdf?sequence=1&isAllowed=y*.

20 Jenna Greene, »Wait What? FDA Wants 55 Years to Process FOIA Request over Vaccine Data«, *Reuters*, 18. November 2021, *https://www.reuters.com/legal/government/wait-what-fda-wants-55-years-process-foia-request-over-vaccine-data-2021-11-18/*.

21 Jenna Greene, »›Paramount importance‹: Judge Orders FDA to Hasten Release of Pfizer Vaccine Docs«, *Reuters*, 7. Januar 2022, *https://www.reuters.com/legal/government/paramount-importance-judge-orders-fda-hasten-release-pfizer-vaccine-docs-2022-01-07*.

22 Kasen K. Riemersma et al., »Vaccinated and Unvaccinated Individuals Have Similar Viral Loads in Communities with a High Prevalence of the SARS-CoV-2 Delta Variant«, *medRxiv,* 31. Juli 2021, doi:10.1101/2021.07.31.21261387v1, *https://www.medrxiv.org/content/10.1101/2021.07.31.21261387v1.full.pdf*.

23 Laurel Wamsley, »Vaccinated People with Breakthrough Infections Can Spread the Delta Variant, CDC Says«, *NPR News*, 30. Juli 2021, *https://www.npr.org/sections/coronavirus-live-updates/2021/07/30/1022867219/cdc-study-provincetown-delta-vaccinated-breakthrough-mask-guidance*.

24 Ricardo Alonso-Zaldivar, »Questioning a Catchphrase: ›Pandemic of the Unvaccinated‹«, *AP News*, 1. September 2021, *https://apnews.com/article/health-pandemics-coronavirus-pandemic-9845c7257300ff6546c20489e642a1ea*.

25 Hannah Kuchler, John Burn-Murdoch, »Are Vaccines Becoming Less Effective at Preventing Covid Infection?«, *Financial Times*, 19. August 2021, *https://www.ft.com/content/49641651-e10a-45f6-a7cc-8b8c7b7a9710*.

26 »Vaccinations in United Kingdom«, GOV.UK, Stand: 1. September 2021, *https://coronavirus.data.gov.uk/details/vaccinations*.

27 »Daily Number of Patients in Hospital with Coronavirus (Covid-19) in the United Kingdom (UK)«, *Statista,* Stand: 1. November 2021, *https://www.statista.com/statistics/1190423/hospital-cases-due-to-covid-19-in-the-uk*.

»Daily Number of Coronavirus (Covid-19) Patients in Mechanical Ventilation Beds in the United Kingdom (UK)«, *Statista,* Stand: 1. November 2021, *https://www.statista.com/statistics/1190451/covid-19-patients-on-ventilators-in-the-uk*.

28 Crown, »Covid-19 Vaccine Surveillance Report, Week 36«, Public Health England, 9. September 2021, *https://assets.publishing.service.gov.uk/government/uploads/system/uploads/attachment_data/file/1016465/Vaccine_surveillance_report_-_week_36.pdf*.

29 Meredith Wadman, »A Grim Warning from Israel: Vaccination Blunts, but Does Not Defeat Delta«, *Science*, 16. August 2021, *https://www.science.org/content/article/grim-warning-israel-vaccination-blunts-does-not-defeat-delta*.

30 Andrew Solender, »CDC Director Says Coronavirus Vaccines Less Effective for Delta but Still Prevent Severe Infection«, *Forbes*, 18. August 2021, *https://www.forbes.com/sites/andrewsolender/2021/08/18/cdc-director-says-coronavirus-vaccines-less-effective-for-delta-but-still-prevent-severe-infection*.

31 S. V. Subramanian, Akhil Kumar, »Increases in Covid-19 Are Unrelated to Levels of Vaccination across 68 Countries and 2947 Counties in the United States«, *European Journal of Epidemiology* 36 (September 2021), 1237–40, doi:10.1007/s10654-021-00808-7, *https://link.springer.com/article/10.1007/s10654-021-00808-7*

32 Channel 4 News (@Channel4News), »›Herd immunity is not a possibility‹ because the Delta variant ›still infects vaccinated individuals‹. Professor Sir Andrew Pollard, director of the Oxford Vaccine Group, says there is nothing …«, Twitter, 10. August 2021, 3:27 PM, *https://twitter.com/channel4news/status/1425086490002997248*.

33 Jef Akst, »Omicron Appears to Evade Vaccines Better Than Other Variants«, *The Scientist*, 14. Dezember 2021, *https://www.the-scientist.com/news-opinion/omicron-appears-to-evade-vaccines-better-than-other-variants-69525*.

34 Stephanie Nolan, »Most of the World's Vaccines Likely Won't Prevent Infection from Omicron«, *New York Times*, aktualisiert: 21. Dezember 2021, *https://www.nytimes.com/2021/12/19/health/omicron-vaccines-efficacy.html*.

35 Madeline Holcombe, »It May Take ›Many, Many‹ More Vaccine Mandates to End the Covid-19 Pandemic, Fauci Says«, *CNN Health,* 14. September 2021, *https://edition.cnn.com/2021/09/13/health/us-coronavirus-monday/index.html*.

36 Alek Korab, »Dr. Fauci Just Said This about Your ›Individual Freedom‹«, *Yahoo Life,* 7. Oktober 2021, *https://www.yahoo.com/lifestyle/dr-fauci-just-said-individual-121519548.html*.

37 Vinay Prasad, »Vaccine Effectiveness (Against Infection Not Severe Disease) Goes Down the Drain«, *Vinay Prasad's Observations and Thoughts (Blog),* 9. Januar 2022, *https://vinayprasadmdmph.substack.com/p/vaccine-effectiveness-goes-down-the*.

38 Ebd.

39 Meredith Wadman, »Having SARS-CoV-2 Once Confers Much Greater Immunity than a Vaccine – but Vaccination Remains Vital«, *Science,* 26. August 2021, *https://www.science.org/content/article/having-sars-cov-2-once-confers-much-greater-immunity-vaccine-vaccination-remains-vital*.

40 Catherine H. Bozio et al., »Laboratory-Confirmed COVID-19 among Adults Hospitalized with COVID-19–Like Illness with Infection-Induced or mRNA Vaccine-Induced SARS-CoV-2 Immunity – Nine States, January–September 2021«, *Morbidity and Mortality Weekly Report* 70, Nr. 44 (November 2021), 1539–44, doi:10.15585/mmwr.mm7044e1, *https://www.cdc.gov/mmwr/volumes/70/wr/mm7044e1.htm*.

41 »COVID Certificate Adapted Amid Special Vaccination Drive«, *swissinfo.ch*, 3. November 2021, *https://www.swissinfo.ch/eng/covid-certificate-and-jabs/47080616*.

42 Phil Galewitz, »Health Experts Worry CDC's Covid Vaccination Rates Appear Inflated«, *KHN*, 9. Dezember 2021, *https://khn.org/news/article/cdc-senior-covid-vaccination-rates-appear-inflated*.

43 Crown, »Covid-19 Vaccine Surveillance Report, Week 49«, Public Health England, 9. Dezember 2021, *https://assets.publishing.service.gov.uk/government/uploads/system/uploads/attachment_data/file/1039677/Vaccine_surveillance_report_-_week_49.pdf*.

44 Charlotte Becquart, »Boardmasters: Nearly 5000 COVID Cases Potentially Linked to Festival So Far«, *Cornwall News*, 23. August 2021, *https://www.cornwalllive.com/news/cornwall-news/boardmasters-nearly-5000-covid-cases-5821841*.

45 Robert Towey, »Harvard Business School Temporarily Moves Some MBA Classes Online to Curb COVID Outbreak«, CNBC, 27. September 2021, *https://www.cnbc.com/2021/09/27/harvard-business-school-temporarily-moves-some-mba-classes-online-to-curb-covid-outbreak.html*.

46 Jeremy Fugleberg, »This South Dakota Nursing Home Was 100% Vaccinated. Covid-19 Broke Through Anyway. Here's How«, *Grand Forks Herald*, 30. Juli 2021, *https://www.grandforksherald.com/newsmd/this-south-dakota-nursing-home-was-100-vaccinated-covid-19-broke-through-anyway-heres-how*.

47 Jonathan Beale, Hazel Shearing, »HMS Queen Elizabeth: COVID Outbreak on Navy Flagship«, BBC News, 14. Juli 2021, *https://www.bbc.com/news/uk-57830617*.

48 *Reuters*, »Lithuanian Hospitals Stop Accepting Non-urgent Patients amid COVID-19 Surge«, *Reuters*, 15. Oktober 2021, *https://www.reuters.com/world/europe/lithuanian-hospitals-stop-accepting-non-urgent-patients-amid-covid-19-surge-2021-10-15*.

49 Aayushi Pratap, »Pfizer Expects $33.5 Billion in Vaccine Revenue in 2021«, *Forbes*, 28. Juli 2021, *https://www.forbes.com/sites/aayushipratap/2021/07/28/pfizer-expects-335-billion-in-vaccine-revenue-in-2021*.

50 Peter Loftus, Matt Grossman, »Moderna Turns First Profit, Boosted by Its Covid-19 Vaccine«, *Wall Street Journal*, 6. Mai 2021, *https://www.wsj.com/articles/moderna-turns-first-ever-profit-boosted-by-its-covid-19-vaccine-11620302289*.

51 Thomas Saunders, »COVID Vaccine: 111,000 NHS Workers Are Still Unvaccinated and Yet to Receive a Single Dose«, *iNews,* 5. Oktober 2021, *https://inews.co.uk/news/health/covid-vaccine-nhs-workers-havent-had-jab-uk-mandatory-vaccination-1233173*.

52 William Philip et al., »Open Letter from Christian Leaders to the Prime Minister Concerning Vaccine Passport Proposals«, *Christian Leaders Vaccine Passport Letters,* August 2021, *https://vaccinepassportletter.wordpress.com*.

53 »The Nuremberg Code (1947)«, *British Medical Journal* 313, Nr. 7070 (7. Dezember 1996): 1448, *https://media.tghn.org/medialibrary/2011/04/BMJ_No_7070_Volume_313_The_Nuremberg_Code.pdf.*

54 »Bodily Autonomy: Busting 7 Myths That Undermine Individual Rights and Freedoms«, *United Nations Population Fund,* 14. April 2021, *https://www.unfpa.org/news/bodily-autonomy-busting-7-myths-undermine-individual-rights-and-freedoms.*

55 Spencer Kimball, »Federal Appeals Court Calls Biden Vaccine Mandate ›Fatally Flawed‹ and ›Staggeringly Overbroad‹«, CNBC, 13. November 2021, *https://www.cnbc.com/2021/11/13/federal-appeals-court-calls-biden-vaccine-mandate-fatally-flawed-and-staggeringly-overbroad-.html.*

56 Amy Howe, »Fractured Court Blocks Vaccine-or-Test Requirement for Large Workplaces but Green-lights Vaccine Mandate for Health Care Workers«, *SCOTUSblog* (Blog), 13. Januar 2022, *https://www.scotusblog.com/2022/01/fractured-court-blocks-vaccine-or-test-requirement-for-large-workplaces-but-green-lights-vaccine-mandate-for-health-care-workers.*

57 Katie Gravagna et al., »Global Assessment of National Mandatory Vaccination Policies and Consequences of Non-compliance«, *Vaccine*, Volume 38, Issue 49 (November 2020): 7865–73, doi:10.1016/j.vaccine.2020.09.063, *https://www.sciencedirect.com/science/article/pii/S0264410X20312342.*

58 Steven Nelson, »Joe Biden Says He Won't Mandate Getting Covid-19 Vaccine, Wearing Masks«, *New York Post*, 4. Dezember 2020, *https://nypost.com/2020/12/04/biden-wont-mandate-getting-covid-19-vaccine-wearing-masks.*

59 Charles Lipson, »The Deep Politics of Vaccine Mandates«, *Real Clear Politics,* 15. September 2021, *https://www.realclearpolitics.com/articles/2021/09/15/the_deep_ politics_of_vaccine_mandates_146408.html.*

60 Philip Krause et al., »Considerations in Boosting Covid-19 Vaccine Immune Responses«, *The Lancet*, Volume 398, Issue 10308 (9. Oktober 2021): 1377–80, doi:10.1016/S0140-6736(21)02046-8, *https://www.thelancet.com/journals/lancet/article/PIIS0140-6736(21)02046-8/fulltext.*

61 Irina Anghel, »Frequent Boosters Spur Warning on Immune Response«, *Bloomberg,* 11. Januar 2022, *https://www.bloomberg.com/news/articles/2022-01-11/repeat-booster-shots-risk-overloading-immune-system-ema-says.*

62 Angela Giuffrida, Jon Henley, »Italy to Tighten Covid Rules for Unvaccinated with ›Super Green Pass‹«, *The Guardian*, 24. November 2021, *https://www.theguardian.com/world/2021/nov/24/italy-poised-to-tighten-rules-for-unvaccinated-with-super-green-pass*.

63 Thomas Fazi, »Italy's Vaccine Passport Power Grab«, *UnHerd*, 29. September 2021, *https://unherd.com/2021/09/italys-cynical-plan-for-vaccine-passports*.

64 Erick Valdés, *Biolaw: Origins, Doctrine and Juridical Applications on the Biosciences*, Springer, Cham (Schweiz) 2021.

65 »Declaration of Helsinki«, *Wikipedia*, zuletzt geändert: 4. November 2021, *https://en.wikipedia.org/wiki/Declaration_of_Helsinki*.

66 »Right to Integrity of the Person«, European Commission, zuletzt aufgerufen: 17. November 2021, *https://ec.europa.eu/info/aid-development-cooperation-fundamental-rights/your-rights-eu/know-your-rights/dignity/right-integrity-person*.

67 »NEK veröffentlicht Zusammenfassung, Empfehlungen und Medienmitteilung zur Covid-19-Impfung«, Nationale Ethikkommission im Bereich der Humanmedizin NEK, 2. Dezember 2021, *https://www.nek-cne.admin.ch/de/ueber-uns/news/news-details/nek-veroeffentlicht-zusammenfassung-empfehlungen-und-medienmitteilung-zur-covid-19-impfung*.

68 Sarah Toy, »Why Some Healthcare Workers Would Rather Lose Their Jobs Than Get Vaccinated«, *The Wall Street Journal*, 22. Oktober 2021, *https://www.wsj.com/articles/covid-19-vaccinations-healthcare-workers-refuse-risk-jobs-11634915929*.

69 Meredith Wadman, »Having SARS-CoV-2 Once Confers Much Greater Immunity than a Vaccine – but Vaccination Remains Vital«, *Science*, 26. August 2021, *https://www.science.org/content/article/having-sars-cov-2-once-confers-much-greater-immunity-vaccine-vaccination-remains-vital*.

70 Richard Raycraft, »Don't Expect EI If You Lose Your Job for Not Being Vaccinated, Minister Says«, *CBC News*, 21. Oktober 2021, *https://www.cbc.ca/news/politics/ei-vax-status-1.6220287*.

71 Eva Karene Bartlett (@EvaKBartlett), »Excellent points by Canadian criminal defence lawyer, Nicholas Wansbutter, arguing vaccine passports would be anti-consent, and that the case law makes clear

it is an assault«, YouTube, 27. Juli 2021, *https://youtube.com/watch?v=9TsAQs92wto*.

Twitter, August 23, 2021, 2:40 PM, *https://twitter.com/EvaKBartlett/status/1429785630674989062*.

72 Aaron Kheriaty, »The University of California Has Put Me on Leave for Challenging Their Vaccine Mandate«, *Brownstone,* 7. Oktober 2021, *https://brownstone.org/articles/the-university-of-california-has-put-me-on-leave-for-challenging-their-vaccine-mandate*.

73 Simran Singh, »Huron University College Professor Refuses to Abide by School's Vaccine Mandate in the Name of Ethics«, *Toronto Star*, 17. September 2021, *https://www.thestar.com/news/gta/2021/09/08/western-university-professor-refuses-to-abide-by-schools-vaccine-mandate-in-the-name-of-ethics.html*.

74 Kit Knightly, »CDC Director: ›We May Need to Update Our Definition of 'Fully Vaccinated'‹«, *Off Guardian,* 23. Oktober 2021, *https://off-guardian.org/2021/10/23/cdc-director-we-may-need-to-update-our-definition-of-fully-vaccinated*.

75 Ebd.

76 Kate McCann (@Kate McCann), »Have asked No10 to clarify the ›up to 90pc of patients in ICU are not boosted‹ figure and spokesman for PM says this is anecdotal evidence from ›some NHS Trusts‹ which Boris Johnson was reflecting«, Twitter, 29. Dezember 2021, 11:51 AM, *https://twitter.com/KateEMcCann/status/1476143761243656197*.

77 Gluboco Lietuva (@gluboco), »Life under the EU's first strictly-enforced Covid Pass regime covering all society: Lithuania«, Twitter, 28. September 2021, 1:21 PM, *https://mobile.twitter.com/gluboco/status/1442811790740578304*.

78 The Office of the Government of the Republic of Lithuania, »Covid-19-Related Restrictions«, *Korona Stop,* 16. November 2021, *https://koronastop.lrv.lt/en/covid-19-related-restrictions-1*.

79 »Lithuanian Government Adopts Slew of Restrictions for the Non-vaccinated«, *LRT.lt*, 11. August 2021, *https://www.lrt.lt/en/news-in-english/19/1466979/lithuanian-government-adopts-slew-of-restrictions-for-the-non-vaccinated*.

80 Robin Wright, »The Story of 2019: Protests in Every Corner of the Globe«, *The New Yorker*, 30. Dezember 2019, *https://www.newyorker.com/news/our-columnists/the-story-of-2019-protests-in-every-corner-of-the-globe*.

81 Anne Gulland, »New Zealand Is Moving to a Two-Tier Society, but the Unvaccinated Are Already a Global Underclass«, *The Telegraph*, 25. Oktober 2021, *https://www.telegraph.co.uk/global-health/science-and-disease/new-zealand-moving-two-tier-society-unvaccinated-already-underclass*.

82 Rt Hon Jacinda Ardern, »New Covid-19 Protection Framework Delivers Greater Freedoms for Vaccinated New Zealanders«, Beehive.govt.nz, 22. Oktober 2021, *https://www.beehive.govt.nz/release/new-covid-19-protection-framework-delivers-greater-freedoms-vaccinated-new-zealanders*.

83 Anika Singanayagam et al., »Community Transmission and Viral Load Kinetics of the SARS-CoV-2 delta (B.1.617.2) Variant in Vaccinated and Unvaccinated Individuals in the UK: A Prospective, Longitudinal, Cohort Study«, *The Lancet*, 29. Oktober 2021, doi:10.1016/S1473-3099(21)00648-4, *https://www.thelancet.com/journals/laninf/article/PIIS1473-3099(21)00648-4/fulltext*.

84 »Covid-19: Vaccine Passports Could Create ›Two-Tier Society,‹ Equality Watchdog Warns«, *BBC News*, 15. April 2021, *https://www.bbc.com/news/uk-56755161*.

85 »Considerations for Potential Impact of Plan B Measures«, GOV.UK, 13. Oktober 2021, *https://assets.publishing.service.gov.uk/government/uploads/system/uploads/attachment_data/file/1027586/S1393_SPI-B_SPI-M_EMG_Considerations_for_potential_impact_of_Plan_B_measures_13_October_2021.pdf*.

86 Thomas Fazi, »Italy's Vaccine Passport Power Grab: Is Draghi Embellishing a Crisis to Sidestep Democracy?«, *UnHerd,* 29. September 2021, *https://unherd.com/2021/09/italys-cynical-plan-for-vaccine-passports*.

87 »Burioni: ›Ora No Vax chiusi in casa come sorci‹. Meloni: ›Questa non è scienza. Vergognoso), *HuffPost* (Italian), 24. Juli 2021, *https://www.huffingtonpost.it/entry/burioni-ora-no-vax-chiusi-in-casa-come-sorci-meloni-questa-non-e-scienza-vergognoso_it_60fbdadde4b05ff8cfc88f70/*.

Luca Telese (@lucatelese), »Molto sobrio Oliviero toscani: ›I No vacs sono sub-umani‹«, Twitter, 11. August 2021, 4:32 PM. *https://twitter.com/lucatelese/status/1425465204641603586*.

Alessandro Salusti, »Alessandro Sallusti e i ›criminali no vax‹: chi sono i politici e i conduttori tv ›cattivi maestri, *Libero Quotidiano*, 31. August 2021, *https://www.liberoquotidiano.it/news/commenti-e-opinioni/28506724/alessandro-sallusti-criminali-no-vax-chi-sono-politici-conduttori-tv-cattivi-maestri.html*.

Stefano Feltri, »Escludiamo chi non si vaccina dalla vita civile«, *Domani*, zuletzt geändert: 6. September 2021, *https://www.editorialedomani.it/idee/commenti/escludiamo-gli-evasori-vaccinali-dalla-vita-civile-green-pass-o5ooy74c*.

Redazione Roma, »L'assessore alla Sanità del Lazio D'Amato: ›No vax paghino i ricoveri‹ Rosato: ›La sanità è diritto di tutti‹«, *Corriere Della Sera*, 31. August 2021, *https://roma.corriere.it/notizie/cronaca/21_agosto_31/d-amato-no-vax-paghino-ricoveri-rosato-la-sanita-diritto-tutti-6c069306-0a38-11ec-9ad8-3887e018c8c4.shtml*.

»Andrea Scanzi, il post choc: ›Se fossi Conte godrei nel farvi morire come mosche.‹ Bufera sul giornalista«, *Il Tempo*, 27. Oktober 2021, *https://www.iltempo.it/politica/2020/10/27/news/andrea-scanzi-post-facebook-se-fossi-giuseppe-conte-morire-mosche-matteo-salvini-bufera-25027607*.

88 Jeffery Zients, »Press Briefing by White House Covid-19 Response Team and Public Health Officials«, The White House, 17. Dezember 2021, *https://www.whitehouse.gov/briefing-room/press-briefings/2021/12/17/press-briefing-by-white-house-covid-19-response-team-and-public-health-officials-74*.

89 Ziona Greenwald, »This Is How It Happens«, *The Times of Israel*, 14. Dezember 2021, *https://blogs.timesofisrael.com/this-is-how-it-happens*.

90 Jeffrey Barg, »Calling People ›the Unvaccinated‹ Could Be a Deadly Shift in Language«, *The Philadelphia Inquirer*, 1. September 2021, *https://www.inquirer.com/opinion/the-unvaccinated-speech-noun-adjective-covid-20210901.html*.

91 Maggie Fox, »Unvaccinated People Are ›Variant Factories‹, Infectious Diseases Expert Says«, *CNN Health*, 4. Juli 2021, *https://edition.cnn.com/2021/07/03/health/unvaccinated-variant-factories/index.html*.

92 Amanda Marcotte, »It's OK to Blame the Unvaccinated – They Are Robbing the Rest of Us of Our Freedoms«, *Salon*, 12. August 2021, *https://www.salon.com/2021/08/12/its-ok-to-blame-the-unvaccinated--they-are-robbing-the-rest-of-us-of-our-freedoms.*

93 Michael J. Stern, »It's Time to Start Shunning the ›Vaccine Hesitant‹. They're Blocking COVID Herd Immunity«, *USA Today*, 30. April 2021, *https://eu.usatoday.com/story/opinion/2021/04/30/require-covid-vaccine-resume-normal-life-herd-immunity-column/4886673001.*

94 Akilah Hughes (@AkilahObviously), »Petition to call anti-vaxxers ›plague rats‹«, Twitter, 2. August 2021, 8:21 PM, *https://twitter.com/akilahobviously/status/1422261165321711617.*

95 Gregory H. Stanton, »The Ten Stages of Genocide«, Genocide Watch, zuletzt aktualisiert: 2020, *https://www.genocidewatch.com/tenstages.*

96 Khaleda Rahman, »Vaccine Mandates Put Black Lives Matter Activists on Collision Course with Democrats«, *Newsweek*, 23. September 2021, *https://www.newsweek.com/vaccine-mandates-black-lives-matter-activists-collision-course-democrats-1631612.*

97 Nambi Ndugga et al., »Latest Data on Covid-19 Vaccinations by Race/Ethnicity«, *KFF*, 9. März 2022, *https://www.kff.org/coronavirus-covid-19/issue-brief/latest-data-on-covid-19-vaccinations-by-race-ethnicity.*

98 Cydney Livingston, »Black Americans' Vaccine Hesitancy Is Grounded in More Than Mistrust«, *Duke Research Blog,* 8. April 2021, *https://researchblog.duke.edu/2021/04/08/black-americans-vaccine-hesitancy-is-grounded-by-more-than-mistrust.*

99 Thomas H. Maugh II, »Eugene Saenger, 90; Physician Conducted Pivotal Studies on Effects of Radiation Exposure«, *Los Angeles Times*, 6. Oktober 2007, *https://www.latimes.com/archives/la-xpm-2007-oct-06-me-saenger6-story.html.*

100 Brynn Holland, »The ›Father of Modern Gynecology‹ Performed Shocking Experiments on Enslaved Women«, *History,* 29. August 2017, *https://www.history.com/news/the-father-of-modern-gynecology-performed-shocking-experiments-on-slaves.*

101 Yang Hu, »Intersecting Ethnic and Native-Migrant Inequalities in the Economic Impact of the Covid-19 Pandemic in the UK«, *Research in Social Stratification and Mobility,* Volume 68 (August 2020), doi:10.1016/j.rssm.2020.100528, *https://www.sciencedirect.com/science/article/pii/S0276562420300640?via%3Dihub*.

102 Günter Kampf, »Covid-19: Stigmatising the Unvaccinated Is Not Justified«, *The Lancet*, Volume 398, Issue 10314 (November 2021): 1871, doi: 10.1016/S0140-6736(21)02243-1, *https://www.thelancet.com/journals/lancet/article/PIIS0140-6736(2102243-1/fulltext*.

103 Christopher Leonard, »The Fed's Doomsday Prophet Has a Dire Warning About Where We're Headed«, *Politico*, 28. Dezember 2021, *https://www.politico.com/news/magazine/2021/12/28/inflation-interest-rates-thomas-hoenig-federal-reserve-526177*.

104 Julius Krein, »The Value of Nothing: Capital versus Growth«, *American Affairs*, Volume 5, Nr. 3 (Herbst 2021): *https://americanaffairsjournal.org/2021/08/the-value-of-nothing-capital-versus-growth*.

105 Yang Hu, »Intersecting Ethnic and Native-Migrant Inequalities in the Economic Impact of the Covid-19 Pandemic in the UK«, *Research in Social Stratification and Mobility,* Volume 68 (August 2020), doi:10.1016/j.rssm.2020.100528, *https://www.sciencedirect.com/science/article/pii/S0276562420300640?via%3Dihub*.

106 Alex Gutentag, »Revolt of the Essential Workers«, *Tablet*, 26. Oktober 2021, *https://www.tabletmag.com/sections/news/articles/revolt-essential-workers*.

107 Edward Yardeni, Mali Quintana, »Central Banks: Monthly Balance Sheets«, Yardeni Research, Stand: Dezember 2021, *https://www.yardeni.com/pub/peacockfedecbassets.pdf*.

108 Harriet Habergham, »Global Banks' $170 Billion Haul Marks Most Profitable Year Ever«, *Bloomberg,* 3. August 2021, *https://www.bloomberg.com/news/articles/2021-08-03/global-banks-170-billion-haul-marks-most-profitable-year-ever*.

109 Alexandre Tanzi, Mike Dorning, »Top 1% of U.S. Earners Now Hold More Wealth Than All of the Middle Class«, *Bloomberg,* 8. Oktober 2021, *https://www.bloomberg.com/news/articles/2021-10-08/top-1-earners-hold-more-wealth-than-the-u-s-middle-class*.

110 Chuck Collins, »Updates: Billionaire Wealth, U.S. Job Losses and Pandemic Profiteers«, *Inequality.org,* 18. Oktober 2021, *https://inequality.org/great-divide/updates-billionaire-pandemic*.

Alex Starling, »Vaccine Passports Will Segregate Society«, *Reaction,* 28. Oktober 2021, *https://reaction.life/vaccine-passports-will-segregate-society*.

111 Lucy Tobin, »The New David vs. Goliath Battle for Small Businesses: Getting Hold of Cardboard«, *Evening Standard*, 14. Dezember 2021, *https://www.standard.co.uk/business/sme-supply-chain-issues-london-cardboard-martha-brook-mighty-small-popcorn-shed-amazon-b971871.html*.

112 Hillary Hoffower, Ben Winck, Andy Kiersz, »The Supply-Chain Disaster That Is Eating Christmas Is Being Driven by a Biden-Xi Conflict That Many Are Overlooking«, *Business Insider*, 9. Oktober 2021, *https://www.businessinsider.com/supply-shortages-semiconductor-chips-crisis-us-china-trade-war-biden-2021-10*.

113 Greg Robb, »Backlog at Los Angeles Port Won't Ease until June, Chief Says«, *MarketWatch,* 9. Dezember 2021, *https://www.marketwatch.com/story/backlog-at-los-angeles-port-wont-ease-until-june-chief-says-11639070874*.

114 Guy Platten, »The Supply-Chain Crisis Is a Labor Crisis«, *New York Times*, 17. November 2021, *https://www.nytimes.com/2021/11/17/opinion/supply-chain-labor-economy-covid.html*.

115 Ryan Petersen (@typefast), »Yesterday I rented a boat and took the leader of one of Flexport's partners in Long Beach on a 3-hour of the port complex. Here's a thread about what I learned«, *Twitter,* 22. Oktober 2021, 3:39 PM, *https://twitter.com/typesfast/status/1451543776992845834*.

116 »California Ship Pileup Still Piling Up – But Out of Sight, over Horizon«, *Hellenic Shipping News Worldwide*, 25. November 2021, *https://www.hellenicshippingnews.com/california-ship-pileup-still-piling-up-but-out-of-sight-over-horizon*.

117 Martin Arnold, Alexander Vladkov, »Europe's Trucker Shortgage Becoming ›Extremely Dangerous‹«, *Financial Times*, 12. Oktober 2021, *https://www.ft.com/content/e8ca2a08-308c-4324-8ed2-d788b074aa6c*.

118 Reality Check Team, »How Serious Is the Shortgage of Lorry Drivers?«, *BBC News,* 15. Oktober 2021, *https://www.bbc.com/news/57810729*.

119 Ryan Johnson, »I Am a Twenty-Year Truck Driver, Part 2: How Truckers Are Paid«, *Medium,* 17. November 2021, *https://medium.com/@ryan79z28/i-am-a-twenty-year-truck-driver-part-2-how-truckers-are-paid-de86ea419f2f.*

120 Megan Leonhardt, »The Great Resignation Is Hitting These Industries Hardest«, *Fortune,* 16. November 2021, *https://fortune.com/2021/11/16/great-resignation-hitting-these-industries-hardest.*

121 Ronald J. Pugliese, Jr., »We Can't Ignore Vaccine Mandates as We Look into Labor Shortages«, *Fortune,* 9. November 2021, *https://fortune.com/2021/11/09/biden-vaccine-mandates-labor-shortages.*

122 Meredith Wadman, »Having SARS-CoV-2 Once Confers Much Greater Immunity than a Vaccine – But Vaccination Remains Vital«, *Science,* 26. August 2021, *https://www.science.org/content/article/having-sars-cov-2-once-confers-much-greater-immunity-vaccine-vaccination-remains-vital.*

123 »We'll Consult Members on What Action They Want to Take in Response to 3% Pay Award«, *Royal College of Nursing,* 21. Juli 2021, *https://www.rcn.org.uk/news-and-events/news/uk-nhs-pay-deal-a-bitter-blow-to-nursing-staff-in-england-210721.*

124 Ben Wolfgang, »System Strained as Military Personnel Seek Religious Waivers from Covid-19 Vaccine«, *Washington Times*, 21. November 2021, *https://www.washingtontimes.com/news/2021/nov/21/system-strained-military-personnel-seek-religious-.*

125 Paul Gallagher, »NHS Waiting List: Heart Patients Facing up to Two-Year Delays for Vintal Scans«, *iNews,* 16. November 2021, *https://inews.co.uk/news/health/nhs-waiting-lists-heart-patients-facing-delays-vital-scans-1301750.*

126 Chris Giles, Sarah Neville, »UK Enters Wave of Excess Deaths Not Fully Explained by COVID«, *Financial Times*, 23. November 2021, *https://www.ft.com/content/05e32f95-0e7e-4d2a-b408-6ec6035dea8e.*

127 Lamorna Tregenza Reid, »The Government's Vaccine Mandate for Care Home Workers Will Do More Harm than Good«, *Varsity*, 23. November 2021, *https://www.varsity.co.uk/opinion/22506.*

128 »UL Care Homes: How Are Staff Shortages Affecting You?«, *The Guardian*, 12. Oktober 2021, *https://www.theguardian.com/society/2021/oct/12/uk-care-home-staff-how-are-labour-shortages-affecting-you.*

129 Robert Booth, »Care Homes in England Set to Lose 50,000 Staff as COVID Vaccine Become Mandatory«, *The Guardian*, 10. November 2021, *https://www.theguardian.com/world/2021/nov/10/care-homes-in-england-set-to-lose-50000-staff-as-covid-vaccine-becomes-mandatory*.

130 Andrew Gregory, Robert Booth, »NHS Faces Bed Crisis as Care Homes Stop Taking Patients from Hospitals«, *The Guardian*, 13. Oktober 2021, *https://www.theguardian.com/society/2021/oct/13/nhs-faces-beds-crisis-as-care-homes-stop-taking-patients-from-hospitals*.

131 Caroline Molloy, »Go Private for the Treatment You Need, NHS Tells Patients«, *openDemocracy,* 23. November 2021, *https://www.opendemocracy.net/en/ournhs/go-private-for-the-treatment-you-need-nhs-tells-patients*.

132 Simon Little, Kamil Karamali, »B.C. Weighs Allowing Covid-19-Positive Health-Care Workers Back on the Job«, *Global News,* 29. Dezember 2021, *https://globalnews.ca/news/8479456/bc-covid-19-positive-health-care-workers*.

133 Aallyah Wright, »Biden's Vaccine Mandate Could Further Strain Rural Hospitals«, *PEW,* 21. Oktober 2021, *https://www.pewtrusts.org/en/research-and-analysis/blogs/stateline/2021/10/21/bidens-vaccine-mandate-could-further-strain-rural-hospitals*.

134 »Mount Sinai South Nassau Temporarily Closes Long Beach Emergency Department Due to Nursing Staff Shortages«, *South Nassau,* 22. November 2021, *https://www.southnassau.org/sn/current-news/mount-sinai-south-nassau-temporarily-closes-long-b-180*.

135 Alia Paavola, »13 Hospitals Closing Departments, Ending Services«, *Becker's Hospital Review,* 3. Dezember 2021, *https://www.beckershospitalreview.com/patient-flow/13-hospitals-closing-departments-ending-services.html*.

136 Grégoire Sauvage, »Pénurie de soignants: le modèle hospitalier français au bord de la rupture«, *France 24,* 29. Oktober 2021, *https://www.france24.com/fr/france/20211029-pénurie-de-soignants-le-modèle-hospitalier-français-au-bord-de-la-rupture*.

137 Nick Corbishley, »Spain's Labor Office Hit by Massive Ransomware Attack as Unemployment Hits Four-Year High«, *Naked Capitalism,* 16. März 2021, *https://www.nakedcapitalism.com/2021/03/spains-employment-office-hit-by-massive-cyber-attack-as-unemployment-numbers-surge-toward-record-highs.html*.

138 Sara Morrison, »How a Major Oil Pipeline Got Held for Ransom«, *Vox,* 8. Juni 2021, *https://www.vox.com/recode/22428774/ransomeware-pipeline-colonial-darkside-gas-prices*.

139 »NBP Cyberattack«, *The Express Tribune*, 2. November 2021, *https://tribune.com.pk/story/2327340/nbp-cyberattack*.

140 »Heads of Mizuho Financial and Mizuho Bank to Quit over Glitches«, *The Japan Times*, 19. November 2021, *https://www.japantimes.co.jp/news/2021/11/19/business/corporate-business/sakai-mizuho-scandal*.

141 »Singapore Regulator Warns DBS Bank over Prolonged Service Outage«, *Financial Times*, 25. November 2021, *https://www.ft.com/content/af544024-1b92-4273-92a1-82a7d00f338d*.

142 Alex Finnis, »Lloyds, Halifax and Bank of Scotland Down: Online Banking and App Not Working as Customers Get ›N/A‹ Message«, *iNews,* 18. November 2021, *https://inews.co.uk/inews-lifestyle/money/saving-and-banking/lloyds-halifax-bank-of-scotland-down-online-banking-app-not-working-n-a-meaning-explained-1307003*.

143 Jeff Parsons, »Barclays App Goes Down as Online Banking Outage Infuriates Customers«, *Metro,* 27. Oktober 2021, *https://metro.co.uk/2021/10/27/why-is-barclays-app-not-working-thousands-of-customers-hit-by-outage-15492229*.

144 »What Is Cyber Polygon?«, *Cyber Polygon*, zuletzt aufgerufen: 18. Dezember 2021, *https://cyberpolygon.com/about*.

145 World Economic Forum, »A Cyber-Attach with COVID-Like Characteristics?«, YouTube-Video, 1:41, 18. Januar 2021, *https://www.youtube.com/watch?v=-0oZA1B3ooI*.

146 »Event 201«, Center for Health Security, zuletzt aufgerufen: 30. Dezember 2021, *https://www.centerforhealthsecurity.org/event201*.

147 Lawrence Abrams, »The Week in Ransomware – July 2nd 2021 – MSPs Under Attack«, *Bleeping Computer*, 3. Juli 2021, *https://www.bleepingcomputer.com/news/security/the-week-in-ransomware-july-2nd-2021-msps-under-attack*.

148 Jack Healy, »With Widespread Power Failures, Puerto Rico Is Cash Only«, *The New York Times*, 29. September 2017, *https://www.nytimes.com/2017/09/29/us/puerto-rico-shortages-cash.html*.

149 Daniel Keane, »Heathrow in Chaos with 2-Hour Queues as Passport e-Gates Fail Again«, *Evening Standard*, 10. November 2021, *https://www.standard.co.uk/news/uk/heathrow-passport-e-gates-fail-queues-airport-b965476.html*.

150 »Chapter 2. Democracy Health Check: An Overview of Global Trends«, *Global State of Democracy Report 2021,* International IDEA, zuletzt aufgerufen: 18. Dezember 2021, *https://www.idea.int/gsod/global-report#chapter-2-democracy-health-check:-an-overview-of-global-trends*.

151 ANSA Editorial Staff, »Roma e il G20 ›Zona rossa‹ di 10 km e tiratori scelti«, *Ait Speciali,* 28. Oktober 2021, *https://www.ansa.it/sito/notizie/cronaca/2021/10/25/roma-e-il-g20-zona-rossa-di-10-km-e-tiratori-scelti_d18cf760-7c2a-4b8a-8a87-43540d9a5df3.html*.

152 Darren Boyle et al., »Hypocrite Airways? Jeff Bezos's £48m Gulf Stream Leads Parade of 400 Private Jets into COP26 Including Prince Albert of Monaco, Scores of Royals and Dozens of ›Green‹ CEOs – as Huge Traffic Jam Forces Empty Planes to Fly 30 Miles to Park«, *Daily Mail*, 1. November 2021, *https://www.dailymail.co.uk/news/article-10152027/Hypocrite-airways-Jeff-Bezoss-48m-gulf-stream-leads-parade-400-private-jets.html*.

153 Neil Pooran, »COP26 Delegates Will Not Need Scottish Government's COVID Vaccine Passport«, *Glasgow Live,* 5. Oktober 2021, *https://www.glasgowlive.co.uk/news/glasgow-news/cop26-delegates-not-need-scottish-21771576*.

154 Aubrey Allegretti, »Business Leaders Arriving in England Granted Exemption from COVID Quarantine«, *The Guardian*, 29. Juni 2021, *https://www.theguardian.com/world/2021/jun/29/business-leaders-arriving-in-england-granted-exemption-from-covid-quarantine*.

155 Emma Harrison, »Matt Hancock Quits as Health Secretary after Breaking Social Distance Guidance«, *BBC News,* 27. Juni 2021, *https://www.bbc.com/news/uk-57625508*.

156 Luke Kemp, »The ›Stomp Reflex‹: When Governments Abuse Emergency Powers«, *BBC Future,* 28. April 2021, *https://www.bbc.com/future/article/20210427-the-stomp-reflex-when-governments-abuse-emergency-powers*.

157 Giorgio Agamben, Where Are We Now? The Epidemic as Politics, Rowman and Littlefield, Lanham (Maryland) 2021 (dt.: An welchem Punkt stehen wir? Die Epidemie als Politik, Turia + Kant, Wien/Berlin 2021).

158 »List of National Emergencies in the United States«, *Wikipedia,* zuletzt geändert: 18. November 2021, *https://en.wikipedia.org/wiki/List_of_national_emergencies_in_the_United_States*.

159 Christopher Caldwell, »Meet the Philosopher Who Is Trying to Explain the Pandemic«, *The New York Times*, 21. August 2020, *https://www.nytimes.com/2020/08/21/opinion/sunday/giorgio-agamben-philosophy-coronavirus.html*.

160 Natalie Huet, Carmen Paun, »Meet the World's Most Powerful Doctor: Bill Gates«, *Politico*, 4. Mai 2017, *https://www.politico.eu/article/bill-gates-who-most-powerful-doctor*.

161 Klaus Schwab, »The Fourth Industrial Revolution: What It Means, How to Respond«, World Economic Forum, 14. Januar 2016, *https://www.weforum.org/agenda/2016/01/the-fourth-industrial-revolution-what-it-means-and-how-to-respond*.

162 Kenneth Haar, Brid Brennan, »COP26: Financiers of Polluters in Charge«, *Transnational Institute,* 2. November 2021, *https://www.tni.org/en/publication/cop26-financiers-of-polluters-in-charge*.

163 »Corporate Capture of Global Governance: WEF-UN Partnership Threatens UN System«, *ESCR-Net,* zuletzt aufgerufen: 8. November 2021, *https://www.escr-net.org/news/2019/corporate-capture-global-governance-wef-un-partnership-threatens-un-system*.

164 Anne Quito, »Why Getting Rid of Paper Passports Might Be Good for Business«, *World Economic Forum,* 7. September 2021, *https://www.weforum.org/agenda/2021/09/passports-travel-work-digital*.

165 Santiago Fernández de Lis et al., »Global Future Council on Responsive Financial Systems: Three Ways to Accelerate a Digital-Led Recovery«, *World Economic Forum,* France 24, Oktober 2021, *https://www3.weforum.org/docs/WEF_GFC_Three_ways_to_accelerate_a_digital_led_recovery_2021.pdf*.

166 Katherine Griffiths, »Small Firms Took on Huge Debt in Pandemic, Bank of England Says«, *The Times*, 9. Oktober2021, *https://www.thetimes.co.uk/article/small-firms-took-on-huge-debt-in-pandemic-bank-of-england-says-j9mfvlhq8*.

167 Evelyn Cheng, »China's Tech Giants Generate Billions for Investors – but Small Businesses are Being Squeezed«, *CNBC,* 11. August 2021, *https://www.cnbc.com/2021/08/12/chinas-tech-giants-generate-billions-but-squeezed-small-businesses.html*.

168 David Bol, »COVID Scotland: Business Leaders Warn Nicola Stugeon Vaccine Passports Risk Ruining Recovery«, *The Herald*, 3. September 2021, *https://www.heraldscotland.com/politics/19557086.covid-scotland-business-leaders-warn-nicola-sturgeon-vaccine-passports-risk-ruining-recovery*.

169 »COVID: Scottish Vaccine Passport Scheme Could Be Expanded«, *BBC News*, 9. November 2021, *https://www.bbc.com/news/uk-scotland-scotland-politics-59225246*.

170 Owen Hughes, »Wales's New COVID Passports ›Will Close‹ Some Venues, Says Welsh Hospitality Group«, *Business Live*, 17. September 2021, *https://www.business-live.co.uk/economic-development/waless-new-covid-passports-will-21599449*.

171 Kerem Inal, »Supply Chain Problems Forcing Small Businesses to Change How They Operate«, *ABC News*, 24. Oktober 2021, *https://abcnews.go.com/Business/supply-chain-problems-forcing-small-businesses-change-operate/story?id=80713564*.

172 »NFIB: Over Half of Small Businesses Have Job Openings They Can't Fill«, *WIS Business*, 12. Oktober 2021, *https://www.wisbusiness.com/2021/nfib-over-half-of-small-businesses-have-job-openings-they-cant-fill*.

173 Joseph Choi, »Anti-Vaccine Protests Blamed for Covid-19 Outbreak in Italian City«, *The Hill*, 4. November 2021, *https://thehill.com/policy/international/europe/580026-anti-vaccine-protests-blamed-for-covid-19-outbreak-in-italian*.

174 »I ›No Green Pass‹ tornano in piazza. Bologna vieta manifestazioni fino al 9 gennaio«, 26. November 2021, *https://www.ilsole24ore.com/art/i-no-green-pass-tornano-piazza-bologna-vieta-manifestazioni-fino-9-gennaio-AEoCMTz*.

175 Andrew Van Dam, Alyssa Fowers, »Two Forces Collided to Create the Most Unusual Job Market in Modern American History«, *Seattle Times*, 31. Dezember 2021, *https://www.seattletimes.com/business/two-forces-collided-to-create-the-most-unusual-job-market-in-modern-american-history*.

176 Iv Hendrix, »Officials Warn Vaccine Mandates Could Exacerbate Truck Driver Shortage«, *The Hill*, 4. November 2021, *https://thehill.com/homenews/house/580085-officials-warn-vaccine-mandates-could-exacerbate-truck-driver-shortage*.

177 Alex Gutentag, »Revolt of the Essential Workers«, Tablet, 26. Oktober 2021, *https://www.tabletmag.com/sections/news/articles/revolt-essential-workers*.

178 »Coronavirus No Longer the World's Top Worry as It Is Overtaken by Economic Concerns«, *Ipsos,* 26. Oktober 2021, *https://www.ipsos.com/en-th/what-worries-world-october-2021*.

179 Olivia Tam, Sofia Horta e Costa, »China Developers Confront a $197 Billion Challenge in January«, *Bloomberg,* 2. Januar 2022, *https://www.bloomberg.com/news/articles/2022-01-02/china-developers-confront-a-197-billion-challenge-in-january*.

180 Wolf Richter, »After Blowing $4.5 Trillion on Share Buybacks, Airlines, Boeing, Many Other Culprits Want Taxpayer & Fed Bailouts of Their Shareholders«, *Wolf Street,* 17. März 2020, *https://wolfstreet.com/2020/03/17/after-blowing-4-5-trillion-on-share-buybacks-corporate-america-airlines-boeing-other-culprits-want-taxpayer-fed-bailouts-for-these-shareholders*.

181 Good Health Pass Collaborative, »Good Health Pass: A Safe Path to Global Reopening«, zuletzt aufgerufen: 18. Dezember 2021, *https://idservice.com/content/dam/public/mastercardcom/idservice/pdf/Good-Health-Pass.pdf*.

182 Gavi, »Donor Profiles«, zuletzt aufgerufen: 18. Dezember 2021, *https://www.gavi.org/investing-gavi/funding/donor-profiles*.

183 ID2020, »Imunization: An Entry Point for Digital Identity«, *Medium,* 28. März 2018, *https://medium.com/id2020/immunization-an-entry-point-for-digital-identity-ea37d9c3b77e*.

184 »Identity in a Digial World: A New Chapter in the Social Contract«, *World Economic Forum,* September 2018, *https://www3.weforum.org/docs/WEF_INSIGHT_REPORT_Digital%20Identity.pdf*.

185 Jacquie McNish, Liz Hoffman, »Mark Carney, ExBanker, Wants Bank to Pay for Climate Change«, *The Wall Street Journal*, 29. Oktober 2021, *https://www.wsj.com/articles/mark-carney-ex-banker-wants-banks-to-pay-for-climate-change-11635519625*.

186 1993 Global Leaders for Tomorrow, World Economic's Forum, list of participants, *https://web.archive.org/web/20131203013754/http://www3.weforum.org/docs/WEF_GLT_ClassOf1993.pdf*.

1997 Global Leaders for Tomorrow, WEF, list of participants, *https://web.archive.org/web/20140914231237/ http://www3.weforum.org/docs/WEF_GLT_ClassOf1997.pdf*.

1998 Global Leaders for Tomorrow, WEF, list of participants, *https://web.archive.org/web/20140914230101/ http://www3.weforum.org/docs/WEF_GLT_ClassOf1998.pdf*.

1999 Global Leaders for Tomorrow, WEF, list of participants, *https://web.archive.org/web/20140914233005/ http://www3.weforum.org/docs/WEF_GLT_ClassOf1999.pdf*.

2000 Global Leaders for Tomorrow, WEF, list of participants, *https://web.archive.org/web/20130319042241/ http://www3.weforum.org/docs/WEF_GLT_ClassOf2000.pdf*.

»Community«, The Forum of Young Global Leaders, zuletzt aufgerufen: 11. Januar 2022, *https://www.younggloballeaders.org/community*.

»Young Global Leaders«, *Wikipedia,* zuletzt aktualisiert: 8. Dezember 2021, *https://en.wikipedia.org/wiki/Young_Global_Leaders*.

187 »Roadmap for the Implementation of Actions by the European Commission Based on the Commission Communication and the Council Recommendation on Strengthening Cooperation against Vaccine Preventable Diseases«, European Commission, 2019, *https://ec.europa.eu/health/sites/default/files/vaccination/docs/ 2019-2022_roadmap_en.pdf*.

188 Jeffrey Dastin, »Amazon Scraps Secret AI Recruiting Tool That Showed Bias against Women«, *Reuters*, 11. Oktober 2018, *https://www.reuters.com/ article/us-amazon-com-jobs-automation-insight-idUSKCN1MK08G*.

189 Derek O'Halloran, Manju George, »Identity in a Digital World – World Economic Forum«, Good ID, 13. Januar 2019, *https://www.good-id.org/es/ articles/identity-in-a-digital-world-a-new-chapter-in-the-social-contract-world-economic-forum*.

190 »Accenture Identity Solution Review«, *Identity Review,* 1. Mai 2020, *https://identityreview.com/review/accenture-unique-identity-service-review*.

191 ID2020, »ID2020 Alliance Launches Digital ID Program with Government of Bangladesh and Gavi, Announces New Partners at Annual Summit«, *Cision PR Newswire,* 19. September 2019, *https://www.prnewswire.com/news-releases/id2020-alliance-launches-digital-id-program-with-government-of-bangladesh-and-gavi-announces-new-partners-at-annual-summit-300921926.html*.

192 »National Covid-19 Testing Action Plan«, Rockefeller Foundation, 21. April 2021, *https://www.rockefellerfoundation.org/wp-content/uploads/2020/04/TheRockefellerFoundation_WhitePaper_Covid19_4_22_2020.pdf*.

193 »Initiative of the World Bank Group«, The World Bank, zuletzt aufgerufen: 18. Dezember 2021, *https://id4d.worldbank.org/who-is-involved*.

194 »The EU, the Externalisation of Migration Control, and ID Systems: Here's What's Happening and What Needs to Change«, *Privacy International*, 15. Oktober 2021, *https://privacyinternational.org/long-read/4651/eu-externalisation-migration-control-and-id-systems-heres-whats-happening-and-what*.

195 Carissa Vèliz, »Why We Should End the Data Economy«, *The Reboot*, 4. Juni 2021, *https://thereboot.com/why-we-should-end-the-data-economy*.

196 Zeynep Tufekci, »Think You're Discreet Online? Think Again«, *The New York Times*, 21. April 2019, *https://www.nytimes.com/2019/04/21/opinion/computational-inference.html*.

197 »Security Shortcomings in Patient Data System Apotti, Paper Report«, YLE, 24. Juli 2019, *https://yle.fi/news/3-10891713*.

198 Noé Chartier, »Gov't Can't Be Trusted with Cellphone Tracking Amid Pandemic: Former Ontario Privacy Commissioner«, *The Epoch Times*, 29. Dezember 2021, *https://www.theepochtimes.com/govt-cant-be-trusted-with-cellphone-tracking-amid-pandemic-former-ontario-privacy-commissioner_4182404.html*.

199 »German Police under Fire for Misuse of COVID Contact Tracing App«, *Deutsche Welle*, 11. Januar 2022, *https://p.dw.com/p/45P8H*.

200 Lauren Almeida, »NHS Deal Underlines Value of Health Data: Health Service Plans to Share GPs' Medical Records with Third Parties«, *Investors' Chronicle*, 3. Juni 2021, *https://www.investorschronicle.co.uk/news/2021/06/03/nhs-deal-underlines-value-of-health-data*.

201 Madhumita Murgia, »England's NHS Plans to Share Patient Records with Third Parties«, *Financial Times*, 26. Mai 2021, *https://www.ft.com/content/9fee812f-6975-49ce-915c-aeb25d3dd748*.

202 Graham Duggan, »12 Million OxyContin Pills Shipped to a Town of 500: How Profit Fuelled America's Opioid Crisis«, *CBC*, 12. November 2021, *https://www.cbc.ca/documentaries/the-passionate-eye/12-million-oxycontin-pills-shipped-to-a-town-of-500-how-profit-fuelled-america-s-opioid-crisis-1.6247359*.

203 Madhumita Murgia, Max Harlow, »NHS Shares English Hospital Data with Dozens of Companies«, *Financial Times*, 27. Juli 2021, *https://www.ft.com/content/6f9f6f1f-e2d1-4646-b5ec-7d704e45149e*.

204 Rob Davies, »NHS App Storing Facial Verification Data via Contract with Firm Linked to Tory Donors«, *The Guardian*, 15. September 2021, *https://www.theguardian.com/society/2021/sep/15/nhs-app-storing-facial-verification-data-via-contract-with-firm-linked-to-tory-donors*.

205 Nick Corbishley, »UK Goes Full-On Big Brother, Employs Facial Recognition Technology to Expedite School Lunch Queues«, *Naked Capitalism*, 22. Oktober 2021, *https://www.nakedcapitalism.com/2021/10/uk-goes-full-on-big-brother-employs-facial-recognition-technology-to-expedite-school-lunch-queues.html*.

206 »Schools Pause Facial Recognition Lunch Plans«, *BBC News*, 25. Oktober 2021, *https://www.bbc.com/news/technology-59037346*.

207 »Biometrics«, *EFF*, zuletzt aufgerufen: 18. Dezember 2021, *https://www.eff.org/issues/biometrics*.

208 Bill Gates, »Making the World's Invisible People, Visible«, *Gates Notes*, 29. Januar 2019, *https://www.gatesnotes.com/Development/Heroes-in-the-Field-Nandan-Nilekani*.

209 John Thornhill, »India's All-Encompassiong ID System Holds Warnings for the Rest of World«, *The Financial Times*, 11. November 2021, *https://www.ft.com/content/337f6d6e-7301-4ef4-a26d-a4e62f602947*.

210 »The EU, the Externalisation of Migration Control, and ID Systems: Here's What's Happening and What Needs to Change«, *Privacy International*, 15. Oktober 2021, *https://privacyinternational.org/long-read/4651/eu-externalisation-migration-control-and-id-systems-heres-whats-happening-and-what*.

211 Tom Simonite, »The Best Algorithms Struggle to Recognize Black Faces Equally«, *Wired*, 22. Juli 2019, *https://www.wired.com/story/best-algorithms-struggle-recognize-black-faces-equally*.

212 Zack Whittaker, »America's Small Businesses Face the Brunt of China's Exchange Server Hacks«, *Tech Crunch*, 10. März 2021, *https://techcrunch.com/2021/03/10/america-small-business-hafnium-exchange-hacks*.

213 »Why Government Institutions Are the Perfect Target for Hackers«, *Government Technology*, 2. August 2021, *https://www.govtech.com/sponsored/why-government-institutions-are-the-perfect-target-for-hackers.*

214 Stefan Boscia, Poppy Wood, »UK Vaccine Passport App Could Become ›Honeypot‹ for Hackers, Says Former Top Government Cyber Adviser«, *City A.M.*, 31. März 2021, *https://www.cityam.com/uk-vaccine-passport-app-could-become-honeypot-for-hackers-says-former-top-government-cyber-adviser.*

215 »Regulation (EU) 2021/952 of the European Parliament and of the Council«, *Official Journal of the European Union,* 15. Juni 2021, *https://eur-lex.europa.eu/legal-content/EN/TXT/?uri=CELEX%3A32021R0953.*

216 »Covid-19 Vaccines: Ethical, Legal and Practical Considerations«, Parliamentary Assembly, 27. Januar 2021, *https://pace.coe.int/en/files/29004/html.*

217 »Digital Identity Document Validation Technology (IDVT)«, GOV.UK, Coronavirus (Covid-19): Latest Updates and Guidance, 27. Dezember 2021, *https://www.gov.uk/government/publications/digital-identity-document-validation-technology-idvt.*

218 Kristel Teyras, »How Digital ID Can Help Citizens Access Government Services from Anywhere«, *Thales,* zuletzt aktualisiert: 1. Dezember 2021, *https://dis-blog.thalesgroup.com/identity-biometric-solutions/2021/07/27/how-digital-id-can-help-citizens-access-government-services-from-anywhere.*

219 Jenn Markey, »Vaccine Passports, National ID's, Secure Credentials and Considerations for Building Trust in a Post-Pandemic World«, *Entrust,* 24. Februar 2021, *https://www.entrust.com/blog/2021/02/vaccine-passports-national-ids-secure-credentials-and-considerations-for-building-trust-in-a-post-pandemic-world.*

220 Sikh For Truth (@SikhForTruth), »8 Jul 2020 – ›Biometric Digital ID for me is a very big part of the future‹ – Tony Blair . . .«, *Twitter,* 27. Juli 2021, 6:24 PM, *https://twitter.com/SikhForTruth/status/1420057530651271170?ref_src=twsrc%5Etfw.*

221 »Austria Says It Opposes EU Plan to Cap Cash Payments at 10,000 Euros«, *Reuters*, 15. Juli 2021, *https://www.reuters.com/article/us-eu-moneylaundering-austria-idUSKBN2EL15P.*

222 Nobert Häring, »Defense Contractor Thales Calls Digital Vaccination Passes ›Precursor‹ to Universal Digital Indentification«, *Money and More* (Blog), 30. August 2021, *https://norberthaering.de/en/power-control/thales-2.*

223 Rachel King, Alice Shen, »Will Cash Survive Covid-19?«, *Central Banking,* 20. März 2020, *https://www.centralbanking.com/central-banks/currency/7509046/will-cash-survive-covid-19*.

224 Stefan Gleason, »Bank of International Settlements Chief Talks ›Absolute Control‹«, *Investing,* 12. Juli 2021, *https://www.investing.com/analysis/bank-of-international-settlements-chief-talks-absolute-control-200591072*.

225 Taylor Locke, »›Future of Money‹ Economist Says the End of Cash is Coming – Here's What Could Replace It«, *CNBC,* 11. November 2021, *https://www.cnbc.com/2021/11/11/predictions-for-future-of-money-cbdcs-stablecoins-cryptocurrency.html*.

226 Simina Mistreanu, »Life Inside China's Social Credit Laboratory«, *Foreign Policy*, 3. April 2018, *https://foreignpolicy.com/2018/04/03/life-inside-chinas-social-credit-laboratory*.

227 Pete Hunt, »China's Great Social Credit Leap Forward«, *The Diplomat,* 4. Dezember 2018, *https://thediplomat.com/2018/12/chinas-great-social-credit-leap-forward*.

228 @France 24 English, »China ranks ›good‹ and ›bad‹ citizens with ›social credit‹ system«, YouTube-Video, 4:36, 1. Mai 2019, *https://www.youtube.com/watch?v=NXyzpMDtpSE*.

229 Jessica Reilly, Muyao Lyu, Megan Robertson, »China's Social Credit System: Speculation vs. Reality«, *The Diplomat,* 30. März 2021, *https://thediplomat.com/2021/03/chinas-social-credit-system-speculation-vs-reality*.

230 Rogier Creemers (Hg.), »Planning Outline for the Construction of a Social Credit System (2014–2020)«, *China Copyright and Media,* zuletzt aktualisiert: 25. April 2015, *https://chinacopyrightandmedia.wordpress.com/2014/06/14/planning-outline-for-the-construction-of-a-social-credit-system-2014-2020*.

231 Wu Ling, »腾讯也有了信用分，除了免押金骑摩拜还能干什么?«, (»Auch Tencent hat Kreditscoring. Was können Sie noch tun, außer mit Mobikes ohne Kautionshinterlegung zu fahren?, *Sohu,* 8. Juli 2017, *https://www.sohu.com/a/162878300_114778*.

232 Mara Hvistendahl, »Inside China's Vast New Experiment in Social Ranking«, *Wired*, 14. Dezember 2017, *https://www.wired.com/story/age-of-social-credit*.

233 Josh Chin, Gillian Wong, »China's New Tool for Social Control: A Credit Rating for Everything«, *The Wall Street Journal*, 28. November 2016, *https://www.wsj.com/articles/chinas-new-tool-for-social-control-a-credit-rating-for-everything-1480351590*.

234 Nicole Kobie, »The Complicated Truth about China's Social Credit System«, *Wired*, 7. Juni 2019, *https://www.wired.co.uk/article/china-social-credit-system-explained*.

235 Mara Hvistendahl, »Inside China's Vast New Experiment in Social Ranking«, *Wired*, 14. Dezember 2017, *https://www.wired.com/story/age-of-social-credit*.

236 Rogier Creemers (Hg.), »Planning Outline for the Construction of a Social Credit System (2014–2020)«, *China Copyright and Media*, zuletzt aktualisiert: 25. April 2015, *https://chinacopyrightandmedia.wordpress.com/2014/06/14/planning-outline-for-the-construction-of-a-social-credit-system-2014-2020*.

237 »Keeping Score: How Bad Is China's Social Credit System?« *Documentary Channel*, 30. Juli 2021, *https://rtd.rt.com/shows/infobites-show/china-social-credit-system-surveillance*.

238 Ebd.

239 »China's Social Credit System: Fact vs. Fiction«, *The Diplomat*, 3. Juli 2021, *https://thediplomat.com/2021/07/chinas-social-credit-system-fact-vs-fiction*.

240 Katie Canales, »China's ›Social Credit‹ System Ranks Citizens and Punishes Them with Throttled Internet Speeds and Flight Bans if the Communist Party Deems Them Untrustworthy«, *Business Insider*, 9. Mai 2021 (aktualisiert: 24. Dezember 2021), *https://www.businessinsider.com/china-social-credit-system-punishments-and-rewards-explained-2018-4*.

241 Genia Kostka, »China's Social Credit Systems and Public Opinion: Explaining High Levels of Approval«, *Sage Journals*, 13. Februar 2019, doi:10.1177/1461444819826402, *https://journals.sagepub.com/doi/full/10.1177/1461444819826402*.

242 Eunsun Cho, »The Social Credit System: Not Just Another Chinese Idiosyncrasy«, *Journal of Public and International Affairs*, zuletzt aufgerufen: 17. Dezember 2021, *https://jpia.princeton.edu/news/social-credit-system-not-just-another-chinese-idiosyncrasy*.

243 »Orwell's Nightmare: China's Social Credit System«, The Asian Institute for Policy Studies, 28. Februar 2017, *http://en.asaninst.org/contents/orwells-nightmare-chinas-social-credit-system*.

244 »China's Social Credit System: Fact vs. Fiction«, *The Diplomat*, 3. Juli 2021, *https://thediplomat.com/2021/07/chinas-social-credit-system-fact-vs-fiction*.

245 Liu Xuanzun, »Social Credit System Must Bankrupt Discredited People: Former Official«, *Global Times*, 20. Mai 2018, *https://www.globaltimes.cn/content/1103262.shtml*.

246 Don Reisinger, »China Banned 23 Million People from Traveling Last Year for Poor ›Social Credit‹ Scores«, *Fortune*, 22. Februar 2019, *https://fortune.com/2019/02/22/china-social-credit-travel-ban*.

247 Nathan Vanderklippe, »Chinese Blacklist an Early Glimpse of Sweeping New Social-Credit Control«, *The Globe and Mail*, 3. Januar 2018, *https://www.theglobeandmail.com/news/world/chinese-blacklist-an-early-glimpse-of-sweeping-new-social-credit-control/article37493300*.

248 Sarah Young, »Chinese City Apologises after ›Shaming‹ People for Wearing Pyjamas in Public«, *The Independent*, 21. Januar 2020, *https://www.independent.co.uk/life-style/china-suzhou-pyjamas-shame-wear-public-photo-apology-a9294386.html*.

249 Paul Bischoff, »Surveillance Camera Statistics: Which Cities Have the Most CCTV Cameras?«, *Comparitech*, 17. Mai 2021, *https://www.comparitech.com/vpn-privacy/the-worlds-most-surveilled-cities*.

250 Jonathan Hillman, »China Is Watching You«, *The Atlantic*, 18. Oktober 2021, *https://www.theatlantic.com/ideas/archive/2021/10/china-america-surveillance-hikvision/620404*.

251 Liza Lin, Newley Purnell, »A World with a Billion Cameras Watching You Is Just Around the Corner«, *The Wall Street Journal*, 6. Dezember 2019, *https://www.wsj.com/articles/a-billion-surveillance-cameras-forecast-to-be-watching-within-two-years-11575565402*.

252 Paul Bischoff, »Surveillance Camera Statistics: Which Cities Have the Most CCTV Cameras?«, *Comparitech*, 17. Mai 2021, *https://www.comparitech.com/vpn-privacy/the-worlds-most-surveilled-cities*.

253 Irina Ivanova, »Video Surveillance in U.S. Described as on Par with China«, *CBS News*, 10. Dezember 2019, *https://www.cbsnews.com/news/the-u-s-uses-surveillance-cameras-just-as-much-as-china*.

254 Samuel Woodhams, »London Is Buying Heaps of Facial Recognition Tech«, *Wired*, 27. September 2021, *https://www.wired.co.uk/article/met-police-facial-recognition-new*.

255 Melissa Heikkilä, »Data Watchdog Warns Europe ›Is Not Ready‹ for AI-Powered Surveillance«, *Politico*, 2. November 2021, *https://www.politico.eu/article/data-watchdog-europe-ai-surveillance-wojciech-wiewiorowski*.

256 »EU: Artificial Intelligence Act: Council Aims to Simplify Use of Mass Biometric Surveillance by Law Enforecement«, *Statewatch,* 29. November 2021, *https://www.statewatch.org/news/2021/november/eu-artificial-intelligence-act-council-aims-to-simplify-use-of-mass-biometric-surveillance-by-law-enforcement*.

257 Meredith Whittaker, Lucy Suchman, »The Myth of Artificial Intelligence«, *The American Prospect*, 8. Dezember 2021, *https://prospect.org/culture/books/myth-of-artificial-intelligence-kissinger-schmidt-huttenlocher*.

258 Maggie Throup et al., »New Pilot to Help People Eat Better and Exercise More«, GOV.UK, 22. Oktober 2021, *https://www.gov.uk/government/news/new-pilot-to-help-people-eat-better-and-exercise-more*.

259 »Carrot Rewards«, *Wikipedia,* zuletzt aktualisiert: 9. November 2021, *https://en.wikipedia.org/wiki/Carrot_Rewards*.

260 »Civil Rights Groups Demand AirBnB Reform Discriminatory Policy on Arrest and Conviction Records Use to Ban People from Platform«, *ACLU,* 23. September 2020, *https://www.aclu.org/press-releases/civil-rights-groups-demand-airbnb-reform-discriminatory-policy-arrest-and-conviction*.

261 Shubham Verma, »WhatsApp Banned over 20 Lakh Users in October in India, Reveals Monthly Compliance Report«, *India Today*, 2. Dezember 2021, *https://www.indiatoday.in/technology/news/story/whatsapp-banned-over-20-lakh-users-in-october-in-india-reveals-monthly-compliance-report-1883172-2021-12-02*.

262 Mike Elgan, »Uh-oh: Silicon Valley Is Building a Chinese-Style Social Credit System«, *Fast Company*, 26. August 2019, *https://www.fastcompany.com/90394048/uh-oh-silicon-valley-is-building-a-chinese-style-social-credit-system*.

263 Arnoud W. A. Boot et al., »Financial Intermediation and Technology: What's Old, What's New?«, International Monetary Fund, IMF Working Papers, 7. August 2020, *https://www.imf.org/en/Publications/WP/Issues/2020/08/07/Financial-Intermediation-and-Technology-Whats-Old-Whats-New-49624.*

264 Dan MacGuill, »Did Twitter Prohibit Making an Accurate Claim About Covid-19 Transmission?«, *Snopes,* 16. Dezember 2021, *https://www.snopes.com/fact-check/twitter-ban-covid-vaccine*.

265 Sumeyya Ilanbey, »Victorian Bar President Slams ›Appalling‹ New Pandemic Laws«, *The Age*, 27. Oktober 2021, *https://www.theage.com.au/politics/victoria/victorian-bar-slams-appalling-new-pandemic-laws-20211027-p593n8.html.*

266 Jun Pang, »England and Wales's Police Bill Threatens Anyone with a Cause They Believe In«, *openDemocracy,* 6. Dezember 2021, *https://www.opendemocracy.net/en/opendemocracyuk/the-uk-police-bill-now-threatens-anyone-with-a-cause-they-believe-in.*

267 »H.R.550 - Immunization Infrastructure Modernization Act of 2021«, House Energy and Commerce Committee and Senate Health, Education, Labor, and Pensions Committee, Representative Ann Kuster, H. Rept 117–178, 28. Januar 2021, *https://www.congress.gov/bill/117th-congress /house-bill/550/text.*

268 Ben Westcott, »China's Zi Jinping Is Pushing for a Global COVID QR Code. He May Struggle to Convince the World«, CNN, aktualisiert: 23. November 2020, *https://edition.cnn.com/2020/11/23/asia/china-xi-qr-code-coronavirus-intl-hnk/index.html.*

269 Jon Henley, »Majority of Public in Europe Support COVID Vaccine Passports Survey«, *The Guardian*, 19. November 2021, *https://www.theguardian.com/world/2021/nov/19/majority-of-public-in-europe-support-covid-vaccine-passports-survey.*

270 Paul Kingsnorth, »How Fear Fuels the Vaccine Wars«, UnHerd, 30. November 2021, *https://unherd.com/2021/11/how-fear-fuels-the-vaccine-wars.*

271 Maïthé Chini, »COVID Safe Ticket Led to More Infections in Belgium, Says Expert«, *The Brussels Times*, 29. November 2021, *https://www.brusselstimes.com/belgium/195563/covid-safe-ticket-led-to-more-infections-in-belgium-says-expert.*

272 Sam Jones, »Austrians Who Refuse Covid Jabs Face Fines of Up to €3,600«, *Financial Times*, 9. Dezember 2021, *https://www.ft.com/content/b55d7b24-cc0b-456b-aa02-c13498be8234*.

273 Nadine Schmidt, Frederik Pleitgen, »Germany Locks Down Unvaccinated People, as Leaders Plan to Make Shots Compulsory«, *CNN*, 3. Dezember 2021, *https://edition.cnn.com/2021/12/02/europe/germany-lockdown-covid-restrictions-intl/index.html*.

274 »Advanced Purchase Agreement SI2.838958«, European Commission, 2020: 3, *https://www.rai.it/dl/doc/2021/04/17/1618676613043_APA%20Moderna__.pdf*.

275 »Vaccince Contracts/Transparency: Greens/EFA Group Submits Application to the ECJ to Claim Right to Access to Information by the EU Commission«, Pressemitteilung, 29. Oktober 2021, *https://www.greens-efa.eu/en/article/press/vaccine-contracts-transparency*.

276 »About Our Team: Management Team«, Orgenesis, aufgerufen: Dezember 2021, *https://orgenesis.com/team*.

277 Markus Becker, »The European Commission Deletes Mass Amounts of Emails and Doesn't Archive Chats«, *Spiegel International*, 11. Dezember 2021, *https://www.spiegel.de/international/europe/a-new-controversy-erupts-around-ursula-von-der-leyen-s-text-messages-a-6510951f-e8dc-4468-a0af-2ecd60e77ed9*.

278 Sikh For Truth (@SikhForTruth), »Nails It: ›Clearly what we are witnessing right now is the Chinafication of Europe, what is happening in China with social credit scores & we are seeing the same . . .«, Twitter, 25. November 2021, 12:00 PM, *https://twitter.com/SikhForTruth/status/1463824931377012737*.

279 »Israeli Vaccine Advisor: ›We Have Made Mistakes‹«, *UnHerd*, 18. Januar 2022, *https://unherd.com/thepost/israeli-vaccine-chief-we-have-made-mistakes*.

280 Elena G. Sevillano, »¿Pandemia o endemia? Europa empieza a plantearse cómo convivir con el coronavirus«, *El País*, 17. Januar 2022, *https://elpais.com/sociedad/2022-01-17/pandemia-o-endemia-europa-empieza-a-plantearse-como-convivir-con-el-coronavirus.html*.

281 »World Health Assembly Aggress to Launch Process to Develop Historic Global Accord on Pandemic Prevention, Preparedness and Response«, World Health Organization, 1. Dezember 2021, *https://www.who.int/news/item/01-12-2021-world-health-assembly-agrees-to-launch-process-to-develop-historic-global-accord-on-pandemic-prevention-preparedness-and-response*.

282 Simone McCarthy, »Pandemic Treaty to be Front and Centre at Landmark WHO Meeting«, *South China Morning Post*, 28. November 2021, *https://www.scmp.com/coronavirus/greater-china/article/3157663/pandemic-treaty-be-front-and-centre-landmark-who-meeting*.

283 Mathilde Androuët, »Parliamentary Questions: World Health Organization's Relationships with Its Private Donors«, European Parliament, 17. April 2020, *https://www.europarl.europa.eu/doceo/document/E-9-2020-002335_EN.html*.

284 Yanis Varoufakis, »Techno Feudalism Is Taking Over«, *Project Syndicate*, 28. Juni 2021, *https://www.project-syndicate.org/commentary/techno-feudalism-replacing-market-capitalism-by-yanis-varoufakis-2021-06*.

285 »New UN Report: Hunger in Latin America and the Caribbean Rose by 13.8 Million People in Just One Year«, *Pan American Health Organization*, 30. November 2021, *https://www.paho.org/en/news/30-11-2021-new-report-hunger-latin-america-and-caribbean-rose-138-million-people-just-one-year*.

286 C. J. Hopkins, »The Year of the New Normal Fascist«, *CJ Hopkins* (Blog), 16. Dezember 2021, *https://cjhopkins.substack.com/p/the-year-of-the-new-normal-fascist*.

287 *Belga*, »La justice namuroise constate, en référé, l'illégalité du Covid Safe Ticket en Wallonie: ce que l'on sait«, *Le Soir*, 30. November 2021, *https://www.lesoir.be/409575/article/2021-11-30/la-justice-namuroise-constate-en-refere-lillegalite-du-covid-safe-ticket-en*.

288 Helen Lyons, »Covid Safe Ticket Is Legal, Wallonian Court Rules«, *The Brussels Times*, 7. Januar 2022, *https://www.brusselstimes.com/belgium-all-news/200684/covid-safe-ticket-is-legal-wallonian-court-rules*.

289 »Qui est ›Notre bon droit‹, l'asbl qui multiplie les recours contre les mesures sanitaires?«, *Le Vif*, 14. Dezember 2021, *https://www.levif.be/actualite/belgique/qui-est-notre-bon-droit-l-asbl-qui-multiplie-les-recours-contre-les-mesures-sanitaires/article-normal-1502367.html*.

290 Álvaro Soto, »El Supremo tumba el pasaporte covid para entrar en el ocio nocturno«, *El Correo*, 18. August 2021, *https://www.elcorreo.com/sociedad/salud/supremo-tumba-pasaporte-20210818170045-ntrc.html*.

291 »COVID Passports in Spain: A Region-by-Region Breakdown of Where They Are Required, and for Which Activities«, *El País*, 26. November 2021, *https://english.elpais.com/society/2021-12-01/covid-passports-in-spain-a-region-by-region-breakdown-of-where-they-are-required-and-for-which-activities.html*.

292 Dominic Penna, Lucy Fisher, Maighna Nanu, »Boris Johnson Suffers Huge Rebellion as Almost 100 Tory MPs Vote against COVID Passports«, *The Telegraph*, 14. Dezember 2021, *https://www.telegraph.co.uk/politics/2021/12/14/boris-johnson-news-covid-vaccine-passport-vote-tory-rebellion*.

293 Ebd.

294 »COVID Passport Policy Lacks Scientific Evidence Base«, UK Parliament, 9. September 2021, *https://committees.parliament.uk/committee/327/public-administration-and-constitutional-affairs-committee/news/157355/covid-passport-policy-lacks-scientific-evidence-base*.

295 Silkie Carlo (@silkiecarlo), »The end of Covid passes in England is a MONUMENTAL victory for civil liberties & equality. . . . What separates us from much of the covid-ID-managed West is the . . . «, Twitter, 19. Januar 2022, 11:29 PM, *https://twitter.com/silkiecarlo/status/1483929594990374920*.

296 Andrew Neil, »›It's Time to Punish Britain's Five Million Vaccine Refuseniks: They Put Us All at Risk of More Restrictions‹, says Andrew Neil. So Why Shouldn't We Curb Some of Their Freedoms?« *Daily Mail*, 9. Dezember 2021, *https://www.dailymail.co.uk/debate/article-10294225/Its-time-punish-Britains-five-million-vaccine-refuseniks-says-ANDREW-NEIL.html*.

297 Kim Willsher, »France Deploys Police to Guadeloupe to Quell Violent COVID Protest«, *The Guardian*, 22. November 2021, *https://www.theguardian.com/world/2021/nov/22/france-cracks-down-on-guadeloupe-protests-over-covid-measures*.

298 Robert Muller, Jan Lopatka, »Czechs Scrap Mandatory Covid-19 Jabs, Daily Cases Hit Record«, *Reuters*, 19. Januar 2022, *https://www.reuters.com/world/europe/czech-republic-reports-28469-new-cases-coronavirus-record-daily-tally-2022-01-19*.

299 »COVID: Huge Protests across Europe over New Restrictions«, *BBC News,* 21. November 2021, *https://www.bbc.com/news/world-europe-59363256*.

300 Paul Schreyer, »Die Protestwelle ist da«, *Multipolar*, 17. Dezember 2021, *https://multipolar-magazin.de/artikel/die-protestwelle-ist-da*.

301 »Monday Demonstrations in East Germany«, *Wikipedia,* zuletzt aktualisiert: 16. Dezember 2021, *https://en.wikipedia.org/wiki/Monday_demonstrations_in_East_Germany*.

302 Marcel Leubecher, »Große Breite der Proteste bis in die kleinsten Ortschaften hinein«, *Die Welt*, 20. Januar 2022, *https://www.welt.de/politik/deutschland/plus236366631/Corona-Demos-Breite-der-Proteste-bis-in-kleinste-Ortschaften-hinein.html*.

303 Marvin Ziegele, »Anti-Corona Protests Escalate, Riots in Several German Cities«, *The Jerusalem Post*, 14. Dezember 2021, *https://www.jpost.com/international/anti-corona-protests-escalate-riots-in-several-german-cities-688695*.

304 Andrew Griffin, »Telegram Could Be Shut Down in Germany, Government Warns«, *The Independent*, 12. Januar 2022, *https://www.independent.co.uk/tech/telegram-germany-shutdown-ban-far-right-b1991523.html*.

305 Georg Ismar, »Wie der künftige Kanzler seinen Corona-Coup eingefädelt – und einige verärgert hat«, *Der Tagesspiegel*, 1. Dezember 2021, *https://www.tagesspiegel.de/politik/die-ungewoehnliche-kamin-runde-wie-der-kuenftige-kanzler-seinen-corona-coup-eingefaedelt-und-einige-veraergert-hat/27852052.html*.

306 »Germany Urges EU to Reduce Recovery Certificates‹ Validity to 90 Days«, *Schengenvisainfo News,* 27. Januar 2022, *https://www.schengenvisainfo.com/news/germany-urges-eu-to-reduce-recovery-certificates-validity-to-90-days*.

307 Aude David, »Pass sanitaire: bientôt obligatoire en entreprise?«, *Journal du Net*, 20. Dezember 2021, *https://www.journaldunet.com/patrimoine/guide-des-finances-personnelles/1502791-pass-sanitaire-vers-un-pass-vaccinal*.

308 Jon Henley, »Macron Declares His Covid Strategy Is to ›Piss Off‹ the Unvaccinated«, *The Guardian*, 4. Januar 2022, *https://www.theguardian.com/world/2022/jan/04/macron-declares-his-covid-strategy-is-to-piss-off-the-unvaccinated*.

309 »Fact Sheet: Biden Administration Announces Details of Two Major Vaccination Policies«, White House, 4. November 2021, *https://www.whitehouse.gov/briefing-room/statements-releases/2021/11/04/fact-sheet-biden-administration-announces-details-of-two-major-vaccination-policies.*

310 »Is the ›Workaround‹ Working? Fourth Court Enjoins Biden Vaccine Mandate«, *Jonathan Turley,* 8. Dezember 2021, *https://jonathanturley.org/2021/12/08/is-the-workaround-working-fourth-court-enjoins-biden-vaccine-mandate.*

311 Robbie Whelan, Melanie Evans, »Some Hospital Drop Covid-19 Vaccine Mandates to Ease Labor Shortages«, *The Wall Street Journal,* 13. Dezember 2021, *https://www.wsj.com/articles/some-hospitals-drop-covid-19-vaccine-mandates-to-ease-labor-shortages-11639396806.*

312 Ron Elving, »Week in Politics: Biden Says There Is No Federal Solution to the Pandemic«, Interview von David Gura, *Weekend Edition Saturday,* NPR, 1. Januar 2022, *https://www.npr.org/2022/01/01/1069610932/week-in-politics-biden-says-there-is-no-federal-solution-to-the-pandemic.*

313 »COVID News: New York Reports Record Number of New Cases as Holiday Travel Ramps Up«, *ABC Eyewitness News,* 19. Dezember 2021, *https://abc7ny.com/new-york-record-covid-cases-holiday-travel-tsa/11357973.*

314 Paul Kingsnorth, »How Fear Fuels the Vaccine Wars«, *UnHerd,* 30. November 2021, *https://unherd.com/2021/11/how-fear-fuels-the-vaccine-wars.*

315 Douglas Busvine, »Moderna Hopes to Market Combined COVID and Flu Booster in 2023: Booster Would Also Protect Against RSV in Single Shot that Would be Administered Before Winter«, *Politico,* 17. Januar 2022, *https://www.politico.eu/article/moderna-hopes-to-market-combined-covid-and-flu-booster-in-2023.*

316 Hannah Kuchler, »Bill Gates Warns of Pandemics Potentially Far Worse than Covid«, *Financial Times,* 18. Januar 2022, *https://www.ft.com/content/c1ab6cee-4f84-4a85-9c53-9f5f444359d4.*

317 Yves Smith, »Covid: ›The Narrative Is Crumbling‹«, *Naked Capitalism,* 24. Januar 2022, *https://www.nakedcapitalism.com/2022/01/covid-the-narrative-is-crumbling.html.*

Stimmen zu *Gescannt*

»Nick Corbishley deckt ein verschlungenes Netz auf, das von global handelnden Raubtieren gesponnen wird. Sie bedienen sich der Prinzipien der Erzeugung und Wirkung von Massenpsychosen, um eine weltweite Agenda voranzutreiben, die das Ziel verfolgt, biologisch aktive Substanzen zu injizieren. Die in Angst und Schrecken versetzten Menschen haben das Gefühl, dass ihre gesamte Existenz von der regelmäßigen Einnahme äußerst unsicherer und unwirksamer Produkte abhängt –, und das alles, um das Leben zu führen, an das sie sich gewöhnt hatten. Corbishley entwirrt dieses Netz des Wahnsinns und entwickelt einen verständlichen Rahmen, jedoch mit beängstigenden Einblicken in den Verlust der medizinischen Freiheit, der untrennbar mit dem Verlust sozialer und wirtschaftlicher Freiheiten verbunden ist. Dieses Buch ist eine Pflichtlektüre.«

Peter A. McCullough

M.D., MPH, leitender medizinischer Berater, Truth for Health Foundation

»Gescannt *von Nick Corbishley ist eine unverzichtbare Lektüre. Dieses Buch erklärt auf unwiderlegbare Weise, wie ›Impfpässe‹ bereits grundlegende menschliche Freiheiten in vielen Teilen der ehemals freien Welt eingeschränkt haben. Er wirft ein Licht auf die zunehmenden Schichten von Dystopie und Kontrolle, die die Grundlage für diese Einschränkungen bilden. Niemand sollte riskieren, die Informationen in diesem Buch zu versäumen.«*

Naomi Wolf

New York Times-Bestsellerautorin von *The End of America und Outrages*

»›Papiere, bitte!‹ ist ein Satz, der jedem denkenden Menschen einen Schauer über den Rücken jagen sollte. Die Vorstellung, dass wir freien Bürgern den Zugang zum öffentlichen Leben verwehren sollten, weil sie sich aus religiösen, medizinischen oder philosophischen Gründen gegen eine pharmazeutische Intervention entschieden haben, ist schlichtweg falsch. In Nick Corbishleys hervorragendem neuen Buch Gescannt *erklärt er die Gründe. Jeder, dem das Gesundheitswesen und die persönliche Freiheit am Herzen liegen, muss dieses Buch gelesen haben.«*

Jennifer Margulis

Ph.D., preisgekrönte Wissenschaftsjournalistin und Bestsellerautorin

»Die Einführung von ›Impfpässen‹ und das breitere pseudomedizinische System der sozialen Ausgrenzung, gehören zu den unheilvollsten und erschreckendsten Bedrohungen, denen wir zu unsren Lebzeiten ausgesetzt waren. Unter dem Vorwand, ›unsere Sicherheit und Gesundheit zu bewahren‹, haben sich Regierungen, supranationale Regierungsstellen und Unternehmen zusammengetan, um Menschen auf der ganzen Welt beispiellose Einschränkungen ihrer Freiheiten und Überwachungen aufzuerlegen. Gescannt *enttarnt den logischen Irrsinn des offiziellen ›Impfpass‹-Narrativs und beschreibt, wie die Covid-Hysterie instrumentalisiert wurde. Nicht nur, um Reichtum und Macht auf Seite der Mächtigen zu konsolidieren, sondern auch die biometrische Kontrolle über normale Bürger.«*

C. J. Hopkins

preisgekrönter Dramatiker, Romanautor und Politsatiriker

Index

A

B

D

E

F

L

M

N

O

P

Q

R

S

T

U

W

Zweiklassengesellschaft

Ralph Caspers, Ulrich Hoffmann

Ab in die Dertschi!

33 Familiengeschichten, die passieren, wenn man sie nur lässt

Mit Illustrationen von Zwen Keller

Campus Verlag
Frankfurt/New York

MIX
Papier aus verantwortungsvollen Quellen
FSC® C089473
www.fsc.org

ISBN 978-3-593-50508-4 Print
ISBN 978-3-593-43343-1 E-Book (PDF)
ISBN 978-3-593-43357-8 E-Book (EPUB)

Umschlaggestaltung: Guido Klütsch, Köln
Umschlagmotiv: © Zwen Keller, Fotos: © Stephan Jockel
Satz: Campus Verlag GmbH, Frankfurt am Main
Gesetzt aus der Scala und der RidemyBike
Druck und Bindung: Beltz Bad Langensalza GmbH
Printed in Germany

www.campus.de

Inhalt

Hallo und herzlich willkommen!

Moment, ich muss das noch kurz wegräumen. Setz dich doch schon mal. Willst du was trinken? *Nein, ich kann jetzt nicht.* Schön, dass du da bist. *Ja, ich komme gleich. Aber nicht sofort. Einen Moment noch.* Geht's euch gut? Das freut mich. Möchtest du etwas trinken? Ich setz mich gleich zu dir. Ich muss nur noch … *ja, ich komme, ich komme.* Warte mal kurz. Ich bin gleich wieder da. Mach's dir bequem. Willst du etwas trinken? *Ist ja gut, ich komme ja schon!*

Erwachsene Freunde zu treffen ist, wenn man Kinder im Haus hat, eigentlich unmöglich. Andererseits aber auch wichtiger denn je.

Und wenn man es dann tut, sitzt man zusammen und erzählt sich von den eigenen Kindern oder gibt Ratschläge zu denen des anderen … Manchmal verliert man dabei ganz aus den Augen, wie schön es sein kann, Kinder zu haben – und manchmal macht man es einander auch erst wieder bewusst.

Wenn Stolz in der eigenen Stimme schwingt. Oder wenn wir bei der Erinnerung an ein Erlebnis lächeln. Nicht nur mit dem Mund, sondern auch mit den Augen.

Wenn wir vor dem Zubettgehen noch ins Kinderzimmer schleichen und einen Moment ganz ruhig dastehen, mit Glückstränen in den Augen. Weil das Leben so ist, wie es ist. Weil wir morgen wieder zu früh aufstehen müssen, um vor dem Kindergarten oder der Schule noch den Blauen Elefanten zu gucken. Weil wir wieder eine

Chance darauf haben, das beste Pausenbrot aller Zeiten in den Ranzen zu packen. Weil wir jetzt schon wissen, dass es irgendwann keinen Kuss zum Abschied mehr gibt – aber noch ist es zum Glück nicht so weit.

Wir, Ralph Caspers und Ulrich Hoffmann, haben sechs Kinder, wenn auch nicht gemeinsam. Wir arbeiten seit mehreren Jahren zusammen. Und während der dafür notwendigen Telefonate kamen die Kinder immer mal wieder ins Zimmer, egal ob gerade Arbeits- oder Schlafenszeit war. Es ist bei uns wie in allen anderen Familien: Die Kinder funktionieren nie nach Plan. Und das ist eigentlich eine der Eigenschaften, die sie so wundervoll macht. Sie geben uns die Gelegenheit, auf die Unwägbarkeiten des Lebens nicht gereizt und ungeduldig zu reagieren, sondern liebevoll und gelassen.

Elternsein ist ein bisschen in Verruf geraten. Eltern, die nicht jederzeit gestresst sind, werden schief angesehen, als gäben sie sich nicht genug Mühe. Denn viele mikromanagen das Leben ihrer Kinder und jammern dann darüber, dass sie so viel Arbeit mit dem Nachwuchs haben.

Wir stecken beide viel Zeit in das Familienleben. Manchmal zufällig und unbeabsichtigt, aber oft auch bewusst, geplant und notfalls auch wider den eigenen Schweinehund.

Inzwischen wissen wohl alle Eltern, dass *quality time* den Kindern gut tut. Und dass diese magische Superzeit nicht der 5-Sterne-Urlaub in der Türkei ist oder Tiefschneefahren in Kanada, sondern dass Nähe vor allem im Alltag stattfindet.

Aber nachdem Kinder viele Jahrhunderte lang nur nützlich waren, sind sie inzwischen zu Accessoires aufgestiegen. Die Gleichung scheint zu sein: Je besser die Noten meines Kindes, je größer die Medaille vom Sportwettbewerb, je mehr außerschulische Aktivitäten, desto besser sind die Eltern. Den Großen zuliebe dreht sich alles um die Kleinen.

Häufig wird dabei vergessen, wie viel Spaß Kinder machen können. Manche Eltern (und uns ist das natürlich auch schon passiert) übersehen vor lauter Alltagserschöpfung ganz, wie großartig es sein kann, mit Kindern zu leben. Wie bereichernd. Dass man über den eigenen Tellerrand hinausschauen und selbst für kurze Zeit wieder Kind werden darf. Wir wollen davon erzählen, was DIE ELTERN davon haben, zelten zu gehen, eine Rakete steigen zu lassen, einen Schneemann zu bauen oder auch einen Nachmittag zusammen Video zu spielen ... Ideen für Zeit mit Kindern gibt es reichlich. Man muss nur egoistisch genug sein, sie wahrzumachen.

Viel Spaß,
Ralph Caspers und Ulrich Hoffmann

1.
Ab in die Dertschi!

Mit vier Jahren kam mein ältestes Kind einmal vom Kindergarten nach Hause und erzählte von dem Grauen, das es dort vorgefunden hatte. Die Erzieherinnen hätten nur rumgebrüllt, es wäre alles verboten gewesen und das Essen hätte so schlecht geschmeckt, dass sich alle Kinder übergeben mussten. Ach ja, und außerdem hätten sie den ganzen Tag »verkehrte Welt« gespielt.

Ich war geschockt. Interessanterweise war die Laune unseres Vierjährigen trotz der üblen Erlebnisse ausgezeichnet: »Haben wir Kekse?«

»Äh, Moment. Ich bin gerade noch etwas erschüttert. Was war denn da heute los im Kindergarten?«

»Verkehrte Welt, Papa. Hörst du nicht zu?«

Die Frage »Was ist denn verkehrte Welt?« wurde mit einer Kombination aus Augenrollen und Zungerausstrecken quittiert – der höchsten Form von Geringschätzung, die es in unserer Familie bis dato gibt. Und gleichzeitig ist es die Geste der Wahl, wenn man sagen möchte: »Das kann jetzt echt nicht wahr sein. Wie alt bist du? Das letzte Jahrtausend hat angerufen und möchte dich gern zurückhaben. Du weißt ja gar nichts!«

»Kennst du das nicht? Verkehrte Welt ist, wenn alles verkehrt rum ist. Gut ist schlecht, langweilig ist toll, rechts ist links.«

Er grinste.

Während ich diesen Satz meines Sohnes innerlich fortsetzte mit »Krieg ist Frieden, Unwissenheit ist Stärke« und mir überlegte, warum sich Vierjährige im Kindergarten schon mit George Orwells *1984* beschäftigten, musste ich wohl einen ziemlich abwesenden Gesichtsausdruck gehabt haben.

»Papa? Papa?!«

»Äh, ach, Ironie! Doch, das kenn ich. Dann bin ich ja beruhigt«, sagte ich und freute mich insgeheim schon auf die nächste Diskussion mit den Leuten, die immer behaupten, Kinder könnten mit dieser beliebten rhetorischen Figur noch überhaupt nichts anfangen. Ha!

Das war ein toller Moment. Zu erleben, dass auch Kinder Spaß daran haben, mit Sprache Spaß zu haben.

Ich gehöre ja zu der Generation, die das Schreiben mit Uli Fehlerteufel gelernt hat. Wenn ich mich richtig erinnere, konnte ich am Ende der ersten Klasse sehr zuverlässig »ei«, »eis«, »sie«, »nie« und »essen« schreiben. Die Schreibübungen im ersten Schuljahr bestanden nämlich in erster Linie daraus, möglichst ordentlich Schlaufen und Kurven, Aufschwünge und Abschwünge in den unterschiedlichsten Kombinationen aufs Papier zu bringen. Ja, das hatte schon was von Eiskunstlauf. Vor allem wegen des sehr eisigen Umgangs mit Sprache. Und, ja, man kann tatsächlich aus den daraus entstehenden Wörtern sinnvolle Sätze bilden. Dennoch: Die Einsatzgebiete von »Sie, Ei! Eis nie essen!« sind doch ziemlich begrenzt.

Unsere Kinder dagegen haben in der Schule erst einmal gelernt, richtig hinzuhören. Und dann nach Gehör zu schreiben. Das regt die Fantasie auf eine ganz andere Art an, als wenn man nur über Eier und Eis sinnieren kann.

Das Heraushören der Buchstaben ist allerdings nicht immer ganz einfach. Genauso wenig, wie die Laute dann den richtigen Symbolen zuzuordnen und diese Symbole, auch bekannt als Buch-

staben, schließlich aufzuschreiben. Das Entschlüsseln dieser ersten Schreibübungen erfordert oft einiges an Detektivarbeit, denn Rechtschreibung ist im ersten Grundschuljahr noch zweitrangig.

Das Schöne daran ist aber, dass beim genauen Zuhören auch regelmäßig Wörter zum Vorschein kommen, die von uns Erwachsenen nicht erkannt wurden, weil wir sie schon so oft gehört und gelesen haben. Wenn zum Beispiel die Vögel bei Aschenputtel riefen

»Ruckediku, Blut ist im Schuh«, dann machten die Kinder daraus einen Namen. Den einzig möglichen Namen für die Stoffkuh, die damals bei uns sehr beliebt war: Ruckel – Ruckel, die Kuh! Und, ja, wir hatten auch eine Stoffkatze zu Hause. Die wurde Rubbel genannt – Rubbel, die Katz.

Lustig sind auch die vielen neuen Wörter, die es vorher noch gar nicht gab. In den Sommerferien waren wir in Italien und wurden tagein, tagaus mit *»ciao«* und *»arrivederci«* beschallt. Die Kinder wollten abends immer lange aufbleiben, und doch gab es irgendwann einen Zeitpunkt, an dem wir Eltern sagten: »So, ihr müsst jetzt ab ins Bett, *arrivederci!*«. Auch dieses Wort versuchten die Kinder in ihren Sprachschatz aufzunehmen. Doch so genau sie auch zuhörten, sie landeten nicht bei »arrivederci«, sondern bei »ab in die Dertschi«. Wo auch immer die Dertschi liegen mag.

Dertschi wurde bei uns jedenfalls zum Inbegriff all jener Orte, die weit weg sind. Wenn es irgendwo hingeht, wo noch keiner von uns war, ist dieser Ort die Dertschi, unbekanntes Land. Wie genau man da hinkommt, keine Ahnung. Was es dort gibt? Bestimmt Lebriges.

Denn im oben schon erwähnten Italienurlaub wohnten wir in einem Haus, zu dem ein großer Garten gehörte, mit vielen Pflanzen und einer Menge Natursteinmauern. Und an genau so einer Mauer entdeckte meine Tochter eines Nachmittags etwas Unvorstellbares. Aufgeregt kam sie zu mir gelaufen und brüllte mir ins Gesicht: »ICH HAB WAS LEBRIGES GESEHEN!«

»Was Lebriges? Was meinst du damit?«

»Was Lebriges. Das hat sich bewegt. Da, an der Mauer.«

Und dann zog sie mich zu der Stelle, an der sich die Geckos immer noch in der Sonne wärmten.

»Ach, du meinst, was ›Lebendiges‹.«

»Ja, lebrig.«

Lebrig. Komisches Wort. Und ich fragte mich den ganzen Tag, wie sie darauf kam. Mir fiel keine Erklärung ein. Bis zum Abendessen. Es gab Penne all'arrabbiata, und ich fragte: »Na, wie schmeckt's euch?«

Allgemeines Nicken und Grunzen, und mein Sohn sagte: »Schmeckt ein bisschen nach Messer.«

»Wie? Was meinst du? Nach Messer?« Ich hatte nichts Metallisches geschmeckt, sondern nur eine sehr würzige, leichte Schärfe auf der Zunge.

»Na, es schmeckt wie Messer. Sehr scharf.«

»Ach so!« Die Verbindung aus »scharf« und »Messer« ließ bei mir endlich den Groschen fallen. Man muss nur logisch denken können, dann wird auch klar, wie meine Tochter auf »lebrig« kam: Aus »kleben« bilden wir »klebrig« – da ist es nur konsequent, wenn aus »leben« »lebrig« wird. Und nicht »lebendig«.

Als wir aus dem Urlaub wieder zurück waren und der Alltag uns wieder fest im Griff hatte, entdeckten meine Kinder bald, dass das Schreiben auch ein prima Ventil ist, um seinen Ärger über die Welt – inklusive den Vater – abzulassen.

Ich hatte gerade ein kleines Spätnachmittagsschläfchen gemacht und überlegte, was ich eigentlich noch erledigen wollte, da sah ich einen schmalen linierten Zettel neben dem Telefon liegen. Nach vielen leeren Zeilen des Wartens stand auf den unteren fünf Linien in empörter Kinderschrift: »typisch Papa/sagt er kommt gleich/schaut man nach/schnarch schnarch/da schläft er«. Da fiel es mir wieder ein: Ich wollte eigentlich mit meinem Sohn im Garten an seinem Skateboard rumschrauben. Effektiver kann man kein schlechtes Gewissen gemacht bekommen. Und das von jemandem, der gerade erst mit der zweiten Klasse angefangen hatte.

Es war nicht der letzte Zettel mit einer eindeutigen Nachricht. Wobei, manchmal sind die Nachrichten auf eine ganz eigene Art auch zweideutig. Einmal zog unsere Tochter beleidigt ab und wollte uns nicht mehr sehen. Das Schild, das sie an die Kinderzimmertür klebte, machte das mehr als deutlich. Darauf stand in ordentlicher Erstklässlerschrift: »Ale mösen drausen bleiben.«

So konnte ich mich in der ersten Klasse definitiv noch nicht ausdrücken.

2.
Endhaltestelle

Das erste Mal passierte aus Versehen.

Ich hatte meinen Sohn mit dem Bus vom Kindergarten abgeholt. Wir saßen ganz hinten auf der breiten Bank, es war irgendwann am Nachmittag – der Bus fast menschenleer. Ich muss für einen winzigen Augenblick eingenickt sein. Und dann schreckte ich auf, weil jemand mich an der Schulter rüttelte und eine gutmütige Stimme sagte: »Endhaltestelle. Sie müssen aussteigen.«

Kennen Sie das, wenn man immer nur müde ist, müdemüdemüde? Obwohl gar nichts Besonderes zu tun ist, außer zu leben? Mit Kindern?

Viele befreundete Eltern berichten mir davon, es wird in aktuellen Büchern beklagt, aber wenn ich meine eigenen Eltern danach frage, können sie sich nicht daran erinnern. Verdrängt man die ständige Erschöpfung des Elternseins wie den Schmerz der Geburt (sonst würde ja auch niemand mehr als ein Einzelkind zur Welt bringen)? Oder war das Leben früher anders, einfacher, schliefen die Kinder ruhiger und stellten weniger Fragen?

Schlimmer noch: Haben unsere Eltern möglicherweise etwas richtig gemacht, und wir machen es falsch? Das wäre nicht nur dumm, sondern auch die ultimative Niederlage.

Wie auch immer, ich hatte für einen winzigen Moment die Augen geschlossen, und nun waren wir an der Endhaltestelle angekommen. Mein Sohn kniete neben mir und drückte seine Nase an der Heckscheibe platt. Alle unsere Sachen waren noch da, Jacke, Rucksack, Kindergartentasche.

Aber, wo waren wir?

Wir stiegen aus und sahen uns um, die Dämmerung setzte ein.

Großstadt kann toll sein, aber in der Großstadt nicht zu wissen, wo man ist, ist besorgniserregend. Glücklicherweise war es keine von diesen »Und gleich geht der Horrorfilm richtig los«-Endhaltestellen irgendwo in der Pampa: Ein Haltestellenschild und sehr viel Wald, sonst nichts ...

Wir befanden uns auf einem dieser seelenlosen Busbahnhöfe, in deren Mitte ein funzeliger Kiosk das einzige Anzeichen von Leben ist. Ich schaute mich um. Die Bezeichnung der Station kannte ich von der Anzeigetafel des Busses, den wir immer nahmen. Aber ich hatte mir nie Gedanken darüber gemacht, wo das eigentlich war, wie man dorthin kam – und vor allem, wie wieder weg.

Die naheliegendste Option fiel mir erst erstaunlich spät ein (erwähnte ich bereits, dass ich damals latent übermüdet durch die Welt stolperte?): gleiche Buslinie, andere Richtung. Aber der Bus war natürlich gerade losgefahren – mein Denkprozess hatte so lange gedauert, dass wir den Rücklichtern nur noch traurig nachwinken konnten.

Die nächste Abfahrt war in 20 Minuten. Das geht ja noch, sagte ich mir und dachte zurück an mein jugendliches Warten auf den Nachtbus, der natürlich auch immer gerade weg war. Da schaffte man ein ganzes Album auf dem Walkman. Oder der Fahrer hupte netterweise, weil man in der Wartezeit die gesamte Aufmerksamkeit der Freundin gewidmet hatte.

Zwischen den Fahrplänen hing auch ein Stadtplan, und ich versuchte zu ermitteln, ob es noch einen anderen, schnelleren Weg nach Hause gäbe. Mit ein paar Mal Umsteigen wahrscheinlich schon, aber es schien mühsam.

Geduldig hatte mein Sohn neben mir gewartet. Jetzt erst fragte er: »Wo sind wir hier?«

Ich empörte mich: »Wieso hast du mich eigentlich nicht geweckt? Du kennst doch unsere Haltestelle!«

Er antwortete mit leuchtenden Augen: »Aber es war gerade so spannend!«

Und so entstand eine neue Freizeitbeschäftigung, die ebenso bizarr wie informativ und preiswert ist: Wir fahren bis zur Endhaltestelle.

Andere Familien machen Stadtrundfahrten in der Fremde. Wir fahren mit dem öffentlichen Nahverkehr durch unsere Nachbarstadtteile.

Der halbe Spaß ist dabei, sich möglichst nicht gut vorzubereiten. Natürlich gibt es in jeder Stadt Buslinien, die durch besonders ansehnliche Gegenden fahren, die tolle Ausblicke bieten und an deren finalem Stopp die beste Eisdiele oder Currywurstbude der City zu finden ist.

Bei uns gilt es, genau das Gegenteil zu entdecken: die unbekannten Ecken, die ganz normalen Viertel, die Stiefkinder der Stadtplanung. Die Gewerbegebiete, die Büromeilen, die endlos langweiligen Vororte und manchmal natürlich auch Straßenzüge, bei denen man sich ganz einfach freut, dort nicht wohnen zu müssen. Auf diesen Reisen ist der Zufall der beste Helfer. Wir gehen zu unserer Bushaltestelle und steigen einfach in die Linie, die als Nächstes fährt. Fertig.

Wenn dort nur eine Linie hält oder man schon alle durch hat, empfiehlt sich ein Umzug oder notfalls der Start ab dem nächstgrößeren Knotenpunkt. Aber auch jede andere Form der willkürlichen

Auswahl ist möglich: würfeln, losen, mit geschlossenen Augen im Kreis drehen.

Dabei sind die Ausflüge auf ein Elternteil und ein Kind beschränkt. Einmal sind wir alle zusammen gefahren, da blieb vor lauter Interaktion keine Zeit mehr zum Gucken.

So fahren wir also mal hierhin, mal dorthin, schauen aus dem Fenster, zeigen einander Dinge, Bauten, Menschen. »So ein Haus möchte ich haben, wenn ich groß bin«, »Guck mal, der Mops«, »Der Baum sieht aus wie eine Rakete«, »Warum kommt so dunkler Rauch aus den Schornsteinen?«

Einmal fuhren wir am AKW vorbei, da mussten wir herausfinden, warum die Reaktoren so komisch geformt sind, und ich konnte ganz nebenbei einfließen lassen, dass wir schon seit Jahren Ökostrom beziehen und warum. Daraus ergab sich eine faszinierende moralisch-physikalische Diskussion: Der gesamte Strom kommt ja aus *einem* Stromnetz. Das heißt, wir kriegen gar nicht die Wasser-, Solar- oder Windenergie, für die wir bezahlen. Sondern einfach »irgendwelchen« Strom. Klebt an dem jetzt – wie die unmessbaren Heilkräfte der unendlich verdünnten homöopathischen Heilmittel – seine mehr oder weniger dubiose Herkunft? Oder ist Strom gleich Strom? Physikalisch gesehen: ja. Moralisch: nein.

Behaupte ich.

Aber kann Strom überhaupt moralisch sein?

Auf dieser Fahrt haben wir nicht mehr viel gesehen, aber das Kind hat mittlerweile Philosophie als Wahlpflichtfach. Passt.

Viele Gegenden, die den Kindern neu sind, kennen wir Eltern natürlich schon. »Da habe ich mal gewohnt – mein erstes WG-Zimmer im Studium« führt sofort zu vielen Fragen, mit wem und warum und wie es eigentlich so ist in einer WG ... echt, ihr hattet keine Geschirrspülmaschine? Gab's damals wenigstens schon Fernsehen?

In besonders reichen oder besonders heruntergekommenen Stadtteilen kleben wir beide an den Fenstern. Hier gibt es außergewöhnlich viel zu sehen. Im einen Fall alles von architektonischem Wahnsinn bis zu wundervollen Hausklassikern. Im anderen Fall eine bunte Mischung aus wildem Wohnen und Leben. Auffällig ist, dass in den wohlsituierten Gegenden zwar eine Handvoll Autos vor den Villen menschliche Anwesenheit signalisiert, die Straßen und Bürgersteige aber vollkommen leer sind. Wo die Fenster aus ungeklärten Gründen von innen mit Plastiktüten verklebt sind und drei Kampfhunde als Hobby gelten, herrscht ein buntes Treiben und die Leute sitzen hier keineswegs vereinsamt drinnen vor den Privatsendern.

Großstadtexpeditionen: Unterwegs in unserem ganz persönlichen Wimmelbuch.

Die besten Plätze sind natürlich immer auf der langen Bank ganz hinten, auf der alles begann. Die beste Zeit ist der späte Vormittag (zum Beispiel, wenn wegen Kollegiumsausflug die Schule ausfällt) oder der frühe Nachmittag. Hochsommer- und Regentage sind ungeeignet.

Je länger die Reise geht, desto leerer wird der Bus. Wenn man sich erst mal daran gewöhnt hat, ist es toll: nur wir und der Fahrer!

Aber warum immer bis zur Endhaltestelle? Warum nicht nur ein paar Stationen?

Aus Respekt vor der Tradition – und weil das Beste meist erst zum Schluss passiert. Einmal stieg beispielsweise ein Mädchen ein, das offensichtlich zum ersten Mal allein mit dem Bus fuhr und an jeder Haltestelle panisch nach vorn zum Fahrer lief, um zu fragen, ob sie hier aussteigen müsse. Oder unsere Reise durch ein dermaßen heruntergekommenes Viertel am Stadtrand, wo Matratzen auf dem Gehsteig lagen – auf denen mitten am Tag Leute schliefen. Dazu gab es keine Fragen und auch nichts zu sagen: Ich hätte nicht gewusst, dass es derartige Zustände auch in unserer Stadt gibt, wenn ich es nicht selbst gesehen hätte. Zugegeben, ich war froh, dass wir noch ein paar Stationen vor uns hatten.

Mit der Zeit habe ich auch entdeckt, dass Endhaltestellen zudem ihren ganz eigenen Zauber haben. Sie sind Zweckbauten, oft in der unwilligen Zusammenarbeit zweier regionaler Nahverkehrsverbände ausgehandelt – also doppelt schlecht geplant. Föderalismus bei der Arbeit. Einmal mussten wir durch eine absurd lange Unterführung ohne Fußgängerweg, um die Toilette zu erreichen. Außer der war dort dann sonst nichts. Warum das kleine Häuschen nicht auf der Busbahnhofseite stehen konnte, blieb unklar. Vorteil: Außer uns hatte offenbar noch nie jemand den Weg gefunden, es war picobello sauber!

Selbst im Urlaub gehen wir manchmal auf große Fahrt. Dabei ist ein bisschen Recherche allerdings unerlässlich – denn in New York oder auch nur in Freital gibt es Ecken, in denen man dann doch lieber nicht stranden möchte.

So sitzen wir da und zeigen einander die Welt. Straße für Straße. Wir lesen die Ladenschilder, spekulieren, was man dort wohl kaufen kann. Wir schauen, was die Menschen im Gehen essen, wie eilig sie es haben.

Und das Spannendste an der ganzen Sache ist eigentlich, egal ob Köln, Hamburg oder Paris: An der nächsten Ecke ist schon wieder alles anders! Wenn man das Leben (oder die Fahrt) nicht verschläft.

3.
Schlemmertag

Hin und wieder verbringen unsere Kinder das Wochenende bei ihrer Oma. Das machen sie richtig gerne. Denn dort können sie nach Herzenslust fernsehen und Süßigkeiten essen, Computer spielen und Chips futtern, ohne dass irgendjemand zu ihnen sagen würde: »Ihr müsst jetzt auch mal rausgehen.« Oder: »Habt ihr eigentlich schon euer Zimmer aufgeräumt?« Oder was uns Eltern halt sonst noch Schikanöses einfällt.

Und ehrlich gesagt: Wir mögen diese Wochenenden auch ganz gerne – und zwar aus genau denselben Gründen wie unsere Kinder. Denn wenn der Nachwuchs nicht da ist, können auch wir nach Herzenslust fernsehen und Süßigkeiten essen, Computer spielen und Chips futtern, und wir gehen auch nicht raus und räumen auch nicht auf und hängen einfach nur so rum.

Und eines Sonntags, als wir einfach nur so rumhingen, während unsere Kinder bei ihrer Oma waren, fiel uns auf: Moment mal, die Kleinen machen gerade genau das Gleiche wie wir. Die essen Süßigkeiten und Chips, sehen fern und spielen Computer. Eigentlich könnten wir das doch auch zusammen machen!

Und so erblickte der Schlemmertag das Licht der Welt.

Schlemmertage werden bei uns immer sehr kurzfristig und überraschend festgelegt, aber man kann sie natürlich auch länger im Voraus planen.

Ein Schlemmertag beginnt mit dem Einkauf. Meistens gehen wir an einem Freitag zusammen in den Supermarkt unseres Vertrauens und kaufen so ein, als gäbe es kein elterliches Gewissen. Im Einkaufswagen finden sich dann Tiefkühlpizza, Tiefkühlpommes, Tiefkühltorte. Chips mit Paprikageschmack, Chips mit Essiggeschmack, Chips mit Pommes-Currywurst-Geschmack. Schokolade mit Nüssen, Schokolade mit Erdbeerjoghurt, Schokolade mit salzigen Crackern. Saure Pommes, saure Pasta, klassische Gummibärchen. Butterkekse, Schokokekse, Butterschokokekse. Eben alles, was man auf der Einkaufsliste eines seriösen Ökotrophologen niemals finden würde.

Auffällig bei diesen Einkäufen sind zwei Dinge. Erstens, sich ungesund zu ernähren ist viel teurer als sich normal zu ernähren. Zweitens, Kinder-Schreiattacken im Supermarkt finden nur noch bei anderen Familien statt – vor allem, wenn deren Kinder sehen, was unsere Kinder alles einpacken dürfen. Und wir lachen dabei auch noch. Man muss sehr stark sein, um den fassungslosen Blicken der anderen Eltern standzuhalten.

Ach, Quatsch, was schreib ich! Die Reaktionen der anderen Eltern machen am meisten Spaß!

Zurück zu Hause gibt es hin und wieder Überredungsversuche, den Schlemmertag doch jetzt sofort schon anzufangen, aber darauf lassen wir uns in der Regel nicht ein. Stattdessen genießen wir – ja, schließlich auch die Kinder – dieses Weihnachtsgefühl kurz vor der Bescherung. Alle wissen: Morgen, Kinder, wird's was geben. Und vor lauter Vorfreude ist das Abendessen und Zubettgehen an solchen Tagen unglaublich friedlich und harmonisch.

Am Schlemmertagmorgen macht der Erste, der wach ist, den Ofen an und legt die Aufbackbrötchen rein. Der Duft, der dann durch die Wohnung zieht, ist der beste Wecker, den man sich vorstellen kann. Warme Brötchen mit Nussnougatcreme und ein Kakao mit Sahne-

haube dazu sind der einzig wahre Weg, einen Schlemmertag zu beginnen. Zumindest, wenn man, wie wir, auf Süßes steht.

Dann legt sich eine zuckrige Stille über das Haus und alle verkriechen sich wieder in ihre Zimmer. Es wird noch die eine oder andere Runde geschlafen. Es wird gelesen, Hörspiele gehört oder auch Computer gespielt. Jedenfalls passiert nicht viel, und alle genießen das.

Gegen Mittag sind dann wieder die ersten Stimmen in der Küche zu hören. Der Ofen wird erneut eingeschaltet und die Tiefkühlpizza heißgemacht. Das Mittagessen sorgt für eine leichte Schwere, die sich vor allem darin äußert, dass alle am Tisch sitzen bleiben – vollgefuttert und bewegungsgehemmt. Das ist meistens der Zeitpunkt, an dem wir dann gemeinsam überlegen, wie der Rest des Tages verbracht werden soll.

Nein, das stimmt nicht ganz – es wird vielmehr überlegt, mit welchen Filmen man den Rest des Tages verbringen möchte.

Nachdem diese Frage geklärt ist und das Programm feststeht, rollen alle vor den Fernseher, machen es sich mit Kissen und Decken gemütlich und sehen sich den ersten Film an. Meistens ist es irgendein Disney-Schinken. Spätestens nach der Hälfte des Films fällt einem der Kinder meistens ein, dass wir ja noch Unmengen an Süßigkeiten und Chips haben. Dann wird kurz auf Pause gedrückt und jeder holt sich seine Lieblingsschlemmerschweinerei, die dann – ganz gegen unsere alltäglichen pädagogischen Prinzipien – vor dem Fernseher verdrückt werden darf. Da kommt schon ein bisschen Kinogefühl auf.

Interessant ist auch, dass Teilen und Abgeben in solchen Situationen allen total leicht fällt. Keiner hat das Gefühl zu kurz zu kommen. Im Gegenteil.

Das Abendessen sparen wir uns meistens. Denn nach dem zweiten Film und der zwanzigsten Portion Chips, Schokolade und Popcorn geht für gewöhnlich nichts mehr rein – weder in die Bäuche, noch in die Köpfe. Stattdessen werden alle schläfrig. Die Kinder feiern dankbar ihre Eltern, die so großzügig waren, und fallen satt und rund ins Bett.

Und weil es so schön war und sich alle mochten, vergehen meistens nicht viele Tage, da kommen direkt neue Anfragen nach dem nächsten Schlemmertag. Wir haben es uns daher zur Angewohnheit gemacht, vor jedem Schlemmertag einen Schleimertag einzulegen. An den Schleimertagen versuchen die Kinder sich so vorbildhaft wie möglich zu verhalten: Frühstück ans Bett für die Eltern, Katzenklo saubermachen, Spülmaschine ausräumen und so weiter. Als Kompensation dafür, dass wir an Schlemmertagen alle unsere Erziehungsprinzipien vergessen.

4.
Klebelaschen

Mein Zuhause-Laptop steht in einem ehemaligen Küchenbuffet. Die Türen schließen nicht mehr richtig, und es gibt auch keinen modernen Kabelschacht, sodass die Stromversorgung sichtbar von der Seite erfolgen muss. Aber das Möbel hat Charme und der Laptop muss irgendwo hin, so ist nun mal das Leben.

Die Oberseite des Küchenbuffets hat seitlich und hinten eine Zierkante. Das ist praktisch, so fällt weniger runter. Vielleicht standen dort früher einmal die Suppenschüsseln des Sonntagsgeschirrs und warteten auf Michel aus Lönneberga. Jetzt stehen dort jedenfalls ein paar Bücher und meine Laptoptasche. Dazwischen ist Platz. Die Bücher und die Tasche sehen schlimm genug aus, aber der Leerraum zwischen ihnen betont die Hässlichkeit dieses Nutz-Arrangements noch.

Ich schaue mir das alles an und überlege, was ich tun könnte. Versuch eins besteht darin, die Bücher und die Tasche probeweise herunterzunehmen, in der vagen Hoffnung, ich könnte sie vielleicht anderswo unterbringen. Ich trete zwei Schritte zurück. Lohnt sich der Aufwand, sieht es nun besser aus? Nicht wirklich. Und eine Deko-Suppenschüssel haben wir auch nicht.

Aber apropos »Deko«: Wenn ich nun die Bücher der Größe oder Dicke nach nett anordne und die Tasche mal abstaube und den Riemen ordentlich wegfalte – vielleicht ließe sich das ästhetische Problem dann durch einen Dekogegenstand beheben? Eine Vase, eine Schale, einen Leuchter, eine ... keine Ahnung. Irgendwas halt.

Ich stelle Bücher und Tasche zurück und denke nach. Den Platz freizulassen kommt nicht infrage, denn a) sieht es immer noch schlimm aus und b) würde er sonst (wie zuvor) schnell zuwuchern mit noch mehr Büchern oder einer Schuhschachtel mit Netzwerkkabeln.

Meine Tochter tritt neben mich und fragt in diesem »Mir ist so langweilig, darf ich Fernsehen gucken«-Ton: »Was machst du denn da?«

Ich erkläre ihr mein innenarchitektonisches Dilemma. Sie hat sogleich eine Lösung parat, die ich spontan bescheuert finde (aber das darf man als engagierter Vater ja nicht sagen): »Wir könnten etwas basteln.«

Basteln?

Was denn bitte basteln? Und wie, »wir«? Wer ist dieses Bastel-Wir, von dem sie spricht?

Ich kann basteln nämlich nicht ausstehen. Ich musste als Kind töpfern gehen, bis heute stehen missgeformte Aschenbecher bei meinen Nichtraucher-Eltern herum und warten auf eine radikale Trendwende der Weltgesundheitspolitik. Daneben ein trauriger Braunbär, der auch ein Esel sein könnte. Darüber hängt ein Aquarell, auf das nur eine Mutter stolz sein kann.

»Wie wär's mit einem Würfel?«, fragt nun meine Tochter.

Ich stelle mir vor: Bücher links, Laptoptasche rechts – und in der Mitte ein Würfel, der aussieht wie mein Aschenbecher-Bärenesel. Also jedenfalls nicht das kleinste Bisschen nach Würfel.

»Wir haben buntes Papier!«, jubelt sie und läuft auch schon los.

Und jetzt? Ich kann ja schlecht die Begeisterung meiner Kleinen in eine Lehrstunde über Innendekoration ummünzen. Oder meine Kindheitstraumata.

Mit einem Stapel buntem Papier und einer Kiste voll halbvertrockneter Klebestifte und stumpfer Scheren kommt sie zurück. »Wir müssen aber was unterlegen!«, ermahnt sie mich.

Ich gehe zwei Bastelunterlagen holen. Es ist nicht so, als hätte ich in diesem Moment ein guter, engagierter Vater sein wollen, der voller Freude mit seinem Kind bastelt, um es nicht vor dem Fernseher zu parken. Mir ist nur nicht schnell genug eine Ausrede eingefallen. Und jetzt ist es ein bisschen zu spät. Also, denke ich mir, na gut, *einen* Würfel, den stelle ich eine Woche in die Lücke, dann schiebe ich ihn nach hinten und stelle eine schlanke türkise Vase davor.

Die mir eine Woche später bestimmt zur Strafe beim E-Mail-Checken auf den Kopf fällt, schaltet sie augenblicklich mein pädagogisches Über-Ich ein.

»Kannst du auch ein Dreieck?«, fragt meine Tochter.

Sie bastelt gern. Deswegen ist für sie jetzt ganz überraschend Weihnachten. Sie freut sich. Feste so feiern, wie sie fallen, das können wir von Kindern lernen!

»Wie, ein Dreieck?«, frage ich.

Geduldig erklärt sie mir: »Wir basteln einen Würfel und ein Dreieck, das so steht!«

»Eine Pyramide?«

Sie nickt. »Ein Dreieck, das steht«, bestätigt sie.

Ich habe schon Schwierigkeiten, mir vorzustellen, wie ich einen Würfel bastele. Aber eine Pyramide? Ich schüttele den Kopf.

»Hast du nicht was Einfaches für mich, für den Anfang?«, frage ich.

Sie nickt. »Du kannst den Würfel machen«, sagt sie. »Ich mache eine Kugel.«

Eine Kugel?

»Eine Kugel? Im Ernst?«, frage ich.

Sie denkt einen Moment nach und starrt auf ihr Papier. Immer wieder hebt sie den Bleistift, als wollte sie ihre Skizze beginnen. Ich beobachte sie fasziniert, verliebt, zeitverloren. Schließlich schüttelt sie den Kopf. »Ich weiß nicht, wo bei einer Kugel die Klebelaschen hinkommen«, sagt sie.

Klebelaschen.

Mit einem Mal bin ich wieder ein kleiner Junge, der Fußboden voll Schnipsel, die Finger voller Klebestift.

Klebelaschen!

Ich habe ja doch gern gebastelt! Zack, ist die Erinnerung da!

Alle Details sind weg. Aber das Gefühl ist wieder da, wie ich mich völlig verloren habe im genauen Ausschneiden, im Einkleben, in meiner Welt.

»Was gibt es noch für Formen?«, fragt meine Tochter.

Ich krame in längst vergessenem Wissen. »Rechtecke. Zylinder. Kegel.«

»Fünfecke!«, unterbricht sie stolz. »Ich mache ein Fünfeck!«

»Ein Poly ... ein Okta ... ein ...« Ich habe keine Ahnung mehr, wie ein Fünfeck heißt. (Ich hab's inzwischen nachgeguckt. Pentagon. Hätte man auch drauf kommen können.)

»Super«, sagte ich. »Aber wollen wir nicht mit was Einfacherem anfangen?« Ich denke dabei mehr an mich als an sie.

Mit hörbar beruhigender Stimme sagt sie zu mir: »Zuerst malst du das Gitternetz vom Würfel. Alle Seiten müssen gleich lang sein. Dann schneidest du es aus. Und soll ich dir einen Trick verraten?«

Ich nicke.

»Ich lasse einfach an allen Kanten Klebelaschen dran. Die schneide ich erst hinterher ab, wo ich sie nicht brauche.«

Gesagt, getan. Vier Quadrate in eine Richtung, dann drei zur Seite, jede Menge Klebelaschen, ausschneiden.

Als die Form vor mir liegt, greife ich zu Lineal und Schere und ritze die Kniffkanten entlang. Sie schaut von ihrem Quader auf und sagt: »Das ist ja klug. Dann kann man leichter falten.« Erst in diesem Moment wird mir bewusst, was ich tue. Es ist ein reiner Reflex aus meiner verschollenen Bastel-Kindheit gewesen!

Würfel und Quader gelingen zur gegenseitigen Zufriedenheit. Daraufhin wagen wir uns an einen Zylinder (praktisch eine Rolle) und tatsächlich auch an ein »fünfseitiges Prisma«: Das ist eine Säule mit Pentagon-Basis.

Ich zeichne mir ein überbreites Rechteck, markiere oben und unten Punkte mit demselben Abstand zum Seitenrand, male Eierbecherkreise an sie heran, lasse jede Menge Klebelaschen stehen und schnipsle den Tisch voll.

Ein Seitenblick zeigt: Meine Tochter hat fünf schmale Rechtecke nebeneinander, aber nun das Basis-Fünfeck mit den richtigen Winkeln und Längen zu zeichnen, ist schwer. (Ich wusste schon, warum ich den Zylinder basteln wollte.) Wir knobeln ein bisschen daran herum, messen und zeichnen und radieren und lachen, bis es uns schließlich genau genug aussieht.

Während ich freischwebend die Klebelaschen meiner Kreisböden in die Röhre schiebe, falzt meine Tochter konzentriert vor sich hin. Begeistert bemerke ich, dass sie alle Falzmarkierungen vorher einritzt.

Meine Fingerkuppen kleben mittlerweile außen an meiner Röhre fest, ich kann nichts mehr korrigieren, ohne größeren Schaden anzurichten. Neben mir stellt sich heraus, dass der eine Boden super passt, der andere aber nicht wirklich. »Das drehen wir einfach nach hinten«, weihe ich sie in das größte Erfolgsgeheimnis der produktiven Menschheit ein: Pfusch frech verstecken und hoffen, dass er unbemerkt bleibt.

Wir helfen einander, die 3-D-Objekte von den Fingern zu lösen, schichten sie zum Trocknen auf eine Pappe, waschen die Hände, räumen Kleber, Scheren und Unterlagen weg, fegen unsere Schnipsel auf, sind mit uns zufrieden.

Und wissen Sie was? Nun liegen oben auf dem umgewidmeten Küchenbuffet zwischen den Büchern und der Laptoptasche in lässiger Unordnung wie griechische Ruinen ein dunkelblauer Würfel, ein grüner Quader, ein gelbes fünfseitiges Prisma und eine hellgrüne Säule. Sieht das gut aus? Darüber kann man sicher streiten. Aber wir lächeln immer beide, wenn wir daran vorbeigehen. Wir haben etwas zusammen erschaffen. Wir haben die Welt verändert. Wir sind stolz.

Die geometrischen Körper stehen dort nicht nur, weil man die Pferdebilder der Kinder eben an den Kühlschrank hängt und sagt: »Das hast du toll gemacht.«

Sie stehen dort, weil die Pferdebilder und die Baumhäuser und die 3-D-Körper toll *sind*. Weil sie zeigen, was wir können, wie wir wachsen und lernen.

Sie hat mich in ihr Klebelaschengeheimnis eingeweiht. Und ich habe es ihr zu verdanken, dass meine Erinnerung an glückliche Bastelnachmittage nicht für immer und ewig durch Töpferstunden im Kirchenkeller überlagert wurden. Und so hässlich ist mein alter Bär, als ich ihn mir später mal genau angesehen habe, eigentlich auch gar nicht. Vielleicht in seiner Identität ein bisschen herausgefordert. Aber sind wir das nicht alle?

5.
Raketenantrieb

Es gibt diese perfekten Tage im Herbst: Die Bäume haben schon bunte Blätter, die Sonne versucht einem noch den letzten Sonnenbrand des Jahres zu verpassen, und im Keller werden die Drachen ganz unruhig. Und wer lässt nicht gern Drachen steigen?

Weil wir wussten, dass der Park mit der großen Wiese samstags bei Sonnenschein sehr voll werden kann – selbst Heißluftballons und Rettungshubschrauber kommen dort gern vorbei –, machten wir uns relativ früh aus dem Haus. Wir hatten an alles gedacht: Gummistiefel für den Matsch, Kekse für den Hunger und natürlich die Drachen. Ich hatte einige Tage vorher sogar noch ein paar Extrameter Drachenschnur gekauft, weil es nichts Schöneres gibt, als die Drachen an der langen Leine fliegen zu lassen. Auf dem Weg in den Park erzählte ich den Kindern, dass Drachen in China seit Jahrhunderten Glückssymbole sind. Früher ließ man sie so hoch wie möglich steigen und schnitt dann die Leine durch, damit mit den Drachen auch alle Sorgen, die man so hatte, wegfliegen konnten.

Außerdem erzählte ich von meinem Drache-Drachen, den ich mal besaß – das war ein Drachen, auf dem ein Drache abgebildet ist – und der mir davongeflogen war, weil ich die Schnur nicht richtig festgehalten hatte. Leider hatte ich damals noch nicht gewusst, dass damit auch alle meine Sorgen davonfliegen. Und so hatte ich angefangen, fürchterlich zu heulen. Der Drachen war allerdings nicht weit geflogen, sondern in den Bäumen hängengeblieben, die 150 Meter entfernt am Rand der Wiese standen. Und von dort hatte mich mein Drache-Drachen für den Rest des Jahres 1980 angestarrt. Und ich war jedes Mal in Tränen ausgebrochen.

»Das wissen wir, Papa. Die Geschichte erzählst du jedes Jahr.«

Tja, entweder werde ich alt oder der verlorene Drachen war ein so einschneidendes Erlebnis, dass ich meine Kinder instinktiv wieder und wieder auf einen möglichen Verlust vorbereiten will. »Aber was ihr noch nicht wisst: Ein Drachen mit ›n‹ am Ende ist das, was wir gerade in den Park tragen. Ein Drache ohne ›n‹ ist das Fabelwesen. Deshalb war es ja so lustig, dass ich einen Drache-Drachen hatte.«

»Auch das wird nicht witziger, wenn du es jedes Jahr erzählst.« Wenn diese Kinder eins können, dann Unzulänglichkeiten ihrer Eltern entlarven. Also, ich hab ihnen das nicht beigebracht.

Kaum waren wir im Park, merkten wir schnell, dass trotz aller Vorbereitungen leider das Wichtigste fehlte: Wind. Drachen steigen zu lassen, ist ohne Wind zwar sehr viel sportlicher, weil man ständig rennt und rennt und rennt. Und rennt und rennt und schwitzt. Es ist aber auch sehr viel langweiliger, weil die Drachen einfach nicht in der Luft bleiben. Und es ist auch sehr viel peinlicher, weil man sich immerzu in den viel zu langen Schnüren verheddert, während man sich ständig die Finger ableckt und in die Luft hält, um zu prüfen, ob der Wind nicht doch aus einer anderen Richtung kommt.

Wir gaben also auf und gingen nach Hause. Laut Wettervorhersage sollte es das ganze Wochenende windstill bleiben. DAS GANZE WOCHENENDE! Zwei Tage können sehr lang werden, wenn man das, was man geplant hatte, nicht durchführen kann.

»Und was machen wir jetzt?«, maulten die Kinder. Hatte ich schon erwähnt, dass sie es ganz gut drauf haben, den Finger immer in die Wunde zu legen?

»Wir könnten was echt Gefährliches machen.« Kaum ausgesprochen, haute ich mir in Gedanken mit der flachen Hand an die Stirn und hörte meine innere Stimme mit zusammengebissenen Zähnen zischen: »Erst denken, dann sprechen!«

Und meine Kinder hörte ich sagen: »Ja! Auf jeden Fall. Was Gefährliches ist immer gut. An was hattest du denn gedacht?«

»Äääääääh…« Ich versuchte, es spannend zu machen. »Wir …« Lass dir was einfallen! »Könnten doch …« Ratlosigkeit. »Ein ääh …« Die Kinder blieben stehen und sahen mich erwartungsvoll an. Oh, Gott, das war wie Weihnachten ohne Geschenke! Die schießen mich auf den Mond, wenn mir nicht – und da hatte ich die Idee: »Wir könnten doch eine Rakete bauen.«

»Du meinst, eine richtige Rakete?«

»Ja, eine Rakete, die genau so ein windstilles Wetter braucht, um einfach geradeaus nach oben zu schießen.« Ich hatte keine Ahnung, wie man so eine Rakete baut.

»Weißt du denn, wie man so eine Rakete baut?« Ach, Kinder stellen immer die richtigen Fragen.

»Noch nicht so genau, aber ich weiß, wo wir eine Anleitung herkriegen.« Ich hatte ungefähr ein Jahr vorher ein Buch geschenkt bekommen über Flaschenraketen, das ich immer schon mal durcharbeiten wollte. Jetzt war die Gelegenheit. Wenn ich nur wüsste, wo ich dieses Buch hingetan hatte.

Kaum waren wir zu Hause und hatten die Drachen wieder in den Keller zurückgebracht, machte ich mich auf die Suche. Es dauerte gar nicht lange und ich hielt das Raketenbuch wie den heiligen Gral in die Höhe, während ich den Kindern zurief: »Und so lasset ihn beginnen, den Raketenherbst!«

Wir schlugen das Buch auf dem Esszimmertisch auf, beugten uns alle darüber und suchten uns eins der einfacheren Modelle zum Nachbauen heraus.

Zuerst machten wir eine Liste mit den Dingen, die wir hatten. Und dann eine Liste mit den Dingen, die wir nicht hatten, zum Bau der Rakete aber brauchten. Die zweite Liste war um einiges länger, aber der Baumarkt hatte noch auf.

Das Raketenmodell, das wir uns ausgesucht hatten, funktionierte nach einem ganz einfachen Prinzip: In eine Kunststoffflasche, die teilweise mit Wasser gefüllt ist, wird Luft gepumpt. Irgendwann steht der Inhalt der Flasche stark unter Druck. Wenn man dann den Verschluss löst, treibt der Druck der Luft das Wasser aus der Flaschenöffnung. Der Rückstoß des Wassers wiederum treibt die Rakete in die Luft. Drittes Newtonsches Bewegungsaxiom. Theoretisch ganz einfach.

Genau nach diesem Prinzip funktionieren auch richtige Weltraumraketen, nur dass die nicht Wasser und Luft, sondern einen anderen

Treibstoff nutzen, der mehr Wumms hat. Der war aber in der Kürze der Zeit nicht zu besorgen. Schon gar nicht in unserem Baumarkt, der teilweise echt schlecht sortiert ist. Wenn man da nach Festbrennstoffen fragt, wird man in die Abteilung für Kaminholz geschickt!

Zu Hause bauten wir die Rakete aus einer leeren 1,5-Liter-Limoflasche, an die wir drei kleine Flügel klebten, für die stabile Flugbahn. Als Raketenspitze benutzten wir einen Schaumstoffball, den wir sauber halbierten – wofür so ein abgebrochenes Hirnchirurgenstudium doch gut sein kann – und mit dickem Klebeband auf dem Flaschenboden befestigten. Aus einem Fahrradschlauch und dem dazugehörenden Ventil wurde ein Korken, den wir perfekt in die Flaschenöffnung einpassten. Und wer hätte gedacht, dass Drahtbügel ganz passable Raketenstarter sind, wenn man sie in die richtige Form gebogen hat: Ein Teil des Drahtbügels hält den Gummischlauchkorken mit Ventil in der Flaschenöffnung, ein zweiter Teil des Drahtbügels funktioniert als Riegel, den man mit einer langen Kordel – Sicherheitsabstand! – und einem kurzen Ruck von der Flasche ziehen und damit die Rakete starten kann.

Es war mittlerweile schon früher Nachmittag, und ich war total überrascht, dass die Kinder sich nicht schon längst mit ihren Freunden verbredet hatten. Wahrscheinlich konnten sie nicht so richtig glauben, dass das mit der Rakete funktionieren würde. Was gibt es Schöneres, als zu sehen, wie der eigene Vater baden geht?

Und genau das passierte. Nur ein bisschen anders als erwartet.

Mit unserer Rakete, ein paar gefüllten Wasserflaschen mit Ersatztreibstoff, der Startvorrichtung und einer Fahrradpumpe machten wir uns erneut auf den Weg in den Park. Wir suchten uns ein Plätzchen aus, das etwas abseits lag und bereiteten alles für den Start vor. Die Flaschenrakete wurde zu einem Drittel mit Wasser gefüllt, der Fahrradschlauchkorken in die Flaschenöffnung gedrückt, der Drahtbügelstarter am Flaschenhals befestigt und verriegelt, die

Fahrradpumpe am Ventil der Rakete festgemacht, die Rakete mit der Schaumstoffspitze nach oben in die Startrampe gestellt.

Das ging so erstaunlich routiniert, als hätten wir es schon hundertmal gemacht. Selbstsicherheit breitete sich aus. Das ist immer gefährlich.

Wir überzeugten uns davon, dass alles richtig saß. Und dann fingen wir an zu pumpen. Die ersten Luftstöße waren einfach. Doch je mehr Druck in der Flasche war, desto schwieriger wurde das Pumpen. Irgendwann zeigte das Manometer an der Pumpe sieben Bar an. Zeit für den Countdown.

Wir stellten uns in einem respektvollen Abstand zur Rakete auf. Die Jüngste hatte die Ehre und durfte unsere Rakete starten. Sprich: die Verriegelung von der Startvorrichtung ziehen.

Wir zählten gemeinsam von zehn rückwärts. Neun. Acht. Sieben. Meine Tochter spannte alle Muskeln an. Sechs. Fünf. Alle hielten die Luft an. Vier. Drei. Ich furzte.

»Papa!«

»Entschuldigung, die Aufregung!«

Zwei. Eins. *Lift off!*

Nichts passierte.

»Du musst an der Kordel ziehen!«

Meine Tochter zog und zog. »Mach ich ja!«

Nichts passierte.

»Halt! Keiner geht an die Rakete. Die steht total unter Druck, das ist wahnsinnig gefährlich. Ich mach das!« Das alte Problem: Erst denken, dann sprechen.

Ich ging langsam zur Rakete und konnte erkennen, dass sich die Drahtbügel nur ein wenig verhakt hatten. Ich nahm die Kordel in die Hand, zog einmal richtig kräftig, der Riegel sprang von der Flasche, der Druck presste den Korken mitsamt Ventil aus der Flaschenöffnung und mit einem lauten »Fffffuschhhhhhhhhhhhhhh«

schoss die Rakete nach oben. Das war der Moment, in dem ich baden ging. Oder besser gesagt duschen. Denn als das Wasser aus der Flasche strömte, stand ich genau richtig und bekam alles ab.

»Nochmal!«, riefen meine Kinder. Und ich bin mir bis heute nicht sicher, worüber sie sich mehr freuten: dass die Rakete tatsächlich abhob oder dass ich von oben bis unten klatschnass war.

6.
Tretboot

Sommerferien.

Wer auf die Idee gekommen ist, Kinder müssten zwölf Wochen Ferien im Jahr haben, Eltern aber nur sechs Wochen Urlaub, ist, mit Verlaub, ein Vollidiot.

Ich weiß, es geht auf. Sechs Wochen kümmert sich die Mutter um die Kinder, sechs Wochen der Vater. Jede gemeinsame Zeit wird vermieden, die Scheidungsrate gedrückt.

Aber normal ist das nicht.

Es waren also Sommerferien und ich war dran.

Was tun? Panik in meinem Vaterherzen. Auch nach vielen Jahren Elternsein von drei Kindern beider Geschlechter überkommt mich regelmäßig dieses Gefühl: Du hast doch keine Ahnung, was du tust! Die Mutter könnte das bestimmt viel besser!

Ist das nun Genetik? Ehrlicher Umgang mit den eigenen Ängsten? Vermasselte Sozialisierung – oder Drückebergerei?

Klar ist: Auch wenn die Kinder einen ganzen Tag oder mehr nur mit mir verbringen, hat am Ende (meistens) keiner Nasenbluten und alle liegen sattgefüttert im Bett. Ich *kann's* also. Aber mache ich es gut? Macht Mama es besser?

Gibt es überhaupt »besser« und »schlechter« beim Elternsein?

(Okay. Das sicher. Eltern, die ihre Kinder im Keller an die Heizung ketten sind eindeutig »schlechter«. Darauf beziehen sich meine Überlegungen erfreulicherweise nicht. Aber biete ich unseren Kindern ausreichende Mengen altersgemäßer neuronaler Stimulation und den passenden Nährstoffmix? Bleibe ich weit hinter den Mindestanforderungen von *Eltern* und *Reformhausmagazin* zurück? Oder mache ich mich einfach ohne Sinn und Verstand wahnsinnig, ohne Nutzen für mich oder die Familie?)

Jedenfalls muss ich mir was einfallen lassen. So ein Tag vergeht ja nicht von alleine.

In der Ferienaktivitätenanregungsbroschüre unserer Stadt steht: Tretbootfahren. Da stehen auch noch viele andere tolle Sachen, aber aus irgendeinem Grund haben sich unsere Kinder ausgerechnet Tretbootfahren gewünscht. Vielleicht, weil sie das mal mit ihrer Oma gemacht haben (die mich schon als Kind zum Rudersport verdammte, weil »dir das sicher Spaß macht«, ein gutes Beispiel für wohlmeinende elterliche Fehleinschätzungen, die sich nie vermeiden lassen, aber die man eben trotzdem vermeiden will ... ja, langsam beginne ich auch zu glauben, dass diese XL-Ansprüche an jede Kindheitsstunde vom Verband der Kinderpsychologen gesponsert werden).

Draußen ist gutes Wetter, wir haben noch ein paar Getränke im Schrank und Sonnencreme habe ich auch irgendwo gesehen, also: Tretbootfahren!

Als die Ferienkinder erwachen, ist ihre Begeisterung über meinen Plan nur mittelgroß: »Ein *Ausflug*? Och ...«

»Aber *ihr* wolltet doch Tretboot fahren?« Ich bin irritiert und frustriert. Ich hatte mir im Kopf schon alles schön ausgemalt.

»Ja. Tretboot fahren. Aber keinen Ausflug machen. Das ist immer so viel Arbeit.«

»Aber wir haben nun mal kein eigenes Tretboot an unserem Dock liegen.«

»Naaaaaa guuuuuut ...«

Ich bin schon kurz davor, einen ganzen Tag Langeweile zu verordnen, kein Fernsehen, kein Handy, kein Computer, wer nicht ausfliegen will, muss fühlen. Aber ich weiß, damit nerve ich mich mehr als sie – diese Lektion habe ich schon verinnerlicht: Medienfreie Langeweile ist gut für Kinder, als Elternteil muss man dafür aber in Topform sein.

Ich bleibe entspannt. Weil es heute nur mittelwarm wird und wir ja wohl kaum mehr als zwei Stunden auf dem Wasser sein werden, ist mir egal, wie schnell wir loskommen. Die besten Ausflüge sind in der Theorie viel zu kurz für einen ganzen Tag – sie lassen Luft für das Leben.

Erst mal frühstücken, dann werden alle Freunde und Freundinnen informiert, ob sie es wissen wollen oder nicht: Wir gehen heute Tretboot fahren.

Ich bin zu faul zum Broteschmieren, das ist mein Sommerferienluxus. Wenn ich keine volle Mahlzeit mitnehme, müssen wir eben nach ein paar Stunden wieder nach Hause, das ist mir auch ganz recht so. Vielleicht hat es manchmal doch Vorteile, Mann zu sein, meine Frau würde in diesem Moment sicher noch überlegen, »ganz schnell« einen erfrischenden Quinoa-Salat vorzubereiten. Ich werfe bloß ein paar Getränkeflaschen in die Kühlbox, Kühlelemente drauf, fertig ist das Ausflugsgepäck.

Sonnencreme ist immer ein großer Spaß, sie brennt, sie klebt, und es ist mir leider noch nie gelungen, wenigstens ein einziges Kind auch dort ausreichend einzucremen, wo ein paar Stunden später die Haut leuchtrot wird. Aber falls sie irgendwann Hautkrebs kriegen sollten, kann ich wenigstens ehrlich sagen: Ich habe mein Bestes gegeben.

Wir fahren zum Bootsverleih, der sogar geöffnet hat. Ich verfüge über das große Talent, aus reinem Traditionalismus, Infos nicht vorab im Internet zu verifizieren, sodass wir regelmäßig vor Geschäften stehen, die entweder »aber früher doch hier waren« oder noch/schon geschlossen beziehungsweise im Urlaub sind. Das wäre für einen Tretbootverleih mitten am Tag mitten in den Sommerferien zwar irgendwie kontraproduktiv, aber wer weiß, auf welchem Selbstfindungsseminar der Inhaber gelernt haben kann, seiner inneren Uhr und nicht dem Druck des Markts zu folgen.

Jedenfalls: Der Verleih hat offen, es gibt noch Boote, unsere Elektrogeräte wurden bereits alle im Auto zurückgelassen. Dort habe ich zwar auch die Kühlbox vergessen, aber es weht eine zarte Brise, wird schon keiner Durst kriegen. (Sehen Sie? So was würde die Mutter dieser Kinder *nie* denken. Und sie hätte recht.)

Wir hinterlassen den Autoschlüssel als Pfand. Das finde ich ganz praktisch, dann kann das gute Hightech-Stück wenigstens nicht nass werden oder mir gar aus der Hosentasche ins Wasser fallen.

Tretbootfahren bedeutet für meine Kinder: Ich trete, sie fahren Boot. So geht das natürlich nicht, also strampele ich uns bis in die sonnige Mitte des Sees und stelle dann die Arbeit ein. Ich rücke meine Sonnenbrille zurecht und lehne mich zurück. Gefühlte eins Komma fünf Sekunden ist es schön, dann treiben wir in die Problemzone hinein: »Warum geht's nicht weiter?«, »Mir ist heiß!«, »Ich will Enten füttern«, »Wo ist das Trinken?«

Wir handeln den Kompromiss aus, dass die Kinder sich beim Treten abwechseln, während ich – weil groß und stark – die ganze Zeit am Start bin. Geschickt gespielt, muss man ihnen lassen. Nun geht es gemächlich den Fluss entlang. Die Äste der Weiden hängen am Rand ins Wasser, das Tretrad treibt uns nuschelnd voran, Licht und Schatten spielen Haschen. Es ist faszinierend, die unterschiedlichen Baumkronen zu betrachten. Die Zeit scheint sich auf dem Wasser zu verlangsamen, zur Abwechslung vergeht sie mal etwa im selben Tempo wie in mir.

Wir schippern vor uns hin, weichen entgegenkommenden Kanufahrern aus, testen kleine Brücken auf ihre Echofähigkeit. Als wir links auf dem Fluss ein paar hundert Tierchen auf der Wasseroberfläche herumhuschen sehen, motiviert uns das zu einer gruppengesteuerten 17-Punkt-Wende, um die Sache genauer zu untersuchen. Wir lernen: Ein Tretboot fährt nur ungern rückwärts und lässt sich dabei bemerkenswert schlecht steuern. Und: Wenn ich erklären soll, wie man rückwärts steuert, erkläre ich völligen Blödsinn. Als wir das durch Praxistests verifiziert haben, sind die Kinder ganz begeistert, wie doof ich bin und dass es ihnen aufgefallen ist.

Die Tierchen sind übrigens Wasserflöhe, und nach einer weiteren, diesmal nicht ganz so aufwändigen Wende bemerken wir: Sie sind überall, wo durch die Blätter ein Fleckchen Sonne auf das Wasser fällt.

Wir ärgern uns über Dreck, Plastiktüten und Bierdosen auf dem Wasser. Wir schauen den Kindern auf einem ufernahen Spielplatz zu und amüsieren uns über einen Hund, der erkennbar begeistert durchs flache Wasser jagt und alle nassschüttelt. Wir manövrieren unter tief herabhängenden Ästen hindurch, betrachten fast entwurzelte Baumriesen, lachen und schweigen immer einvernehmlicher.

Jedes Mal, wenn Plätze getauscht werden, schaukelt irgendwer am Boot und alle kreischen in dieser wundervollen Mischung aus Begeisterung und Panik. Es ist Achterbahn-Feeling in Zeitlupe. Der Unterhaltungswert dieser Aktivität ist im Grunde lächerlich. Die Sitze sind nicht bequem, das Wasser nicht sauber genug, um darin baden zu wollen, man kommt nicht weit und muss trotzdem dafür arbeiten. Es ist antiquiert; Tretboote waren schon in meiner Kindheit irgendwie spießig. Aber in all dieser Uncoolheit bleibt eben auch: Das vollkommene Verständnis dafür, was geschieht, und die totale Kontrolle darüber, es geschehen zu lassen. Dreht man das Steuer nach rechts, zieht ein Gummiband hinten am Boot das Ruder nach rechts, und wir fahren nach rechts. Tritt man schneller, fährt man schneller. Mehr gibt es nicht zu verarbeiten.

Gleichzeitig ist Tretbootfahren weit weniger anstrengend als Rudern oder Segeln. Es ist kein Sport, man muss sich nicht beweisen. Man ist einfach gerade ausreichend beschäftigt, um das Vergehen der Zeit als angenehm zu empfinden und sich nicht zu langweilen.

Wir sehen ein paar noch ein wenig flauschige Entenjunge, die eine Weile neben uns her schwimmen. Wir winken Spaziergängern auf dem Wanderweg, und sie haben die Muße, zurückzuwinken. Wir summen die Hits aus den Radios von Picknickern am Ufer mit. Wir untersuchen die ausgesprochen dürftigen Verstellmöglichkeiten der Schalensitze und probieren aus, ob es angenehmer ist, barfuß zu treten. Wir stellen einander Fragen über die Bäume und Büsche und das Leben, auf die wir keine Antwort haben, aber das ist okay.

Irgendwann kehren wir um. Ich habe keine Ahnung, wie lange wir unterwegs waren, das Leben ist ein langer, ruhiger Fluss. »Woher weiß der Bootsmann eigentlich, welcher Schlüssel unserer war?«, fragt eines der Kinder.

Eine gute Frage, auf die ich keine Antwort weiß.

Vielleicht sollte ich behaupten, ich wäre der Porschefahrer gewesen? Mal sehen, was passiert?

Aber im Zweisitzer krieg ich die Kinder nicht nach Hause ...

Wir legen an, vertäuen das Boot, fühlen uns wohl. Als wir kamen, schnatterten alle durcheinander, wieselten in mehr Richtungen davon, als es Kinder waren. Nun stehen sie ganz ruhig und gelassen neben mir.

Der Verleiher erinnert sich noch, welcher Schlüssel zu uns gehört. So einfach funktioniert das in der guten alten analogen Welt.

Auf der Rückfahrt plaudern wir einfach weiter über dies und das, alles und nichts, erzählen Geschichten aus der Schule, der Kindheit, vom Leben.

Vielleicht ist es doch keine so dumme Idee, wie ich dachte: mehr Ferien als gemeinsame Elternurlaubstage. Schulpolitisch nicht besonders elegant umgesetzt, aber im Einzelfall hatten wir einen schönen Tag. Aus der Not eine Tugend gemacht, aus Versehen.

Erst als wir aussteigen und alle ihre E-Geräte aus den Ablagefächern klauben, wird mir klar, was auf dem Wasser keiner vermisst hat: Internet und Telefon. Ferienlektion: drei Stunden kein Handy, keine E-Mail, keine sozialen Medien, überhaupt nur die ganze einfache, unmittelbare Welt direkt vor unseren Nasen – das geht.

Nächsten Sommer, haben die Kinder gesagt, wollen sie wieder ganz unelektrisch Tretbootfahren.

7.
Nachts im Wald

Wenn ich mal einem Moment meine Ruhe haben will und für mich alleine sein möchte, dann muss ich nur einen Satz sagen: »Wir gehen wandern!«

Plötzlich sind alle Kinder mit ganz wichtigen Dingen beschäftigt, nur um nicht rausgehen zu müssen. Da werden freiwillig Hausaufgaben gemacht. Oder die Blumen gegossen. Oder der Keller aufgeräumt. Und ich kann das verstehen. Wandern war für mich immer der große Bruder von Sonntagsspazierengehen. Extrem langweilig. Gehen an sich ist ja völlig in Ordnung, um von A nach B zu kommen, auch wenn mir das Fahrrad sympathischer ist – wegen der höheren Geschwindigkeit und der geringeren Anstrengung.

Aber wer geht freiwillig von A nach A? Da ist man doch schneller am Ziel, wenn man gleich zu Hause bleibt. Warum macht man sich die Mühe, im Extremfall mehrere Stunden zu marschieren, nur um am Ende da wieder anzukommen, wo man losgegangen war?

Interessanterweise hat der Satz »Wir gehen wandern!« eine völlig andere Wirkung, ja eine geradezu magische Anziehungskraft, wenn ich ihn kurz vor oder nach Sonnenuntergang sage. Denn Nachtwanderungen wiederum finden die Kinder großartig. Vielleicht liegt es daran, dass die Welt nachts ganz anders aussieht als tagsüber und auf einmal eine Umgebung, die bislang bekannt und vertraut war, völlig neu und unheimlich ist. Nur weil das Licht fehlt. Bestimmt sprechen Nachtwanderungen unseren Entdecker- und Abenteurerinstinkt an. Und außerdem bedeuten Nachtwanderungen, dass man nicht um acht ins Bett gehen muss, sondern viel länger aufbleiben darf. Für die jungen Menschen in unserer Familie ist das ein klarer Pluspunkt.

Wenn ich also frühabends »Wir gehen wandern!« sage, dann verbreitet sich schnell eine leicht aufgeregte Stimmung. Was muss alles eingepackt werden? Übernachten wir im Wald? Dürfen Pfeil und Bogen mitgenommen werden?

Mit dem Bogenschießen ist das so eine Sache. Obwohl wir wenig darauf geachtet haben, unseren Nachwuchs mit einer ausreichenden Anzahl an Waffen großzuziehen, sondern eher pazifistisch eingestellt waren und sind, ist bei einem Drittel unserer Kinder eine klare Tendenz festzustellen: Es möchte, so bald es geht, einen Waffenschein machen. Und auf die Jagd gehen. Anfangs fanden wir das noch etwas befremdlich, inzwischen denken wir, es kann nicht schaden, wenn wir in unserer Familie zusätzlich zu den paar Juristen noch jemand haben, der mit Waffen umgehen kann.

Bis das mit den eigenen Schusswaffen Wirklichkeit wird, verfeinert unser Sohn seine Pfeil-und-Bogen-Technik. Im Alter von acht Jahren wollte er wissen: »Ist es in Ordnung, wenn ich Jagd auf Kaninchen mache? Im Park? Mit dem Bogen?«

Wir überlegten kurz, kamen zu dem Schluss, dass er niemals treffen würde und sagten: »Na klar. Mach ruhig.« Zudem bestand seine Ausrüstung aus Kunststoff-Pfeilen mit kleinen runden Polstern vorn, die völlig ungefährlich waren. Weil das Wetter schön war, gingen wir also zusammen spazieren (!), mit Pfeil und Bogen. Und als unser Sohn das erste Kaninchen sah, seinen Bogen spannte und den Pfeil abschoss, passierte etwas, mit dem niemand gerechnet hatte – am allerwenigsten das Kaninchen. Der Pfeil traf es voll am Hintern. Alle Beteiligten schauten sehr überrascht – auch das

Kaninchen. Es hoppelte empört davon. Und unser Sohn wusste von diesem Augenblick an, dass er sich jederzeit selbst versorgen könnte. Das tut einiges fürs Selbstvertrauen.

»Äh, nein, Pfeil und Bogen solltest du für unsere Nachtwanderung zu Hause lassen. Im Dunkeln kann man so schlecht sehen, wo die Pfeile hinfliegen – und dann sind sie weg. Und keine Sorge, wir nehmen was zu essen mit.«

Im Rucksack hatten wir also jede Menge Wasser und Verpflegung eingepackt. Außerdem: Isomatte, Schlafsack, Taschenlampe, Fernglas und Fledermausdetektor. Mit so einem Detektor lassen sich die Rufe von Fledermäusen hörbar machen. Fledermäuse jagen ja mit einer Art Echolot. Leider – oder zum Glück – können wir Menschen diese Ultraschalllaute normalerweise nicht hören, denn sie haben eine viel zu hohe Frequenz. Auftritt: Fledermausdetektor. Der macht eigentlich nichts anderes, als dass er Ultraschall in Töne umwandelt, die auch wir Menschen hören können.

Nachdem wir unsere Vorbereitungen abgeschlossen hatten, hieß es, warten bis es dunkel wurde. Das zieht sich an einem lauen Juniabend natürlich ein bisschen hin. Als die Sonne untergegangen war, marschierten wir los. Glücklicherweise leben wir in der Nähe eines Parks, der in ein größeres Waldgebiet übergeht. Kaum hatten wir den Wald erreicht, sahen wir auch schon unzählige grüne Lichter in der Luft schwirren. Glühwürmchen!

»Wir hätten gar keine Taschenlampen mitnehmen müssen«, meinte meine Tochter, die schon versuchte, ein paar der Leuchtkäfer einzufangen. Das war eine gute Gelegenheit, ein erstes Picknick zu machen.

»Ist es eigentlich sehr gefährlich, nachts im Wald zu sein?«, wollten die Kinder wissen.

»Ich hätte doch Pfeil und Bogen mitnehmen sollen«, befand der Sohn, »dann könnte ich uns verteidigen.«

»Nein«, beruhigte ich, »es ist nicht besonders gefährlich im Wald. Die meisten Tiere haben Angst vor uns und hauen ab, wenn sie uns bemerken. Außer vielleicht Wildschweinmütter mit ihren Ferkeln – denen gehen wir einfach aus dem Weg.«

»Und Einbrecher und so?«

»Na ja, die werden sich höchstwahrscheinlich nachts nicht im Wald rumtreiben, sondern eher in der Stadt ihren Geschäften nachgehen«, versuchte ich mich selbst zu beruhigen. Denn auch ich hatte ein leicht mulmiges Gefühl. Ich sollte nicht so viele Horrorfilme gucken.

»Sind wir dann die einzigen Menschen hier im Wald?« Große Augen starrten mich an.

»Vielleicht treffen wir mal auf einen einsamen Jogger. Aber die sind auch sehr scheu und rennen meistens schnell davon.« Insgeheim hoffte ich natürlich, dass wir vielleicht ein Reh oder wenigstens einen Fuchs sehen würden. Aber wenn wir uns weiter so angeregt unterhielten, würden alle Tiere natürlich wirklich einen großen Bogen um uns machen.

Wir packten unser Picknick zusammen und zogen weiter zu dem kleinen Teich, der ganz in der Nähe lag. Als wir das Wasser erreicht hatten, gab es um uns herum keine Farben mehr, nur der Himmel schimmerte noch ganz leicht dunkelblau. Wir setzten uns ans Ufer und schauten auf die Schwäne in der Mitte des Teichs.

»Was machen die da?«

»Wenn es dunkel wird, dann schlafen die meisten Wasservögel nicht an Land, sondern auf dem Wasser. Das ist sicherer, weil Füchse da nicht so leicht hinkommen. Es sei denn, sie mieten sich ein Tretboot, aber davon hab ich noch nie was gehört.«

»Ha, ha, sehr witzig, Papa!«

Wir saßen still da. Das Wasser plätscherte, die Grillen zirpten – und etwas flog durch die Luft. »Ich dachte, Vögel schlafen auch nachts«, sagte meine Tochter und zeigte auf die seltsamen Vögel, die fast in Zick-Zack-Linien in der Luft hin und her flatterten.

»Ich glaub, das sind gar keine Vögel, sondern Fledermäuse!«

Schnell wurde der Fledermausdetektor rausgeholt und eingeschaltet. Die Fledermauslaute glucksten aus dem kleinen Lautsprecher und hörten sich an wie experimentelle Synthesizer-Musik aus den 1970er Jahren.

»So hören sich Fledermäuse an?«, wollten die Kinder wissen.

»Na ja. Nicht ganz. Dieses Gerät macht ungefähr das Gleiche, wie wenn ihr den Finger auf die alten Hörspielplatten legt und die sich beim Abspielen langsamer drehen. Und das Beste ist: Solche Geräte gibt es noch gar nicht so lange, vielleicht 20, 25 Jahre. Davor waren die Fledermausstimmen ein großes Geheimnis, das nur wenigen Menschen bekannt war.« Allgemeines Staunen machte sich breit. Wir blieben noch ein bisschen sitzen und sahen den Tieren zu. Dann gingen wir weiter, tief in den Wald hinein.

Inzwischen war es so dunkel geworden, dass wir kaum die Stelle finden konnten, die ich mir ein paar Tage vorher zum Übernachten ausgesucht hatte. Am Rand einer kleinen Lichtung mitten im Wald gab es nämlich ein paar umgestürzte Bäume, auf die man sich prima setzen konnte, die sich aber auch gut als Rückenlehne nutzen ließen. Und da, dachte ich, könnten wir auch den Rest der Nacht verbringen. Wir irrten ein bisschen durchs Dickicht, was außer mir aber niemandem auffiel. Und endlich waren wir da. Es war inzwischen kurz vor Mitternacht. Wir breiteten unsere Isomatten aus und machten es uns in den Schlafsäcken gemütlich.

Wenn man so im Wald sitzt und ganz still ist, merkt man auf einmal, wie laut die Natur ist. Ständig knackten irgendwo Äste, es raschelte und Käuzchen riefen sich irgendwelche Nachrichten zu. Das jüngste Kind bekam jetzt doch ein bisschen Angst und zweifelte daran, ob es so eine gute Idee gewesen war, nachts in den Wald zu gehen. Wir flüsterten uns lustige Geschichten über das Leben in der Wildnis zu. Als wir merkten, dass die Luft kälter wurde, rückten wir noch näher zusammen. Irgendwann waren wir ganz still.

»Hör auf, so zu schnaufen!«, sagte mein Sohn.

»Ich bin das gar nicht!«, aber ich hörte es auch. Ein heftiges Atmen und Schnaufen, das immer lauter wurde. Es kam näher.

»Was ist das, Papa?« Ich suchte nach der Taschenlampe. »Moment, ich glaube, das ist –«, ich schaltete das Licht ein und suchte den Boden ab. Und tatsächlich, ein paar Meter von uns entfernt kämpfte er sich durch das Unterholz: »Ein Igel!«

»Wie süß!«, rief meine Tochter, die bis dahin noch nie in ihrem Leben einen echten Igel gesehen hatte. Der Igel mochte das Licht nicht so gerne und verschwand schnell wieder in der Dunkelheit.

Ich machte die Lampe aus und kurze Zeit später schliefen alle Kinder. Ich konnte nicht schlafen. Irgendwie war diese Übernachtung im Wald doch nervenaufreibender, als ich gedacht hatte.

Sehr früh am nächsten Morgen wachte ich als Letzter auf. Das Gesicht meines Sohnes war direkt vor meinem, sein Zeigefinger lag auf seinen Lippen. Er machte keinen Mucks, sondern bewegte seinen Kopf nur ganz leicht nach links. Ich schaute in die Richtung, in die auch die anderen beiden Kinder guckten. Und da, am anderen Ende der Lichtung, wo die Bäume wieder etwas dichter wuchsen, stand tatsächlich ein Reh und knabberte Kräuter oder Gräser vom Waldboden. Ich traute mich kaum zu blinzeln. Dass wir ein Reh sehen konnten, war ein Riesenglück. Wir atmeten kaum, damit wir es ja nicht verscheuchten. Auf einmal grummelte mein Magen. Richtig laut. Das Reh schaute auf, blickte in unsere Richtung und verschwand.

»Papa! Jetzt hast du es verscheucht!«

»Tut mir leid, das war nicht ich, das war mein Magen. Wollen wir nicht nach Hause gehen und frühstücken?« Wir packten unsere Sachen ein und machten uns leise auf den Heimweg. Als wir aus dem Wald kamen, ging gerade die Sonne auf.

8.
Gartenhaus

An einem warmen Sommernachmittag packte mich der Aktionismus. Seit Jahren schon stand unser Gartenhaus morsch und schief in der Gegend herum. Beim Herausholen des Rasenmähers war ich schon im Jahr zuvor (oder war es bereits zwei Jahre her?) durch die Bodenbretter gebrochen. Außerdem hatte ich seit ein paar Tagen das Gefühl, im Büro nicht recht voranzukommen, da war mir körperliche Arbeit gerade recht. »Hat einer von euch Lust, mit mir das Gartenhaus abzureißen?«, fragte ich die Kinder. Sie starrten mich verwirrt an. »Aber zuerst müssen wir es leerräumen.«

Nicht dumm, winkte mein Nachwuchs ab. »Vielleicht später, Papa.«

Das war ja klar.

Voller Enthusiasmus arbeitete ich zuerst um das Bodenloch herum. Gartengeräte, alte Blumentöpfe, halbleerer Rasendünger, allerlei wichtige Utensilien mussten zunächst umgesiedelt werden. Nachdem ich mich zwei Mal fast auf die Nase gelegt hatte, ging ich erst mal ein Brett suchen, mit dem ich das Loch notdürftig überdecken konnte. Wenig später stand ich mit dem Kopf voll Spinnweben in der hintersten Ecke des Häuschens und fluchte. Aber irgendwann war die Hütte leer. Geht doch.

Einmal schaute ein Kindergesicht um die Hausecke, sah Arbeit und verschwand wieder. Ich beschloss, mir einen bewundernden Blick einzubilden.

Weiter ging's mit Elan, denn jetzt kam die aufregendere Kuhfuß-Phase. Es hatte in das Häuschen reingeregnet, im Inneren roch es nach Schimmel und Holzfäule, insofern rechnete ich nicht mit großem Widerstand. Und tatsächlich ließen sich gefühlte drei Latten am mitgenommensten Ende ohne große Mühe abreißen. Als ich die dritte heraushebelte, kratzte ich mir mit einem der zahllosen Nägel über den Unterarm.

Narben machen sexy.

Ich nahm mir trotzdem vor, noch am gleichen Tag meinen Impfpass zu suchen und meinen Tetanus-Status zu checken.

Ab Latte vier nahm der Spaß allerdings ab, ich kam mir vor wie der Wolf im Märchen mit den drei Schweinchen: »Und der Wolf hustete und prustete, aber er konnte das Haus der drei kleinen Schweinchen nicht zusammenpusten.« Dabei holzte ich gewaltig herum. Splitter flogen durch die Gegend, Latten brachen, mein Shirt war durchgeschwitzt, die Arbeit war frustrierend und zugleich zutiefst befriedigend. Es krachte und knirschte, das Radio johlte, und schon lange hatte kein Kind mehr vorbeigeschaut. Umso erfreulicher auf einmal das langgezogene »Oooah!«

Eine Seite des Hauses klaffte auf, überall lagen Holzlatten, mein Haar klebte am Schädel – Papa als Berserker, das sieht man auch nicht alle Tage. Diesmal war ich sicher, dass es Bewunderung war. Oder zumindest fasziniertes Erstaunen. Vielleicht auch gemischt mit einem Hauch Entsetzen.

Irgendwann kam ich auf die Idee, die nächsten Latten mit der Rundung des Kuhfußes in der Mitte durchzuschlagen. Ging aber nicht, und wenn man Pech hat, fliegt einem das Ding aus der Hand und segelt sonstwohin. Wieder was gelernt. Immerhin hatte ich kein Kind getroffen.

Nach einer Weile bemerkte ich zudem, dass ich die ersten abgerissen Latten nicht weit genug weg gepfeffert hatte, um noch Platz zum Arbeiten zu haben. Also alles zwei Meter nach rechts schleppen.

Und wie sollte ich nun das Dach abkriegen? Extra eine Leiter holen und dann Latte für Latte? Das kam mir überaufwändig vor. Ich begann, an den Überständen zu ziehen, und tatsächlich ließen sich Teile des Daches einfach abreißen wie Pfefferkuchen. Es roch auch ein bisschen so (ich bin kein Pfefferkuchenfan).

Erst als ich knapp die Hälfte des Hauses zerlegt hatte und ein paar Schritte zurücktrat, um mein Werk zu bewundern, fragte ich mich: Und was mache ich jetzt eigentlich mit den ganzen nagelgespickten Latten? Die will ich ja nicht alle einzeln zum Recyclinghof fahren!

Aber jetzt war es auch ein bisschen spät, das Projekt abzublasen und bis zum nächsten Sommer zu vertagen.

»Wow!«, sagte jetzt ein anderes Kind und haute ab, bevor die Arbeit weiterging.

Ich überlegte, die Axt zu holen, um den letzten Widerstand der Hütte zu brechen. Aber ehrlich gesagt hatte ich Bedenken, mir mit dem Ding vielmehr in den Fuß zu hacken. Das käme dann ja nicht mehr so machermäßig rüber wie mein Tagwerk bisher.

Also weiter mit dem Kuhfuß. Scharniere brechen, Latten krachen, an den unmöglichsten Stellen finden sich zähe Schraubverbindungen. Ich bin verschwitzt, verdreckt, voller Spinnweben. Als ich das erste Viertel des Bodens vorsichtig hochnehmen kann, stelle ich fest, dass unter dem Gartenhaus doch keine Rattenfamilie lebt, wie ich angenommen hatte. Erleichterung meinerseits, denn ich hätte nicht recht gewusst, wie ich mich gegen eine wütende obdachlose Ratte wehren sollte.

Als nur noch eine Hausecke aufragt, lehne ich mich dagegen, um sie von den restlichen Bodenplatten abzuhebeln. Das klappt nicht, stattdessen kippe ich aber mitsamt der verbliebenen Seitenwände und der letzten paar Bodenlatten auf den Holzhaufen daneben. Ich kann von Glück sagen, dass ich bei meinem notorisch unvorsichtigen Wirbeln nicht mit einer Schraube im Schienbein endete.

Ich rappelte mich auf und besah mir das Schlachtfeld. Gut die dreifache Grundfläche des bisherigen Gartenhauses war mit geborstenem Holz bedeckt. Es sah aus, als hätte ein Riese zum Geburtstag einen Häcksler bekommen. Ratlos schaute ich mich um.

Mittlerweile stand der Nachbar am Zaun und fragte gutmütig: »Und jetzt machste Feuer, oder?«

»Darf man doch nur zu Ostern, dachte ich.«

»Nö. Man muss es nur löschen, wenn es die Nachbarn stört.«

Keine Ahnung, ob er recht hatte, aber es erklärt, warum besagter Nachbar alle paar Monate in seinem Garten hinten einen kleinen Scheiterhaufen abfackelt. Nun beschweren würde er sich ja offenbar nicht.

Ich betrachtete das Unheil, das ich angerichtet hatte. Irgendwann war mir jede Systematik abhanden gekommen, viele der Holzteile waren deutlich zu groß für jeden Kofferraum, ganz zu schweigen davon, dass ich keine Lust hatte, alles auf die andere Seite des Hauses zu schleppen.

Feuer. Hm. Passt eigentlich. Ich legte den Kopf in den Nacken und sah himmelwärts. Keine Wolke, kein Regen in Sicht.

Halbherzig kickte ich ein paar Latten aufeinander. Wie macht man überhaupt Feuer, im Freien? Können davon die trockenen überhängenden Äste der nachbarlichen Tanne in Brand geraten? War die Farbe, in der unser Vorbesitzer das Gartenhaus gestrichen hatte, ungiftig? Wird die Hauswand rußschwarz zurückbleiben?

Zu viele interessante Fragen, um sie unbeantwortet zu lassen, und außerdem wuchs das Gras hier nicht besonders dicht und Asche soll doch guter Dünger sein, habe ich irgendwann mal irgendwo gehört.

Mitten in meinem Lattenchaos ragte ein trotziger Farn in die Höhe, die meisten Blätter abgerissen, aber über die Knolle war ich schon ein halbes Dutzend Mal gestolpert. Der Anblick machte aus meinem Verlangen einen Entschluss.

Zeitung, Grillanzünder, Feuerzeug, geht doch. Echte Männer fackeln nicht lange, sie legen einfach los.

»Kommt mal, ich hab Feuer gemacht«, verkündete ich den Kindern nach einer Weile.

Sie schauten mich zunächst ungläubig an, dann gingen sie nachsehen und staunten. Ihr Blick huschte von den ersten Flammen zu mir, hin und her. Ich strahlte zufrieden.

»Ist das nicht ein bisschen nah am Haus?«, fragte das Kind, dessen Zimmer auf dieser Seite lag.

»Kann schon sein«, gab ich mürrisch zu und begann, Latten aus der Reichweite des Feuers zu ziehen. Mit zwei Brettern stupste ich den Brandherd etwas weiter vom Haus weg, aber möglichst nicht unter die Äste der Tanne. Jetzt war der Moment, Gefühl zu zeigen.

Es dämmerte, und wenn ich mit einem Brett die brennenden Balken lüpfte, zog das Feuer Sauerstoff und die Flammen loderten höher. Längst hatten die Kinder sich Stühle geholt und Position bezogen. Ich freute mich an ihrem Lächeln im orangenen Schein der Flammen.

Als ich die störrische Hausecke, die ich nicht mehr weiter auseinandergenommen hatte, auf das Feuer warf, erlosch es fast, bahnte sich dann aber doch wieder seinen Weg.

Die Kinder fingen an zu singen. Irgendwann holte ich meine Gitarre und spielte die zweieinhalb Lieder, für die ich keine Noten brauche.

Eine Fledermaus huschte über unsere Köpfe hinweg. Wir wussten gar nicht, dass eine in unserer Nähe wohnte. Fasziniert folgten wir ihren wilden, abrupten Wendungen. Meine Begeisterung über dieses kleine bisschen Natur in der Stadt ersetzte mit der Zeit die Angst der Kinder, vom Vampir gebissen zu werden.

Wir saßen da und hatten zu tun, ohne zu reden. Ins Feuer zu schauen ist eine der faszinierendsten Beschäftigungen sowohl für für jung als für alt. Live und in Farbe: unsere ganz eigene Kaminfeuer-DVD.

Irgendwer erinnerte sich an eine Tüte Marshmallows, deren Haltbarkeitsdatum wir im Dunkel glücklicherweise nicht überprüfen konnten. Der erste fiel mir unter großem Gelächter gleich von der Astspitze ins Feuer und verkohlte stinkend in einem Feuerbällchen. Nun konnte sich jeder dem Feuer im eigenen Tempo und der persönlichen Gemütslage gemäß nähern, dann dauerten die Marshmallows eben ein wenig länger, aber wir hatten ja sowieso nichts Besseres zu tun.

Ich fütterte das Feuer, bis wir alle rochen wie die Köhler. Als wir ins Bad gingen, stelle ich fest: Es wäre klüger gewesen, das Fenster zu schließen. Unser Bad stank wie ausgebrannt, der Boden war mit einer feinen Schicht Asche bedeckt.

Am nächsten Tag regnete es. Der Aschehaufen hinter dem Haus dampfte trotzdem noch. Die ganze Familie meckerte darüber, wie das Haus roch. Es dauerte über eine Woche, bis wir alles gewaschen hatten, Handtücher, Vorleger, Vorhänge.

Als der Regen endlich aufhörte, hatte keiner Lust, mir zu helfen, den nassen Aschehaufen voller Nägel, Schrauben und verbogener Scharniere wegzuschaufeln. War ja klar.

Aber ich fühlte mich toll. Ich hatte unser Gartenhaus verbrannt. Und wir hatten singend um das Feuer gesessen wie Tom Sawyer und Huckleberry Finn, wie Cowboys im Wilden Westen. Bei den Pfadfindern hatte ich mich nie wohlgefühlt, aber nach diesem Feuerzauber kam ich mir vor, als wäre ich erst vor kurzem aus dem Neandertal hergezogen. Verschwitzt, verrußt, sehr männlich. Das war keine geplante oder anberaumte Bonding-Aktivität. Es ist einfach passiert, und es war einfach schön.

Nur der blöde Farn, der hat alles überlebt und wedelt jetzt nicht mehr im Schatten des Gartenhauses mit seinen gefiederten Armen, sondern mitten auf dem neongrünen, massiv überdüngten Rasen. Den werde ich bei Gelegenheit wohl mal ausgraben müssen. Wenn ich nichts Besseres zu tun habe. In dieser Hinsicht kann man ja auch von den eigenen Kindern mal lernen.

9.
Fluffy

Ich sitze am Küchentisch und versuche, eine Idee zu haben. Das ist eigentlich die schwierigste Arbeit.

Aus dem Augenwinkel sehe ich meine Tochter näherkommen. Ich hätte jetzt lieber eine Idee als ein Problem, aber irgendetwas daran, wie sie steht – so ungewöhnlich ratlos, fast schüchtern –, macht das unmöglich.

Ich schaue auf, und sie sagt: »Ich glaube, Fluffy ist tot. Er liegt nur so da und ist ganz hart.«

Fluffy ist der Hamster ihrer Freundin.

Wenn Hamster sich hart anfühlen, ist das vermutlich kein gutes Zeichen. Es ist das Äquivalent zu »der Goldfisch schwimmt mit dem Bauch nach oben«.

Meine Tochter war sehr stolz gewesen, als ihre Freundin sie gebeten hatte, in den Ferien deren Hamster zu versorgen. Die Freundin wohnte gleich um die Ecke, meine Tochter hatte einen eigenen Schlüssel bekommen und sollte auch gleich noch die Post reinholen.

Jeden Morgen war sie zuverlässig losgezogen. Wetter egal, meist noch vor dem Frühstück.

Ihr Gesichtsausdruck und ihre Körperhaltung sind in diesem Moment schwer zu deuten.

»Sollen wir mal beide gucken gehen?«, schlage ich vor.

Sie nickt.

Wir machen uns auf den Weg. Eine Kinderhand schiebt sich in meine. Offenbar macht sie sich große Sorgen. Auf halber Strecke bricht es aus ihr heraus: »Wenn Fluffy wirklich tot ist – dann ist Marie ja ganz traurig – und vielleicht will sie dann nicht mehr meine Freundin sein, weil sie denkt, ich habe nicht gut auf Fluffy aufgepasst. Aber das habe ich. Und ich will nicht, dass sie traurig ist oder schlecht von mir denkt. Marie ist mir wichtig!«

Die beiden sind seit dem Kindergarten befreundet.

»Lass uns erst mal gucken, vielleicht schläft er ja auch nur«, schiebe ich das Unausweichliche hinaus.

Wir schließen auf und schleichen in das stille Haus.

Anfangs war es mit dem Füttern nicht ganz so rund gelaufen. Als meine Tochter zum ersten Mal kam, hörte sie im Haus Stimmen und Musik. Hinterher erzählte sie besorgt: »Ich dachte, oben sind Einbrecher, deshalb habe ich Fluffy ganz leise gefüttert und nur kurz mit ihm gespielt.« Ist das nun kritik- oder lobenswert? Ich habe es unkommentiert gelassen. Letztlich war es natürlich nur der vergessene Radiowecker. Diesen sollte sie am nächsten Tag ausschalten, aber weil sie nicht herausfand, wie das geht, zog sie schlicht den Stecker. Mein Kind ist offenbar eine ganz patente Problemlöserin.

Heute aber: kein Radio, kein Hamsterrascheln.

Der Käfig steht im Wohnzimmer. Wir nähern uns langsam und auf Zehenspitzen, als könnte der kleine fluffige Fluffy auf einmal zum untoten Monsterhamster mutieren, sein Plastikröhrenlabyrinth sprengen und uns die Köpfe abbeißen.

Alles sieht gut aus. Die Streu frisch, die Wasserflasche voll, die Futterschale gefüllt. Links vorn in der Ecke liegt ein kleiner Wuschel und schläft friedlich.

Ich knie mich hin und betrachte ihn. Was jetzt? Wenn ich den Käfig abnehme und der Hamster wirklich nur schläft, springt er über den Rand und rennt unter das Sofa. Hatten wir schon mal. Kein Spaß.

Meine Tochter und ich sehen einander ratlos an. Sie ist ja sogar so mutig gewesen, ihn mit den Fingern zu streicheln. Ich bin das nicht. Ich sehe Bilder von wurmverseuchtem Fleisch aus tausend Fernsehkrimis vor mir.

In einer Zubehörkiste entdecke ich einen kleinen Plastikrechen für die Streu. Durch die kleine Käfigklappe stupse ich den Hamster an. Er bleibt reglos und hat die Konsistenz haariger Knete. Der ist hin.

Höchstwahrscheinlich jedenfalls. Muss man von ausgehen. Aber was verstehe ich schon von Hamstern? Vielleicht besteht ja doch noch Hoffnung?

Für einen Augenblick würde ich am liebsten alles so lassen, wie es ist, täglich Wasser und Futter wechseln, und am Ende so tun, als hätte der kleine Racker sich die ganze Zeit mit uns prächtig amüsiert. Aber ich weiß, das geht nicht – schlechter Stil, schlechtes Vorbild, kommt nicht infrage.

Ich schaue auf, meine Tochter steht fluchtbereit in der Wohnzimmertür. Jetzt nicht sinnlos rumquatschen, denke ich mir, und sage möglichst ruhig, ohne Füllwörter und lifestylige Lässigkeit in der Stimme: »Du hast recht. Fluffy ist tot.«

Tränen glitzern in ihren Augen. Sie kommt näher, geht in die Knie und flüstert: »Armer, kleiner Fluffy. Ich hoffe, es geht dir gut, wo immer du auch bist.«

Wow, denke ich. Wow.

Sie schmiegt sich an mich. Das hatten wir lange nicht. Ich halte den Mund und bin hin und her gerissen zwischen genießen und mitfühlen. So hocken wir eine Weile da, bis meine Knie nicht mehr wollen.

»Und was machen wir jetzt?«, frage ich sie. »Wir können ihn jedenfalls nicht drei Wochen lang hier liegen lassen.« Es folgt eine kurze, anschauliche Diskussion über Verwesung.

Am Ende bleiben die Optionen: Mülltonne, Blumenbeet, Tiefkühlfach.

»Hm«, macht meine Tochter fachmännisch. »Wir müssen fragen. Vielleicht möchte Marie ihren Hamster selbst wegwerfen.«

Sensationeller Satz, oder?!

Wir prüfen noch, ob es im Haus leere Tiefkühlfächer gibt. Fehlanzeige. Höchstens zwischen drei Bechern Ben & Jerry's wäre noch Platz für einen Hamster im Frischhaltebeutel ...

»Aber vielleicht ist das auch nicht so toll, wenn du ihr jetzt 'ne SMS schickst: *Fluffy ist tot, was sollen wir machen?*«, sage ich.

Sie nickt. »Das macht ja den ganzen Urlaub schlimm.«

Wir beschließen, dass ich direkt die Eltern ansimse. So kann ich auch gleich betonen, wie besorgt meine Tochter ist, dass ihre Freundin sauer auf sie sein wird. Die Reaktion kommt prompt: Wir wissen, dass sie sich super um Fluffy gekümmert hat – begrabt ihn bitte zwischen den beiden großen Büschen im Garten – wir sagen es unserer Tochter in den nächsten Tagen und halten dann eine Gedenkveranstaltung, wenn wir wieder da sind.

Also treten wir am Nachmittag erneut an. Ich nehme eine kleine Schaufel von zu Hause mit, meine Tochter eine dicke rosa Hortensien-Dolde. Zuerst suchen wir den optimalen Ruheplatz, und ich hebe ein zwanzig Zentimeter tiefes Loch aus. Dann klopfe ich die Schaufel ab, und wir gehen ins Haus.

Insgeheim haben wir wohl beide gehofft, dass der tote Hamster sich mittlerweile in seiner Röhre verkrochen hat und alles nur eine Fehldiagnose war. Aber er liegt weiter einfach nur da.

Vorsichtig schiebe ich die Schaufel unter seinen Bauch. Es ist mein erstes totes Tier, und ich bin nicht vom Bauernhof, ich habe keine Vorstellung, was mich erwartet.

Erstaunlicherweise kniet meine Tochter sich vor die Schaufel, als ich sie aus dem Käfig ziehe, und schaut sich Fluffy ganz genau an. »Er hat die Augen zu«, flüstert sie. »Und ganz kleine Pfötchen. Und er lächelt.« Vielleicht ist es Wunschdenken, aber es tut uns beiden gut.

Draußen im Garten stoppt sie mich. »Aber du darfst ihn nicht einfach in das Loch plumpsen lassen. Er soll so liegen, wie er gestorben ist, mit dem Bauch nach unten. Sonst fühlt er sich nicht wohl.«

Ich hätte nicht weiter darüber nachgedacht, aber es macht auch keine Mühe, den Hamster vorsichtig mit dem Rücken nach oben in sein Grab gleiten zu lassen. Wir verharren in einer Anstandspause, sie begutachtet die Lage des Hamsters und nickt zufrieden. Nun kommt Erde drauf, festklopfen, dann die Hortensien-Dolde. Weil das noch nicht feierlich genug aussieht, pflücken wir im Garten eine Handvoll Blumen und legen aus ihnen einen Kranz aufs Grab. Sie wären eh verblüht, bevor die Urlauber zurückkehren.

Dann noch ein paar Fotos für die Hamsterbesitzerin, die wir an die Eltern schicken können. Arm in Arm gehen wir nach Hause. Es war unsere erste Beerdigung.

Gemeinsam haben wir es gemeistert. Ich bin fasziniert, wie ruhig und vernünftig meine Tochter mit dem Tod umgeht. Sie ist traurig, aber man merkt, dass sie weiß, dass es vorbeigehen wird. Sie hat Angst, dass ihre Freundin von ihr enttäuscht sein wird, aber man merkt, dass sie auch weiß, dass sie alles richtig gemacht hat. Viele widerstreitende Gefühle, harte Arbeit.

Am nächsten Vormittag will meine Tochter wissen, ob wir große Karteikarten haben. Das Beste, was ich finden kann, sind hellgrüne DIN-lang-Trennblätter für Aktenordner. »Die sind schön, das ist gut«, sagt sie und holt Filzstifte und ihren Füller.

Sie setzt sich zu mir und schreibt. Ich sitze da und versuche es weiter mit dem Ideenhaben. Als wir fertig sind, fragt sie: »Willst du mal lesen? Habe ich für Fluffy und Marie geschrieben.«

Sie schiebt mir zwei hellgrüne Karten hin.

»Lieber Fluffy«, steht auf der ersten. »Wir vermissen dich alle so sehr! Ich weiß, dass Marie dich mehr liebte, als jeder andere es je könnte. Wir haben unser Bestes gegeben, um dich am Leben zu behalten. Du bist in Frieden gegangen. Ich weiß dies, weil du sehr friedlich aussahst. Du warst erstaunlich!«

»Liebe Marie«, beginnt der zweite Text. »Es tut mir wirklich leid, dass Fluffy von uns gehen musste. Ich habe mich bis zum Ende sehr gut um ihn gekümmert. Du hast Fluffy mehr geliebt, als jeder andere je könnte. Wir vermissen Fluffy alle sehr. Er ist in Frieden von uns gegangen. Fluffy war genial!«

Jedenfalls ist ihr Arbeitsergebnis an diesem Vormittag besser als meines. Ja, es ist ein bisschen kitschig. Aber vor allem voller Gefühl.

Mit so einer Tochter freue ich mich beinahe schon auf meine eigene Beerdigung. Na ja. Jedenfalls habe ich weniger Angst davor. Sie wird die richtigen Worte finden, während ich, mit Fluffy auf dem Schoß, von irgendwoher stolz und glücklich zuhöre.

10.
Karussel

Man arbeitet sich langsam vor. Die ersten Jahre schieben wir unser Baby im Kinderwagen über den Jahrmarkt. Wir essen Schmalzgebäck und trinken Glühwein. Um uns blinkt und dreht sich alles, Musik dröhnt, und die Luft riecht nach Zuckerwatte mit Bratwurst. Wir plaudern miteinander, erzählen uns Geschichten aus der Vergangenheit, denken zurück an die Achterbahnfahrten unserer Kindheit und Jugend.

Jahrmärkte sind ein merkwürdig passendes Symbol für die Teenagerjahre. Es ist laut und unübersichtlich; das Angebot ist vielseitig, aber nichts passt so recht zueinander. Es ist voll, und man ist doch allein. Vor allem: Alles dreht sich, nix ist fix. Selbst während man nur zuschaut, kann einem schon schwindelig werden vom Autoscooter, der Schiffsschaukel oder dem Karussellgekreisel. Ich erinnere mich noch, genau so war auch mein Seelenleben in den Jahren zwischen zwölf und zwanzig.

Jahrelang waren wir nun nicht mehr auf derartigen Festveranstaltungen, haben lieber eine Lesung besucht oder eine Wim-Wenders-Wiederholung angesehen.

Warum also jetzt die Rückkehr zu den Wurzeln der Unterhaltung? Wo das Kind noch viel zu klein ist, um selbst mitzumachen oder auch nur großzügig zu staunen?

Vielleicht, weil wir wissen oder zumindest ahnen, dass hier auf dem Jahrmarkt, im Namen des Amüsements, große Schritte der Menschwerdung erfolgen werden. Unser Kind wird mit jedem Besuch mehr zu sich finden, sich selbst wahrnehmen – sich lösen aus der Symbiose mit uns. Es wird eigene Erfahrungen machen, eigene Gefühle empfinden, die wir höchstens beobachten, aber nicht mehr teilen können. Und weil jeder Schritt weg vom Elternteil (so wichtig und unausweichlich er ist) die Eltern schmerzt, müssen wir uns langsam hineinarbeiten in diese Entwicklung. Sonst werden die Reize irgendwann überwältigend und unerträglich.

So stehen wir also auf den ersten Jahrmärkten noch herum, stellen uns vor, wie unser Kind ein paar Jahre später juchzend für Hunderte von Euro Runde um Runde fährt, bis es sich hinter der nächstbesten Bude erbricht, und sind nicht sicher, ob wir uns darauf freuen oder ob uns davor graut, die Ausgaben zu beschränken, die Essensmengen, die Zahl der Drehungen um die eigene Achse.

Jahrmarkt ist aus Elternsicht eine Art potenzierter Kindergeburtstag. Nach jedem guten Geburtstag stellt man eine Kotzschüssel neben das erschöpft schlafende Kind – nach dem Jahrmarktbesuch kann man sich sicher sein, dass sie auch gebraucht werden wird. So war es jedenfalls bei uns, und warum sollte es inzwischen anders sein? Wir haben die Gene unserer Kinder ja nicht bei der NASA bestellt, Option »schwindelfrei«.

Ein halbes Jahr später werden Schmalzgebäck und Glühwein ersetzt durch Crêpes und Limonade, oder umgekehrt, je nach Jahreszeit. Das Baby sitzt jetzt schon im Kinderwagen, es schaut mit großen Augen über den Rand, und je nach pädagogischer Position lässt man es mal an den Süßwaren der Eltern lecken oder lieber nicht.

Es gibt ja sogar Eltern, die schaffen es, ihrem Kind die Existenz von Schokolade bis zum ersten Schuljahr zu verheimlichen. Beim zweiten wird das aber dann schon schwieriger.

Die nächsten Runden absolvieren wir bereits im Buggy, und je bunter es gegenüber leuchtet, je wilder es nebenan wirbelt, desto heftiger wird das Zerren an den Befestigungsgurten.

Einen Vorgeschmack auf in diesem Ambiente mögliche Erlebnisse bietet der erste Happen Zuckerwatte. Weil das Kleinkind sich und alle Welt mit dem Holzstab ins Auge stechen würde, zupfen wir eine Wattepadmenge ab und legen sie dem unschuldigen Zwei- bis Dreijährigen auf die Zunge.

Das Kind ist sichtlich irritiert. Es fühlt, dass es nicht wirklich etwas im Mund hat – und gleichzeitig schmeckt es so intensiv! Wie kann das nur sein? Die Augen verdrehen sich ob dieser Reizverwirrung. Das eine Kind lächelt selig, das andere schaut entgeistert vor Überforderung. Ich stelle es mir vor wie diese Highspeed-Aufzüge in neueren Hochhäusern. Es fühlt sich an, als stünden wir still. Es sieht auch aus, als stünden wir still. Und gleichzeitig sagen einem die Ohren, gleich kommt der Überschallknall.

Danach darf sich der kleine Liebling vielleicht noch selbst etwas Zuckerwatte abzupfen. Die unsere Kinder dann lustigerweise nicht sofort in den Mund nachstopften, sondern erst einmal in Ruhe untersuchten. Wobei die luftigen Stränge schmolzen und die Kinderpatschepfoten wie rosa Sekundenkleber aneinanderleimten.

Das gab großes Geschrei, und weil wir keine Feuchttücher dabei hatten, gingen wir zügig nach Hause.

Aber es gibt Lektionen, die lernt man nicht. Auf den Jahrmarkt zu gehen, gehört einfach zur Kindheit, ob es den Eltern nun Spaß macht oder nicht. Also pilgerten wir ein Jahr später wieder dorthin. Inzwischen war der Buggy nur noch Backup für den Rückweg.

Und dann kam der magische Moment. Die erste Fahrt im Karussell.

Erst einmal standen wir zehn Runden lang da und schauten ihm zu. Ein Feuerwehrwagen, ein Rennwagen, eine Kutsche. Pferde.

Drachen. Eine Tasse, die sich auch noch um die eigene Achse drehte. Ein Krankenwagen. Eine Schildkröte.

Darüber ein Spiegelhimmel mit zahllosen Glühlampen.

Die Musik ein Gemisch aus Leierkastengedudel und Schlager.

Es ist klar, heute ist es so weit, aber wir trauen uns noch nicht so richtig.

Wir stehen einfach nur da, eine kleine Familie vor dem nächsten großen Schritt, mitten im Gewimmel.

Am anderen Ende des Marktplatzes gibt es ein Konkurrenzkarussell, das wir uns ebenfalls genau ansehen. Man kann nicht sicher sagen, was die beiden unterscheidet – jedenfalls weder der Preis noch die angebotenen Reitgelegenheiten.

Auch die TÜV-Siegel scheinen gleich frisch zu sein.

Wir wollen unser Kind schließlich wieder heil mit nach Hause nehmen. Und man liest ja so viel. Vor lauter Sorge würden wir am liebsten umkehren. Aber den Kindern beim Großwerden zuzuschauen, ist dann eben doch so schön, dass man den Schmerz aushält.

Zu einer Dreierkarte, bei der eine Fahrt praktisch umsonst ist, können wir uns nicht durchringen. Was, wenn es unserem Kind nicht gefällt? Oder die Kraft nicht ausreicht, der Fliehkraft standzuhalten? Was, wenn es aus dem Rennwagen geschleudert wird und sich eine blutende Platzwunde zuzieht, ein Schleudertrauma, eine schwere Verletzung?

Dann hätten wir zwei Fahrten zu viel bezahlt, kommt nicht infrage. Nächstes Jahr. Oder übernächstes. Für solche Investmentrisiken ist allemal noch Zeit.

Aus sicherheitstechnischen Überlegungen können wir uns nicht zu einem Pferd durchringen, sondern warten, bis das Feuerwehrauto vor unserer Nase hält. Wir schieben unser Kind hinein, gurten es an, schließen die Tür.

Sicherer geht nicht.

Beunruhigt treten wir zurück, halten einander an den Händen.

Auf dem Kindergesicht: zu gleichen Teilen freudige Erwartung und Panik. Dann bimmelt die Warnglocke, die Gluckeneltern gehen von der Plattform, die Musik setzt ein, die Lichter blinken, das Karussell beginnt sich zu drehen.

Und schon bei der ersten Runde geschieht etwas Magisches. Die widerstreitenden, unsicheren Gefühle werden ersetzt durch ein breites, allumfassendes Strahlen. Zuerst auf dem Gesicht unseres Kindes, dann auf unseren Gesichtern. Wir fühlen, was wir sehen – Glück!

Dieses zauberhafte, flüchtige Gefühl zwischen Himmel und Erde. Die Überraschung, die Unmöglichkeit, man sitzt und scheint doch zu fliegen, es ist wundervoll und dennoch langsam genug, keine Angst zu machen. Es ist ein Lächeln, das wir nie vergessen wollen, voll seliger Fassungslosigkeit darüber, was das Leben so alles zu bieten hat, wie es sich anfühlt.

Wir stehen da und wissen, es wird noch tausend solche Rides geben – echte und auch im übertragenen Sinne –, und sie werden nicht alle so toll sein. Aber der erste wenigstens ist gelungen. Der Start, die möglicherweise prägende Erfahrung. Wir waren nicht zu vorsichtig und nicht zu übermütig, es war der richtige Moment.

Vielleicht wäre ein anderer Moment genauso gut gewesen. Das kann man nicht wissen, und es ist auch egal. Dieser war jedenfalls gut und richtig, das ist es, was zählt.

Schließlich verklingt die Musik, die Lichter erlöschen, und wir fädeln unseren kleinen Schatz aus dem Feuerwehrauto. Es gibt gar kein Jammern nach mehr, nach nochmal. Einmal ist genug, jeder Weg beginnt mit einem ersten Schritt, aber die ersten Schritte müssen nicht viele sein, sie müssen nur getan werden.

Wir stehen noch ein wenig da und schauen dem bunten Treiben zu, dann teilen wir eine Zuckerwatte und gehen nach Hause. Also, wir gehen, das Kind lässt sich schieben und schläft selig lächelnd ein.

11.
Winterfreude

»Es schneit«, singen Rolf Zuckowski und seine Freunde im Chor mit unseren Kindern. »Es schneit, es schneit, kommt alle aus dem Haus!«

Mein Gott, es ist noch früh, es ist Wochenende, es ist dunkel, was soll denn das?

»Die Welt, die Welt«, tönt es weiter, »sieht wie gepudert aus!«

Unsere Schlafzimmertür fliegt auf, Musik und Gesang werden lauter, »guck mal, guck mal, guck mal, es hat geschneit!« Ein Kind springt aufs Bett, ein anderes reißt die Vorhänge auf. In der Morgendämmerung kann man dicke Flocken herunterschweben sehen, und ich muss zugeben, das ist hübsch.

Jetzt könnte man sich schön ins Bett kuscheln, alle zusammen, und verschlafen dem Zauber der Welt dort draußen zusehen. Aber für so besinnliche Momente sind Kinder nicht gemacht. »Kommt, aufstehen, wir müssen Schlittenfahren und Kakao trinken und einen Schneemann bauen!«

Unsere Kinder laufen durchs Haus wie aufgescheuchte Hühner. Doppelt so wach wie an jedem Schultag, und es scheinen auch mindestens doppelt so viele wie sonst zu sein. Verzweifelt verlangen sie Handschuhe, Mützen, Schneeanzüge, Winterstiefel. Wochenlang haben sie am Fenster geklebt und auf weiße Flocken gehofft – aber natürlich ist niemand auf die Idee gekommen, sich vorzubereiten.

Wir Eltern ebenfalls nicht, weil wir wie immer vergessen oder verdrängt hatten, dass im Falle des Schneefalls alles sofort einsatzbereit sein muss und man selbstverständlich ungefrühstückt das Haus verlassen wird!

Am meisten scheint unsere Kinder dieses Jahr zu frustrieren, dass wir nicht für jedes von ihnen schon eine große Thermosflasche voll dampfend heißem Kakao bereitstehen haben. In welcher Fernsehshow das wohl wieder zu sehen war?

Sie poltern die Treppe hinunter und reißen die Haustür auf: »Sieh nur, Spuren!« – es folgt andächtiges, neugierig machendes Schweigen. Als ich neben ihnen stehe und hinausschaue, muss auch ich lächeln. Durch den frisch glitzernden Schnee führen ein beschaulicher Pfad aus Katzenpfoten sowie die hektischen Tupfer eines Hasen! Die Kinder rätseln, welche Wunderwesen da wohl unterwegs gewesen sind.

Die Aufregung wächst, nun muss es schnell gehen! Stiefel und eine dicke Jacke über dem Pyjama reichen, um sich hinauszuwagen. Als ich das erste Knirschen von Schuhen auf unberührtem Schnee höre, werde auch ich wieder zum Kind, dick eingepackt im Winterwunderland.

Die mollige Bekleidung vermittelte mir damals ein Gefühl von Sicherheit und Halt, man kann nur noch watscheln, ist geborgen, und selbst wenn man hinfällt, spürt man kaum etwas. Den ganzen Sommer über hatte ich aufgeschürfte Knie und Ellenbogen, blaue Flecken an den Schienbeinen vom Fußballspielen und Beulen an der Stirn von was weiß ich was. Aber der einzige Winterunfall, den ich je miterlebte, war ein Kind auf einem Grundschulausflug, das mit vollem Karacho an einen Baum rodelte. Da war dann zwar der Notarzt fällig, aber insgesamt war die Verletzungsdichte pro Halbjahr im gut gepolsterten Winter erheblich geringer.

Wie Raumfahrer staksten wir mit rechtwinklig abstehenden Armen durch die fremde Welt. Ich erinnere mich noch an einen Winter, in dem es gar nicht mehr aufhörte zu schneien. Schließlich stopfte meine Mutter mich in den obligatorischen Schutzanzug und stellte mich auf einen Schneeberg. (Ich kann noch nicht besonders groß gewesen sein, sonst hätte sie mich ja nicht mehr heben können. Aber ich kam mir schon unheimlich groß vor.)

Eine Sekunde lang stand ich da wie der König der Welt und begutachtete mein verschneites Reich, dann gab die dünne Kruste unter mir nach und ich sackte ein. Es ist eine der faszinierendsten und glücklisten Erinnerungen meiner Kindheit, wie ich bis zum Hals im Schnee stecke und laut lachend gerade noch über den Rand hinweg hinausschauen kann.

So dicht können Traum und Trauma beisammen liegen. Und die Eltern können gar nichts machen. Hätte der Schnee zehn Zentimeter höher gelegen und mich verschluckt, wäre mir sicher bloß Panik im Gedächtnis geblieben.

Wie wir damals wollen nun auch unsere Kinder alles sofort und gleichzeitig: Schneemann bauen, Schneeballschlacht, Rodeln gehen und Schlittschuh laufen! Und dazwischen jedes Mal eine Tasse dampfend heiße Schokolade! Dieser Winter wird uns offenbar vom Verband der Kakaohersteller präsentiert.

Die erste Schneemannkugel rollen sie noch mit bloßen Händen, während wir Eltern hastig die Wintergarderobe herbeischaffen. Im Nu liegt der ganze Flur voll voluminöser Klamotten. Genau – deshalb haben wir sie auch nicht schon vorher herausgeholt. Weil dann ganze Flügel unpassierbar werden!

Alles ist zu klein geworden, doch zum Justieren der Einstellungen ist jetzt keine Zeit, rein in die Klamotten, wieder raus in den Schnee.

Unerwartet schnell schlägt die gemeinsame Begeisterung der Geschwister mit dem ersten Schneeballtreffer in Streit um, und kaum waren alle draußen, kommen sie auch schon wieder zeternd und schimpfend herein, krümeln beim Ausziehen alles mit Schnee und Eis voll und beschweren sich, dass der gewünschte Kakao noch immer nicht auf dem Tisch steht.

Während wir Frühstück zaubern, schmelzen die Schneereste auf den im Flur hingeworfenen Klamotten, und hinterher sind die Sachen nass und das Gejammer ist groß. Und ich denke, genau so geht es vermutlich jetzt in jedem Haushalt mit Kindern zu, und auf einmal überkommt mich eine unerwartete Ruhe, ich fühle mich als Teil einer großen, wenn auch anonymen Gemeinschaft. So lasse ich das Bedürfnis, gute Ratschläge auszuteilen, von mir abperlen, als sei ich aus Lotus, und johlend rennen die Kinder wieder nach draußen.

Nun sind wir dran. Haben wir überhaupt Winterkleidung für Erwachsene? Wir wissen es nicht mehr und begeben uns auf die Suche. Immer wieder eine lustige Erfahrung, für die Kinder hat man jeden Mist – aber für die eigene Ausstattung fehlen Zeit, Geld, Aufmerksamkeit. Jedes unserer Kinder hat mehr Jacken, mehr Schuhe, mehr Pullis, mehr Hosen, Handschuhe und Mützen, mehr eigentlich alles als ich. Der Fairness halber: Alle Kinder gemeinsam haben trotzdem weniger Schuhe als meine Frau. Falls ich tatsächlich richtige Wintersachen haben sollte, sind sie entweder sonstwo oder uralt, das ist mir die Mühe nicht wert, ich ziehe einen Pulli an und steige in meine normalen Winterschuhe, in einer Schublade finde ich noch einen rosa Schal, der zwar sicher nicht mir gehört, aber es braucht ihn offensichtlich momentan keiner. Weil ich oft Rad fahre, habe ich ein Paar Handschuhe und weiß sogar, wo.

Und dann knartsche ich erst mal ein paar Runden durch den Schnee. Erst langsam, ganz langsam, dann ein wenig schneller, knartsch, knartsch, knartsch, das allein ist ja schon lustig, und es schneit noch immer, ich lege den Kopf in den Nacken und strecke die Zunge raus und lasse mir dicke Flocken in den Mund fallen. Das musste sein, jetzt bin ich im Winter angekommen, nun kann ich helfen, den Schneemann zu bauen. Wir rollen einen dicken Ball, am Ende bewegt er sich kaum mehr vom Fleck, wir rutschen immer wieder ab, fallen auf die Knie, wir lachen über uns und alles und nichts. Was ist der erste Schneetag ohne Schneemann? Welch ein Glück, dass Wochenende ist!

Eine Karotte und zwei Kieselsteine später bewundern wir unser Werk von drinnen, während wir uns die eisigen Finger an ... ja, glücklicherweise hatten wir noch Milch und einen Rest Kakaopulver im Haus!

Wir nennen unseren Schneemann ganz originell »Frosty«.

Am Nachmittag ziehen wir gemeinsam mit einer befreundeten Familie die Schlitten zu einem Hügelchen in der Nachbarschaft. Es ist lächerlich klein – aber leer. Öfter fahren zu können, ist allemal besser als an trendigen Riesenabfahrten lange warten zu müssen. Weil wir nicht so viele Schlitten wie Kinder haben, hatte ich noch einige Plastiktüten eingesteckt, und am Ende rutschen der andere Vater und ich mit der größten Begeisterung darauf um die Wette, bis unsere Jeans komplett durchnässt sind, weil wir natürlich keine Schneehosen haben, und wenn wir welche hätten, würden wir sie nicht tragen, das wäre zu peinlich, aber so ist es ein verrückter Spaß. Unsere Frauen stehen kopfschüttelnd daneben und wissen möglicherweise nicht recht, ob sie uns liebenswert kindlich oder lächerlich kindisch finden sollen. Zurück nach Hause lassen die Kinder sich natürlich ziehen, sie klammern sich auf den Schlitten fröhlich strahlend aneinander, wie sie es im normalen Leben nie täten, und das allein ist es wert, belohnt zu werden.

Inzwischen wird es schon wieder dunkel, der Schnee ist flachgetreten und beginnt zu vereisen, mir reicht es nun eigentlich mit dem Winter. Aber der Schnee bringt uns einander näher. Er ist so selten und erstaunlich, dass er für uns Erwachsene die unbewusst willkommene Gelegenheit bietet, alle Pflichten in den Wind zu schießen und mitzumachen, was man eben einfach machen muss, wenn es schneit. Der Schnee, weil ebenso überraschend wie flüchtig, erzwingt kaltherzig unsere Teilnahme *jetzt*. Für einen verzuckerten Moment können wir die Zeit anhalten und gemeinsam hinaustoben. Wir können für ein paar Stunden mit unseren Kindern wieder selbst Kind sein – wir müssen nicht planen und organisieren, im Griff haben und vorausschauen. Sondern nur einen krummen und schiefen Schneemann bauen und ihm eine leuchtende Karottennase ins Gesicht stecken. Es reicht, einfach nur mitzumachen, dabeizusein, dazuzugehören. Wundervoll.

Der Tag endet, wie er meiner Meinung nach hätte anfangen sollen, aneinander gekuschelt unter allen Decken, die wir finden konnten, auf dem Sofa. Jeder mit einem Becher ... ach, ich glaube, jetzt kann ich erst mal ein Jahr lang keinen Kakao mehr sehen!

12.
Krank

Das Schlimmste, dachte ich früher, ist, wenn das eigene Kind krank ist. Man sitzt neben dem kleinen fiebernden Bündel, das abwechselnd jammert und wimmert, und kann nichts tun. Erst sehr viel später habe ich begriffen, dass man auf diese Weise ganz viel tut: Einfach da zu sein, ist ausgesprochen heilsam.

Wenn ich an meine Kindheit zurückdenke, dann waren die Krankentage eigentlich nicht die schlechtesten. Im Bett liegen, Geschichten hören, eine Suppe essen, manchmal gab es eine Comiczeitschrift, bei länger andauernden Verläufen bekam ich sogar mal ein Buch oder ein kleines Spiel geschenkt – das war ganz schön. Am besten fand ich, wenn ich mir auf Reisen den Magen verdarb. Dann kriegte ich nämlich Salzstangen, Bananenscheiben und – Trommelwirbel – Cola! Die gab es sonst nie!

Wichtiger als das gesamte Drumherum war mir aber, dass jemand sich kümmerte. Und damit meine ich nicht den heute standardmäßigen Hausaufgabenpaten. (Gab's bei uns nicht. Das waren noch Zeiten!) Sondern die Eltern, später auch die Freunde. Anlässlich einer schweren Mittelohrentzündung nahm meine Mutter einmal mein damaliges Lieblingsvorlesebuch auf Tonband auf, damit ich es in Endlosschleife hören konnte, ohne ihre hausfraulichen Verpflichtungen zu beeinträchtigen. (Leider haben wir die analoge

Aufnahme nicht rechtzeitig digitalisiert, und das Band ist zerkrümelt, bevor unsere Kinder krank genug waren.)

Ein anderes Mal lag ich mit Fieber im Bett und einer meiner Schulfreunde kam mit einem Schuhkarton voll Matchbox-Autos vorbei. Seine Autos waren nämlich viel besser als meine. Mit denen setzte er sich dann bei mir auf den Kinderzimmerfußboden und spielte, während ich im Bett lag und vor mich hin dämmerte. Vermutlich lief dabei auch noch ein Hörspiel, Karl May oder *Die Schatzinsel*. Zum Abendbrot musste er dann wieder nach Hause gehen.

In ähnlicher Weise leistete meine Clique später einer Freundin Gesellschaft, die mit einem Bänder- oder Kreuzbandriss 14 Tage Bettruhe halten musste: Reihum fuhr jeden Tag einer von uns nach der Schule zu ihr ins Krankenhaus, saß dort rum und langweilte sich mit ihr. (Inzwischen ist es wohl für jeden offensichtlich: In meiner Kindheit gab es noch kein Internet und auch nur drei Fernsehsender, »Erstes«, »Zweites« und »Drittes«, die damals auch erst am späten Nachmittag den Betrieb aufnahmen und dann außer einer einzigen Zeichentrickserie nur *Sesamstraße*, Nachrichten, Volksmusik und *Derrick* zeigten.)

Zu jener Zeit fragte ich mich, warum die Eltern so hartherzig waren und nicht den ganzen Tag am Krankenbett ihres doch wohl über alles geliebten Kindes saßen?! Heute weiß ich es: Sie hatten Jobs, einen Haushalt und noch andere Kinder.

Wie um die Schatten meiner Kindheit zu tilgen, saß ich nun hilflos neben meinem fiebernden Nachwuchs und litt. Bei allem technischen und medizinischen Fortschritt kann man heute als Elternteil immer noch nicht viel mehr zur Genesung beitragen als damals: vorlesen, Fieber messen, kalte Wickel machen, Suppe bringen, Hörspiele einlegen. Okay, die Hörspiele kann man heutzutage auch schon aus der Online-Bibliothek streamen, aber die Suppe immer noch nicht.

Aber später kam alles noch viel schlimmer.

Denn: Kind krank, Eltern gesund, das geht eigentlich noch. Kind gesund, Eltern krank – das ist allerdings eine ganz andere Geschichte. Und die geht zum Beispiel so: Ein Elternteil ist mitten im Winter noch gesund genug, um zur Arbeit zu gehen. Das andere nicht. In diesem Fall hatte ich gefühlt fünfzig Fieber und Kopfschmerzen wie bei der Mondlandung. Die Tagesmutter war natürlich auch krank, oder es waren Ferien, ich weiß es nicht mehr. Jedenfalls war ich plötzlich allein mit einem Kleinkind (und diese Situation war in späteren Jahren mit mehr Kindern praktisch beliebig skalierbar).

Nun denkt man, mit einem Kleinkind wird man als leicht geschwächter Erwachsener doch wohl trotzdem fertig. Aber weit gefehlt. Ich saß also auf der Couch, hörte Hörspiele und litt halluzinierend vor mich hin. Noch heute versetzen mich die Ausrufe »Hex, hex« und »Törööö!« sofort in eine tiefe Trance. Als ich wieder aufschaute, war es vier, und es hatte geschneit. Im Wohnzimmer.

Vor dem Bücherregal saß ein höchst zufriedenes Kind – umgeben von den Schnipseln mehrerer Bildbände. Erstaunlich, wie klein man Papier reißen kann, wenn man genug Zeit und Geduld mitbringt.

Rückblickend verblüfft mich am meisten, dass ich mich nicht erinnern kann, wütend oder schockiert oder auch nur souverän amüsiert gewesen zu sein. Ich habe es einfach nur zur Kenntnis genommen und die Augen wieder zugemacht. Hex, hex!

Es war mir aber eine Lehre, in den darauffolgenden Jahren habe ich versucht zu vermeiden, auf gesunde Kinder aufpassen zu wollen/sollen, wenn ich selbst krank war. Man muss auch wissen, was man nicht kann.

So ging das ein paar Jahre, und ich dachte, wir haben alles im Griff. Bis wir in einem russischen Winter plötzlich *alle* krank wurden. Eltern und Kinder. Alle gleichzeitig. Und zwar richtig.

Es begann nicht bei einem nach dem anderen, es schlich sich nicht an, man sah es nicht kommen. Am Abend lasen wir noch gemeinsam vor, und alle gingen friedlich zu Bett. Am nächsten Morgen hatte ich Kopf- und Gliederschmerzen, Fieber, Husten, Hass. Wie in der Fernsehwerbung.

Ich versuchte, meine Frau aus dem Bett zu stoßen, damit sie sich um die Kinder und die Welt kümmerte. Ohne Zuschauer krank zu sein, ist zwar nur halb so schön, aber ich war bereit, dieses Opfer zu bringen. Doch auch sie war dazu außerstande; sie fühlte sich an wie eine heiße Herdplatte und machte auch in etwa solche Geräusche.

Heldenhaft stemmte ich mich also aus dem Bett, um wenigstens die Kinder aus dem Haus zu schaffen, damit wir in Ruhe leiden konnten. Auf allen Vieren kroch ich durch den Flur, tastete mich an der Wand entlang.

Im Kinderzimmer war es still. Das ist selten ein gutes Zeichen. Es bedeutet beispielsweise, dass wir ein neues Wandgemälde haben oder dass jetzt alle Klamotten farblich ungeordnet vor dem Schrank aufbewahrt werden, solche Sachen.

Auch diesmal war die Stille kein gutes Zeichen. Es war so still, weil die Kinder kaum Luft bekamen, glühten und leise schnaufend auf der Seite lagen wie junge Möpse. Sie waren ganz einfach zu schwach, um aus dem Bett zu steigen und Mist zu bauen. Ich konnte es ihnen nachfühlen.

Folglich blieb ich erst mal eine Weile auf dem kuscheligen Kinderzimmerteppich liegen und schloss die Augen. Leider wurden meine Gliederschmerzen davon auch nicht besser.

Ein großer Vorteil des Krankseins ist, dass man keinen Hunger hat und nichts essen mag. Aber – die Cola, Salzstangen und Bananen meiner Kindheit hatten einen Grund – man braucht Flüssigkeit, Elektrolyte und auch ein ganz klein bisschen Energie, um den Kampf gegen die Viren nicht einfach aufzugeben und sich voll Selbstmitleid das Kissen ins Gesicht zu drücken, damit das Elend ein Ende hat.

So musste ich losziehen, um meine Familie zu retten. Das war insofern nicht schlecht, als ich mir dadurch direkt in der Apotheke eine ganze Flasche Anti-Erkältungstrunk mit Turbofiebersenker und Anti-Kopfschmerz-Effekt reinschütten konnte wie Jugendliche den Energydrink plus Kräuterschnaps am Samstagabend an der Tankstelle. Danach mussten wir uns natürlich eine neue Apotheke suchen.

Ich kehrte als wahrer Jäger und Sammler zurück mit Cola, Crackern, Bananen, sämtlichen rezeptfreien Medikamenten gegen fieberhafte Erkältungskrankheiten sowie einem Bund Suppengrün und einem Biohuhn. Jahre zuvor hatte ich mal ein Buch in die Hand bekommen mit dem Titel *Hühnersuppe für die Seele*, voller Kitsch, der angeblich das Ego heilt. Behalten hatte ich davon nur, dass echte Hühnersuppe dem Körper tatsächlich hilft, Krankheiten zu bekämpfen. Weil irgendwas drin ist, das zu irgendwas gut ist, mehr musste ich nicht wissen.

Weil ich so schwach war, hatte ich meine Beute im Einkaufswagen gelassen und war mit diesem wie mit einer Gehhilfe nach Haus gehumpelt. Nun verpasste ich allen noch eine Überdosis Fiebersaft und legte mich zurück ins Bett.

Danach weiß ich nichts mehr bis zum nächsten Mittag. Im Grunde ist das Überleben der Menschheit eine erstaunliche Sache.

Überrascht stellte ich fest, dass die teuren Möchtegern-Arzneien gar nichts halfen, es ging mir genauso dreckig wie am Tag zuvor. Allen anderen auch. Es war Sonntag, keine Arztpraxis offen und zum Notarzt fahren, würde wohl auch nichts bringen. Am meisten nervte mich, dass es mir zu schlecht ging, um mir oder den anderen die Zeit zu vertreiben. Fernsehen war zu laut, Hörbücher zu komplex, Musik hatte zu viele Instrumente und Bücher waren zu schwer.

Dann fiel mir wieder das Huhn ein. Ich hatte noch nie zuvor Hühnerbrühe gekocht, aber ich wusste, es ist kein Fast Food, denn irgendwelche Stoffe müssen erst aus den Tiefen der Knochen ausgeschwemmt werden. Einen Moment war ich in Versuchung, das Viech einfach in den Mixer zu stopfen, um die Masse dann nur kurz aufkochen zu müssen. Eigentlich hielt mich nur die Vorstellung davon ab, den Mixer danach wieder reinigen zu müssen.

Ich schaffte es gerade noch, das Gummiband vom Suppengrün zu zerren, kleinschneiden war nicht. Huhn drauf. Wasser bis zum Rand. Platte auf kleine Hitze. Kopf auf Küchentisch, schlafen. Als mich irgendwer warum auch immer wachrüttelt, ist es dunkel und riecht ... ich bin unentschieden, fühle mich noch nicht nach Essen. Herd aus, Cola mit Bananen und Salzkeksen für alle, gute Nacht.

Vielleicht, denke ich irgendwann nachts, sollten wir morgen doch mal zum Arzt gehen. Obwohl ich keine Ahnung habe, was der machen könnte. Es ist ja nicht meine erste schwere Erkältung, und noch nie hat ein Arzt mir beim Gesundwerden helfen können. (Wohl aber trinke ich seit ein paar Jahren einen ekelhaften Kräutertee, den mir ein Freund empfohlen hat. Seither hatte ich keine schwere Erkältung mehr. Vermutlich müssen die Viren von dem Zeug einfach kotzen. Hätte ich das Gesöff damals schon gekannt, wäre an dieser Stelle des Buchs wohl »Platz für Notizen«.)

Am nächsten Morgen konnten wir immerhin schon aufstehen. Es machte noch keinen Spaß, aber es ging. Stumm löffelten wir zimmerwarme Hühnersuppe zum Frühstück.

Danach sammelten wir uns auf der Couch und schauten den halben Tag Kinderfernsehen. Im Anschluss gab's noch ein bisschen Hühnersuppe, dann ging's wieder ins Bett, war ja schon halb drei.

Letztlich, kann ich stolz berichten, haben wir es überstanden. Ob es an der Suppe lag? Vielleicht. Gut getan hat allen aber einfach, beieinander zu sein. Gemeinsam zu leiden. Auch wenn es furchtbar anstrengend war.

Ein paar Jahre später passierte das Gleiche erneut, diesmal mit hartnäckiger Bronchitis. Alle litten, aber irgendwie haben wir die Bonus-Zeit ganz dicht an dicht auch genossen.

Hühnersuppe für die Seele.

13.
Longboard

Ein Longboard soll es sein. Alle haben eins, also steht es auf der Poleposition des Wunschzettels.

Auf den Straßen der Großstadt sind sie allgegenwärtig, also können diese Dinger ja auch nicht so teuer sein. Ein Skateboard kostete, als ich Kind war, unerschwingliche 39 Mark. Schützer und Helme waren damals noch nicht erfunden.

Also sollte der Spaß ja heute kaum über 50 Euro liegen. Denke ich. Wie dumm von mir.

Denn longboarden ist kein Verb, Longboarden ist ein Lifestyle. Sozusagen das iPhone unter den Fortbewegungsmitteln. Prompt duzt mich auch der Verkäufer, der aussieht, als wäre er noch in der Grundschule und hätte sich den hippen Fusselbart nur aufgesprüht. Schlimmer noch, er erzählt mir von Gummis und Achsen und Griptape.

Longboards sind für Stadtkinder offenbar ähnliche Statussymbole wie Golf oder Segeln. Eine Möglichkeit, sich abzugrenzen, ohne Punk-Musik hören zu müssen. Keine schlechte Sache.

Weil man statt eines guten Longboards auch gleich eine goldene Kreditkarte verschenken könnte, möchte ich das Interesse meines Kindes zunächst auf die Probe stellen. Außerdem habe ich aus meiner eigenen Skateboard-Karriere nur eine Lehre behalten. Man muss bremsen können, sonst endet selbige abrupt und schmerzhaft!

Aber wie soll man Longboardfahren lernen, wenn man keines hat? Es stellt sich heraus, man kann sie auch leihen, und das ist gar nicht mal so teuer (so wie der Tintenstrahldrucker ja auch viel billiger ist als die Tinte). Außerdem gibt es Longboard-Workshops für Anfänger – sowie zum Carven, Dancen und Freestyle. Bitte was? Carven kann ich mir ja noch vom Skifahren und Snowboarden erklären, aber Dancen?

Egal. Ich denke zurück an meine kurze Skateboard-Phase auf dem Brett meines Schulfreundes und erkenne die große Chance auf eine zweite Jugend. Meine Wunden von damals sind offenbar auch seelisch verheilt. Ich buche also zwei Plätze.

Zum Workshop muss man nicht nur Boards und Helm und Schützer mitbringen, sondern auch einen Haftungsausschluss. Wie bei einer OP unter Vollnarkose. Die ja vielleicht direkt im Anschluss stattfinden wird.

Wir treffen uns auf einer praktisch unbefahrenen Straße in einem Park. Ein Teil ist flach, dann kommt ein sanftes Gefälle. Die Longboardlehrer sind natürlich stilecht mit einem Bulli voller Bretter und Klebeband gekommen.

Mensch, denke ich, das hätte ich sein können, wenn ich damals wieder aufgestanden und zurück aufs Brett gestiegen wäre.

Die Teilnehmer setzen sich im Kreis auf ihre Boards und stellen sich vor. Da ist die Frau, die sich bei ihrem ersten Longboard-Versuch gleich den Oberschenkel gebrochen hat und es jetzt noch mal wissen will. Ihr Freund, dessen Verständnis für ihre Angst verdammt ungeduldig klingt. Da sind ein paar Achtjährige in Formel-1-Outfits, die von den Eltern hergeschickt wurden, »um bremsen zu lernen«. Sie sagen das, als wäre Bremsen ungefähr so nützlich wie Lebertran.

Einige Teenager, die offenbar selbst nicht wissen, warum sie hier sind, glaubt man ihrem Murmeln. Ein sehniger Mann in meinem

Alter im Partnerlook mit seinem ... oh, das ist gar nicht sein Lover, das ist sein Sohn. Na gut, warum nicht.

Und ich, mit Kind.

Danach sollen wir reihum unsere Boards vorstellen, die Geschichte dazu erzählen. Ich halte das für Quatsch, es wird aber überraschend informativ – in dieser Runde lerne ich mehr über die Teilnehmer als in der zuvor. Und wir erfahren auch noch vieles über die unterschiedliche Flexibilität der Bretter, die Form, die Lenkung, die Rollen. Man kann mit einem ganz normalen Maulschlüssel eine ganz normale Mutter fester anziehen und damit das Lenkgummi zusammenquetschen, schon fährt sich das Board ganz anders. Man kann dafür aber auch dieses lustig geformte Spezialwerkzeug verwenden, von dem wir nur noch wenige Exemplare zum Sonderpreis im Angebot haben, rufen Sie jetzt an!

Wir erfahren auch, was es alles für »Styles« in diesem Sport gibt. Man kann Rennen auf Geschwindigkeit fahren, man kann Carven (so wie Slalom), man kann einfach machen, was man will (»Freestyle«) – und es gibt eben Leute, die (Kopfhörer im Ohr, obwohl man das natürlich nicht soll) im Fahren auf dem Board Tanzschritte ausführen. Das ist Longboard-Dancing. Man kann ja auch Yoga auf dem SUP-Board machen (das Stand-up Paddle Board ist eine Art extrastabil im Wasser liegendes Surfbrett, das man fährt wie ein Kanu, auch so ein merkwürdiger Trend).

Als wäre eine Disziplin allein nicht schwierig genug. Ich grille ja auch nicht beim Drachenfliegen.

Dann sollen wir uns in Anfänger und Fortgeschrittene einteilen, was ich bei einem Anfänger-Workshop irgendwie verwirrend finde. Wir bleiben bei den Anfängern, die auf dem flachen Straßenstück erst mal lernen, das Board in Schwung zu versetzen und dabei nicht gleich auf die Nase zu fallen. Ab und zu gelingt es mir, mit beiden Füßen auf dem Brett zu stehen und ein paar Meter vor mich hin zu rollen. Ein wundervolles Gefühl, so ähnlich muss Wellenreiten sein. Der Suchtfaktor wird schnell klar.

Die Oberschenkelbruch-Freundin ist natürlich ebenfalls bei den Anfängern geblieben. Sie tut sich schwer damit, auch nur einen Fuß aufs Brett zu setzen. Ich kann das verstehen.

Ihr Freund, der sich ganz selbstverständlich als fortgeschritten einordnete, wird von den ungerührten Longboard-Profis direkt von der Schräge wieder ins Anfängerlager geschickt, nachdem er wortwörtlich geradewegs in die Rabatten gebrettert ist. Muffig gurkt er nun zwischen uns umher.

Alle unter zwanzig tun sich erkennbar leichter. Man bremst, indem man das Schwungbein (mit dem man sich abstößt) aufsetzt und die Schuhsohle über den Asphalt schleifen lässt. Dabei knacken meine Knie, und ich beginne zu taumeln. Die Teenies probieren es zwei, drei Mal, dann haben sie's drauf und einen Grund, doppelt so viel Gas zu geben, um ihr Limit zu testen.

Stolz höre ich, wie mein Kind von der Workshop-Leiterin gelobt wird. Besorgt beobachte ich den folgenden Wechsel zu den Fortgeschrittenen auf dem abschüssigen Straßenteil. Aber man muss sie gehen lassen, zumal unter so kontrollierten Bedingungen. Ich zeige »Daumen hoch« und denke: Notfalls haben wir noch den Erste-Hilfe-Kasten im Auto.

Den muss ich dann am Ende für mich selbst bemühen, weil ich mir bei meinen endlosen Bremsübungen den linken Knöchel am Brett aufschramme.

Ein wenig enttäuscht bin ich, am Ende als allerletzter Anfänger immer noch auf dem flachen Abschnitt vor mich hin zu rollen. Sogar meiner Workshop-Leiterin bin ich langweilig geworden, sie ist zu den anderen gegangen. Ich fahre mal schneller, mal langsamer, mein Standbein schmerzt vom Balancieren und In-die-Knie-Gehen, aber wenigstens habe ich mich nicht einmal hingelegt.

Am besten gefällt mir, dass der Bulli voller Bretter liegt, die man ausprobieren darf. Kurze und lange, harte und weiche, steife und gelenkige. Ich bin fasziniert davon, wie Dinge, die so ähnlich aussehen, sich so verschieden anfühlen können. Es ist wie beim Küssen, aber das behalte ich für mich.

Als ich genug habe, bleibe ich oben am Hang stehen und sehe den anderen zu. Mein Kind, das vorher noch nie auf so einem Rollbrett stand, kurvt zufriedenstellend souverän um die aufgestellten Hütchen. Das Strahlen auf seinem Gesicht macht das Geburtstagsgeschenk endgültig klar.

Das Vater-Sohn-Pärchen schwingt sich allen Ernstes synchron auf den beiden Straßenseiten hinab. Die haben vielleicht kein Longboard-Problem, aber sicher Therapiebedarf.

Die Formel-1-Boys fahren zwischen den Hütchen Schuss, absichtlich.

Die Oberschenkelbruch-Frau fährt auch zwischen den Hütchen Schuss, allerdings unabsichtlich.

Ihr Freund kracht erneut in einer angeberisch scharfen Kurve ins Unterholz. Sein Board rast talwärts. Niemand macht sich die Mühe, es zu stoppen. Nicht mal seine Freundin.

Bei denen möchte ich heute Abend auch nicht zu Hause sein.

Auf dem Nachhauseweg höre ich von hinten: »War cool, dass du mit warst. Aber bitte kauf dir jetzt kein Board, okay?«

Ich schlucke meine gekränkte Ehre herunter und verbuche es unter »richtig Geld gespart«.

Ein paar Wochen später gibt es tatsächlich ein Longboard zum Geburtstag.

Es ist ein voller Erfolg.

Noch ein paar Wochen später marschieren wir beim Einkaufen die Straße entlang. Ein durchtrainierter Mittvierziger in Flipflops fährt auf seinem Longboard an uns vorbei. Er fährt gut.

»Siehst du«, sagt mein Kind.

Ich schaue ratlos.

»So würdest du auch aussehen, wenn du dir ein Board gekauft hättest.«

»Aber er fährt doch gut«, sage ich. »Besser als der da.«

Ein junger Mann, etwas über zwanzig, holpert mit der Eleganz eines Treckers mit Auspuffschaden an uns vorbei.

»Ja, schon. Aber er ist alt«, ist die Antwort.

Als ob ein Longboard daran etwas ändern würde.

Und da fällt bei mir der Groschen. Das Longboard, von dem ich mir ein Gefühl ewiger Jugend verspräche, wäre in Wahrheit der krasse Kontrast, der mein Alter erst richtig zum Vorschein bräch- te. Das Longboard wäre das gespielt hippe Accessoire meiner Sterb- lichkeit.

Es verhöhnt sie nur, solange man jung genug ist.

Alles hat seine Zeit.

Zum Beispiel die Nacht. Manchmal schleiche ich mich heimlich mit dem Longboard raus und rolle lautlos die Straße entlang. Aber nur bei Neumond, wenn ich sicher sein kann, dass Gevatter Tod mich nicht sieht.

14.
Street-Art

Ich hasse To-do-Listen. Ich hasse sie, weil sie einem das Gefühl geben, schon ordentlich was geschafft zu haben, nur weil man aufschreibt, was man noch erledigen muss. Ich hasse sie, weil sie einem versprechen: »Du musst mich nur abhaken, dann wirst du ein zufriedenerer Mensch sein!«. Und ich hasse sie, weil es nicht mal einen netten deutschen Begriff dafür gibt. »To do« klingt wie eine Fanfare oder ein Tusch oder wie das »woohoo« von Super Mario! Das lässt sich einfach nicht übersetzen. »Zu-tun-Liste« klingt, als hätte man Thunfisch in der Nase stecken, »Zu-erledigen-Liste« ist viel zu sperrig, und »Machen-Liste« klingt wie ein Satz, den meine rumänischen Verwandten sagen, wenn sie Organisationstipps geben wollen.

»Machen Liste!«

»Ja, ist ja gut, ich mach ja schon ’ne Liste!«

Die fünfzigste! Ich habe so viele To-do-Listen, ich brauche eigentlich eine Liste für meine Listen. Für jede Gelegenheit hab ich eine: die To-do-Liste für zu Hause, die To-do-Liste fürs Büro, die To-do-Liste für wenn ich zufällig mal Frau Merkel treffen sollte. Dabei habe ich nur eine einzige To-do-Liste, die ich tatsächlich wirklich sehr mag. Das liegt wahrscheinlich an der simplen Tatsache, dass ich weiß, ich werde niemals auch nur einen Punkt auf dieser Liste abhaken können. Denn es ist die To-do-Liste für den Fall eines Jackpot-Multi-Millionen-Lottogewinns.

Jedes Mal, wenn ich schlechte Laune habe, werfe ich einen Blick auf diese Liste, und es geht mir direkt besser. Es stehen so Sachen darauf wie: für einen Tag einen Freizeitpark mieten, alle Freunde und Bekannten einladen und kein einziges Mal bei den Fahrgeschäften anstehen. Oder: Alle Treppen in unserem Haus so umbauen, dass sie sich auf Knopfdruck in Rutschen verwandeln. Oder: Für einen Monat die gesamten Werbeflächen in unserer Stadt buchen und statt Reklame einfach freundliche Nachrichten an alle draufschreiben lassen. So was wie »Du siehst gut aus heute!«

»Witzige Idee!«

Ich drehte mich um. Mein Sohn stand hinter mir und las, was ich auf meine Lottogewinn-Liste geschrieben hatte. »Ich muss doch sehr bitten! Diese Liste ist privat!« Ich legte meinen Unterarm über das Blatt Papier, so wie mein Sitznachbar in der Schule, der mich nicht abschreiben lassen wollte.

»Ich wusste gar nicht, dass du so drauf bist.«

»Was meinst du?« Ich schaute skeptisch zu ihm hoch.

»Find ich gut. Überall, wo man hinguckt, ist Werbung. Das nervt voll. Immer muss man was kaufen.« Kinder! Da sind sie gerade mal eben mit der Grundschule fertig und stecken schon voller Konsumkritik. Aber er hatte ja recht. Die Stadt, in der wir leben, ist ein Raum, der zugemüllt ist mit Zeugs, das nichts mit uns zu tun hat. Kein Wunder, dass wir dichtmachen und alles wegfiltern. Wenn wir draußen unterwegs sind, schließen wir unsere Augen, wenn auch nur im übertragenen Sinn. Das Dumme dabei ist, dass wir deshalb auch nicht mehr die schönen Sachen sehen, die um uns herum vorhanden sind. Eigentlich sollte man die Gestaltung des Raums, der uns umgibt und der dadurch Teil von uns selbst wird, nicht nur anderen überlassen – vor allem nicht nur den Leuten, die was verkaufen wollen. Eigentlich sollten wir aktiv mitgestalten und den Raum und damit uns selbst zurückerobern.

»Mir ist langweilig, Papa!«

Mein Sohn riss mich aus meinen Revolutionsgedanken. Ich glaube, ich ballte sogar die Hand zur Faust, als ich antwortete: »Wir werden uns die Stadt zurückholen!«

Es gab einen Atemzug lang Pause. Eine Augenbraue wurde hochgezogen. »Ist gut, Papa«, sagte mein Sohn langsam und schaute mich dabei mitleidig an. »Mir ist trotzdem langweilig.«

»Willst du denn nicht wissen, wie wir das machen?«

»Doch, doch«, sagte er. Aber ich bemerkte, wie er zur Tür blickte und seine Flucht vorbereitete.

»Wir werden Street-Artists!«

»Papa, ist das nicht verboten?«

»Ja-ha, wenn wir tagtäglich mit blöder Werbung auf der Straße belästigt werden – das ist erlaubt. Aber wenn wir uns künstlerisch betätigen, was Schönes machen und dabei gar nichts verkaufen wollen, dann ist das verboten!«

»Ja, so ist das, glaube ich.« Seit wann sind eigentlich Kinder vernünftiger als ihre Eltern? Das war auch nicht immer so.

»Wir machen unsere Kunst so, dass sie von alleine wieder weggeht. Mit Sprühkreide zum Beispiel. Dann kann sich keiner beschweren«, beruhigte ich ihn.

Ich brauchte gar nicht mehr weiter Überzeugungsarbeit zu leisten, denn Spraydosen üben immer einen ganz besonderen Reiz aus. Wenn es darum geht, mit einer Sprühdose Farbe auf eine Fläche zu bringen, sind alle Kinder sofort dabei. Wir überlegten uns, dass die Idee auf meiner Lottogewinnliste eigentlich gar nicht so schlecht sei: Einen aufmunternden Satz liest jeder gern. Und so setzten wir uns an den Computer und druckten zwei Wörter schön groß auf zwei DIN A4 Seiten aus: »Kopf hoch!« Wir klebten die Papiere auf relativ dicken Karton und schnitten die Buchstaben aus. Nach ein paar Mal Fluchen und zehn verkrampften Fingern hatten wie eine großartige Kartonschablone. In einem Laden für Künstlerbedarf kauften wir zwei Dosen Sprühkreide – weiß und orange – und probierten zu Hause unsere Schablone aus. Wir legten sie im Hof auf den Boden und sprühten mit der Farbe drüber. Dann warteten wir einen Moment, nahmen die Schablone wieder hoch und waren zufrieden. Alles war prima zu lesen.

»Wir können jetzt aber nicht einfach so rausgehen und überall auf den Bürgersteig sprühen. Da sind viel zu viele Leute unterwegs«, meinte mein Sohn.

»Du hast recht. Wir machen es, wenn es dunkel ist und nicht so viele Menschen auf der Straße sind.« An diesem Abend gingen wir früh ins Bett – der Rest der Familie wunderte sich und Vermutungen wurden angestellt, ob wir noch ganz gesund seien. Gegen vier Uhr morgens klingelte mein Wecker. Ich weckte meinen Sohn, und wir schlichen, ohne dass die anderen wach wurden, mit unserer Sprühkreide und der Schablone nach draußen.

»Das ist ein guter Platz«, sagte er an der ersten Fußgängerampel. »Die Leute sollten hier sowieso besser nach oben gucken und nicht auf den Boden.« Er grinste, und wir sprühten unser erstes Stencil auf den Bürgersteig.

»Stencil« ist englisch für Schablone und eine der ältesten Formen von Street-Art. Nein, ich muss mich korrigieren: Stencils sind so alt, es gab sie schon lange, lange bevor es die ersten Straßen gab. Die bekanntesten Schablonenbilder aus der Zeit vor jeder Street-Art sind ungefähr 25 000 Jahre alt und befinden sich zum Beispiel auf den Wänden der Chauvet-Höhle in Südfrankreich. Die Künstler haben Hände auf die Höhlenwand gelegt und dann Farbpulver aus den unterschiedlichsten Materialien mit Spucke oder Milch vermischt und mit dem Mund oder mit einem Röhrchen auf die Hände gesprüht. Das Ergebnis sind eindrucksvolle rote Handnegative. Einer der ersten Street-Artists, der mit Schablonen gearbeitet hat, stammt zufälligerweise auch aus Frankreich: Blek le Rat. Seit Anfang der 1980er Jahre sprüht er Stencils an die Häuserwände von Paris und anderen europäischen Städten. Im Jahr 1991 sprühte er eine Madonna mit Kind auf eine Häuserwand in Leipzig, heute steht das Bild sogar unter Denkmalschutz.

So weit werden wir es nicht bringen. Das ist aber auch nicht schlimm, denn wir hatten an jenem frühen Morgen sehr viel Spaß damit, die Gehwege unserer Stadt zu verschönern. Das Sprühen war aufregend. Aber viel schöner noch war die Vorstellung, dass es vielleicht Leute gab, die auf dem Weg zur Arbeit waren oder zur Schule oder die von einem wichtigen Termin kamen, der nicht so angenehm verlaufen war, unser »Kopf hoch!« sahen und ein bisschen aufgemuntert wurden.

Es ist vielleicht schade, dass der Regen unsere Stencils nach einiger Zeit komplett weggewaschen hatte, aber das machte uns nichts aus, denn wir hatten schon unser nächstes Projekt geplant. Das brauchte sogar Regen, damit es richtig zur Geltung kommen konnte!

Kurz nachdem unsere Spraydosen leer waren, haben wir nämlich angefangen, Blumenbomben zu bauen und sie überall in der Nachbarschaft fallen zu lassen. Blumenbomben sind tennisballgroße Kugeln aus Blumenerde und Ton, in denen jede Menge Blumensamen stecken. Sobald es das nächste Mal regnete, fingen die Blumen an zu sprießen. Und wir konnte zuschauen, wie unsere Nachbarschaft immer bunter wurde.

Die restlichen Street-Art-Projekte, die wir noch zusammen machen wollen, habe ich schön sauber in einer Liste zusammengetragen. Die hat nun meine Lottogewinnliste auf den zweiten Platz verdrängt und ist meine neue Lieblingsliste.

15.
Flachwitz

Es regnet, große Langeweile. Alle gehen die Wände hoch.

»Wir machen eine Flachwitz-Challenge«, beschließen die Kinder schließlich verzweifelt. Sie haben das in einer Zeitschrift gelesen und sich dann mit Internet-Videos schlaugeschaut.

»Eine was?«, frage ich verwirrt.

»Eine Flach-witz-Chal-lenge«, wiederholen sie langsam und laut, als wäre ich nicht doof, sondern taub.

»Ja, aber was ist das?«

»Man erzählt sich Witze, bis einer lacht.«

Ich: verständnisloser Blick.

»Ist das nicht immer so beim Witzeerzählen?«, traue ich mich schließlich. Die Frage kommt mir dumm vor, aber irgendwie auch wieder nicht.

»Ja, schon, aber bei einer Flachwitz-Challenge soll man nicht lachen.«

Aha.

»Und«, stimmt das nächste Kind ein, »die Witze müssen flach sein. *Richtig* flach!«

Aha.

»Und« – Kind drei – »man hat den Mund voll Wasser.«

Was? Nochmal langsam bitte, für die ältere Generation.

Nach einigem Hin und Her habe ich die Regeln begriffen. Es ist eine Art Duell. Einer hat den Mund voll Wasser. Der andere erzählt Witze, je blöder (= flacher), desto besser. Diese Art Witze, über die man eigentlich nicht lachen will, weil sie so *beknackt* sind, aber trotzdem lachen muss, *weil* sie so beknackt sind. Und wenn der andere sein Wasser ausspucken muss vor Lachen, hat der Witzeerzähler gewonnen.

Dabei sitzt man auf dem Badewannenrand und spuckt das Wasser im besten Falle dort hinein.

Die verschärfte Variante für die Online-Publikation, wird mir auch noch begeistert erklärt: Man sitzt egal wo, erzählt sich Witze, und prustet dem Gegner beim Lachen das Wasser ins Gesicht.

Das verbiete ich mal gleich. Was zu enttäuschten Gesichtern führt. Die Kinder hatten ihre Videohandys bereits im Anschlag.

»Können wir zugucken?«, frage ich dann.

Augenrollen.

»Oder mitmachen?«, biete ich an – in der Annahme, das wäre vermutlich noch schlimmer. Aber die Aussicht, dass sich die Eltern nass und zum Narren machen, ist offenbar verlockend.

»Okay.«

Wir trotten ins Badezimmer. Dort steht bereits ein einsamer Becher mit Wasser. Wie gut, dass wir eine Familie sind, da können auch alle aus einem Becher trinken.

Alle Blicke bleiben an mir kleben. Selbst schuld, denke ich.

Ich nehme also den Mund voll Wasser. Jemand liest aus einer alten Zeitschrift vor:

»Warum fliegen Vögel immer in den Süden? (Pause) Weil es im Norden zu kalt ist!«

Ob es daran liegt, dass »Klammer auf Pause Klammer zu« mitgelesen wurde – oder dass der Witz nicht nur nicht witzig ist, sondern eigentlich gar kein Witz ... alle fangen an zu lachen, ich versuche, mich zusammenzureißen, aber die Situation ist so absurd, dass ich mein Wasser tatsächlich in die Wanne spucke.

Hysterisches Gekicher ist die Folge.

»Noch mal«, fordere ich. »Das galt nicht.«

Alle grinsen, sind aber einverstanden.

Witz zwei:

»Was ist braun und rennt durch den Wald? Brotkäppchen!«

Nur der Vorleser lacht, die anderen schweigen betreten.

Nächster Versuch. *»Herr Doktor, darf ich in der Regel baden? Arzt: Wenn Sie die Badewanne voll bekommen.«*

Die Kinder sehen einander verständnislos an, keiner kapiert die Pointe.

Meine Frau fängt auf einmal hysterisch an zu gackern, woraufhin ich mein Wasser zum zweiten Mal in die Wanne pruste.

Wachwechsel.

Die Zeitschrift, in der die witzlosen Witze standen, wird ebenfalls ausgetauscht. In der nächsten steht allen Ernstes ein Bericht über den Internettrend Flachwitz-Challenge. Und der *Spiegel*? Hatte in der Woche sicher mal wieder Hitler auf dem Titel.

»Oh, die Regeln sind ja ganz anders«, stellt man bei der Gelegenheit fest. »Zwei Kinder nehmen Wasser in den Mund. Wer seines zuerst ausspuckt, kriegt einen Punkt.«

»Du meinst, wer es nicht ausspuckt, kriegt einen Punkt!«

»Hab ich doch gesagt!«

»Hast du gar nicht!«

Ich muss schon wieder lachen. Glücklicherweise habe ich gerade kein Wasser im Mund. Obwohl, sonst würde ich ja vielleicht einen Punkt bekommen.

Außerdem gibt es ein raffiniertes K.-o.-System: »Wer ausspuckt, muss ausscheiden, bis er wieder drankommt.«

Verstehe ich natürlich auch wieder nicht, also kriege ich erklärt: »Wer nicht lachen muss, spielt weiter gegen den nächsten Gegner. Und wer lachen musste, kommt dann später wieder an die Reihe. Damit es sich abwechselt.«

Okay.

Also werden nun Mutter und Kind mit Wasser im Mund auf dem Wannenrand platziert. Sie schauen einander an und fangen sofort beide schallend an zu lachen.

Wechsel!

Die beiden verbliebenen Kinder sind dran. Jemand drückt mir eine zerlesene Zeitschrift in die Hand. Mir wird klar: Nicht nur sind die Witze flach, die Kinder kennen sie auch schon. Egal. So seriös ich kann, intoniere ich:

»Was ist gelb und kann nicht schwimmen? Ein Bagger! Und warum nicht? Weil er nur einen Arm hat! Was tun wir also? Einen Baggersee anlegen!«

Ich schaue mich um. Alle sind genauso ernst wie ich.

Die Einstiegsqualifikation als Witzredakteur bei Jugendzeitschriften besteht offenbar nicht in Lesen und Schreiben.

Ich lese weiter:

»Woran erkennt man bei Schokolade Männchen und Weibchen?«

Meine Augen sind schon bei der Pointe, die so doof ist, dass ich vor lauter Kichern kaum vorlesen kann.

»Natürlich an den Nüssen.«

Die Kinder sehen sich an, dann mich, dann schluckt ein Kind das Wasser herunter, ohne zu lachen, überhaupt ohne erkennbaren Anlass, woraufhin alle anderen in schallendes Gelächter ausbrechen.

»Du hast aber zuerst ausgespuckt!«

»Aber Runterschlucken ist gegen die Regeln!«

»Wo steht das denn?«

»Das ist doch logisch!«

Ich gebe den Schiedsrichter: »Doppelfehler, Wiederholung!«

»Was ist der Unterschied zwischen einem Bäcker und einem Teppich? Der Bäcker muss morgens um vier aufstehen, der Teppich kann liegen bleiben!«

Wässriges Gekicher, aber keiner spuckt. Zu recht, wie ich finde.

»Wer hört alles und sagt nichts? Das Ohr!«

Dafür ernte ich nicht mal mehr ein Lächeln.

»Was ist der Unterschied zwischen einem Einbruch und einem Beinbruch? Nach einem Beinbruch muss man liegen, nach einem Einbruch muss man sitzen.«

Gekicher, das war's. Ich muss mehr Gas geben, meine komödiantischen Qualitäten voll ausspielen. Oder einfach einen besseren Witz vorlesen. Wie den hier:

»Was ist der Unterschied zwischen einer Regenwolke und einem Lehrer? Keiner – wenn sie abziehen, freuen sich alle!«

Ein Kind spuckt das Wasser augenblicklich aus und lacht und lacht. Darüber muss das andere lachen, beugt sich Richtung Wanne und spuckt dem Gegner sein Wasser gegen die Schulter.

Wir beschließen, dass beide ausscheiden.

Ich bin wieder dran. Mein Gegner beginnt, locker den Kopf zu schütteln und das Wasser in den gewölbten Wangen hin und her schwappen zu lassen. Das sieht dermaßen komisch aus, dass ich lachen und mein Wasser ausspucken muss.

Ausgeschieden, bevor es losging. Sportlich.

»Warum klopft man Neugeborenen auf den Po? Bei den Intelligenten fällt der Schwanz ab!«

Wie bescheuert ist der denn? Wer denkt sich die eigentlich alle aus? Lachen müssen wir trotzdem.

»Jesus hält eine Predigt und endet mit den Worten: ›Wer von euch ohne Sünde ist, der werfe den ersten Stein.‹ Da fliegt ihm mit voller Wucht ein Stein ins Genick. Er dreht sich um und ruft: ›Mutter, du nervst langsam!‹«

Die Kinder bleiben ungerührt, ich kann mich kaum halten vor Lachen. Religiöse Provokation, gar nicht flach! Deswegen funktioniert der Witz im Spiel auch so schlecht.

Uns geht der Nachschub aus, wir wechseln auf Internetflachwitzseiten, von denen es erstaunlich viele gibt. Auch ein neues Berufsbild: Flachwitzwebseitenbetreiber.

Natürlich gibt es auch entsprechende Apps.

»Was macht man mit einem Hund ohne Beine? Um die Häuser ziehen!«

Pikierte Blicke.

Und dann kommt mein neuer Lieblingswitz:

»Was macht ein Clown im Büro? Faxen!«

Mir schießt das Wasser aus der Nase. Damit qualifiziere ich mich als Verlierer – und Sieger der Herzen – zugleich.

Inzwischen spielen war gar nicht mehr richtig nach Regeln; wer Lust hat, nimmt Wasser in den Mund und setzt sich auf den Wannenrand. Hauptsache, einer bleibt übrig und kann vorlesen.

»Was ist niedlich, hüpft über eine Wiese und qualmt? Ein Kaminchen!«

»Was ist ein Keks unter einem Baum? Ein schattiges Plätzchen!«

»Was ist pink und behindert? Ein Flamongo!«

Politisch nicht korrekt, aber gerade deswegen ein Kracher.

»Was kommt nach Elch? Zwölch!«

»Was ist dick und steht auf Kopieren? Ein Praktifant!«

»Was ist das Gegenteil von Reformhaus? Reh hinterm Haus!«

»Warum können Bienen so gut rechnen? Weil sie sich den ganzen Tag mit Summen beschäftigen.«

Irgendwann ist alles lustig. Aber noch am Abend im Bett kichere ich leise über den Clown im Büro.

»Faxen«, sage ich zu meiner Frau. »Der Clown macht Faxen.« Und dann müssen wir noch einmal lachen, bis uns die Bäuche wehtun.

16.
Kleine Biester

Eltern werden ist nicht schwer (und ganz am Anfang ja sogar noch sehr vergnüglich). Eltern sein aber bringt immer wieder Momente mit sich, die man am liebsten gleich wieder verdrängen möchte.

In aufsteigender Reihenfolge:

- ☆ Platz 3: Kind kotzt von hinten gegen den Beifahrersitz und sagt hinterher nachdenklich: »Ich glaub, mir wird schlecht.«
- ☆ Platz 2: Polizei ruft an und fragt: »Sind Sie der Vater von …?«
- ☆ Platz 1: Nachts auf Legosteine treten.

Als Kind fand ich Lego toll. Und eigentlich sind die kleinen bunten Steinchen auch immer noch toll. Weniger toll ist allerdings, nachts auf einen Legostein zu treten und sich höllisch wehzutun. Weil das Kind nach einem Alptraum um Hilfe ruft und der Kinderzimmerfußboden mit halbfertigen Raumschiffen übersät ist. Oder, noch schlimmer, weil aus Gründen, die sich nie ganz werden klären lassen, ein einsamer Stein mitten im Flur liegt. Wie eine Bärenfalle im dunklen Wald. Wenn ich so darüber nachdenke, ich glaube, ich würde tatsächlich lieber in eine Bärenfalle treten. Oder wir könnten auch mal versuchen, Bären mit ausgestreuten Legos zu fangen.

Doppelt gemein ist, dass man dann nicht fluchen darf, wie es der Situation angemessen wäre. Erstens, weil alle schlafen oder gerade schon einen Alptraum hatten. Zweitens, weil Kinder in der Nähe sind. In diesem Moment ist man endgültig und unwiderruflich Elternteil geworden! Wenn ich es nicht besser wüsste, könnte man vermuten, die chinesische Regierung hätte Lego in den Siebzigern als effektivstes Mittel der Ein-Kind-Politik erfunden.

Aber so lästig ich diese kleinen Biester manchmal finde, sie sorgen auch für viele schöne Stunden.

Folge 1: Man bringt dem Kind eine der kleinen Legoschachteln mit, aus denen sich bei genauem Befolgen der Anleitung ein einfaches Auto oder Flugzeug zusammensetzen lässt – und eine Stunde später hält besagtes Kind einem eine bunte Kugel unter die Nase und strahlt: »Guck mal, ein Monster!«

Folge 2: Man holt an einem verregneten Wochenendtag die Kisten und Tüten mit inzwischen mehreren Kilo Lego hervor, aus denen sich bei genauem Befolgen der inzwischen längst verloren gegangenen Anleitungen Raumschiffe und Piratenboote bauen ließen, und eine Stunde später rollen die Kinder eine dicke Kugel ins Esszimmer und strahlen: »Guck mal, ein Monster!«

Folge 3: Lego ist für Babys, alle winken ab, dafür sind sie längst zu alt. Also holen die Eltern die Kisten und Tüten heraus und begutachten das Chaos. Es ist ein wenig wie eines dieser Buchstabenrätsel. Man weiß, hier sind zehn Tiernamen versteckt, man muss sie nur finden. Genauso sind in dem Legodurcheinander zehn Gebäude, Fahrzeuge oder Fluggeräte versteckt, man muss sie nur finden. So erheben sich in meiner Fantasie aus dem Steinchengewühl monumentale Bauten wie aus dem vorolympischen China.

Eine dreiviertel Stunde später setzt sich das erste Kind dazu, dann kommen die anderen. Still bauen wir vor uns hin, zerlegen, setzen neu zusammen. Wir sprechen gar nicht darüber, was wir bauen, jeder puzzelt für sich. Am Ende steht eine faszinierende Wohnwelt vor uns, mit Stadien und Bürotürmen und Wohnblöcken samt kleinen Balkonen.

Und dann kommt ein Monster und macht alles kaputt!

In der Nacht habe ich davon geträumt, in einer Legowelt zu wohnen, in der sogar die Gehsteige kleine Noppen hatten, auf die man aus wundersamen Gründen völlig schmerzfrei treten konnte. Das war schöner als vom Fliegen zu träumen. Auf Lego zu treten und es tut nicht weh – das ist Unsterblichkeit!

Kleiner Exkurs vor allem für Mädchenväter: Bleiben Sie wachsam, wenn Ihre Tochter in das Bügelperlenalter kommt. Auf einer halben Schachtel ausgekippter Bügelperlen kann man wie auf Seifenschaum durch den Flur schliddern!

Nicht so schmerzhaft, aber auf ihre Art genauso frustrierend sind Puzzles. An ihnen scheiden sich die Geister. Die einen puzzeln gern. Die anderen gar nicht.

Eines unserer Kinder hat schon die Vier-Teile-Puzzle, mit denen engagierte Eltern in der Vorkindergartenphase die neurologische Entwicklung stimulieren (und das Kind beschäftigen) wollen, angeschaut, als wäre es Stinkekäse.

Ein anderes wünscht sich jedes Jahr ein neues Puzzle. Natürlich jedes Mal mit mehr Teilen. Am Ende lagen dann 1000 Mandala-Stückchen auf unserem Esstisch ausgebreitet. Anfangs konnte man am anderen Ende des Tischs noch essen. Dann wuchs zuerst das Puzzle, denn man legt ja immer erst den Rand, es folgten zahlreiche Häufchen, sortiert nach Bildbereichen, bis der Tisch unbenutzbar war. Eine Mahlzeit nahmen wir in der Küche im Stehen ein, dann stürzte sich die gesamte Familie auf das Puzzle und stellte das Mandala in einem Kraftakt an einem Nachmittag fertig.

Es ist eigenartig, wenn Gemeinschaftsaktivitäten aus Frust erwachsen und trotzdem Spaß machen. Dabei hatten wir eigentlich nur Hunger.

Noch schwieriger war ein kleineres 500-Teile-Puzzle des New Yorker Times Square in der Dämmerung. Rein rechnerisch müsste es doch möglich sein, einfach jedes Teil in jeder Richtung an jedes andere zu halten, bis alle passen. Aber hier verwirrten uns eine Million kleine schwarze Fensterscheiben der Wolkenkratzer, winzige gelbe Taxipünktchen, bei denen vorne nicht von hinten zu unterscheiden war, sowie endlose schwarze Asphaltbänder und schattige Hochhauswände.

Aus Schaden wird man klug, deshalb durfte das New-York-Puzzle nicht auf den Ess-, sondern nur auf den Couchtisch. Und dort lag es dann. Eine ewige Herausforderung. Wie eine Wunde, die nicht heilt.

Wer vorbeiging, wurde magisch angezogen und versuchte, wenigstens ein Puzzleteil unterzubringen. Dann war man frei und durfte weiterziehen.

Bei längeren, langweiligen Telefonaten schaffte ich auch mal zwei oder drei Teile, während ich »Ja, ja, aha« murmelte und nicht richtig zuhörte.

Irgendwann war die kritische Masse dann überschritten. Es mochten etwa die Hälfte der Teile richtig liegen, jedenfalls kam ich eines Abends nach Hause, müde und leer, und alle saßen stumm um den Puzzletisch herum. Ich stellte meine Tasche ab und setzte mich dazu. Wieder, wie beim legendären Legobau, waren keine Worte nötig, um sich zu verstehen.

Es wurde ein langer, schöner Sommerabend, den wir drinnen an unserem Couchtisch verbrachten, und als das Licht der Sonne hinter dem Horizont verschwand, legte unser Puzzlekind triumphierend das letzte Puzzleteil an den rechten Ort.

Ich hätte schwören können, dass ich genau dieses Teil genau da schon hundert Mal probiert hatte.

17.
Konsequenzen

»Wenn ich in die fünfte Klasse kann, kann ich mich auch um ein Tier kümmern!«

Da ist was dran – und auch wieder nicht.

Schule ist Pflicht, Haustier ist Kür.

Und wer kümmert sich im Zweifelsfall? Die Eltern! Ein Haustier verdoppelt unsere Aufsichtspflicht. Von »Hast du deine Hausaufgaben schon gemacht?« zu »Hast du deine Hausaufgaben schon gemacht und die Meerschweinchen gefüttert/das Katzenklo gereinigt/den Hund ausgeführt?«, je nachdem.

Das war bis zu diesem Zeitpunkt unser Grund gegen ein Haustier.

Andererseits: Sowohl meine Frau als auch ich sind mit Tieren im Haushalt aufgewachsen, und es hat uns nicht geschadet.

»Nehmt doch Fische!«, raten Freunde.

Ich starre sie entgeistert an. Fische sind ja wohl das Schlimmste aus allen Welten. Man kann sie nicht streicheln und muss sie trotzdem füttern.

»Oder Schildkröten.«

Klar. Oder Ohrenkneifer, die sind auch nicht anspruchsvoll.

»Ein Junge aus meiner Klasse hat einen Bartgermanen«, sagt ein Kind.

Wie, was hat der?

»Bartagame heißt das!«

»Gar nicht!«

»Wohl!«

»Selber doof!«

Ich kann sie schon vor mir hören: »Ich hab das Katzenklo aber gestern saubergemacht! Ich hab den Hund erst vorgestern ausgeführt! Ich hab den Bartgermanen doch schon letzten Monat gefüttert!«

Ach, das wird schön.

Aber alle Eltern wissen natürlich: Tiere sind gut für Kinder. Man kann sich bei ihnen ausheulen, und man lernt Verantwortung.

Deshalb sind wir gar nicht so abgeneigt. Also, wir im Sinne von ich.

Meine Frau sieht das anders: »Wenn wir ein Tier haben, stirbt es irgendwann. Das ist traurig. Das will ich nicht.«

Dabei ist das doch Teil des Lernprozesses. Lieben. Abschied nehmen.

»Ich fand es schrecklich, als meine Mäuse starben. Und unsere Katze. Und der Hund. Das will ich nicht noch mal erleben.«

Meine Güte, ich wusste gar nicht, dass sie auf einem Bauernhof groß geworden ist.

»Meerschweinchen leben nicht so lange«, mischt sich ein Kind ein. »Und man kann sie lieb haben und mit ihnen kuscheln, aber wenn sie tot sind, ist es nicht so schlimm.«

Kein schlechter Gedankengang. Wir haben sowieso eine Schiebetür, in die man keine Katzenklappe einbauen kann.

Freunde wohnen ähnlich und deren Lösung besteht darin, sich Tag und Nacht von ihrem ausgesprochen missmutigen Kater herumkommandieren zu lassen. Ich finde, sie hätten ihn Churchill nennen sollen, so wie der immer guckt.

Ich schlage Meerschweinchen nach. Sie werden nicht zu alt – aber alt genug, dass es sich lohnt, einen Käfig zu kaufen. Sie sind recht pflegeleicht – und man kann sie draußen halten! Das passt

mir extrem gut, denn ich bin kein Freund des Geruchsmixes aus Teenagerzimmer und Kleintierpipi auf Sägespänen. Das erinnert mich immer so an texanische Bars.

»Dann sind es einfach unsere Meerschweinchen, und du ignorierst sie«, erkläre ich meiner Frau. »Dann merkst du gar nicht, wenn sie wieder weg sind.«

Sie schaut mich mit so einem Blick an, der sagt: Ich weiß genau, wer sich am Ende um die Tiere kümmert!

Ich schaue mit einem Blick zurück, der sagt: Ich habe keine Ahnung, wovon du redest.

Wir entscheiden uns für Gebrauchtschweinchen aus dem Tierheim. Erstens, weil es billiger ist. Zweitens, weil es eine schöne Sache ist, ein Tier aus dem Tierheim aufzunehmen. Und drittens, ja, ich gebe es zu, weil die Tierchen dann schon ein paar Jahre auf dem Buckel haben. Denn obwohl unsere Kinder tausend Eide schwören, dass sie sich die nächsten zehn Jahre jeden Tag mindestens 24 Stunden um die neuen Haustiere kümmern werden, glaube ich das einfach nicht.

Die ersten paar Wochen können sie sich kaum einigen, wer die Tiere füttern und wer den Stall ausmisten *darf*.

Die nächsten paar Monate können sie sich kaum einigen, wer die Tiere füttern und wer den Stall ausmisten *muss*.

Ab und zu kommt die Diskussion auf, eine Katze oder ein Hund wären viel spannender (was stimmt), um die würden sie sich auch viel mehr kümmern (was nicht stimmt), aber ein Blick auf den Meerschweinchenkäfig, und die Selbsterkenntnis siegt.

Der erzieherische Effekt ist jedenfalls voll eingetreten. Wer in die Fünfte kommt, kann sich auch um Meerschweinchen kümmern. Und wer in die Fünfte kommt, muss zähneknirschend einsehen, dass diese Meerschweinchen nun eben die Geister sind, die man rief, und die bis zum Rentenalter versorgt werden müssen. (Ihrem, glücklicherweise, nicht unserem.)

Ab und zu kommen Freunde unserer Kinder zu uns und wollen unbedingt mit den Meerschweinchen spielen. Und ich denke mir, eigentlich sollte man einen Tierverleih aufmachen: Eltern könnten dann für kleines Geld bei uns Tiere mieten, bis ihre Kinder keine Lust mehr haben, das Katzenklo sauberzumachen, morgens im Regen mit dem Hund rauszugehen oder auch nur den Meerschweinchen zwei Handvoll Heu in die Raufe zu stopfen. Ich sehe schon ein landesweites Online-Vermittlungs-Business im Stile von Haustausch oder Frauen-Switch vor mir. Wer in Urlaub geht, müsste nicht mehr die Hundepension zahlen, sondern bekäme sogar noch Geld von den Leuten, die sich ein paar Wochen um den Wauwi kümmern!

Glücklicherweise war uns Eltern von Anfang an klar, dass diese Tiergeschichte nur gut gehen und ihren pädagogischen Segen entfalten würde, wenn wir klare Regeln vorgeben und auch willens sind, sie einzufordern. Sonst sägen wir an unserem eigenen Ast.

Die klarste Regel von allen war die meiner Frau: Die Meerschweinchen sind dein Problem!

Das hat sich als überraschend effektiv und nützlich erwiesen, weil sie um Gnade bettelnde Kinder stur an mich verwiesen hat; nicht ihr Zuständigkeitsbereich. Das heißt, es gab für die Kinder keine Möglichkeit, uns gegeneinander auszuspielen. Wenn einer hart bleibt und einer sich raushält, sind die Fronten klar.

(Und wäre ich weich geworden und hätte den Meerschweinchendienst dauerhaft übernommen, hätte mir wenigstens auch keiner Vorwürfe gemacht.)

So mute ich also meinen Kinder auf deren eigenen Wunsch hin tatsächlich zu, bei Wind und Wetter morgens und abends das Haus zu verlassen und die Tiere zu versorgen, die sie unbedingt haben wollten. Irgendwie erinnert mich das an was in meinem eigenen Leben, aber ich komm gerade nicht drauf.

Wir haben dann ganz clever die erfolgreiche Vorgehensweise auf andere Bereiche ausgeweitet. Für die Verteilung und Bewertung kleinerer Hausarbeiten ist die beste Ehefrau von allen zuständig. Ich halte mich da raus.

Die Entscheidung, ob die Hausaufgaben gut genug erledigt sind, um abends eine halbe Stunde Fernsehen zu dürfen, überlässt sie mir und nörgelt dann auch nicht daran rum (sogar wenn im Einzelfall vielleicht mal Hausaufgaben durchgewunken werden, die ein ganz klein wenig verbesserungswürdig sein könnten, weil ich darauf gerade keine Lust habe). Ja, Erziehung ist immer subjektiv und momentabhängig.

Die besten Erfahrungen mit klaren Regeln, an die vor allem wir selbst uns dann auch halten können, haben wir bei den Handys gemacht. So segensreich mobiles Internet ist, weil man im Supermarkt in der Kassenschlange schnell mal den eigenen Stresslevel durch einen E-Mailcheck erhöhen kann ... wir wollten es für unsere Kinder vorerst nicht. »Aber alle anderen haben auch Handys und Flatrates.« War ja klar, oder?

Wir kamen auf folgende Idee: Wir schenken euch die Handys und übernehmen die Kosten für Anrufe bei uns. Den Rest zahlt ihr!

Unsere Kinder hatten natürlich nach »Wir schenken euch die Handys« nicht mehr zugehört und schon freudig zu nicken begonnen. Also noch mal langsam: »Nur damit wir uns alle einig sind – wir bezahlen eure Handys. Einmal. Wenn ihr sie verliert oder fallen lasst, euer Problem. Aber wir bezahlen nicht die Gespräche. Nur die mit uns, wenn sie notwendig sind, weil Schule ausfällt oder ihr euch noch verabreden wollt.«

Schon ein paar Wochen später kam der Schock, als die erste Prepaid-Karte leer war. »Wie kann das so schnell gegangen sein?« Unschuldiger Dackelblick.

»Ich weiß es auch nicht, aber dafür gibt es ja den Einzelverbindungsnachweis.«

Darauf findet sich ein 1,5-Stunden(!)-Gespräch, das kostet dann halt mal knapp 9 Euro.

Woher nun nehmen und nicht stehlen? Wir einigen uns auf ein paar Wochen weniger Taschengeld. Aber die Option, mal eben selbst ganz lässig die monatliche Flatrate zu zahlen, ist vorerst vom Tisch. Geld ist ja leider immer weniger wert, wenn man es ausgeben muss, als wenn man nur plant, was man alles kaufen will.

Meine Lehre aus dem Haustier jedenfalls ist: Wer in die fünfte Klasse kommt, kann sich tatsächlich gut um ein Tier kümmern. Man muss ihn nur lassen – und darauf bestehen. In solchen Momenten ist weniger elterliche Flexibilität angesagt.

Ende gut, alles gut.

Außer dem endgültigen Ende. Denn meine Frau hat die kleinen Racker inzwischen natürlich trotzdem lieb gewonnen. Ich weiß also jetzt schon, dass sie in naher Zukunft sauer auf mich sein wird, weil sie Gefühle entwickelt hat. Nur der Termin steht noch nicht fest.

So ist letztlich eben jeder für die Folgekosten seiner Entscheidungen verantwortlich.

18.
Thementage

Im Management gibt es ein relativ neues Konzept: Wenn irgendetwas nicht so klappt, wie man es sich vorgestellt hat, macht man es anders – im Grunde egal wie – und guckt mal, was dabei herauskommt.

Oder so ähnlich. Bin ich Manager?

Die Grundidee aber klingt interessant und vielversprechend. Man muss nicht ewig nach der einen richtigen Lösung fahnden, Meetings absitzen oder Familienkonferenzen einberufen. Stattdessen besinnt man sich auf das einfache Grundmuster Reiz/Reaktion. So wie damals in Chemie, als wir jede Menge unterschiedliche Stoffe zusammenkippten in der Hoffnung, endlich mal mehr zu erzeugen als bloß Schaum oder Farbspiele. Eine hübsche kleine Explosion zum Beispiel. Schon damals galt: Wenn ich vorne andere Stoffe reintue, kommt hinten ein anderes Ergebnis raus.

Auch im Familienleben gibt es viele schöne Gefühlsexperimente. Einer unserer Favoriten ist das Meckerfasten.

Einfach mal nicht zu meckern, zu maulen, zu quengeln und zu jammern – das ist nämlich ganz schön schwierig. So schwierig, dass ich es jetzt gerade schon wieder tue, Mist, verdammter.

Stress ist die Währung unserer Wichtigkeit, und wie demonstriert man Stress? Eben: durch Jammern. Außerdem: Heißt es nicht immer, wie wichtig es ist, Gefühle rauszulassen, statt in sich hineinzufressen?

Gegen liebe Gewohnheiten sind gute Vorsätze leider nur bedingt wirksam, und da hilft es auch nicht, sich den alten Gandhi als Vorbild herbeizuzitieren: »Auch ich werde wütend«, hatte der mal gestanden, »aber ich lasse die Wut nicht heraus.« Denn »kontrollierte Wut kann transformiert werden in die Kraft, die Welt zu verändern«. Das klingt so gut, dass ich es zumindest mal versuchen will. Für den guten Zweck.

Erstaunt sitze ich Frau und Kindern dann gegenüber. Öffne immer wieder den Mund, nur um ihn gleich darauf wieder wortlos zu schließen. Gebe ich sonst wirklich bloß Beschwerden von mir?

Die Stimmung in meiner unmittelbaren Umgebung steigt. Die Kinder kommen eingeschlämmt wie Rosenstöcke aus dem Kindergarten. Statt mit verdrehten Augen »Wie seht ihr denn wieder aus?!« zu stöhnen, frage ich nur kurz: »Hattet ihr Spaß?« Begeistert purzeln Erlebnisse aus ihnen heraus. Gar nicht so schlecht. Ich bleibe am Ball und lobe meine Frau dafür, wie souverän sie mit ihrer Mutter umgeht, statt mich über den Schwiegermutter-Langzeitbesuch auszuheulen. Sie lächelt erfreut, schaut mich aber ein bisschen befremdet an.

Zwei Auswege sind übrigens beim Meckerfasten erlaubt: Ignorieren – oder Ändern. Ich bin ständig übermüdet, jammere aber nun nicht, sondern fordere mehr Schlaf. Leider so barsch, dass die folgende Nacht schlaflos auf der Couch stattzufinden droht. Also noch mal für Anfänger wie mich der meckerarme und ergebnisorientierte Beziehungsdreisatz: Problembeschreibung, Lösungsvorschlag, einstimmiger Änderungsversuch.

Man kann kurz Meckerfasten oder länger, allein oder in der Gruppe. Ich bin solo gestartet, weihe nach ein paar Tagen aber die Familie ein. Sie sind neugierig genug, um mitmachen zu wollen. Aber es ist echt schwer. Spielkameraden, Aufräumregeln, das Essen in der Kita, Bettzeit ... Gründe zum Meckern gibt's mehr als genug! Am meisten müssen immer alle lachen, wenn einer sich im eigenen Bericht verheddert und klar wird: Die Story steuert auf reines Gejammer zu – du hast es gemerkt, wir haben es gemerkt, mal sehen wie du da noch rauskommst!

Lektion am Ende: 1) Vieles ist einfach vollkommen unwichtig. Wenn man nicht gleich darüber meckert, vergisst man es schnell – und das ist okay so. Ohne mir die Welt schönreden zu wollen: Es ist ganz angenehm, sie sich wenigstens nicht schlechtzureden! 2) Wir können viel mehr ändern, wenigstens beeinflussen, als gedacht. Wenn eine Klage die Hürde nehmen muss, zumindest ein konstruktives Element zu beinhalten, bekommt das Gespräch oft eine unerwartete Wendung. Zum Beispiel fragen wir nach, ob anderen Kindern das Essen in der Kita auch nicht schmeckt (was der Fall ist), erkundigen uns, ob die Kita-Betreiber mit dem Lieferanten zufrieden sind (sind sie nicht, haben aber keine Zeit, sich zu kümmern), und bieten an, alternative Angebote einzuholen. Ein paar Wochen später ist das Problem tatsächlich zu allseitiger Zufriedenheit gelöst (außer für den miserablen Ex-Caterer natürlich). Ich bin überzeugt, ohne unsere Kommunikationsinnitiative wäre das nicht passiert.

Eine Kurzvariante dieses Gewohnheitsknackers ist ein »Ja«-Tag. Am besten geeignet dafür ist das Wochenende. Die Regel ist einfach: Alle müssen, wenn es nicht ab-so-lut un-mög-lich ist, zu allem »Ja« sagen. Pfannkuchen zum Frühstück? Ja! Räumst du bitte dein Zimmer auf? Ja! Hilfst du mir bei den Hausaufgaben? Ja! Wollen wir uns mal kurz hinlegen und »Mittagsruhe« halten? Ja! Ich weiß, ihr spielt alle nicht gern »Twister«, aber es ist mein Lieblingsspiel – können wir es bitte spielen? Ja!

Bei uns jedenfalls war es nie so, dass jemand die Ja-Sagerei ausgenutzt hätte (und notfalls *darf* man ja auch »Nein« sagen). Aber es ist eine Gelegenheit, mal um Sachen zu bitten, die man sich sonst nicht so recht traut. Denn am Ja-Tag kann man mit dem Goodwill der anderen rechnen, das entlastet.

Als weitere lustige Möglichkeit, mal die Perspektive zu wechseln, haben wir Thementage entdeckt. Da geht ganz viel. Zum Beispiel besuchten unsere Kinder einmal ein Schulmuseum. Dafür mussten sie so ordentlich gekleidet und gekämmt wie nur möglich antreten, wurden in Reihen gesetzt, durften nicht quatschen und erhielten eine strenge Unterrichtsstunde. Das fanden sie spannend, und wir beschlossen daraufhin, einander einen Tag lang zu behandeln »wie früher«. Nun wissen wir leider nicht besonders viel darüber, wie Eltern und Kinder einander »früher« behandelten. Deshalb erfanden wir unsere eigenen Regeln. Klar war, dass die Eltern ihre Kinder vor fünfzig oder hundert Jahren geschlagen hätten – das wollten wir aber nicht, stattdessen wurde beschlossen, dass die Kinder widerspruchslos alles hinzunehmen und zu tun haben, was wir anordnen. Und die Kinder mussten wie einst höflich sein, die Eltern mit »Sie« und »Herr Vater« ansprechen, unaufgefordert allen ihren Pflichten nachkommen.

Das war schon amüsant genug. Der Kracher aber war, als die Kinder uns plötzlich aufforderten: »Frau Mama soll sich Lockenwickler reindrehen, und Herr Papa sitzt dabei am Küchentisch und raucht Pfeife.«

Anderes Jahrhundert, aber auch »früher«. Und so saßen wir da und warfen all unser Halbwissen zusammen und fragten auch noch mal bei den Großeltern nach ... es war lustig, es war informativ, es war so eine Art Fasching für den Charakter.

Man kann auch ganz andere Thementage anberaumen. Einmal haben wir uns verhalten wie eine Familie, der alles Angst macht. Die Eltern sorgen sich um die Noten der Kinder, die Kinder sorgen sich um ihre Zukunft ... ich fühlte mich sofort in die angstgetränkte Nach-Tschernobyl-Kalter-Krieg-Zeit zurückversetzt. Auslöser war, dass die Mutter eines Schulfreundes eines Kindes sich um alles Sorgen macht und wir uns fragten: Wie fühlt sich das wohl an?

Auf diese Weise kann man sich sogar ernste Themen spielerisch erschließen.

Neben Thementagen halten wir auch Bestimmer-Tage ab. So hatte sich zum Beispiel eingebürgert, wer Geburtstag hat, darf bestimmen, was an dem Tag unternommen wird. Das sind meist ganz gängige Ausflüge: Zoo, Kino, Schwarzlichtminigolf. Aber immer mit einem unerwarteten Twist.

Im Kino gucken wir dann beispielsweise einen Film, für den wir das Geld sonst nicht unbedingt ausgeben würden. In den Zoo schleppen wir zwei Kilo Futter für die Streichelziegen mit und verbringen den halben Tag bei diesen wenig exotischen Ausstellungsstücken. Für Schwarzlichtminigolf müssen sich alle, Eltern inklusive, komplett in Weiß kleiden, auch wenn das megasuperpeinlich aussieht.

Hochinteressant war auch das Experiment: Wir machen alles zu Fuß! Daraus wurde ganz schnell: Wir machen alles ohne Auto – dann kann man wenigstens Fahrrad und Skateboard fahren. Und Bus und Bahn, wenn man weiter weg will.

Oder das Projekt: Einen Tag lang keinen Zucker. Klingt banal, ist aber schwierig. Die Kinder kommen ganz schnell darauf, dass man dann selbst kochen muss, was ja auch Spaß machen kann – aber zählen Früchte eigentlich auch als Zucker? Und schon ist man über einen einfachen, fast banalen Start tief in einer Diskussion über Ernährung und Leidenschaft. (»Kein Zucker« war allerdings kein großer Hit in unserer Familie.)

Ähnlich wie sich in Filmen immer alle solidarisch den Kopf kahl rasieren, wenn jemand Krebs kriegt, haben wir schon »glutenfreie Tage«, »nussfreie Tage« und »laktosefreie Tage« durchgeführt, denn alle drei Allergien bestehen im Freundeskreis.

Die Thementage erfüllen somit mehrere Funktionen. Sie erlauben es, ein unbekanntes Verhalten versuchsweise anzuprobieren.

Wir schaffen uns sozusagen künstliche Herausforderungen, um zu testen, wie wir wohl mit ihnen umgehen würden.

Zugleich schweißen uns die Thementage zusammen. Sie geben uns Gelegenheit, unsere Persönlichkeiten zu reflektieren – für uns selbst, aber auch mit den anderen. Wer bin ich, wenn ich so tue, als ob? Wir sehen nicht nur uns selbst mal anders, sondern auch die anderen. Und wir üben, eine selbst gestellte Aufgabe mit Leben zu füllen. Das ist eine Fähigkeit, die für die Biografien unserer Kinder sicher noch wichtiger werden wird als bisher.

Auch von den Thementagen gibt es eine Kurzfassung: Yin-Yang-Tage. Sie eignen sich besonders gut für jüngere Kinder – und insbesondere für Tage, die irgendwie gerade überhaupt keinen Spaß machen. Alle langweilen sich oder sind genervt. Kann ja mal vorkommen. Dann klebt man einfach das Yin-Yang-Zeichen auf den Tag und ab sofort wird für je eine Stunde abwechselnd entschieden. Bei uns zum Beispiel kann das heißen, ein Kind will, dass die anderen sein Zimmer aufräumen, ein Erwachsener möchte einen Spaziergang machen, ein anderes Kind möchte von allen reihum vorgelesen bekommen ...

Letztlich sind all diese Herumspielereien mit den Rollen und dem Leben, mit dem Bestimmen und dem Folgen, mit dem Ich und wie man unter anderen Umständen auch hätte sein können, Möglichkeiten, die Kinder, den Partner, sich selbst anders und neu zu erleben. Nicht zum Vergnügen, für das Leben spielen wir.

19.
Ziviler Ungehorsam

»Hallo, ich bin Jan«, sagt die Frau neben mir, und ich denke: »Was für ein ungewöhnlicher Frauenname; vielleicht ist sie aus Skandinavien – obwohl sie gar nicht so aussieht.«

Gleich geht der Elternabend los. Und auf einmal wird mir klar: Die Mutter, mit der ich mir den Zweiertisch teile, hat gar nicht *ihren* Namen genannt, sondern den ihres Kindes. Sie ist die Mutter von Jan.

Noch vor Veranstaltungsbeginn hat die Überidentifikation meiner Sitznachbarin das sprachliche Niveau von »Ich bin die Currywurst« erreicht.

Überhaupt scheinen sich immer mehr Eltern über und durch ihre Kinder zu definieren. »Wir spielen Tennis« kann heißen, ich stehe vor der nächsten Familie Graf – oder die Eltern halten ihre Tochter für die nächste Serena Williams, haben aber selbst noch nicht mal einen Pingpong-Schläger in der Hand gehabt. »Wir müssen noch Vokabeln lernen«, »Wir müssen noch ein Diktat schreiben«: Da kann ich verstehen, wie die Formulierung zustande kommt, denn irgendwer muss ja auch diktieren oder abfragen. Aber »Wir haben heute viele Hausaufgaben« (und deshalb keine Zeit zum Spielen) ist albern.

Dachte ich.

Bis ich das erste Mal die Hausaufgaben unserer Tochter erledigte, damit sie Zeit zum Spielen hatte. Und als wäre das nicht schlimm genug, am nächsten Tag beim Mittagessen auch noch nervös fragte: »Und, was hat der Lehrer gesagt?« Womit ich nicht wissen wollte, ob der Lehrer gemerkt hätte, dass die Lösung, sagen wir mal, nicht gerade drittklässlerisch formuliert war. Sondern mich sorgte, ob es für die Ausführung Lob oder Tadel gegeben hatte.

Ich erntete nur ein Achselzucken, der Stundenplan war mal wieder durcheinander geraten, niemand hatte sich um die am Vortag noch ach so wichtigen Hausaufgaben geschert. Schlimmer noch: In der nächsten Unterrichtsstunde ging es einfach weiter im Text, weil keine Zeit war, zurückzublicken. Lektion für meine Tochter und mich: Ob die Aufgaben gemacht werden oder nicht, ist wohl auch allen egal. Eine Beobachtung, die sich in den folgenden Jahren immer wieder mal bestätigte. Oder eigentlich: Von der es in Einzelfällen überraschende Ausnahmen gab.

Aber gut, ich lasse ja noch gelten: Die Hausaufgaben sind dazu da, das im Unterricht Gelernte zu wiederholen, zu vertiefen, einzuüben – und nicht zum Vergnügen des Lehrers in der nächsten Stunde. Wer die Aufgaben nicht macht, ist selbst schuld und steht bei Tests oder Klassenarbeiten dumm da.

Ich würde das jedenfalls gelten lassen, wenn die Hausaufgaben normalerweise aus Aufgaben bestünden, die auf den Unterricht zurückgehen und die eine durchschnittlich desinteressierte Schülerin mit Bordmitteln in der Pause schnell noch abschreiben kann.

Zusammenfassend war meine Lektion aus sämtlichen Hausaufgaben all unserer Kinder aber: zu viel, zu unkoordiniert – und sie gehen weit über den Unterrichtsstoff hinaus.

Da also offenbar ein Teil des Lehrauftrages de facto ohnehin an die Eltern ausgelagert wurde, ob die das nun wollten oder nicht,

dachte ich mir: Dann können wir ja auch Pippi Langstrumpf spielen und uns die Welt so machen, wie sie uns gefällt.

Nun besuchen unsere Kinder keine überpädagogischen Wohlfühlschulen, obwohl das vielleicht schöner wäre. Wir reden über ganz normale staatliche Massenkindhaltung. Bei der gleich in den ersten Jahren all meine Erwartungen und Vorurteile enttäuscht wurden. Ein Kind bekam eine ältere Grundschullehrerin, von der wir hofften, sie wäre routiniert – sie war aber bloß müde und desinteressiert. Einem anderen Kind wurde an der gleichen Schule eine Lehrerin zugeteilt, die frisch von der Uni kam. Ich dachte, das kann ja heiter werden, und das wurde es dann auch, denn sie war motiviert und engagiert (und erfrischend streng).

Hausaufgaben kristallisierten sich schnell als Störfaktor im Leben heraus. Es schien zwei Varianten zu geben. Wird ein Fach heute und morgen unterrichtet, und dann erst nächste Woche wieder:

Dann gibt es von heute auf morgen ganz viele Hausaufgaben, vermutlich weil der Lehrer sich dann noch erinnert. Von morgen zur nächsten Woche aber keine, wahrscheinlich weil die Fachkraft die Erfahrung gemacht hat, dass die Kinder die Aufgaben bis zum letzten Tag vor sich herschieben und dann eh vergessen, und wer will den Stress haben, sich damit auseinandersetzen zu müssen.

Weil Stundenpläne heutzutage optimiert sind wie Startzeiten am Flughafen, kommt es gern zu Zusammenstößen. Ein Tag ist voller Nebenfächer, Kunst und Sport, danach Musik und in der achten Stunde noch Geschichte, da muss man ja nicht mehr aufpassen können, hat der Stundenplankoordinator sicher gedacht. Am nächsten Tag dann Mathe, Deutsch, Englisch und eine weitere Fremdsprache. Die jungen Gehirne sind ja noch formbar. Aber zu was formt dieser Ballungsunsinn sie denn?

Nach der gleichen Logik werden auch Hausaufgaben aufgegeben. Sagen wir mal, es sollen – in der Grundschulzeit – maximal 30 Minuten am Tag sein. Weil die Kinder ja auch noch spielen können sollen, irgendwer hat wohl mal ermittelt, das sei angeblich gut für die »Entwicklung« und so. Was passiert? Die Kinder kriegen 30 Minuten Hausaufgaben *pro Fach* auf, denn wie soll ein Lehrer auf die Idee kommen, dass alle anderen Lehrer von den 30 Minuten auch was abhaben wollen? Und stellen Sie sich mal vor, der Katastrophenfall tritt ein und kein anderer Lehrer gäbe etwas auf: Dann würden wertvolle Hausaufgabenminuten ungenutzt verfallen, das darf natürlich nicht sein.

Was aber lernen wir Eltern daraus? Wir haben mehr Gestaltungsfreiheit für die Nachmittage unserer Kinder als je zuvor! Kein Lehrer prüft 30 Hausaufgaben auf Plagiate oder wundert sich über komplett richtige Lösungen von Kindern, die sonst eher am unteren Ende der Leistungsskala mitspielen. Warum? Weil die Lehrer genauso überstreckt und überfordert sind wie die Kinder. Keine Zeit, keine Power, nichts geht mehr.

Irgendwann haben wir daher beschlossen, wenn die Aufgabe nicht essenziell scheint und es ein besseres Nachmittagsprogramm gibt (zum Beispiel: Sonne plus Freunde plus Fußball), dann springen wir ein. Darf man das? Tun wir unseren Kindern damit einen Gefallen? Ich weiß es nicht, ich würde mich aber über eine breite Diskussion darüber freuen.

Bei uns fing alles ganz harmlos mit ein paar Rechenaufgaben an. Es war spät, das Kind weinte schon vor Frust, und ich wusste: Wenn sie die Hausaufgaben nicht hat, kann sie vor Angst nicht schlafen, wenn ich sie weiterrechnen lasse, schläft sie auch nicht – so oder so ist der Lerneffekt null. Also habe ich die Lösungen vorgegeben und kurz danach wurden die Atemzüge ruhiger, der Sandmann kam.

Es war als einmalige Ausnahme gedacht, aber wie das so ist, Provisorien halten am längsten.

Inzwischen habe ich Gleichungen gelöst, Englischreferate geschrieben, die Dichte von unterschiedlichen Metallen geschätzt (woher soll ein Kind denn ahnen, ob Uran schwerer ist als Gold? Wie viel Uran und Gold war dem Kaufmannsladen Ihrer Kinder beigepackt?), Bildinterpretationen erstellt, Vulkane gebastelt.

Wenn ich das so aufliste, schäme ich mich und komme mir lächerlich vor. Im Kindergarten hatten wir ein Kind, das zweisprachig aufwuchs – deutsch und englisch. Nur war keines der Elternteile Engländer oder Amerikaner, sie ließen nur ihre Volkshochschulsprachkurskenntnisse am Nachwuchs aus. Das Ergebnis war eine Art Kaspar Hauser, weder auf Englisch noch auf Deutsch zu verstehen.

Bin ich auch so? Entlaste ich meine Kinder – oder leiste ich einen Bärendienst, erziehe sie zu Nachwuchs-Schummlern?

Will ich der nette Papa sein, der alle Probleme aus der Welt schafft?

Vorerst arbeite ich mit der Hypothese: Die Lehrer geben ihr Bestes, aber die Bedingungen, unter denen sie das tun, sind nicht ideal. Und das Ergebnis passt nicht zu jedem Kind. Ich versuche, genau hinzuschauen: Ist meine Tochter faul, will mein Sohn lieber im Internet surfen? Oder ist für morgen etwas Wichtigeres zu erledigen als die Fleißarbeit für die strengste Lehrerin? Wofür will ich Platz schaffen, und warum? Wenn ich mir selbst diese Fragen zufriedenstellend beantworten kann, bin ich bereit, ausnahmsweise einzuspringen. Denn Ausnahme muss es natürlich bleiben.

Es ist ein langer Weg, den die Kinder beschreiten und den wir begleiten. Manchmal ist dieser Weg ganz leicht und wie von selbst zu bewältigen, bei Sonnenschein und leichtem Rückenwind. Zu anderen Zeiten ist er steinig, dornig, stürmisch, mit Regen und Gegenwind. Ideal ist sicher, wenn die natürliche Neugierde geweckt wird, Wissensdrang und vielleicht auch Ehrgeiz. Aber es gibt auch Zeiten, in denen wir unsere Kinder schieben oder, für kurze Zeit, auch einmal tragen.

Ich wünsche mir, dass unsere Kinder sich später erinnern: Als ich nicht mehr konnte, haben meine Eltern mir geholfen. Nicht: Meine Schulzeit war lässig, die Alten haben immer meine Aufgaben gemacht. Es ist eine Gratwanderung, aber eine der Lektionen in unserem Haushalt ist offenbar auch milder ziviler Ungehorsam.

Und wenn Sie jetzt zustimmend nicken, dann ist meine Begründung wohl einigermaßen nachvollziehbar und ich kann diesen Essay später auch zum Thema »Moralische Werte« veröffentlichen.

20.
Wählen gehen

»Wir brauchen Sie!«, stand groß auf der Reklametafel an der Kreuzung. Das hatte mich spontan angesprochen und da ich damals gerade in der Stimmung war, Neues auszuprobieren, rief ich tatsächlich die Nummer an, die auf dem Plakat angegeben war. Ein paar Tage später erhielt ich einen Brief, der von außen aussah wie ein Knöllchen für falsches Parken – er kam von der Stadtverwaltung –, innen aber stand mit Worten der Anerkennung und Dankbarkeit, dass ich nun offiziell Wahlhelfer bei der Bundestagswahl wäre.

Das war schon etwas Besonderes. Es gab niemanden aus meinem Familien- oder Bekanntenkreis, der so etwas schon mal gemacht hatte. Zumindest hatte keiner jemals davon erzählt. Meine Kinder wollten wissen, was ich als Wahlhelfer machen müsse, wie lange das gehen würde und ob ich dafür Geld bekäme.

»Keine Ahnung. Den ganzen Tag. Ja«, waren meine Antworten.

»Darf ich mitkommen?«, fragte mein Sohn.

»Wohin?«

»Na, wenn du bei der Wahl hilfst.«

»Nein, natürlich nicht, das ist ja was Hochoffizielles. Außerdem: Du bist gerade mal acht. Und so eine Wahl ist ja erst ab 18.«

»Wie ein Sex-Shop?«

»Äh ... ja.«, manchmal frage ich mich wirklich, woher die Kinder wissen, was sie wissen. Wahrscheinlich gehen sie viel aufmerksamer durch die Stadt, als wir denken. Ich nahm mir vor, bei Gelegenheit etwas näher auf den Unterschied zwischen Sex und Bundestagswahl einzugehen, nicht dass mein Sohn in der Schule beim Sexualkundeunterricht mal erzählt: »Mein Vater macht es regelmäßig alle vier Jahre. Er hat auch schon mal anderen Menschen dabei geholfen und dafür Geld bekommen.« Könnte etwas seltsam wirken. »Wahlen und Sexen haben nichts miteinander zu tun«, erklärte ich daher sicherheitshalber.

Kleiner Einschub: »Sexen« ist eins dieser Wörter, die wahrscheinlich von vielen Kindern benutzt werden, die es aber noch nicht in den Duden geschafft haben. »Sexen« ist ein Synonym für miteinander schlafen, Geschlechtsverkehr haben. Ein Beispielsatz von meiner Tochter: »Erwachsene sollten nicht sexen, wenn sie keine Babys haben wollen.« Die Kinder sind sehr konservativ. Oder wie mein Sohn eines Tages leicht entrüstet feststellte: »Ihr habt drei Kinder. Also habt ihr schon dreimal gesext!« Meine Frau und ich haben diese Feststellung bestätigt, sind aber nicht weiter darauf eingegangen. Manche Dinge sollten unausgesprochen bleiben.

Zurück zur Wahl. »Ich gehe erst mal zu so einem Lehrgang, in dem erklärt wird, was man als Wahlhelfer alles machen muss. Dann können wir entscheiden, ob du vielleicht doch zur Wahl mitkommen kannst oder nicht.« Damit gab sich mein Sohn zufrieden, und ich suchte mir im Wahlhelferbrief den nächsten Seminartermin heraus.

Bei diesem Seminar gab es ein paar Vorträge zum Wahlrecht und darüber, wie so eine Wahl im Allgemeinen abläuft. Dann wurde den Teilnehmern ganz konkret erzählt, wie die einzelnen Aufgaben am Wahlsonntag aussähen. An was man alles denken muss! Es waren sehr viele Informationen für einen Abend, und ich wunderte mich mehr denn je, dass unsere Wahlen meist einigermaßen geordnet abliefen. Ich hoffte, dass es Leute gab, die mehr Ahnung hatten als ich. Deshalb war es gut, dass man in einem Team aus Wahlhelfern arbeitet: Irgendeiner wird schon wissen, was zu tun ist. Außerdem hatten wir eine Telefonnummer bekommen, unter der wir am Wahltag auf alle Fragen eine kompetente Antwort bekommen würden. Ich beschloss, diese Nummer auswendig zu lernen und sie mir zusätzlich mit einem dicken schwarzen Stift auf meinen Unterarm zu schreiben. Genauso wie wir den Kinder unsere Nummer auf den Arm schreiben, wenn wir den Tag in einem Freizeitpark verbringen. Nur für den Fall der Fälle, dass man sich aus den Augen verliert. So fühlte ich mich für den Wahlsonntag einigermaßen gut vorbereitet.

»Bist du eigentlich schon mal gewählt worden?«, wollte mein Sohn beim Abendbrot vor der Wahl wissen. Ich überlegte. Ich war nie Klassensprecher, aber –

»Ja, ich wurde mal zum Klassenbuchführer gewählt. Das waren in unserer Schule die Schüler, die für die ordentliche Führung des Klassenbuchs verantwortlich waren.« Mein Sohn fing laut an zu lachen. Seine Geschwister und meine Frau ebenfalls. »Und ich war sehr erfolgreich!« Die Reaktion meiner Familie war verständlich. Denn, wenn ich eines gut kann, dann ist es, unordentlich zu sein. Wo ich bin, lässt das Durcheinander meistens nicht lange auf sich warten. Beweisstück A: mein Schreibtisch. Es gibt Zeiten, da weiß ich nicht mal mehr, welche Farbe die Tischplatte hat. Es liegt dann so viel Zeugs darauf, dass ich meinen Schreibtischstuhl auf die höchste Stufe stellen muss. Es ist auch schon vorgekommen, dass ich den Stuhl zusätzlich auf eine kleine Erhöhung stellen musste, weil ich sonst nicht mehr vernünftig arbeiten konnte. Und manchmal lässt es sich an meinem Schreibtisch nur noch im Stehen arbeiten. Aber das soll ja sehr positiv für die Körperhaltung sein. Vielleicht war dieses Ordnungsdefizit, das ich heute habe, in meiner Schulzeit noch nicht ganz so ausgeprägt, denn ich bekam damals tatsächlich eine Auszeichnung für das in jenem Jahr am ordentlichsten geführte

Klassenbuch der gesamten Schule. Hätte es Meisterschaften in dieser Disziplin gegeben, ich wäre ins Olympiateam gekommen. Komischerweise bin ich nicht wiedergewählt worden.

Jedenfalls hoffte ich, etwas von diesem Geist hinüberretten zu können, wenn es nun darauf ankam, die Wahl ordentlich über die Bühne gehen zu lassen.

Der Tag fing früh an. Das gesamte Wahlhelferteam für unser Wahllokal traf sich lange vor Wahlbeginn, um die Kabinen aufzubauen, die Beschilderung aufzuhängen und die Urnen vorzubereiten. Um Punkt acht Uhr morgens wollten auch schon die ersten Leute ihr Kreuzchen machen. Gegen Mittag kamen auch meine Frau und die Kinder. Meine Frau wählte und ging wieder, ließ aber unseren Sohn bei mir. Er blieb den Rest des Tages und half, wo er nur konnte: Er suchte in den Wählerlisten nach den Namen, die auf den Wahlbenachrichtigungsscheinen standen, er kontrollierte Ausweise, er gab Stimmzettel aus, er überprüfte regelmäßig die Wahlkabinen, ob noch genügend Stifte dort lagen – kurzum, er achtete penibel darauf, dass alles seine Richtigkeit hatte. Als die Wahl ihrem Ende zuging, machte er sich auf den Weg zur Tür, um diese um Punkt 18 Uhr zu schließen. Vieleicht wird es später mal Wahlbeobachter der OSZE, dachte ich mir. Oder Türsteher in einer Disko.

»Du kannst die Leute ruhig reinlassen. Es darf jeder zusehen, wenn wir die Stimmzettel auszählen«, erklärte der Wahlvorstand, »das ist total in Ordnung.« Das wird ja oft verwechselt: Die Wahl an sich ist geheim. Das heißt, niemand darf sehen, wen ich wähle. Aber das Auszählen der Stimmen ist öffentlich. Jeder kann sich im Wahllokal davon überzeugen, dass nichts manipuliert wird. Die Auszählung darf nur nicht gestört werden.

Und so zählten wir gemeinsam die Stimmen aus. Mein Sohn war wahrscheinlich der jüngste Wahlhelfer an diesem Sonntag, aber er war sicherlich der achtsamste. Er schaute regelmäßig auf den Boden unter die Tische, ob nicht irgendwo ein Stimmzettel runtergefallen war. Er kontrollierte die Wahlurnen, ob die auch wirklich komplett geleert waren. Und er sortierte alle Stimmzettel aus, die mehr als ein Kreuz hatten.

»Äh, was machst du mit denen?«

»Die gelten nicht. Jeder nur ein Kreuz.«

»Das ist richtig, aber die müssen wir trotzdem zählen.«

»Siebenundvierzig. Ich hab direkt mitgezählt«, sagte mein Sohn. Kein Stimmzettel ging verloren. Als am Ende der Auszählung alle Zettel ordentlich weggepackt wurden, waren wir zu Recht sehr zufrieden mit unserer Arbeit – und ich hatte die Nummer auf meinem Unterarm kein einziges Mal anrufen müssen. Selbstverständlich teilte ich meine Aufwandsentschädigung mit meinem Sohn.

Als wir später am Abend zusammen die *Tagesschau* ansahen, war natürlich auch da die Wahl das große Thema. Die Wahllokale, die gezeigt wurden, sahen genauso aus wie bei uns: Stimmzettelberge auf Tischen, Wahlhelfer, die alles akribisch aufschrieben und dokumentierten. Das Einzige, was fehlte, war ein achtjähriger Junge, der zum ersten Mal miterlebt hatte, wie das mit der Demokratie funktionierte. Vielleicht wird er ja mal Politiker.

»Das war ein toller Tag, Papa! Nächstes Mal möchte ich auf jeden Fall wieder mitkommen!«

»Ja? Was hat dir denn am besten gefallen?«

»Dass ich zwanzig Euro bekommen hab!«, kam ohne Zögern seine Antwort.

Doch, ja, er wird garantiert Politiker.

21.
Schrei leiser!

Der Wert der Meditation ist kaum zu überschätzen. Meditation ist das neue Schwarz. Sie ist voll im Trend, sozusagen die Neuauflage der Ananas-Diät. Meditation hilft gegen Stress und Konzentrationsschwäche, bei Alltagsfrust und Schlaflosigkeit. Wer nicht regelmäßig zur Ruhe k**OM**mt (jetzt haben wir den Scherz schon mal hinter uns), ist selber schuld.

Und das gilt nicht nur für einen selbst: Meditation ist auch gut für alle anderen! Die Partnerin, den besten Freund, Mutti und die zickige Kassiererin – sie alle könnten eine gehörige Portion innere Ruhe verdammt gut vertragen!

Das Gleiche gilt, natürlich und erst recht, für unsere Kinder. Sie sollen es doch einmal besser haben als wir. Und man sieht ja, wie schwer es uns Erwachsenen fällt, ruhig zu bleiben und mal abzuschalten. Also: Stillsitzen und Klappehalten wandert aus der Ablage »drakonische Erziehungsmaßnahmen des letzten Jahrtausends« hinüber in das Eingangskörbchen »aktuelle Parenting-Trends«.

Zunächst hoffe ich darauf, dass meine Kinder auf subtile Hinweise reagieren. Ich sitze sonntagmorgens demonstrativ in mir ruhend mitten im Wohnzimmer. Vielleicht setzen sie sich ja dazu, kuscheln sich an mich wie junge Hündchen, meditieren ganz von allein.

Aber nein: Sie latschen lautstark an mir vorbei, fallen aufs Sofa und schalten den Fernseher ein. Offenbar überschätzen sie *meine* innere Ruhe.

Kurze Zeit später ist es tatsächlich wieder still. Ich bin allein und kann mich ganz ungestört mit meinem emotional unausgeglichenen Ausbruch eben gerade auseinandersetzen. Die Kunst ist, dies achtsam und liebevoll zu tun, behauptet der Meditationslehrer.

Scherzkeks.

Wenn der Berg nicht zum Propheten kommt, muss der Prophet eben zum Berg kommen, denke ich.

In der nächsten Runde setze ich mich also zu einem Kind, das zufällig sowieso gerade entspannt wirkt. Beim Puzzeln, Hörspielhören oder Zum-Fenster-Rausstarren. Die Kinder schauen kurz auf in der Befürchtung, dass ich sie zu Hausaufgaben auffordern will. Wenn ich nichts sage, sondern nur mit ihnen hinausschaue oder ihnen ab und an wortlos das richtige Puzzleteil reiche, legen sich die gefühlten emotionalen Wellen schnell.

Das ist schön. Aber ist es Meditation? Hilft ihnen das gegen Übergewicht und Bluthochdruck, werden sie deshalb bessere Teamleader sein?

Ich sitze da und reflektiere darüber so vor mich hin, auf einmal ist der Teufel los. Die Kinder streiten, und ich verstehe weder worüber, noch wie es losgegangen ist. Meine eigene Aufmerksamkeit dem aktuellen Moment gegenüber war also offenbar gleich null, wie meistens.

Irgendwie läuft das noch nicht ganz rund.

Ich stehe auf und verlasse das Zimmer mit den bewährten Worten: »Schreit mal bitte ein bisschen leiser, okay?«

Was nun? Wie kann ich in ihre kleinen Kinderschädel hämmern, dass sie verdammt noch mal stillsitzen und still sein sollen, ich meine es doch nur gut mit ihnen?!

Yoga gilt als Vorstufe der Meditation, dann müsste doch auch Kinderyoga die Vorstufe der Kindermeditation sein. Doch so gut ihnen die fernöstlich inspirierte Gummimensch-Gymnastik tun mag – Entspannung und Einkehr sehen anders aus.

Ich bin schon kurz davor, Belohnungen auszuloben: Wer fünf Minuten stillsitzt, muss den Tisch nicht abdecken. Für zehn Minuten gibt's doppeltes Taschengeld, und wer fünfzehn Minuten durchhält, darf einmal die Hausaufgaben »vergessen«.

Glücklicherweise wird mir bei der nächsten eigenen Meditation klar, wie bescheuert (und ironisch undurchdacht) die Idee ist, bevor ich sie in die Welt trompete.

Dann gebe ich auf. Ich weiß nicht weiter. Ich lasse los.

Sollen sie doch Stress haben und unter Erfolgsdruck leiden wie andere Menschen auch! Ha! Sie werden schon sehen, was sie davon haben! Und dann, wenn sie krank sind, werde ich kein Mitleid zeigen, ich nicht, oh nein, sondern ich werde lachen und rufen: »Siehst du, du hättest ja auch einen Schal umbinden können, aber du wolltest ja nicht!«

Und dann? Dann sind sie krank, und ich bin unglücklich, obwohl ich recht hatte, das ist ja das Blöde am Kinderhaben.

Trotzdem. Ich kann sie ja nicht zwingen.

Ich kann mich ja auch nicht zwingen.

Und auf einmal macht es Klick in meinem Kopf, und ich verstehe, was das eigentlich heißen soll: Der Weg ist das Ziel. Das Böse, das sind die anderen. Leben ist Leiden. Loslassen ist der Schlüssel zum Glück.

Bisher hielt ich das immer für Mutter-Teresa-Gerede, zu gut für meine Welt. Aber es ist doch so: Ich hänge an dem Gedanken, dass es meinen Kindern bitte gutgehen möge. (Und, zugegeben, auch an dem, dass es mir bei der Gelegenheit auch gern gutgehen darf.) Und genau dieses Festhalten ist es, das mir jetzt im Weg steht.

Wenn ich also die Vorstellung ablege, Meditation wäre der Weg zum Glück für mich, für sie, für alle ... dann wird er es von allein? Nein, das ergibt keinen Sinn. Dann erkennen sie es von allein? Auch Unfug. Dann ... ja, dann was?

Dann hänge ich nicht mehr so daran. Das ist alles.

Und was mir eben als Erleuchtung vorkam, ist nun doch kein besonders beeindruckender Gedanke mehr.

Das zu bemerken: wie zen von mir.

Ich bin unsicher, ob ich jetzt stolz oder frustriert sein soll, also lege ich das ganze Projekt vorsichtshalber erst mal zu den Akten.

Es kommt, wie es kommen muss, kosmische Gerechtigkeit, was weiß ich, jedenfalls sitze ich eines Tages mit einem der Kinder einfach so da. Ich weiß gar nicht, wie das passieren konnte. Kein Radio spielt, kein Handy. Die Sonne scheint, und es ist schön draußen, ich habe mein Buch vergessen und bin zu faul aufzustehen. Der Wind ist gerade eben kühl genug, aber nicht zu kühl. Die Vögel hüpfen herum.

Alles ist bunt, die Welt läuft parallel in Zeitraffer und Zeitlupe. Ich sehe sie wie durch Lupe und Teleskop zugleich. Als würde die Wahrheit durch alle Poren in mich einströmen.

Sobald ich bemerke, wie schön der Moment ist, ist der schöne Moment natürlich vorbei. Wir sehen uns an, zucken mit den Achseln und gehen rein, Buch und Handy holen, Radio einschalten, nützlich sein, Alltag.

Seitdem ist das ein paar Mal passiert, nicht wieder in dieser Intensität, aber immerhin. Beim Spazierengehen oder wenn wir irgendwo warten mussten. Eher draußen als drinnen. Eher an nicht ganz ruhigen, aber auch nicht ganz quirligen Orten.

Aktuell stelle ich es mir so vor: Ich übe immer mal wieder, stillzusitzen und auszuhalten, dass die Welt sich auch ohne mein aktuelles Mitanpacken ganz prima weiterdreht. Das ist schwierig, aber nicht unmöglich – und auf einmal gelingt es auch den Kindern. Wie Übersprungswissen.

Da könnte was dran sein.

Wenn die Eltern sich für Politik interessieren und Nachrichten gucken, wissen auch die Kinder mit etwas Glück, wo Afghanistan liegt. Wenn die Eltern Klassik hören, kennen die Kinder Beethovens Fünfte, gehen Eltern gern wandern, wandern auch die Kinder, essen Eltern gesund ... na ja, und so weiter.

Die Kinder machen das vielleicht nicht gern und verweigern irgendwann auch den Opernbesuch oder den Ausflug in die Natur. Aber sie könnten, wenn sie wollten.

Das ist das Beste, was wir bieten können: Ihnen die Freiheit mitzugeben, sich informiert dagegen (oder dafür!) zu entscheiden. Möglichkeiten statt Verhaltensnormen.

Wir haben festgestellt, dass wir es tatsächlich manchmal ganz schön finden, still zusammenzusitzen. Offen für das Hier und Jetzt. Meistens aber nicht.

Und irgendwann hielt dann doch das Belohnungssystem Einzug im Erziehungskoffer:

»Wer jetzt nicht aufhört rumzustreiten, muss fünf Minuten mit mir meditieren!«

»Wenn du den Tisch nicht deckst, musst du zehn Minuten meditieren.«

»Räum dein Zimmer auf, oder es meditiert was!«

22. Spielplatz

Die Sonne scheint, die Vögel zwitschern, wunderbar, dann werde ich mich gleich in aller Ruhe entspannen können. Die ersten Jahre mit dem Kind sind hart, es kann nichts allein und schreit dauernd. Man karrt es zur Spielgruppe, plant Supermarkteinkäufe um Kinderwagenladefläche und sichere Schlechte-Laune-Zeiten herum. Beim Spaziergang im Park schläft der Nachwuchs sich aus, der Vater läuft sich müde.

Doch dann endlich, wenn das Spielplatzalter erreicht ist, wendet sich das Blatt. Natürlich gibt es auch Eltern, die von ihren Kindern hektisch fordern: »Schantal, komm vonne Schauckel runter, Fernsehen fängt gleich an.« Was Schantal mit ebenso verträumtem Schaukeln quittiert wie zuvor. Der erfahrene Zuschauer kennt schon den nächsten Akt: Sobald die Mutter aufgeraucht hat, geht das Geschrei los!

Aber man kann sich auch geschickter organisieren. Sich weniger Stress machen. Der ideale Spielplatzbesuch findet am Wochenende statt (oder in den Ferien oder an einem Urlaubstag). Das Kind hat gut gegessen und Mittagsschlaf gemacht. Das betreuende Elternteil auch.

Im Rucksack stecken eine Wasserflasche, eine Thermoskanne Kaffee, ein paar Energieriegel, ein Buch oder eine Zeitschrift oder Kopfhörer – oder alle drei. Das Kind trägt Klamotten, die man besser schon längst weggeschmissen hätte, und muss heute sowieso noch in die Badewanne. Kurzhaarschnitte sind praktischer als lange Haare, aber in dieser Hinsicht lässt sich auf die Schnelle immer nur wenig optimieren.

Der perfekte Spielplatz ist eingezäunt wie eine Jugendstrafanstalt, mit einem Türschließmechanismus, der zugleich Schantals Eltern draußen hält. Er ist groß genug, dass man so tun kann, als würde man das eigene Kind gerade nicht bemerken, wenn es irgendwem die Schaufel wegnimmt, aber klein genug, dass man es zum Feierabend wiederfindet, falls es im Turm der Rutsche friedlich eingeschlummert ist.

Es gibt eine große Sandkiste, eine ausreichende Anzahl Schaukeln, mehrere Wippen, mindestens zwei große Rutschen. Möglichst alles aus Jute oder Tofu, um die Verletzungsgefahr gering zu halten. Metall ist ganz schlecht, weil hart. Der Boden zwischen den Spielgeräten ist am besten Rasen, notfalls Gummimatten, möglichst nicht Kies oder Schotter.

Das Wichtigste aber: Es muss auf diesem Paradies-Spielplatz mehr als eine Bank in der Sonne geben. Denn die Spielplatz-Etikette besagt, dass man sich nicht einfach zu irgendwelchen wildfremden Vätern oder Müttern dazusetzen kann, nur weil die sechzehn freien Bänke alle im Schatten stehen. Spielplatzbänke sind wie Urinale im Männerklo, eine muss man dazwischen immer frei lassen – und teilen geht nur im allergrößten Notfall. Sich auf dem Spielplatz auf eine bereits besetzte Bank zu setzen, heißt im Grunde: »Hey, kommst du öfter hierher?«

Läuft alles gut, kann man es sich auf seiner Bank gemütlich machen, ein wenig dösen, ein wenig lesen, ein Käffchen trinken (aber nicht zu viel, denn kaum ein Spielplatz verfügt über WC-Häuschen), sich sogar langmachen und kurz die Augen schließen. Auf den meisten Spielplätzen, die wir kennen, herrscht ein konstruktives Miteinander. Im Bedarfsfall, zum Beispiel bei einem Sturz, wird von dem jeweils Banknächsten schnell und unbürokratisch getröstet und erst danach, wenn nötig, Vater oder Mutter ausfindig gemacht. Gleiches gilt für manchmal notwendige Zurechtweisungen (nicht mit Sand schmeißen, nicht von der Schaukel schubsen, lass die anderen auch mal rutschen). *Mi niño es su niño.*

Es wundert mich also gar nicht, dass Eltern ihren Kindern gerne vorschlagen, auf den Spielplatz zu gehen – es ist Abwechslung und Ruhepause in einem. Warum die Kinder dorthin wollen, kann ich hingegen nicht recht verstehen. Wie spannend ist es schon, sich stundenlang mit einem Satz Sandförmchen zu beschäftigen. Aber egal, nicht mein Problem.

Einmal jedoch war alles ganz anders. Denn als wir den Spielplatz erreichten, war außer uns keiner da. Aus meiner Sicht optimal, freie Bankwahl, kein Anstehen zum Rutschen, niemand, der Streit anfängt. Super.

Leicht verunsichert setzte ich mich erst auf meine Lieblingsbank, dann eine weiter, dann wieder zurück. Wahrscheinlich fühlen Leute auf Singlepartys sich ähnlich. So viele Möglichkeiten und das Leben rast vorbei.

Mein Sohn saß derweil in der Sandkiste und grub ein Loch. Wie es sich gehört. Dafür waren wir schließlich hergekommen.

Aber dann, gerade als ich genau die richtige Bank im idealen Winkel zur Nachmittagssonne gefunden hatte, kam er zu mir und fragte traurig: »Spielst du mit mir? Es ist sonst keiner da.«

Ich gebe zu, ich hatte mich auf einen gepflegten Chill-Nachmittag gefreut. Außerdem finde ich Löcher in den Sand graben schon am Strand langweilig, in Sandkisten lächerlich. Was soll das? Ich bin doch keine vier Jahre mehr alt!

Aber mein Sohn war vier.

Und er war einsam.

Andererseits muss man ja auch lernen, Langeweile auszuhalten, mit sich selbst klarzukommen, eigene Ideen zu entwickeln. Jeder Ratgeberpädagoge wird das bestätigen. Also schlug ich vor: »Rutsch doch erst mal. Und du gehst doch immer gerne auf dieses Drehdings. Und wenn dann immer noch niemand hier ist, spiele ich mit. Okay?«

Er zuckte mit den Achseln und rannte los. Ich schloss die Augen und ließ den Kopf in den Nacken sinken. Die Sonne schien, die Vögel zwitscherten.

Ich schlug die Augen wieder auf. Mein Sohn kam aus der Tunnelrutsche geflutscht. Der Spielplatz erschien mir auf einmal postapokalyptisch, verlassen, menschenleer, Fukushima. Ich laufe zu meinem Jungen, schließe ihn in die Arme. Und dann wippen wir. Nicht ganz einfach, bei unserem Gewichts- und Größenunterschied. Aber ich gebe mir Mühe.

Wo wir schon beim Austesten der Fliehkraft sind, wechseln wir auf die Schaukeln. Erst schaukeln wir eine Weile nebeneinander, wobei ich ein wenig frustriert bin, dass ich gar nicht wesentlich höher komme als er. In der zweiten Runde gebe ich ihm Anschwung, das klappt schon besser – hoch, höher, juchhei!

Es folgt ein Zwischenstopp in der Sandkiste, wo wir einfach die Förmchen vollschaufeln, umkippen, das Ergebnis plattklopfen, die Förmchen wieder füllen ... ich verstehe die Regeln dieser Arbeitsbeschaffungsmaßnahme nicht wirklich, aber ihm macht's großen Spaß.

Mit einem scheuen Blick läutet er schließlich die Eroberung neuen Terrains ein. Am anderen Ende des Spielplatzes gibt es noch eine Seilbahn. Die haben wir bisher nur ehrfurchtsvoll aus der Ferne beobachtet. Heute, wo niemand zuschaut, keiner drängelt, können wir das Gerät vorsichtig erkunden. Erst mal umrunden, dann hinaufsteigen, den Teller heranziehen ... und allein rübersausen lassen. Dann dasselbe von der anderen Seite. Ich habe Zeit, er hat Zeit.

»Willst du mal?«, fragt er.

Will ich?

Wenn ich »Nein« sage oder auf halber Strecke runterfalle, was lehre ich ihn dann? Andererseits, wir sind auf dem Kinderspielplatz, wie schwer kann es sein? Ich ziehe den Teller hoch, springe darauf, suche nach Halt, die Geometrie des Spielgerätes ist nicht für ausgewachsene Menschen ausgelegt, schon sause ich los, es ist wie Fliegen, auf einmal merke ich, dass ich breit grinse. Auf der anderen Seite springe ich ab, laufe gleich weiter hoch: noch mal! Noch mal!

Den Sohn verliere ich für eine Weile aus den Augen, so viel Spaß macht mir das neue Spiel. Hin und her, her und hin, und auf einmal zischt neben mir ein Blitz durch die Luft und jodelt wie Tarzan! Auf der anderen Seite lässt er jedoch zu früh los, klatscht auf die Breitseite des Hügels. Es dauert einen Augenblick, bis ich das darauf folgende Geräusch einordnen kann: Er lacht sich scheckig! Erleichtert schwinge ich mich wieder auf meine Liane, wir segeln hin und her, bis uns die Arme lahm werden.

Danach will er noch eine Runde auf dem Drehdings im Kreis fahren, aber mir wird sofort kotzschlecht, Übermut tut eben doch nicht gut. Ich steige ab und sehe mich um. Immer noch niemand. Habe ich ein Bundesligaspiel verpasst, oder ist Mondfinsternis? Bis heute weiß ich nicht, was los war, so verlassen habe ich einen Spielplatz nie wieder erlebt.

Aber die Luft ist sowieso raus. Wir sind müde gespielt. Ein paar Minuten sitzen wir noch friedlich nebeneinander auf der Bank, dann gehen wir nach Hause.

Ich bin erschöpft wie nach einem Spaziergang durch den Park, aber das Schwingen über den Abgrund war schon richtig cool. Natürlich ist es eine Binsenweisheit, wenn man mit dem Kind spielt, erlaubt einem das, auch selbst wieder ungestraft Kind zu sein, nicht strategisch zu denken, einfach im Moment zu leben. Außerdem kann ich jetzt endlich verstehen, warum Kinder gern auf den Spielplatz gehen, zumindest wenn sie satt und ausgeschlafen sind: Es macht einfach richtig Spaß. Man muss nur ehrlich genug sein, es zuzugeben. Guckt ja keiner.

23.
Quantenphysik

Unsere Tochter war mit einer Freundin verabredet, die sie lange nicht gesehen hatte. Obwohl ja heute alle dauernd woanders übernachten, da man scheinbar überall besser schläft als zu Hause, hatten wir diesmal vorsichtshalber abgemacht, dass sie um sechs oder so abgeholt wird. Hätte ja auch sein können, dass es mit der Freundin nicht so läuft.

Wir Eltern waren an dem Tag einkaufen, haben allerhand Erledigungen gemacht – ein typischer Samstag eben – und wir hatten uns verspätet. Wir riefen bei der Freundin an, und es war auch alles kein Problem, unsere Tochter hatte dort noch Abendbrot gegessen, alles gut. Als wir dann ankamen, leicht abgehetzt, öffnete der Vater der Freundin die Tür. Der ist so ein Typ, der immer zeigen muss, dass er der Allerbeste ist. Er also: »Die beiden verstehen sich ganz toll, sie wollen unbedingt zusammen übernachten. Ich habe das Bett schon bezogen!« Und das war nicht nur so dahingesagt, das meinte er ehrlich, aber die Begeisterung, mit der er ins Horn blies, hatte schon auch mit seinem Ego zu tun.

Meine Frau fand den Vorschlag ganz nett, oder vielleicht war sie auch einfach nur erschöpft vom Tag und wollte selbst ins Bett. Jedenfalls sagte sie spontan: »Schön, kein Problem, viel Spaß.«

Ich dagegen sah das anders. Ich war die ganze Woche unterwegs gewesen und hatte mich auf einen Familiensonntag gefreut, außerdem ging mir das Guck-mal-wie-toll-ich-bin-Getue meines Konterparts ziemlich auf die Nerven. Aber gerade weil diese Welle aus schlechter Laune mich wegriss, hielt ich erst mal meinen Mund.

Meine Herzdame und der Supervater plauderten noch ein wenig. Und währenddessen wurde mir immer klarer: Ich will das wirklich nicht. Ich will den Sonntag mit meiner Tochter verbringen. Ich hatte anfangs nicht darauf geachtet, was ich will. Meine Gefühle gar nicht wahrgenommen, wie jeder deutsche Durchschnittsmann.

Jetzt aber saß ich da mit meinen Emotionen. Sollte ich weiter gute Miene zum bösen Spiel machen? Oder sagen, was mir wichtig ist? Mit welchem Verhalten bin ich das bessere Vorbild? Der bessere Mann, der bessere Vater?

Wie bleibe ich mir selber treu?

Ich entschied mich für Ehrlichkeit, winkte meine Tochter heran und sagte: »Eigentlich finde ich es blöd, wenn du hier übernachtest. Wir wollten doch morgen einen Familientag machen. Darauf hatte ich mich gefreut. Deshalb möchte ich jetzt doch, dass du mitkommst.« Frau und Super-Vater schauten verdutzt, er zog außerdem abschätzig die Augenbraue hoch. Mir ist klar, dass auch er schon in derselben Situation war; sie ist im Leben unvermeidlich. Aber er gibt dann eben den lässigen Strahlemann und ich diesmal nicht.

Vielleicht hat er recht. Vielleicht geht es einem selbst und allen anderen besser, wenn man mit dem Strom schwimmt.

Meine Tochter ist verwirrt. »Hast du nicht eben noch gesagt, das geht alles klar?«

Ich: »Ja, aber eigentlich möchte ich auch mal Zeit mit dir verbringen. Ich war in den letzten Wochen so viel weg, und nächste Woche bin ich auch wieder unterwegs, und ich habe mich darauf gefreut, den Sonntag mit euch zu verbringen. Deswegen muss ich sagen, dass ich mich geirrt habe und du doch nicht hier schlafen kannst.«

Tränen. Unverständnis. Schneller Aufbruch. Missbilligende Blicke.

Cool bleibt nur die Freundin. »Beim nächsten Mal klappt es bestimmt«, sagt sie locker.

Kinder stecken das rätselhafte Verhalten Erwachsener oft erstaunlich gut weg, indem sie es in die Schublade »Irre unter sich« packen.

Im Auto entschuldigte ich mich bei meiner Tochter. Die saß nur stumm da, während ihr dicke Tränen über ihre Wangen liefen. Dann putzte sie sich die Nase und antwortete: »Ich weiß. Ich versteh das. Aber ich bin trotzdem traurig.«

Quantenphysik der Emotionen.

Dazu war nicht mehr viel zu sagen. Stumm fuhren wir nach Hause. Der Abend war ruiniert, das hatte ich schon mal gut hingekriegt.

Mit schlechtem Gewissen ging ich ins Bett, mit schlechtem Gewissen stand ich wieder auf. Damals wurden unsere Kinder noch wach, bevor der Bäcker aufmachte, also fuhr ich los, um an der Tankstelle Brötchen zu holen. Und brachte – was ich sonst nie tue – jedem Kind eine Zeitschrift mit aufgeklebtem »Geschenk« mit, irgendeinen billigen Plastikkamm, einen halbblinden Spiegel oder eine schief gepresste Zaubertrickmaschine. Shopping gewordenes schlechtes Gewissen.

Als ich zurückkam, sagte meine Tochter etwas ganz Tolles. Sie drückte die Zeitschrift begeistert an sich und erklärte: »Danke. Aber ich hätte mich auch so gefreut, wenn du Zeit hast.«

Ich war immer noch wütend auf mich. Aber sie schon längst nicht mehr. Irgendwie war es ihr in kindlicher Weisheit gelungen, den Kern der Sehnsucht in meinem Herzen zu erkennen, statt die emotionalen Efeuranken, in denen ich mich verfangen hatte.

Ich kann gar nicht mehr sagen, was wir gemacht haben an dem Tag. Aber ich weiß noch, das Wetter war okay, wir konnten eine Weile rausgehen. Und ich weiß auch noch, dass ich ein paar Mal dachte: Jetzt haben wir genug gespielt, jetzt könnte ich eigentlich auch

wieder arbeiten, aufräumen, Wäsche waschen, nützlich sein. Doch wenn ich nur einen halben Tag mit ihr verbringen wollte, hätte ich sie ja genauso gut Sonntagmittag abholen können. Also entschloss ich mich einen Tag lang immer wieder, tief durchzuatmen und weiter nichts als Vater sein.

Diese Suppe hatte ich mir selbst eingebrockt. Und es schmeckte mir, sie auszulöffeln.

Gelernt habe ich Folgendes: Auch Väter dürfen sich mal irren. Mein neues Selbstbild sagt: Man darf Fehler machen, man darf sie zugeben, aber man muss dann auch für die Konsequenzen geradestehen. In diesem Fall: Wenn ich Zeit mit meinen Kindern verbringen will, dann muss ich sie mir auch nehmen und nicht nur von ihnen einfordern. Das klingt banal, ist aber schwer.

Das heißt für mich auch, dass ich ab diesem Tag ausgestiegen bin aus dem Wettbewerb, der beste Papa oder die beste Mama zu sein. Meine Kinder haben eh keine Wahl, ich bin der beste Papa, den sie haben. Meine Aufgabe besteht einzig und allein darin, diese Tatsache mit Leben zu füllen. Nicht fehlerlos, aber so gut ich kann.

Noch viel wichtiger aber war für mich die Erkenntnis: Ich bin gar nicht so familiär, wie ich gern vor mir selber tat, und die Kinder merken das sowieso. Und es ist okay für sie. Wenn ich bin, wie ich bin, statt sein zu wollen, wie ich denke, sein zu sollen, haben wir alle mehr davon.

Beim nächsten Mal würde ich anders entscheiden. Sie bleiben lassen, weil ich nun weiß: Ich brauche gar keinen ganzen Sonntag, um mich wieder eng mit meiner Familie verbunden zu fühlen – ein halber reicht.

Und ich würde mich nicht so über meine Fehler ärgern. Mein erster Fehler war, nicht zu merken, was ich mir wünsche. Mein zweiter Fehler war, mir etwas zu wünschen, was ich in der Form gar nicht wollte. Mein dritter Fehler war, mich über die ersten beiden Fehler zu ärgern.

Mein Glück war, Kinder zu haben, die mich von diesem Unsinn ablenkten und darüber hinwegtrösteten.

24.
Fluchen

Viele Menschen haben Angst vorm Kindergarten.

Alle meine Kinder haben eine Zeit lang jeden Morgen unglaublich geweint, wenn wir uns im Kindergarten von ihnen verabschiedeten. Was waren das für Szenen! Oscarreif! Die Spannbreite des Repertoires war unglaublich. Da gab es die subtil zitternde Unterlippe in Verbindung mit feuchten Augen, bei denen sich die Tränen in den unteren Augenlidern sammelten, aber nicht rauskullerten. Das war die erste Eskalationsstufe. Am anderen Ende des Spektrums kam lautstarkes Heulen, bei dem die Augen, die Nase und der Mund – also eigentlich das gesamte Gesicht sich praktisch in Rotz und Wasser auflöste, während der Rest vom Kind sich abwechselnd auf dem Boden wälzte und an mein Bein klammerte. Wenn ich es dann doch irgendwann zur Eingangstür geschafft hatte, eine wunderschöne Glastür, die sich nur von Erwachsenen öffnen ließ, rausgehuscht war und mich noch einmal umschaute, dann stand mein Kind auf der anderen Seite, hämmerte mit beiden Händen gegen die Tür und brüllte »Nein! Nein!« Ziemlich genau wie Dustin Hoffman in *Die Reifeprüfung*.

Ich kann auch nur deshalb so gelassen darüber schreiben, weil mich einmal nach so einem Abschied das schlechte Gewissen dermaßen quälte, dass ich wieder von meinem Fahrrad abstieg und zurück zum Kindergarten ging. Da sah ich dann – wohlgemerkt keine zwei Minuten später – mein Kind, das vorher vor Trennungsschmerz beinahe gestorben wäre, fröhlich lachend mit den anderen Kindern Fangen spielen. Die Redewendung »Aus den Augen, aus dem Sinn« hatte ich vorher noch nie so anschaulich demonstriert bekommen.

Als ich einmal fragte: »Warum gehst du eigentlich nicht so gern in den Kindergarten?«, kam als Antwort: »Die wollen, dass ich die Namen von allen Farben kenne. Auswendig!« Ich war kurz versucht, ihm von der Schule zu erzählen und was Kinder da alles machen müssen, habe es aber dann doch gelassen. Für den Seelenfrieden.

Natürlich haben auch Eltern Angst vorm Kindergarten. Und das nicht nur wegen der Abschiedsszenen. An die gewöhnt man sich, und die gehen ja auch vorbei. Vielmehr hatten wir Angst vor den Sachen, die die Kinder von dort mit nach Hause bringen. Noch bevor unser erstes Kind in den Kindergarten kam, hatten wir bereits die fürchterlichsten Horrorgeschichten gehört: von Läusen, die ganze Familien von Köpfen befallen und ihre Eier an die Haare kleben. Von Würmern, die ganze Familien von Hintern befallen und ihre Eier in den Pofalten ablegen. Und vom Sch-Wort.

Oh ja, das Sch-Wort.

Wir hatten zu Hause immer einen sehr freizügigen Umgang mit Wörtern wie »Scheiße« gepflegt. Knie gestoßen? »Scheiße!« Regal, das ich gerade an die Wand gedübelt hatte, kracht runter? »Ahh, Scheiße!« Kind pinkelt mir beim Wickeln mitten ins Gesicht? »Och, Scheiße!«

»Nein, das war Pipi!«, antwortete dann der ältere Bruder, der seelenruhig zusah und fürs Leben lernte. Ach ja, Geschwisterkinder! Niemals um einen klugen Kommentar verlegen.

»Ich weiß, dass das Pipi war. Trotzdem!«, zischte ich zurück. Manchmal hilft es einfach, verbal etwas Druck abzulassen.

Das ist inzwischen sogar wissenschaftlich erwiesen. An der Universität von Keele in England fanden Wissenschaftler heraus, dass Schmerzen weniger schlimm empfunden werden, wenn man Flüche ausstößt. Die Teilnehmer einer Studie sollten ihre Hand in eine Wanne mit Eiswasser tauchen, so lange wie sie es aushielten. Dabei durften sie beliebig oft eine Verbalinjurie ihrer Wahl brüllen. Danach wurde der Versuch wiederholt – allerdings ohne Schimpfwörter. Die Forscher vermuteten, dass sich fluchende Menschen so in den Schmerz reinsteigern, dass er schnell unerträglich würde. Das Ergebnis war aber genau anders herum: Mit Fluchen blieben die Hände merklich länger im Eiswasser als ohne Fluchen. Die Schimpfwörter sorgten dafür, dass das Herz schneller schlug und der Körper messbar unter Stress geriet. Ganz so, als bereite er sich darauf vor, zu kämpfen oder zu flüchten. Bei dieser Fight-or-Flight-Reaktion werden verschiedene Hormone ausgeschüttet, die unter anderem dafür sorgen, dass wir Schmerzen weniger stark empfinden.

Auch Geburten zum Beispiel werden dadurch anscheinend erträglicher. Als mein erstes Kind auf die Welt kam, habe ich mir von meiner Frau die Hände zerquetschen lassen. Viel mehr konnte ich ja nicht machen, wenn wieder eine Wehe einsetzte. Und ich habe mir ihre Flüche angehört und versucht, es nicht persönlich zu nehmen, was mir – das muss ich zugeben – anfangs gar nicht so leicht fiel. Es lag ja teilweise auch an mir, dass sie nun in dieser Situation war. Bei den ersten Flüchen schaute ich noch leicht verlegen zur Hebamme, mit einem Gesichtsausdruck, der sagte: »Normalerweise ist sie eine total liebe Frau. Ich habe keine Ahnung, woher sie diese ganzen Wörter kennt.« Als mich die Hebamme in einer Wehenpause beiseitenahm und mir kurz erklärte, dass auch die Flüche ganz normal seien und ich mir keine Gedanken machen müsste, konnte ich etwas entspannen. »Ah, das wusste ich nicht. Ist meine erste Geburt!«, antwortete ich und konnte danach sogar Witze machen, als meine Frau das nächste Mal laut »Scheiiiiiße!« brüllte.

»Nein, Schatz, das war es nicht! Das war der Kopf von unserem Kind!«, lächelte ich sie an. Den Blick, den ich damals zu Recht erntete, werde ich nie vergessen. Interessant, wenn man sich überlegt, was die ersten Wörter sind, die unsere Kinder zu hören bekommen. Da ist es kein Wunder, dass sie eines Tages vom Kindergarten kommen und das Sch-Wort mit nach Hause bringen. Nein, ich meine nicht »Scheiße«, sondern »Schelte«. Nur zwei Buchstaben Unterschied, die aber ausreichen für eine Einladung zum Elterngespräch.

»Wir dürfen nicht ›Scheiße‹ sagen im Kindergarten«, erklärte mein Sohn und überreichte mir einen Zettel, mit dem Gesprächsbedarf angezeigt wurde.

Bei nächster Gelegenheit erzählte mir seine Erzieherin dann davon, wie oft und mit wie viel Leidenschaft mein Kind fluchen würde und ob denn zu Hause alles in Ordnung sei.

»Ja, es ist alles in Ordnung.«

»Wir versuchen ja im Kindergarten mit möglichst wenig Fäkalsprache auszukommen – auch im Interesse der jüngeren Kinder«, erläuterte sie mir.

»Aber mein Sohn ist eines der jüngeren Kinder.«

»Genau deswegen«, und dann bat sie mich, dass wir vielleicht auch in der Familie nicht vergessen sollten, dass die Kinder uns zum Vorbild nähmen.

Ich wollte gerade ansetzen und von der Studie erzählen, als sie mich unterbrach und sagte: »Wollen Sie mir jetzt von der Studie erzählen, in der herausgefunden wurde, dass Fluchen das Schmerzempfinden dämpft?«

»Äh, ja, woher wussten Sie das?«

Sie lächelte. »Ich muss wohl nicht darauf hinweisen, dass derselbe Forscher auch herausgefunden hat, dass ständiges Fluchen einer Gewöhnung gleichkommt und somit der Effekt der verringerten Schmerzwahrnehmung wieder zunichte gemacht wird.«

Innerlich sagte ich laut »Scheiße!«, weil ich wusste, dass sie recht hatte und ich jetzt nicht anders konnte, als ihr zu versichern, dass wir an einer Verbesserung der Fluch-Situation arbeiten würden.

Von da an setzten wir uns zu Hause regelmäßig zusammen, um zu fluchen. Meistens abends, wenn wir die Kinder ins Bett brachten. Zuerst war es etwas ungewohnt, einfach so aus dem Nichts heraus, »Scheiße« zu sagen und all die anderen Wörter. Aber dann fanden wir immer mehr Gefallen daran. Es entsponn sich oft ein richtiger Fluch-Dialog. Ganz ähnlich wie im Gedicht »Schimpfonade« von Hans Halbey. Wir fluchten uns am Alphabet entlang – von »A« wie »Ameisenkotze« bis »Z« wie »Zackenarsch«. Wir fluchten in Schüttelreimen, wie »Beißschiene« und »Scheißbiene«. Wir bauten Flüche aus Wörterketten: von »Asselgesicht« über »Gesichtswurst« zu »Wurstwurm« und so weiter. Wir erfanden neue Wörter. Wir fluchten in Elfchenform – das ist ein besonderes Gedichtformat, bei dem die erste Zeile ein Wort enthält, die zweite zwei Wörter, die dritte drei Wörter, die vierte vier und die fünfte Zeile wieder nur ein Wort. So zum Beispiel:

Du/Dreckigstes Dreusal/Ums Klo gewickelt/Stinkst wie eine Jauchegrube/Furzkopf

Wir druckten Wörter auf Magnetfolie aus und bastelten unsere eigenen Kühlschrank-Poesie-Schimpfwort-Magneten. Kurz gesagt: Wir beschäftigten uns sehr intensiv und ohne direkten Anlass mit allen erdenklichen Arten des Fluchens und des Schimpfens. Es gab nichts, das wir nicht ausprobierten. Das war nicht nur sehr befreiend, es hatte auch zur Folge, dass wir im alltäglichen Leben viel weniger fluchten. Wahrscheinlich, weil wir den Eindruck hatte, unser Fluchpensum für den Tag schon sehr gut erfüllt zu haben. Gleichzeitig trainierten wir eine so beachtliche Fluchkompetenz und

Schimpfwortgewalt, dass, wenn wir tatsächlich mal den Drang verspürten, unser Schmerzempfinden zu dämpfen, wir dies in so einer lyrischen Vollkommenheit zustande brachten, das selbst die Erzieherinnen im Kindergarten anerkennend mit der Zunge schnalzten.

Die Angst vorm Kindergarten legte sich ganz von selbst.

25.
Tibet

Ausgerechnet Tibet. Einen Moment lang überlege ich, die Wahl für ungültig zu erklären und einen neuen Versuch zu fordern.

Aber was wäre das für eine Lektion? Wenn dir was nicht passt, jammere rum, bis es sich ändert? Das können die Kinder doch sowieso schon, auch ohne mich.

Ich habe auch gar nichts gegen Tibet.

Es ist nur so kompliziert. Und ich weiß auch nicht, ob es in der Nähe ein passendes Restaurant gibt. Wenn, dann sicher nicht billig: Minderheitenküche.

Und politisch ...

Warum hätte es nicht Nepal werden können? Das wäre viel einfacher zu erklären, und das Essen ist wahrscheinlich ähnlich.

Also, was weiß ich noch? Es ist bergig, und der Dalai Lama kommt von dort. Das ist peinlich wenig.

Andererseits war genau das der Sinn dieses Experiments.

Die Regeln sind ganz einfach. Einer sticht mit dem Finger auf die Weltkarte oder den Globus – und dann schlagen wir Infos über das Land nach, wo der Finger gelandet ist, informieren uns und kochen regionale Spezialitäten (oder gehen entsprechend essen).

Ich hatte natürlich mit einem ersten Treffer in einem der großen Länder gerechnet: USA, Russland, China. Hamburger, Borscht,

Bratnudeln. Obama, Putin, Ai Wei Wei. Oder wenigstens Mallorca: Bratwurst mit Jägerschnitzel!

Ist das für den Einstieg zu viel verlangt?

Aber nun: Tibet. Gehört formal zu China, wird aber in unserer Karte gesondert ausgewiesen.

Darauf folgt ein Exempel der Absurdität von Gedankenverbindungen. »Kommt die Zibetkatze aus Tibet?«, frage ich spontan.

Ich meine, warum sollte sie? Sie heißt ja nicht Tibetkatze. So gilt der erste Blick ins Lexikon noch nicht mal dem ausgelosten Land, sondern ich stelle fest, dass es jede Menge unterschiedlichster Zibetkatzen auf der Welt gibt, asiatische, afrikanische, indische ... sie haben am Po eine Drüse, die ein Sekret produziert, das man früher zur Parfümherstellung benötigte. Was passiert, wenn man eine Zibetkatze und ein Stinktier im gleichen Käfig hält, überlege ich sofort. Neutralisieren sich dann die Gerüche?

Zudem, jetzt erinnere ich mich, frisst die Zibetkatze Kaffeebohnen vom Strauch und »veredelt« diese durch den Verdauungsvorgang. Kaffeespezialisten sammeln die Zibetkatzenhäufchen und erfreuen sich am edlen Aroma.

Allerdings, warnt mich das Lexikon, ist nicht etwa die Zibetkatze (wie oft, auch von mir, vermutet) verantwortlich für den megateuren Kopi-Luwak-Kaffee aus Hawaii – dort ist es der Fleckenmusang, der die Bohnen frisst und auskotet.

Kopi-Luwak-Kaffee habe ich mal getrunken. Schmeckt wie Kaffee.

Das Spiel fängt an uns Spaß zu machen, obwohl ich immer noch nicht bei Tibet angelangt bin. Wir schauen uns Fotos von Zibetkatzen und Fleckenmusangen an. Die Tiere liegen ästhetisch irgendwo zwischen Kuschelratte und Fledermaus. Aber wenn's dem guten Geschmack dient.

»Kopi-Luwak-Farmer« auf der Visitenkarte klingt auf alle Fälle weitaus besser als Fleckenmusang-Kackhaufen-Sammler.

Manchmal denke ich mir, wenn es kalt ist und regnet, wäre auf Hawaii jeder Job toll. Aber vermutlich in Wirklichkeit doch nicht.

Zurück zu Tibet. Es wird von China regiert, hat aber wohl eher den Status des kleinen gallischen Dorfes in den Asterix-Comics – die Tibeter werden von den chinesischen Soldaten schikaniert, sind aber zu arm und friedfertig, um sich dagegen wehren zu können.

Und warum guckt die Welt weg, obwohl alle den Dalai Lama toll finden?

Mal sehen, was wir herausbekommen, aber ich fürchte, es wird daran liegen, dass Tibet weder Öl noch Bodenschätze aufweist.

Ich beginne, Zitate aus »kleinen Anfragen« im Bundestag zu durchstöbern, die noch Petra Kelly selig gestellt hat, und Statements

Joschka Fischers als Außenminister. Aber mit diesem salbungsvollen Geschwurbel kann ich meinen Kindern nicht kommen.

Handfester und leichter zu erklären ist da schon die Kultur. Der Buddhismus kommt aus Tibet. Wenn wir mit der Bahn fahren, sehen wir manchmal in einem Garten Gebetsfahnen flattern – daran erinnern sich auch die Kinder. Sie haben in Tibet (und zum Beispiel auch im benachbarten Nepal) die gleiche Wirkung wie das tatsächliche Aufsagen der Gebete. Eigentlich eine erstaunlich effektive Vorgehensweise.

Die tibetische Küche klingt, sagen wir es ruhig ganz offen, schlimmer als ich befürchtet hatte. Getrunken wird salziger Buttertee – das ist energetisch gut, wie ein Elektrolyt-Drink nach dem Sport. Aber ... na ja ... salziger Buttertee?

Und die Hauptmahlzeit morgens, mittags und abends ist Tsampa: geröstete Gerste, die mit – jawoll! – salzigem Buttertee angerührt wird.

Die für unser Experiment offenbar unbedingt nötige salzige Yakbutter wird der Supermarkt um die Ecke, fürchte ich, nicht vorrätig haben.

Wir wechseln das Medium, schauen uns Tibet-Bilder an. Hohe Berge, knallblauer Himmel, majestätische Bergklöster, leuchtend bunte Gebetsfahnen, ewig lange Straßen, noch mehr hohe Berge, blauer Himmel, zottelige Yaks. Die sind überhaupt witzig – groß und unförmig, aber kuschelig!

Tibet ist, je nach Landkarte, halb bis ein Drittel so groß wie China. Also riesig (und damit doch nicht so ein unwahrscheinlicher Treffer).

Apropos China ... Tibet ist ja gar kein Land, es gehört ja eigentlich zu China, also ab zur »Peking Ente« um die Ecke, oder?

Die Kinder protestieren. Sie haben verstanden, dass Tibet nicht China sein will, und sind jetzt neugierig. Und es stimmt ja auch, um

Tibet und dem Sinn unseres Vorgehens gerecht zu werden, dürfen wir uns nicht auf willkürliche politische Machtspielchen einlassen.

Auf den Fotos sind auch Mönche in roten Roben zu sehen, dramatische Dämonenkostüme, schmutzige, aber glücklich lächelnde Kinder.

Ich erinnere mich, dass die Beastie Boys (eine der ersten und erfolgreichsten Hip-Hop-Bands) eine weltweite Konzertserie für die Freiheit Tibets organisiert haben. Und dass Richard Gere Buddhist ist und ein Kumpel vom Dalai Lama. Überhaupt war Tibet in den Neunzigern ein angesagtes Thema, friedlicher Widerstand Marke Montagsdemos. Und heute? Altstars wie Oliver Stone, Brad Pitt und Björk werden immer wieder als Unterstützer genannt – sowie ausgerechnet der ehemalige hessische Ministerpräsident Roland Koch, ein CDU-Hardliner.

Aber aktuell liegt Tibet nicht im Trend.

Vielleicht also doch ganz gut, dass wir uns jetzt zumindest für ein paar Stunden dieser vergessenen Republik annehmen.

Tibetische Rezepte sind nicht so leicht zu finden wie Kohlrouladen oder »Die ++besten++ Königsberger Klopse der Welt«. Oft gilt die Landesküche als vegetarisch (weil buddhistisch), ist sie aber gar nicht. Selbst die richtig großen Koch-Communitys listen nur drei, vier Rezepte – und davon ist eines der Gewürztee Chai, ein weiteres eine »Glasnudelpfanne mit tibetischem Rindfleisch«. Was unterscheidet denn tibetisches Rindfleisch von anderem?

Wirklich typisch (außer salziger Yakbutter) sind vor allem »Momos« genannte Teigtaschen, die – ähnlich den chinesischen Dim Sums – mit eigentlich allem und jedem gefüllt und dann gedämpft oder gebraten werden können.

Ich hatte es befürchtet, wir entscheiden uns fürs Essengehen. Doch der Restaurantbesuch wird viel authentischer, interessanter und informativer, als ich dachte.

Das Beste zuerst: Mitten im Saal steht ein riesiges Sand-Mandala unter Glas! Wir starren es gebannt an – bunter Sand bildet weit ausschweifende Muster. Der Mandala-Meister hat einen Monat vor Ort daran gearbeitet, denn transportieren kann man ein derartiges Kunstwerk natürlich nicht.

Dagegen ist ein Zehntausend-Teile-Puzzle Kindergarten.

Auf der Speisekarte, die Exil-Tibeter sind nicht dumm, stehen Mix-Gerichte: Als Vorspeisen unterschiedlich gefüllte Momo-Taschen »mit Himalaya-Gewürzen«, Frühlingsrollen, lauwarmer Spinat, scharfer Rettich, verschiedene Soßen. Als Hauptgerichte gibt es ebenfalls etliche Momo-Varianten (so wie man ja auch den Gerstenbrei Tag und Nacht essen kann), vegetarische Gerichte, Geflügel, Rind, Fisch … Gewürze und Beilagen erinnern mich an die chinesischen Hinterhof-Restaurants, die man nur mit chinesischen Freunden findet: dunkel, kräftig, intensiv.

Die Kinder knabbern vorsichtig am scharf gewürzten Appetizer-Brot, entscheiden sich dann für die Kinderteller – und sind enttäuscht. Die Kindernudeln und Hühnerspieße schmecken unverbindlich brav. Die »erwachsenen« tibetischen Gerichte sind scharf, wuchtig, salzig. Wie Alpenküche, nur ganz anders.

Zwischendurch lesen wir die kurzen Infos in der Speisekarte und auf den laminierten Tischsets. Drehen vorsichtig die vergoldeten Gebetsmühlen im Eingangsbereich, mit deren Hilfe man schon beim Hereinkommen die Geister gnädig stimmen kann.

Die tibetische Schrift, in der die Gebete und Mantren abgefasst sind, ist markig, eckig, schartig wie Berghänge.

Einen Yakbuttertee haben wir uns auch gegönnt. Ich fand, er schmeckte genau so, wie ich es mir vorgestellt habe. Eklig.

Müssten wir nun ein schlechtes Gewissen haben, weil unser Tibet-Engagement an dieser Stelle endet? Aber so sind die Regeln: Info, essen, nächstes Land!

In Wahrheit ging die Geschichte aber dann doch weiter. Tibet wurde von einem schweren Erdbeben erschüttert – und unsere Hilfsbereitschaft war weit größer als sonst, weil wir jetzt eine Vorstellung von dem Land hatten. So sind wir den aufwändigen Weg gegangen und haben einen glaubwürdigen deutschen Helfer mit direktem Tibet-Kontakt unterstützt. Die Mühe hätten wir uns sonst bestimmt nicht gemacht.

26.
Fahrradtour

Wir wollen nach München. Es ist acht Uhr morgens, es nieselt, und wir wollen nach München.

In jedem Erziehungsratgeber kann man es nachlesen: Gerade Kinder mit Geschwistern machen liebend gern auch mal Urlaub mit nur einem Elternteil. Und: Man sollte Kinder immer wieder an Erlebnisse heranführen, die sie nicht von alleine suchen, die aber ihr Lebensrepertoire bereichern. Nach dem Motto: Mal was anderes machen, ausbrechen aus der Alltagsroutine.

Vielleicht haben wir uns etwas zu viel vorgenommen.

Aber der Reihe nach. In den Ferien ein Elternteil exklusiv für ein Kind abzustellen, ist eine doppelte organisatorische Herausforderung. Das andere Elternteil muss zeitgleich frei haben – und bereit sein, die verbliebenen Kinder zu betreuen (statt einander, wenn schon beide nicht arbeiten, gegenseitig zu entlasten).

Das ist aber okay, denn da das Prinzip reihum pro Kind und Elternteil angewendet werden soll, gleicht es sich auf die Dauer aus.

Ein Kind für One-on-One-Zeit zu begeistern (sofern diese nicht mit dem Üben für Klassenarbeiten gefüllt werden soll), ist einfach. »Ich will nach München!«, kommt sofort und ungefragt die Ansage. Wieso das denn? Egal! Im Kopf überschlage ich die Entfernung. München ist nicht unerreichbar, das könnte man mit dem Rad schaffen. Auf die Idee komme ich durch meine eigene Kindheit. Mit

Rad, Zelt, Postsparbuch und bestem Freund bin ich damals losgezogen. Das war lange vor Mobiltelefonen, wir schickten unseren Eltern alle paar Wochen eine mit Keilschrift überzogene Steintafel als Lebenszeichen, das war's.

Im ersten Sommer fuhren wir eine mit den Eltern vorgeplante Runde von maximal zwei Autostunden um die Heimat. Ein Jahr später ging es über München bis nach Innsbruck, im Sommer danach quer durch England und dann mit der Fähre nach Frankreich. Gelernte Lektion: Die Franzmänner haben im Sommer einen Feiertag, an dem wirklich alles zu hat. Sogar Tankstellen. Und es regnete. Da es damals auch noch keinen Euro gab und keine Geldautomatenkarten fürs Sparbuch, mussten wir 100 Kilometer durch den Regen fahren, bis wir eine Jugendherberge fanden, in der man genug Englisch verstand, um uns auf Pump bis zum nächsten Tag aufzunehmen. Erwähnte ich schon, dass es den Franzosen ziemlich egal ist, wo man herkommt? Wer in Frankreich reist, wird ja wohl Französisch können!

Kein Wunder, dass ich auf unseren Reisen seitdem immer ein paar Bonus-Scheine in der Tasche habe und zumindest die nächste Nacht buche, man kann nie wissen.

Jedenfalls denke ich mir: Zelten, Gemeinschaftszimmer, das wäre doch ein schönes Erlebnis, Fahrradfahren ist außerdem gesund, und man hat dann auch was zu tun, was kann schon schiefgehen?

Erstaunlicherweise nickt mein Kind einfach, als ich artifiziell animiert vorschlage: »Lass uns doch mit dem Rad nach München fahren!«

Damit ist das entschieden. Natürlich brauchen wir die richtige Ausstattung: Fahrradtaschen, Fahrradhandschuhe, Trinkflaschen ... als ich sehe, was heutzutage ein Zweimannzelt kostet, gehe ich gar nicht weiter zu den Schlafsäcken, sondern plane spontan um, Jugendherbergen haben sowieso die besseren Betten. Sonst hätten wir auch gleich Cluburlaub auf den Malediven buchen können.

Außerdem brauchen wir eine Karte. Ich will ja nicht die ganze Zeit mit dem Handy in der Hand fahren.

Im Laden entfalte ich mehrere Übersichten in verschiedenen Maßstäben und Farbgestaltungen. Mein Kind schaut zu, als würde ich versuchen, mit einem Smartphone zu »telefonieren«. Ich weise ausführlich auf die subtilen Unterschiede zwischen den einzelnen Karten hin, entscheide mich schließlich für eine, schultere dann das mittlerweile felsenfest schlafende Kind und trage es zurück ins Auto.

Beim Packen kehrt meine Kindheit zurück. Ich brauche Plastiktüten. Weil man nie wissen kann, wie das Wetter wird, und weil unsere Fahrradtaschen nicht wasserdicht sind (für den Preisunterschied hätte man auf den Malediven noch einen Tauchkurs dazubuchen können), müssen wir alles, was wir mitnehmen, in Tüten stecken. Und damit man nicht immer alle Tüten rausholen muss, am besten nicht eine Tüte voll Unterhosen, eine voller T-Shirts, eine voller Socken, sondern immer zwei Tagessets (Strümpfe, Unterwäsche, Oberteil) zusammen. Ich bin ganz begeistert von mir, mein Kind schaut semi-interessiert zu und spielt auf dem Handy herum. Allerdings haben wir als ökofreundlicher Haushalt nicht genug Plastiktüten, also weiche ich auf gelbe Recyclingsäcke aus, die aber unpraktisch groß sind und vor allem alle gleich aussehen.

Endlich sind wir startbereit. Also beginnt es zu nieseln.

Wir schauen raus, wir schauen einander an, wir überprüfen den Wetterbericht.

Da ich unser Jugendherbergszimmer noch nicht gebucht habe, verschieben wir unseren Start einfach auf morgen.

Die anderen lachen uns aus, aber ich finde, man muss eine Reise – wenn man kann – auf dem richtigen Fuß beginnen. Bei gutem Wetter. Und außerdem ist Spontansein und der souveräne Umgang mit sich verändernden Umständen auch eine gute Sache.

Am nächsten Tag stehen wir wieder mit gefüllten Fahrradflaschen und reichlich Pausenbroten am Start. Es nieselt nicht mehr, also geht es diesmal wirklich los.

Aber dann verfahren wir uns. Und zwar so richtig.

Außerdem stellt sich heraus, dass man mit dem Fahrrad gar nicht alle Straßen nehmen darf. Nicht nur Autobahnen sind verboten, auch manche besonders schmalen Brücken und Landstraßen. Entweder ist diese Regel neu oder wir sind damals einfach trotzdem überall lang gefahren (was ich vermute).

Zunächst sind wir aber in die komplett falsche Richtung gefahren und mussten umkehren, weil ich zu stolz war, auf meine schöne neue Karte zu gucken. Wir wohnen doch hier, ich kenne mich aus! Dann kam der Flop mit dem Fahrrad-Verbotszeichen (und was soll ein verantwortungsbewusster Vater da sagen? Schmeiß deinen Helm ins Gebüsch und los?!) ... Rechtzeitig zum Mittagessen sind wir wieder zu Hause. Unter dem feixenden Grinsen der anderen löffeln wir schweigend unsere Suppe, dann starten wir erneut, schließlich ist unser Bett für heute gebucht. (Das ist der zweite Vorteil des Vorausplanens, man mag die Nacht dann nicht verfallen lassen und rafft sich auf, das Ziel zu erreichen.)

Diesmal kommen wir tatsächlich gut voran. Ohne großes Gequatsche fahren wir vor uns hin, es ist nicht zu warm und nicht zu kalt, ideal. Ein paar Stunden später erreichen wir tatsächlich unser Ziel, essen fragwürdige Jagdwurst zum Abendbrot und fallen ins Bett. Es ist eine große Jugendherberge, und wir haben ein Viererzimmer für uns. In der Nacht wache ich auf, drehe mich um und bin ganz froh, dass wir nicht auch noch ein Zelt aufbauen mussten.

Zum Start in den Tag gibt es wieder diese merkwürdige Jagdwurst. An die erinnere ich mich noch von früher. Aber da fand ich sie lecker. Wir stellen fest, dass wir beide höllisch Muskelkater besonders da haben, wo es beim Frühstücken am unpraktischsten ist (nein, nicht in der Zunge).

Aber es muss trotzdem weitergehen, sonst kommen wir ja nie nach München. Ein Ziel zu haben, ist schon eine tolle Sache.

Nach einer halben Stunde haben wir uns warm gefahren, der Schmerz lässt nach. Schöne Erfahrung. Entlang der kleineren Straßen führen sogar überraschend gute, breite Fahrradwege, die wir fast für uns allein haben. Die Sonne linst ab und zu auf uns herunter. Deutschland ist durchaus ansehnlich, so aus der Nähe und in langsam.

Wir plaudern über dies und das, schweigen, irgendwann kommen substanziellere Themen auf: Freundschaften, Liebeskummer, was ich werden will, wenn ich groß bin (und meinem Kind stellt sich diese Frage sicher auch). So interessant es ist, mehr übereinander zu erfahren – überrascht stelle ich fest, dass es gerade die stummen Zeiten sind, die mir am besten gefallen. Wir sind beieinander und müssen nicht alles mit Worten zukleistern. Ein schönes Gefühl, ein bisschen wie am Anfang des Verliebtseins, wenn man auch einfach zusammen sein will, egal wann, wie und warum.

Irgendwann schaufeln wir uns am Straßenrand ein Mittagstischangebot rein. Es ist eher sowas wie Auftanken im Flug. Am Abend kriegen wir die letzten zwei Betten in einem Sechserzimmer. Die übrigen vier Gäste scheinen dort seit Wochen zu wohnen, es hängen allen Ernstes sogar zwei Poster an der Wand über dem Tisch. Sie wollen Karten spielen oder Handyvideos gucken, wir sind herzlich eingeladen, aber da wir nur pennen möchten, sind wir für sie die totalen Spaßverderber. Sie wechseln in den Gemeinschaftsraum, wir machen das Licht aus, aber als sie um Mitternacht oder was weiß ich wann schlafen gehen, hört es sich an, als würde der Ranger seine Elefantenherde freilassen, damit sie den Wilddieben nicht zum Opfer fällt.

Unausgeschlafen und langsam etwas jagdwurstmüde strampeln wir weiter. Der Himmel grau, das Gespräch verstummt, die Stimmung auf null. Die nächste Jugendherberge ist praktisch menschenleer, wir haben einen ganzen Flur mit vier Zimmern für uns. Unsere Schritte hallen durchs Haus wie in einem Horrorfilm. Als wir durch die Fußgängerzone der Kleinstadt bummeln, um den Abend rumzukriegen, wird klar, warum: Entweder wohnt man hier schon seit Generationen – oder man macht einen weiten Bogen um diese Zement gewordene Langeweile. Zwischen Nordsee, Douglas und einer Buchhandelskette lungern ein halbes Dutzend No-Name-Handy-Shops und 1-Euro-Läden herum. Deutschland von hinten.

Wir schlafen gut und wachen auf, weil es rauscht. Ich schaue mich verwundert um. Kein Wasser auf dem Fußboden, schon mal gut. Dann begreife ich: Es schüttet!

Die Wettervorhersage ist: REGEN! Tage, Wochen, Monate! Na gut, so weit reicht die Vorschau nicht, aber ich komme mir vor wie ein Veteran, als ich denke: Das ist genau wie damals in Frankreich!

»Papa, müssen wir weiter Fahrrad fahren?« Vernünftige Frage, die ich mir insgeheim auch schon gestellt hatte.

Wir fahren durch den Regen zum Bahnhof, um unsere Optionen zu sichten. Bis dorthin sind wir schon so nass, dass der Entschluss ohnehin feststeht.

Zum Mittagessen sind wir wieder zu Hause, die anderen staunen nicht schlecht.

Wir lassen die Räder dort, steigen in den Nachtzug und fahren direkt nach München. Dort bekommen wir in der Jugendherberge ein Doppelzimmer. Läuft.

Das Wetter spielt auch mit, jedenfalls kann man wieder raus. Und am nächsten Tag wird es sogar schön warm und sonnig.

Und dann kommt die große Überraschung. »Papa, wollen wir uns Fahrräder leihen und eine Tour durch die Stadt machen?«

27.
Nährboden

Die besten Tage sind meiner Erfahrung nach die, die man ein bisschen plant, aber nur ein bisschen, nicht zu viel. Das gilt natürlich für Ausflüge, Urlaub, Freizeit generell. Aber auch für Nutzzeit: Hausaufgaben, Gartenarbeit, Großeinkäufe. Nimmt man sich zu wenig vor, passiert am Ende gar nichts. Steht zu viel auf dem Zettel, dreht man durch und scheitert ebenfalls.

Gelingt der goldene Mittelweg, dann entsteht so eine Art familiärer »Flow«: Man ist weder unterfordert noch überfordert, sondern aufs Angenehmste konzentriert. Auf der idealen Klamotteneinkaufsliste unserer Familie stehen zum Saisonwechsel zum Beispiel Schuhe und je eine Jacke für alle Kinder, optional noch ein neues Oberteil. Mit einer derart offenen Agenda ist der Erfolg im Grunde schon gebongt, man kann viel wegschaffen, aber man weiß von vornherein, dass sicher nicht alle Einträge abhakbar sind ... und es ist Luft für Entscheidungen unterwegs. Ein Laden mehr, einer weniger, beides kann ein konstruktiver Beitrag sein. Wenn am hinteren Ende der Einkaufsmeile noch zwei vielversprechende Anbieter warten, gibt's für jeden einen Smoothie oder ein Eis – wenn wir schon genug Tüten und keine Lust mehr haben, bieten wir statt Konsum lieber die Aussicht auf den Nachmittag im Freien.

Flexibilität ist, wenn man auf einem anderen Weg ein anderes Ziel erreicht und trotzdem sehr zufrieden ist.

Irgendwann, vollkommen durch Zufall, denn damit hatte nun wirklich *keiner* gerechnet, stellten wir fest, dass zu den Aufgaben, die in unserer Familie unter den richtigen Bedingungen zu sehr schönen Tagen führen können, eine Tätigkeit gehört, die allgemein einen eher schlechten Ruf hat: das Aufräumen!

Wir sind keine besonders ordentliche Familie. Eigentlich kenne ich überhaupt keine besonders ordentliche Familie, das wäre auch irgendwie unheimlich. Wir sind auch nicht sonderlich unordentlich, es sieht bei uns vermutlich so ähnlich aus wie bei Ihnen, bloß ist unser Sofa grau-braun. Aber an den unerklärlichsten Stellen im Haus finden sich Dinge, die irgendwer aus sicher zum damaligen Zeitpunkt sehr guten Gründen dort hingelegt (und dann vergessen) hat. Bücher, Spiele, Zeitschriften, Klamotten. Genau wie bei Ihnen!

Eine Weile versuchte ich, mit gutem Beispiel voranzugehen. Wenn mir etwas im Weg lag, weil wir dort essen oder auf dem Sofa sitzen wollten oder weil es einfach blöd aussah und mich störte, räumte ich es weg. Das Ergebnis war umfassende Frustration. Denn natürlich räumte ich nichts dorthin, wo irgendwer es dann später suchte. So war der Effekt also eigentlich nur ein ewiges Osterfest: Alle immer auf der Suche!

Wir hatten den Fehler begangen, unsere Kinder für zu klein zu halten, sie verwöhnen zu wollen, vielleicht auch manchmal zu müde für den Konflikt zu sein, und die Aufgabe des Ordnunghaltens an uns gerissen. Wenn ich jungen Eltern einen Rat geben darf, dann ist es: Lasst Eure Kinder von Anfang an so viele Arbeiten wie möglich übernehmen!

Unsere Tochter hat eine Schulfreundin, deren Familie keine Spülmaschine besitzt. Daher muss nach jeder Mahlzeit abgewaschen werden, und der Abwasch ist lustige Normalität. Bei uns dagegen empfindet sie es bereits als Zumutung, auch nur ihren Teller in Richtung Spülmaschine reichen zu sollen.

Weil das ewige Räumen und Suchen nervte, verfielen wir eines Tages auf eine Idee, eine pädagogische Kopfgeburt: Aufräumtage! Jeder bekommt eine Aufgabe, alle packen mit an, das hilft uns bei unserem Problem und fördert außerdem das Gemeinschaftsgefühl! Schon als nur wir Eltern darüber sprachen, waren wir nicht so richtig überzeugt von dem Konzept. Welches Kind hört schon gern: Räum dein Zimmer auf! Und welchen Unterschied sollte es machen, ob wir zeitgleich aufräumten?

Aber egal, Versuch macht kluch. So riefen wir also einen absehbar verregneten Sonntag zum Aufräumtag aus. Niemand schien das besonders ernst zu nehmen, jedenfalls meuterte keiner oder erklärte, er oder sie sei außer Haus verabredet. Ich verstand das nicht als Zeichen von Gehorsam und Einsicht, sondern erwartete stillen Boykott. Doch es kam anders.

Es wurde Sonntag. Wir schliefen aus und frühstückten. Dabei verteilten wir die Aufgaben: alle dreckigen Klamotten in die zuständigen Wäschekörbe. Alle sauberen Klamotten falten und in die Schränke. Schulhefte in Regal oder Ranzen, Bonbonpapier in den Müll. Das Etappenziel bestand darin, die Böden in allen bewohnten Zimmern freizulegen, um diese staubsaugbar zu machen.

Schon dieser erste Teil der Aufgabe lief nicht reibungslos. Ein Kind begann nämlich– unaufgefordert, aber trotzdem – Hausaufgaben zu machen. Eigentlich schön, aber jetzt gerade die falsche Baustelle. Bei der Gelegenheit stellte sich aber heraus, dass in der kommenden Woche eine Arbeit anstand und auch, dass in einem anderen Fach mehr als eine Frage offen war. Gut zu wissen, aber jetzt wieder zurück an die Arbeit!

Ein paar Kleidungsstücke mussten erst mal anprobiert und weitervererbt oder wieder eingemeindet werden. Ein paar gehörten gar nicht uns. Die Ablagestruktur eines Kleiderschrankes musste angepasst werden. »Und wann hängen wir eigentlich meinen Spiegel auf?«, eröffnete sich eine neue Front. »Das hast du schon an meinem Geburtstag versprochen.«

Dumm gelaufen. Heute jedenfalls nicht.

Wir versuchten, den elterlichen Teil der Aufgabe zu erledigen, gerieten aber ebenso ins Schlingern wie die Kinder. Man nimmt irgendwas in die Hand und fragt sich, brauchen wir das denn noch, und wenn ja, wo gehört es eigentlich hin? Nach einer Stunde kam mir unser Haus wie ein dreidimensionales 1000-Teile-Puzzle vor, und ich ging lieber Spaghetti Bolognese kochen.

In einem Anfall von Übermut kam ich danach auf die Idee, bevor wir saugen, könnten wir ja auch noch die Papierkörbe leeren und die Betten neu beziehen. Zehn Minuten später sah es unordentlicher aus als je zuvor. Aus jedem Zimmer klang Musik, allerdings unterschiedliche, yeah. Hauptsache laut!

Wo wir schon dabei waren, schraubte ich noch ein paar Bilder an die Wand (den Staub konnte ich später mit wegsaugen), dann den besagten Spiegel, immerhin. Tauschte eine kaputte Glühbirne aus, las die Montageanleitung für das Insektenschutzgitter. Ergebnis: Schnell wieder unters Bett mit dem blöden Karton!

Immer wieder schaute ich bei einem Kind ins Zimmer. Dort schien sich nicht recht etwas zu tun. Undefinierbare Sachenberge wanderten wie Dünen von rechts nach links, lösten sich aber nicht wirklich auf. Das Kind allerdings schien konzentriert und emsig, also erst mal machen lassen, dachte ich.

Schimpfen konnte ich später immer noch.

Das erwies sich als gute Entscheidung, denn am Ende musste ich gar nicht schimpfen, sondern staunen.

»Wo haben wir denn Glasreiniger?«

Was?

»Glasreiniger. Für mein Fenster.«

»Du willst ... dein Fenster ...?«

Nicken.

»Soll ich dir helfen?«

»Musst du nicht. Du hast doch zu tun.«

Von Satz zu Satz war ich verblüffter. Wer bist du, und was hast du mit meinem Kind gemacht?

Die Fensterbank in diesem Zimmer stand normalerweise immer voller Krimskrams: lauter kleiner Kinderkram, Sammelfiguren und wichtige Notizen und Flummis und Plastiktierchen und besondere Steine und eine Handvoll Bonbons. Als ich jetzt mitging, ist die Fensterbank leer und frisch gewischt.

Vor Staunen nahm ich stumm in einer Ecke Platz und schaute zu, wie mein Kind sein Fenster putzte. Langsamer, ordentlicher, leidenschaftlicher, liebevoller, als ich es getan hätte.

Nach einer Weile saßen alle anderen ebenfalls neben mir und bewunderten.

Das Kind, das am gründlichsten unordentlich ist, räumte auch am gründlichsten auf, putzte am saubersten.

Davon holten wir uns einen allgemeinen Motivationsschub, trugen die Bettwäsche zur Waschmaschine, bezogen die Betten neu, saugten die Böden, bestellten Pizza. Zwischendurch rief mal einer: »Hey, hör mal den Song!« oder: »*Hier* ist mein Matheheft vom letzten Jahr!«

Wir waren stolz auf uns und auf einander. Alle zogen an einem Strang. Eine unter Geschwisterkindern nicht alltägliche Hilfsbereitschaft lag in der Luft. Sie brachten einander zum Lachen statt zum Schreien. Und uns auch.

»Nächste Woche können wir ja das Bad putzen«, sagte dann einer – und der Bann war gebrochen. *Sarkasmus is back.*

Trotzdem war es ein schöner Tag. Wir haben danach ein paar Mal versucht, den Effekt zu wiederholen. Das magische Staunen über die unbekannten Facetten vor allem unseres unordentlichsten

Familienmitgliedes gab's natürlich nicht noch mal. Und ein paar Mal erwischten wir auch den falschen Tag, es lief was Spannendes im Fernsehen, oder wir verhinderten eine tolle Verabredung. Aber ein paar Mal hat es geklappt. Damit war erst recht nicht zu rechnen.

Seitdem wissen wir unsere Alltagsunordnung viel mehr zu schätzen. Sie ist der Nährboden unseres Familienlebens.

28.
Streiten

Krach. Wumm. Türenknall.

Eines unserer Kinder hat gerade leichte Schwierigkeiten, seinen Frust über die offensichtliche Richtigkeit der elterlichen Anweisungen mit Worten auszudrücken.

Genau wie die anderen, genau wie wir selbst manchmal.

Am liebsten hätten wohl alle Eltern ständig Sonnenschein, Einigkeit und gute Laune. Aber das geht nun mal nicht.

Manchmal muss gemacht werden, was wir sagen.

Manchmal wird trotzdem nicht gemacht, was wir sagen.

Manchmal haben wir auch unrecht. Oder es geht anders genauso gut.

Wer seinen Willen immer durchsetzen will, hat im Leben ebenso Probleme wie Menschen, die ihren Willen gar nicht zum Ausdruck bringen können. Damit schafft man es vielleicht in die Chefetagen eines DAX-Unternehmens, aber ansonsten nützt es einem nicht viel. Und Vorstandsjobs wachsen auch nicht auf Bäumen.

Zufriedenheit im Zusammenleben entsteht durch konstruktive Auseinandersetzungen. Das will gelernt und geübt werden – und bleibt trotzdem schwer genug.

Das soll nicht heißen, dass man den Kindern möglichst viel Gelegenheit geben soll, frustriert zu sein. Druck erzeugt Gegendruck. Führen durch Angst funktioniert genauso wenig wie Führen durch

Liebe – das kann man an jedem Abteilungsleiter sehen. Gefragt ist der Mittelweg. Klare Ansagen, die trotzdem einen Dialog ermöglichen. Oder Dialoge, die zu klaren Ansagen führen.

»Hast du nicht Lust, dein Zimmer aufzuräumen?« bedeutet in der einen Familie vielleicht: Räum! Dein! Zimmer! Auf!

Wer unseren Kindern eine solche Frage stellt, bekommt eine Antwort. Im eben genannten Beispiel hieße sie wohl: Nö, danke.

Nun wäre es schön, als pädagogischer Jesus immer den richtigen Ton zu treffen, die Balance zu finden zwischen Fördern und Fordern. Aber das gelingt im richtigen Leben natürlich nicht so leicht, denn das eine Kind will dies, das andere Kind will das, die Nudeln kochen über, das Telefon klingelt, und wenn dann noch irgendwer irgendwas zu sagen wagt ... peng, puff, Feuerwerk!

Was folgt: Wegrennen, Türenknallen!

Es gibt auch andere Anlässe. »Darf ich meine Freundin morgen früh zum Kieferorthopäden begleiten, sie bekommt ihre Spange?«

»Nein, da ist Schule.«

»Aber sie hat mich darum gebeten!«

»Aber da ist Schule!«

»Aber so oft kriegt man keine Spange!«

»Nein, morgen früh ist Schule!«

Wegrennen, Türenknallen!

Bei einem Schulwechsel, den unser Kind nicht wollte, gab es ebenfalls Tränen und Geschrei: »Ich hasse euch! Das könnt ihr nicht machen! Ich laufe weg und suche mir bessere Eltern!«

Wegrennen, Türenknallen!

In diesem Fall war ich fast dankbar für das Türenknallen, denn es war immerhin die Zimmer- und nicht die Haustür.

Aber auf die Dauer ist Weglaufen und Türenknallen, wenn man nicht weiter weiß, keine tragfähige Lösung. Stellen Sie sich das mal vor:

»Ich finde, meine Performance bei diesem Projekt rechtfertigt eine Gehaltserhöhung.«

»Nein.«

Wegrennen, Türenknallen.

Oder: »Wollen wir eigentlich ein Baby?«

Wegrennen, Türenknallen.

So geht das nicht. Immer nachgeben, damit die Kinder gutgelaunt am Tisch sitzenbleiben, geht aber auch nicht.

Dabei ist Weglaufen und Türenknallen eigentlich eine sehr kindgerechte und natürliche Lösung, ein schöner Blitzableiter für den akuten Frust ... manchmal ist auch mir danach. Ach was, »manchmal« ...

Aber ich begann mir Gedanken darüber zu machen, wann und wie wir dem Gespenst Einhalt gebieten sollten. Wie lange soll man Verhalten dulden, aushalten und versuchen, selbst ein positives Vorbild zu sein ... und wann ist Zeit für die bereits erwähnten klaren Ansagen? Und wenn, was für eine Ansage wäre das? Du darfst nicht weglaufen? Du darfst nicht die Türen knallen? Du musst jede Situation aushalten, auch wenn du nicht mehr weißt, wie?

Je länger ich darüber nachdachte, desto vernünftiger erschien mir das Weglaufen, obwohl es zugleich auch unvernünftig und unkonstruktiv war. Hm. Hm-hm-hm.

Nicht, dass Sie jetzt denken, bei uns wäre immer nur Streit. Aber es ist auch nicht nie Streit.

Irgendwann stand ich zufällig neben einer Tür, die unbedingt geknallt werden musste (in diesem Fall nicht meinetwegen). Als das Pfeifen in meinen Ohren verklungen war, klopfte ich leise und sagte spontan und freundlich: »Wenn du noch mal deine Tür knallst, nehme ich sie dir weg.«

Kind: »Das kannst du nicht.«

Ich: »Doch. Hier. Die kann man aushängen und wegtragen.«

Kind: »Ach so. Okay.«

Offenbar hat sich das unter den Kindern dann herumgesprochen, denn seitdem hat nie mehr eine Tür geknallt. Wobei sicher geholfen hat, dass die Kinder vermutlich einfach älter geworden waren und eine größere Frustrationstoleranz entwickelt hatten.

Blieb noch der Aspekt des Weglaufens. Im Streit abhauen ist doof – dableiben müssen aber auch.

Ich kaute darauf herum, als Folgendes geschah:

Ich hatte irgendetwas nicht erlaubt. Daraufhin rannte ein Kind wütend davon, drückte seine Tür sanft ins Schloss, tauchte eine Minute später wieder auf und sagte in einem bewundernswert neutralen Tonfall: »In meinem Zimmer ist eine Spinne. Machst du die bitte weg?«

Eine Spinne später zog ich die Tür leise hinter mir zu und hatte gelernt: Die Kinder wissen schon längst, dass wir wütend aufeinander sein und uns zuverlässig lieben können. Gleichzeitig.

Alles andere, die Details, in denen sich das ausdrückt, sind nicht sonderlich wichtig und werden sich finden. Bei uns zu Hause und in späteren Berufs- und privaten Beziehungen.

Ich hatte mir ganz umsonst Gedanken gemacht.

Das sind die besten Probleme.

29.
Puppenstube

Salat! Seit ein paar Monaten lieben unsere Kinder Salat. Das war aber nicht immer so. Es gab eine Zeit, da wurde alles, was grün war und auf ihrem Teller lag, mit Würggeräuschen begrüßt. Das ist gewöhnungsbedürftig, aber immer noch nicht so schlimm wie eine Gemüseallergie. Ja, so was gibt es wirklich. Allerdings weiß ich nicht genau, wie das Immunsystem entscheidet, was Gemüse und was Obst ist. Ist eine Tomate Obst? Oder Gemüse? Was ist mit einer Avocado? Oder mit Melonen? Möglicherweise hilft es, wenn man weiß, dass mit Obst die Früchte und Samen von mehrjährigen Pflanzen gemeint sind, also von Pflanzen, die auch nach der Ernte weiterwachsen. Gemüsepflanzen dagegen sterben nach spätestens zwei Jahren ab. Das bedeutet: Avocado, Apfel und Tomate sind Obst, Möhre, Kürbis und Melone sind Gemüse. Vielleicht hilft dieses Wissen bei Gemüseallergie aber auch gar nicht weiter, sondern macht die Ernährung nur unnötig kompliziert. Ganz sicher allerdings ist: Salat gehört zum Gemüse – und kann manchmal Überraschendes zutage fördern.

Schon seit langem lassen wir uns in der Küche von unseren Kindern helfen. Nach außen, weil wir einem Koch-Analphabetismus vorbeugen wollen, damit sie sich nicht nur von Tiefkühlpizza und anderem Convenience-Food ernähren, nachdem sie ausgezogen sind, sondern sich auch frische Sachen selbst zubereiten können.

Aber der eigentliche Grund ist natürlich, dass günstiges Küchenpersonal heutzutage sehr schwer zu bekommen ist. Die Kinder leisten gute Arbeit und erhalten dafür Kost und Logis. Und alle sind glücklich.

Als meine Tochter vor einigen Monaten die Blätter vom Salat zupfte und putzte, stieß sie plötzlich einen kurzen, spitzen Schrei aus.

»Was ist passiert?«

»Da ist eine Raupe auf dem Salatblatt!«

Tatsächlich krabbelte dort eine grüne, knapp zwei Zentimeter lange Raupe. »Tja, die können wir jetzt auch mitverarbeiten und essen –«

»Papa, das ist eklig!«

»– oder wir werfen sie weg.«

»Das ist 'n Lebewesen! Das kann man nicht einfach wegwerfen!«

Ja, so spricht ein Kind, das seit seiner Geburt mitbekommen hat, wie alle Insekten und Spinnen, die sich je in unser Haus verirrt hatten, eingefangen und rausgetragen wurden. Ich kann mich gar nicht mehr daran erinnern, wann ich das letzte Mal eine Spinne einfach mit dem Staubsauger weggesaugt habe. Die Gelassenheit, mit der wir Eltern auf kleine Tierchen reagieren, hat sich auch schon früh auf unsere Kinder übertragen. Wir erschrecken nicht, sondern fangen sie vorsichtig mit einem Glas. Besonders interessante Exemplare beobachten wir oft zusammen mit den Kindern, bevor wir sie wieder rausbringen. (Die Tiere, nicht die Kinder.) Dieses Verhalten wirkt sich sehr vorteilhaft auf die Lebenszeit der Tiere aus. Meistens – aber nicht immer.

Als unser Sohn noch sehr klein war, sah er einmal eine relativ große Spinne unseren Flur entlangspazieren. Er ging in die Küche und holte sich ein Glas. »Wofür brauchst du das denn?«, wollte ich wissen.

»Ss-pinne!«, antwortete er ganz hanseatisch, weil er noch Probleme mit den Sch-Lauten hatte, und ging mit dem Glas in der Hand zur Spinne zurück. Ich ging hinterher, weil ich natürlich wissen wollte, was das für eine Spinne war. Mein Sohn stellte sich neben das Tier, eine wunderschöne, haarige Wolfspinne, hielt das Glas über sie, zielte und –

»Neeeiiiin!«, rief ich noch, aber es war schon zu spät. Seine Hand sauste mitsamt dem Glas auf den Boden runter, genau an die Stelle, wo die Spinne saß. Perfekt gezielt! Nur leider hielt er das Glas falsch herum. Also, für ihn war es richtig herum, weil wir ihm natürlich beigebracht hatten, dass Gläser nur dann funktionieren, wenn der Boden unten ist und die Öffnung oben. Aber für die Spinne war das Glas falsch herum. Sie war – platt.

»Sspinne putt!« Mein Sohn war überrascht, schließlich hatte er es genau so schon viele Male bei mir gesehen, wenn ich eine Spinne eingefangen hatte.

»Ja, die Spinne ist kaputt. Das kann man wohl so sagen.«

»Iss niss sslimm.«

»Nein, ist nicht schlimm. So was passiert schon mal!«, beruhigte ich ihn. Ich nahm ihm das Glas ab und erklärte, dass man manchmal Sachen falsch halten muss, damit sie richtig funktionieren. Das war der Beginn einer großen Leidenschaft für Gläser und alles, was sich damit fangen lässt.

Wespen zum Beispiel. Im Frühling ist es immer gut, wenn man ehrgeizige junge Menschen um sich herum hat, die Wespen fangen, sie weit weg tragen und dann wieder freilassen. Das tat mein Sohn mit großer Inbrunst. Allerdings wurde es ihm auch schnell etwas zu anstrengend, für jede einzelne Wespe unser Grundstück zu verlassen. Deshalb perfektionierte er seine Glasfangkunst und schaffte es schließlich, mit einem Glas mehrere Wespen gleichzeitig zu fangen. Dabei stellte er fest, dass es den Wespen herzlich egal ist, ob sie allein oder mit anderen Wespen zusammen im Glas herumschwirrten. »Das liegt wahrscheinlich daran, dass sie in ihrem Wespennest auch mit vielen anderen zusammen leben«, überlegte er und nickte sich selbst zu, »was passiert wohl, wenn ich nicht zwei Wespen, sondern eine Wespe und eine große Fliege in einem Glas fange? Ob die Wespe merkt, dass sie nicht mit einer Wespe, sondern mit einer Fliege zusammen ist?« So fangen Forscherkarrieren an, dachte ich mir und ließ ihn machen.

Er fing eine Fliege. Und er fing eine Wespe. Im selben Glas. Er stellte das Glas an eine schattige Stelle, setzte sich dazu und wartete ab, was passierte. Ich setzte mich ebenfalls dazu. Es dauerte keine Minute und die Wespe griff die Fliege an. Sie stach sie mit ihrem Stachel, die Fliege hörte auf, sich zu bewegen, und die Wespe schnitt sie mit ihren Mundwerkzeugen in zwei Teile. Das ging so schnell – wir waren total erstaunt. Wir hoben das Glas und ließen die Wespe mit der halben Fliege davonfliegen. Kurze Zeit später wurde auch noch die andere Hälfte der Fliege abgeholt.

»Ich frag mich, wie eine Wespe und eine Spinne sich vertragen?«

Ich konnte meinem Sohn die Frage nicht beantworten. Deshalb fing er sich eine Wespe und eine Spinne und wartete ab. Dieses Mal dauerte es etwas länger, aber am Ende lag die Wespe eingesponnen vor der Spinne. Sie wurde mit Spinnenspeichel verflüssigt und von der Spinne gefressen. So etwas hatten wir noch nie vorher gesehen!

Auf diese Weise also wurden unsere Kinder groß – und dann kam die Raupe. »Also, du willst sie nicht essen – kann ich verstehen –, und du willst sie auch nicht wegwerfen oder rausbringen. Was willst du denn mit ihr machen?«, fragte ich meine Tochter.

»Können wir ihr nicht ein paar Blätter von unserem Salat abgeben und sie behalten?« Ahaa, ich verstand: Mehr Salat für die Raupe, weniger Salat, den die Kinder essen müssen. Immerhin war ich froh, dass wir keinen Hund in unserem Salat gefunden hatten, und sagte: »Ja, können wir.«

Wir holten uns eine Frischhaltebox aus durchsichtigem Kunststoff, legten drei besonders schöne Salatblätter hinein und setzten die Raupe darauf. Die fing sofort an zu fressen. Angespornt vom Raupenvorbild, machten es die Kinder ihr nach, und alle aßen ihren Salat auf.

Im Lauf der nächsten Tage fraß die Raupe nach und nach alle Blätter. Sie wurde immer länger und dicker. Ganz wie in dem Kinderbuchklassiker *Die kleine Raupe Nimmersatt*. Meiner Tochter fiel allerdings auch ziemlich bald auf, dass die Raupe, anders als Nimmersatt, nur Salatblätter fraß. Andere kulinarische Angebote, wie Kuchen, Wurst oder Apfelstücke, verschmähte sie. Und was auch nicht in dem Buch von Eric Carle stand: Wie viel so eine kleine Raupe kackt! Es war unglaublich! Überall lagen dunkelgrüne bis schwarze Krümel herum. Raupenkot hatten wir bis dahin auch noch nie gesehen. Und vor allem: auch noch nie weggeputzt. Jeden Tag machten wir die Frischhaltebox sauber. Es war fast wie bei einem Kaninchen.

Nach ungefähr drei Wochen fing die Raupe an zu spinnen. Im wahrsten Sinne des Wortes. Sie fraß nicht mehr, sondern sponn Fäden. Meine Tochter war ganz aufgeregt: »Was macht sie da?«

»Ich vermute, dass sie an ihrem Kokon arbeitet und sich verpuppt.« Die Raupe lag auf einem Blatt, komplett bedeckt von vielen dünnen weißen Fäden. Sie lag ganz still da. Der Kokon war nicht besonders dicht gesponnen, sodass wir die Raupe durch die Fäden hindurch beobachten konnten. Sie hatte ihre Farbe gewechselt und war nicht mehr salatgrün, sondern bräunlich.

Ein paar Tage später fing sie wieder an, sich zu bewegen. Das war der Moment, auf den wir die ganze Zeit gewartet hatten. Ob die Raupe sich wirklich in einen Falter verwandelt hatte? Sie befreite sich nur sehr langsam aus ihrer Puppenstube, trotzdem war es spannender als fernsehen. Wir saßen vor der Frischhaltebox und schauten zu.

»Ich glaube, ich sehe Flügel!«, rief meine Tochter. Ich konnte zunächst nichts erkennen, aber dann war es ganz klar: Die Raupe war keine Raupe mehr, sondern ein kleiner brauner Falter. Es hatte funktioniert! Während der Falter ganz ruhig auf seinem Salatblatt saß, wollte meine Tochter wissen: »Was ist das eigentlich für eine Art?«

»Gute Frage. Müssen wir mal nachschauen.« Wir gingen zum Computer, suchten nach Bildern von kleinen grünen Raupen und kamen ziemlich schnell zu dem Ergebnis, dass wir höchstwahrscheinlich eine Achateule vor uns hatten.

»Ach, schöner Name!«, sagte meine Tochter, während wir den Falter auf seinem Blatt nach draußen trugen und uns von ihm verabschiedeten.

»Können wir heute wieder Salat machen, Papa? Ich putz ihn auch!« Und so essen wir nun jeden Abend Salat, der sehr sorgfältig geputzt ist. Aber eine neue Raupe ist bis heute leider nicht mehr dabeigewesen.

30.
Uptown Funk

Es gibt Apps, mit denen man auf dem Handy selbst Musikvideos drehen kann.

Sie bieten eine Handvoll Effekte, weitere kann man dazukaufen.

Ein paar Lieder sind auch dabei.

Eines davon heißt *It's raining Tacos* und der Text ist auch für Grundschüler leicht verständlich:

It's raining tacos
From out of the sky
Tacos
No need to ask why
Just open your mouth and close your eyes
It's raining tacos

Weiter hinten im Text wird es noch simpler:

Shell
Meat
Lettuce
Cheese Cheese Cheese Cheese Cheese

Das ist keine der Bob-Dylan-Nummern, die auch nach Jahrzehnten noch zum Nachdenken anregt. Aber es fällt den Kindern leicht, die einzelnen Begriffe gestisch im Video darzustellen: Himmel, Regen, Tacos, Mund auf, Augen zu.

Am besten gefiel mir ihre Symbolisierung des vom Himmel regnenden Käses durch einen Schneeflockeneffekt.

Man kann natürlich auch Videos zu den eigenen Lieblingssongs erstellen. Dafür bieten sich Titel mit bildhaften Texten an. Ein Favorit bei uns zu Hause ist Adel Tawils Hit *Lieder*:

Ich ging wie ein Ägypter
hab' mit Tauben geweint
war ein Voodoo-Kind
wie ein rollender Stein

Ägypter gehen offenbar (in der Fantasiewelt unserer Kinder) mit einer aus Händen geformten Pyramide auf dem Kopf, und »Tauben« sind so was Ähnliches wie »Taube«: Ein Kind weint, das andere hält sich die Ohren zu. Zu »Voodoo« streckt man eine Babypuppe in die Kamera, und eine Handvoll Murmeln werden zu »rollenden Steinen«.

An langen Winternachmittagen kann man bei uns zu Hause immer wieder in ein kleines Filmset geraten, das sich Szene für Szene – oft Zeile für Zeile – durch einen Song arbeitet, was möglicherweise sogar ein ganzes Wochenende dauert. Wobei der Darsteller des in *Lieder* erwähnten »Kurt Cobain« aufgrund unterschiedlicher Verabredungspartner auch mal im Laufe des gleichen Clips wechseln kann.

Die meisten dieser Videos habe ich mir am Ende gern angeschaut. War beeindruckt vom Textverständnis und der originellen Interpretation der Kinder. Ich achte auch darauf, wenn es sich vermeiden lässt, beim Dreh nicht gedankenlos durchs Bild zu latschen, obwohl mir das natürlich trotzdem manchmal passiert.

Die Kinder scheint es nicht weiter zu stören, sie wiederholen den Take jedenfalls auch dann nicht, wenn im Hintergrund ein Elternteil mit dem Wäschekorb umhergeistert. Sie nehmen uns an dieser Stelle offenbar genauso wenig wahr wie im richtigen Leben.

Aus aufmerksamen Beobachtungen wusste ich also, dass es lange dauert, solche Videos zu drehen.

Daher mein Zögern, als ich gefragt wurde: Willst du mitmachen?

Als Gaststar oder optische Pointe war ich immer gern aufgetreten: Als »you« in Ariana Grandes *One less problem without you*, als »you« in Selena Gomez' *Love you like a lovesong*, als »Millionär« im gleichnamigen Song der Prinzen oder als Namikas »Lieblingsmensch«.

Aber ein ganzes Video?

»Wir machen auch schnell«, wurde mein Zögern untergraben. »Ich bin nachher sowieso noch verabredet.«

Na toll. Ich war also nur der Lückenbüßer. Aber andererseits war ich auch neugierig. Geschmeichelt, überhaupt gefragt worden zu sein (man könnte schließlich auch Katzenbilder im Internet gucken oder im Klassenchat rumhängen, bis der Besuch kommt). Und eitel war ich auch, ein ganz klein bisschen. Einmal Star eines richtigen Musikvideos, wer hat das nicht auf seiner Liste?

Welcher Song? Mark Ronsons Retro-Hit *Uptown Funk* war zu diesem Zeitpunkt der kleinste gemeinsame musikalische Nenner in der Familie.

I'm too hot (hot damn)
Called a police and a fireman
[…]
Girls hit your hallelujah (whoo)
'Cause uptown funk gon' give it to you
[…]
Don't believe me just watch (come on)

Der Nonsenstext erwies sich für unser Vorhaben als Fluch und Segen zugleich. Es gibt keine Story zu erzählen, es lassen sich keine Bewegungen aus dem Text ableiten. Dafür werden viele Zeilen mehrfach wiederholt – hat man sich einmal überlegt, wie man diese visualisiert, kann man einfach Varianten durchspielen.

Die Nummer klingt wie direkt aus den Achtzigern, und den ersten Lachflash hatten wir schon vor Drehstart, als ich zu tanzen begann, wie man das damals so tat. »Das geht so nicht«, war nach wenigen Sekunden das abschließende Urteil.

Das sahen die Mädchen auf unseren Schulfeten jener Zeit noch anders (bilde ich mir zumindest gerne ein).

Also ließ ich mich herumdirigieren und dachte mir: So ähnlich fühlen sich unsere Kinder bestimmt, wenn wir ständig ankommen mit »Versuch es doch mal so«.

Zuerst mussten wir aber einen geeigneten Drehort finden. Draußen oder drinnen? Unmotiviert mitten im Video zu wechseln, sieht unprofessionell aus, wurde mir erklärt.

Ein Blick auf die Uhr, einer zu den Wolken, dann standen wir draußen. Nun war die Perspektive zu klären. Zu zweit könnte man zwar abwechselnd das Handy halten, aber dann beraubt man sich der Option, gemeinsam ins Bild zu treten.

Außerdem ist es verwirrend, mit jeder Songzeile den Abstand zum Objekt zu verändern. »Und es sieht lustiger aus, wenn nur die Leute wechseln«, nicht der Bildausschnitt. Worüber die Kinder sich so alles Gedanken machten, worauf sie ihre Werke abklopften und per Versuch und Irrtum sowie im Vergleich zu anderen lernten. Beeindruckend. Warum können sie sich nicht im gleichen Maß für ihre Hausaufgaben interessieren?

Warum kann die Hausaufgabe nicht mal sein, einen Song zur Bruchrechnung zu schreiben? Oder ein Video über Regenwürmer zu drehen?

Das Handy wurde nun seitlich auf den Vorsprung einer Vertäfelung gelehnt. Eine dieser Stellen, die man als Erwachsener nur wahrnimmt, wenn sie gestrichen werden muss, und man sich fragt, wer diesen Mist denn zusammengezimmert hat. Für die Kinder war es ein natürliches Stativ in einer Welt voller Möglichkeiten.

Wir brauchten mehrere Probeläufe, um den Kamerawinkel den unterschiedlichen Darstellergrößen anzupassen. Schließlich konnte es losgehen.

Man musste zunächst den Part des Songs auswählen, den man im Folgenden filmen wollte. Das ist schon so fummelig, dass ich es gar nicht hinbekäme.

Mit einem lauten Händeklatschen startete die Aufnahme.

»Wie cool!«, staunte ich und verpatze vor Verblüffung meinen Einsatz.

»99 Cents«, war die Antwort.

Ich brauchte einen Augenblick, bis ich begriff: Das war nicht der Name eines Rappers oder eines Songs – der Klatschstart war ein Bonus-Feature, für das man 99 Cents bezahlen musste.

Von wegen, die Kinder geben ihr Taschengeld immer nur für Mist aus.

Ich brauchte ein paar Anläufe, bis ich das Timing raushatte. Die App begann den Song immer ein paar Takte vor der eigentlich geplanten Szene, sodass man in Position gehen konnte. Aus unerklärlichen Gründen brauchte ich nochmals ein paar Takes, um zu begreifen, dass ich nicht mitsingen musste (denn es wird nur das Bild aufgenommen, kein Ton). Weil wir keine große »Choreo« (wie das fachmännisch heißt) benötigten, kamen wir zügig voran. Etwa in der Mitte des Songs fing ich an, zu vergessen, was wir eigentlich machten, und folgte einfach den Anweisungen. »Jetzt von links reinlaufen«, »Jetzt mit den Fingern schnipsend durchs Bild gehen«, »Nochmal, aber schneller«, »Kannst du auch ein Rad schlagen?«

Ich versuchte es, zerrte mir fast die Schulter, landete auf dem Bauch und lachte mich kaputt.

Wir stellten uns hintereinander und beugten die Oberkörper einer nach links, einer nach rechts, dann umgekehrt.

Wir marschierten rückwärts durchs Bild und ließen uns per Effekt vorwärts laufen, was total krank aussah.

Und wenn uns gar nichts mehr einfiel, konnte man immer noch die Farben regenbogig changieren lassen, während wir freestylten.

Als die Verabredung klingelte, hörte ich mich sagen: »Wir sind doch fast fertig – komm, nur noch fünf Minuten!«

Und dachte im selben Moment: So fühlt sich das also an.

Schnell drehten wir unser Video zu Ende. Abends sah ich es mir in Ruhe an. Dann kopierte ich es auf meinen Computer, in unser digitales Fotoalbum.

Warum hat das Drehen so viel Spaß gemacht? Die Latte liegt nicht hoch, es ist ja nur für den Privatgebrauch. Sie liegt aber auch nicht auf dem Boden, denn jeder bringt eine Vorstellung davon mit, was zu tun ist. Das ist praktizierter Sozialismus. Jeder nach seinen Möglichkeiten. Und wenn ich nun mal kein Rad schlagen kann – dann ist das halt so. Damit müssen alle leben. Geht trotzdem. Wie man sieht.

Ich frage mich, ob man meine verunglückte Turnübung umwidmen könnte zu Adel Tawils Zeile »Ich ging wie ein Ägypter«. Das wäre doch lustig.

Und ich weiß auch schon, welchen Song ich nächstes Mal vorschlage. Ein bisschen musikalische Früherziehung mit vielen herrlich spielbaren Zeilen:

99 Luftballons
Auf ihrem Weg zum Horizont …

31.
Wort

»Papa, was war mein erstes Wort?«

Und ich so: »Äh …«

Ich habe keine Ahnung.

Was soll ich jetzt sagen: »Frag deine Mutter, ich war arbeiten«?

Aber daran liegt's ja gar nicht.

Ich weiß es einfach nicht mehr. Ich bin sicher, ich wusste es. Vielleicht war ich dabei, sonst hat meine Frau es mir erzählt. So viel ist klar. Wir haben uns gemeinsam gefreut über das erste … Dada, Mama, Wauwau … was immer es auch war.

Aber ich weiß es nicht mehr.

Eine Welle schlechtes Gewissen reißt mir die Beine weg und zieht mich unter Wasser. Jeder Surfer weiß, dass das nicht gut ist. Im Wellenwirbel spürt man nicht mehr, wo oben und unten ist, kann deshalb nicht auftauchen. Man muss Ruhe bewahren, sonst wird es gefährlich.

»Ich … äh …«, murmle ich.

Dann Flucht nach vorn: »Ich weiß es nicht mehr.«

Drei Sekunden irritiertes Kindergesicht, dann Schulterzucken. »Okay.« Und ab.

Ich aber bleibe zurück mit einer offenen Frage, einer offenen Wunde. Liebe ich meine Kinder nicht genug, um mir ihre ersten

Wörter zu merken? Bin ich ein Sonntagsvater, der sein Selbstbewusstsein bloß vom Gehaltskonto ableitet?

Wie Robin Williams in *Peter Pan*, wo er in der letzten Sekunde des Fußballspiels seines Sohnes mit einem damals topmodernen Klapphandy am Ohr heranhastet. Nur um doppelt deutlich zu machen, dass er stets die falschen Prioritäten setzt?

Gehört zum guten Vatersein nicht auch das Wissen um das erste Wort?

Und wann haben die Kinder überhaupt angefangen zu laufen?

Heiß und kalt läuft es mir über den Rücken. Ich weiß überhaupt nichts, ich bin ein Elternidiot. Kann meinen Kindern vielleicht morgens Leberwurstbrote schmieren, aber habe keinen Überblick, keine Vorstellung von gestern oder morgen.

Fieberhaft krame ich in den Schubladen meines Gedächtnisses, reiße sie heraus, wühle darin herum, verursache nur noch ein größeres Durcheinander. Als Erstes fällt mir auf, dass ich auch die ersten Wörter der anderen beiden Kinder nicht mehr weiß. Immerhin bin ich gerecht in meiner Ignoranz.

Mir kommen die immer wieder erzählten Anekdoten in den Sinn, die das Gewebe einer Lebensgeschichte ausmachen (werden): Ein Kind hat zur Trinkflasche immer »gange« gesagt, ich selbst soll im Garten meiner Eltern stehend zum Himmel gezeigt und Flugzeuge als »tuich-tuich« bezeichnet haben. Aber das sind keine richtigen Worte, und es sind auch nicht genug Erinnerungen.

Was weiß ich noch? Wann waren wir wo, vielleicht kann ich mich anhand von Familienfesten oder Urlaubsreisen durchhangeln?

Mit einem Mal ist das Gefühl wieder da: der erste Urlaub mit dem ersten Kind – am Strand. Ich werfe mein Baby in die Luft, es juchzt. Ich strahle. Höher und höher und höher und ... bis es zu hoch wird und ich es gerade noch zu fassen kriege, bevor das kleine Würmchen

in den Sand knallt. Herzrasen, böse Blicke, Schamschamscham, schlechter Vater! Dabei ist doch alles gut gegangen.

Und dem Baby hat's gefallen. Auch diese Erinnerung ist noch da: das fröhliche Glucksen, das strahlende Grinsen, das weite Blau des Himmels. Möwen.

Langsam sickert die Erleichterung durch meine angespannten Glieder.

Was noch? Vielleicht irgendwas, wo ich nicht der Blödmann bin?

Erste Schritte? Erstes Zähnchen? Erster Löffel Brei?

Ich weiß nichts mehr!

Meine Frau hat das Leben der Kinder in Echtzeit auf Video festgehalten, wann fangen die noch mal an zu sprechen? Ich schätze, so zwischen dem 6. und 18. Monat, es wird mich also bei drei Kindern nur drei Jahre kosten (Schlaf nicht eingerechnet), meine Wissenslücke zu füllen.

Oder ich behaupte einfach, es war ... Oma. Hund. Liebe. Aktienindex. Ist doch eigentlich auch egal.

Irgendein Wort wird es schon gewesen sein.

Mir fällt ein alter Witz ein. Der 6-jährige Jonathan hat noch nie ein Wort gesprochen. Die Familie sitzt beim Frühstück. Sagt Jonathan auf einmal in perfektem Deutsch: »Mama, das Salz fehlt.« Alle sind überrascht und begeistert. Die Mutter fragt: »Jonathan, warum hast du denn noch nie zuvor etwas gesagt?« Darauf der Junge: »Bisher war ja immer alles in Ordnung.«

Vielleicht gilt das auch für unsere Familie. Vielleicht war immer alles in Ordnung, und die Kinder haben deshalb in der ersten Klasse angefangen, in vollständigen, grammatikalisch anspruchsvollen Sätzen zu sprechen.

So wird es gewesen sein. Dass muss ich jetzt nur oft genug erzählen und als Familiensaga etablieren.

Aber warum stresse ich mich eigentlich so?

Das Leben ist voller erster Male. Eine Rassel oder einen bunten Ball aufzuheben, lernen Kinder nicht, indem sie lange genug die *richtige* Bewegung üben. Im Gegenteil. Sie verfeinern ihr Vermögen, die *falschen* Bewegungselemente wegzulassen.

Genauso funktioniert der Spracherwerb. Das Baby brabbelt ausgelassen vor sich hin, und manche zufällig erzeugten Geräusche ernten spezielle Reaktionen. So werden die einen Muster verstärkt, andere verschwinden. In jeder Kultur bleiben die Laute übrig, aus denen die Sprache besteht. Ein Kind, das die Sprache der Inuit nicht bis zum 6. Geburtstag fließend kann, wird sie nie aktzentfrei sprechen. So gesehen ist das erste Wort ohnehin nur ein Zufall. Das *zweite* Wort wäre merkenswert. Oder, eigentlich, das erste Wort zum zweiten Mal.

Nur leider: Auch das weiß ich nicht.

Aber ich erinnere mich an andere wichtige Momente. Die ersten selbstgekochten Spaghetti. Das erste Loch mit dem Schlagbohrer. Die erste Eins. Die erste Fünf. Das erste Mal Wasserrutsche. Die erste Theateraufführung im Kindergarten. Der erste Wespenstich.

Oder auch der Klassiker: Fahrradfahren lernen. Der Stolz, das Bangen, auf den ersten eigenen Metern ... werden sie wirklich die ersten eigenen Meter sein – oder semmelt das Kind gleich gegen den Laternenpfahl, der dort aber auch wirklich ausgesprochen ungünstig platziert steht?

Ich sehe ihnen nach, ich weiß noch bei allen drei genau, wo ich stand, als ich den Gepäckträger losließ, die kleinen Füßchen in den kleinen Schühchen auf den kleinen Pedalchen ... und auf einmal merke ich zu meiner großen Erleichterung, ich bin ja doch sentimental. Nur bei ganz anderen Dingen. Nicht bei Zähnen oder Wörtern. Sondern beim Tun. Beim Erobern der Welt!

Wichtig ist nicht, wie oft wir hinfallen, sondern dass wir einmal öfter wieder aufstehen, heißt es. Das mitzuerleben – und vielleicht dann und wann mal beim Aufstehen zu helfen oder wenigstens gut zuzureden –, *das* ist meine Art des Elternseins. *Das* sind die Erinnerungen, die zählen.

Vorleben und mitleben. Darin bin ich nicht schlechter und nicht besser als andere Väter. Ich bin der Vater, der nicht weiß, was die ersten Wörter seiner Kinder waren. Aber ich weiß, dass ich es damals wusste. Und das reicht doch eigentlich auch. Oder?

Meine Frau sagt übrigens, die ersten Wörter waren: Eis, Ball, Nein.

Soll mir recht sein. Und spätestens, wenn ich noch zehn Mal gefragt habe, werde ich mich auch wieder daran erinnern.

32. Sternenhimmel

Wir haben im Garten ein Spielhaus. Das ist eine Art Baumhaus für Leute ohne Bäume.

Eigentlich wollten unsere Kinder ein richtiges Baumhaus, selbstgezimmert.

Und wir standen da mit schlechtem Gewissen und hörten im Geiste den alten Udo-Jürgens-Schlager: »Ich will mit dir einen Drachen bau'n ... für sowas hast du niemals Zeit!«

Warum hatten wir nicht rechtzeitig bedacht, dass wir Kinder haben würden? Dann hätten wir uns mit den Bewohnern des Hauses anfreunden können, in dem wir jetzt wohnen, und heimlich im Garten einen Apfel oder eine Kastanie vergraben können. Vorausgesetzt, ein paar Jahrzehnte lang wäre nicht regelmäßig gemäht worden, hätte unser Plan aufgehen können und in unserem Garten stünde nun ein majestätischer Riese, bereit von uns als Baumhaushalterung benutzt zu werden!

Tja, Pech gehabt. Und jetzt einen Baum zu pflanzen ... da käme dann höchstens noch das Baumhaus für die Enkel rein. Deshalb also ein Spielhaus. Es steht zum selbstgezimmerten Prunkstück im selben Verhältnis wie Zoo zur Safari, aber dafür hat es eine prima Rutsche.

Das Spielhaus ist eine tolle Sache. Es ist Kasperletheater, Schule, Kaffeestube, alles geht. An der Rückseite hat es eine Kletterwand, und immer wieder bin ich fasziniert, wie die Kinder sich an den kleinen Griffen und Vorsprüngen hochhangeln, um dann durch das Fenster in das auf Stelzen stehende Häuschen zu steigen. (Ich weiß, es gibt auch Erwachsene, die so was können. Es gibt ja auch Trapezkünstler. Aber muss ich deswegen einer sein?)

Selbst im Winter kann das Haus bespielt werden, weil es darin wenigstens nicht zieht und dank Dach auch nicht hineinregnet. Und einen Vorteil hat es gegenüber einem echten Baumhaus in einem echten Baum: Die Eichhörnchen haben es viel schwerer, hineinzuspringen und ihre Nussschalenhaufen zurückzulassen.

Eines lauen Sommerabends nun standen wir im Garten, schauten auf das Spielhäuschen und irgendwer sagte: »Wollen wir heute Nacht nicht mal draußen schlafen?«

Vielleicht kennen Sie das auch, es gibt diese Momente, da passt alles, da erscheint jeder Gedanke logisch und jede Idee machbar, man ist eins mit dem Universum, zufrieden und glücklich. So war das damals. Wir schauten uns in die Augen, zuckten mit den Achseln und sagten: »Klar, warum nicht?«

Umsonst und draußen – das befreit die Seelen von Arroganz und Eitelkeit! Wir gehen *back to the roots*, kommen der Natur wieder nahe! Klingt gut und steht im Einklang mit den Werten, die wir gerne hätten.

Unsere Kinder schliefen zu diesem Zeitpunkt bereits in so genannten »Jugendbetten«, die ein bisschen schmaler und ein bisschen kürzer sind als richtige Einzelzimmerbetten, wie man sie aus Bahnhofshotels kennt. Das war praktisch für uns, denn zwei dieser XS-Matratzen passten randgenau nebeneinander auf den Boden des Spielhauses.

Euphorisiert durch dieses Erfolgserlebnis, diesen Wink des Schicksals, dass wir eben doch eine echte Outdoor-Familie sind, schleppten nun alle ihre Bettsachen in den Garten und die Leiter hoch. Dazu kamen Lieblingstiere und Kuschelkissen. Nach wenigen Minuten hätte das Innere des Spielhauses auch gut als watteweicher Auffangbehälter für einen heldenhaften Stuntman dienen können.

Sehr hübsch, sehr einladend und wohnlich, aber wenig Platz zum Schlafen.

Schließlich putzten wir im Haus unsere Zähne, schlüpften in unsere Pyjamas, trugen Gutenachtgeschichten und Taschenlampen nach draußen. Die Terrassentür ließen wir unverschlossen, geht ja auch nicht von außen. Dennoch nahm ich vorsichtshalber einen Haustürschlüssel mit und deponierte diesen sorgsam in einer Ecke des Spielhauses. Keine schlechte Idee, denn mitten im Vorlesen rasselte der Rollladen vor der Terrassentür herunter.

Nach der Geschichte kuschelten sich alle an- und übereinander. Das war schön und liebevoll, aber nicht besonders gemütlich. Vor allem, weil immer, wenn ich mich gerade zu entspannen begann, irgendwer sich dringend anders hinlegen oder ausführlich pupsen musste.

Schade auch, dass man wegen des Dachs die Sterne nicht sehen konnte. Versuchsweise öffnete ich die Fensterläden des Spielhauses, aber die baumschwangere Dunkelheit dort draußen erschien mir unheimlich.

Sterne wollte ich aber trotzdem sehen. Also robbte ich über alle anderen hinweg zur Türöffnung und steckte meinen Kopf hinaus wie ein Hund aus dem Autofenster. Auf dem Rücken liegend breitete sich das Sternenzelt über mir aus. Hammer. Ich nahm mir vor, diesen unglaublichen Anblick viel öfter zu genießen. (Raten Sie mal, wie oft das seitdem geklappt hat! Toll, Sie haben richtig geraten.)

Fasziniert von meinem schweigenden Staunen mussten alle anderen auch noch mal gucken, und dann mussten wir neue Liegepositionen finden, irgendwem war zu warm, jemand anders zu kalt, und auf einmal war dann doch das Geräusch zu hören, das junge

Eltern am schönsten auf der ganzen Welt finden: der ruhige Atem ihrer schlafenden Kinder.

Es war eng, es war heiß, es war unbequem, und ich war glücklich.

So lagen wir da, und irgendwann muss ich eingeschlafen sein, was ich weiß, weil ich irgendwann aufwachte und nicht die geringste Ahnung hatte, wo ich war, aber ich konnte mich nicht bewegen, ich war eingeklemmt, und ich bin bis heute davon fasziniert, dass ich trotzdem keine Panik empfand, sondern irgendwoher wusste, alles ist okay. Vielleicht haben sich die Höhlenmenschen früher so gefühlt, und nur wenn es auf einmal nach jemand anders roch, wurden sie aufmerksam oder ängstlich.

Nach ein paar Sekunden wurde auch meinem Bewusstsein klar, wo ich bin. Ich versuchte, eine bequemere Lage einzunehmen, ohne dabei alle wachzustrampeln. Denn so sehr Eltern den ruhigen Schlafatem lieben, so sehr fürchten sie auch das Schnorcheln des Erwachens vor der Zeit.

Kinder brauchen mehr Schlaf als Erwachsene, und wenn ich nachrechne, dann bekommen sie ihn auch, aber irgendwie fühlt es sich immer so an, als wären sie ständig wach und ich immer nur müde.

Jedenfalls gelang es mir nicht, mit vorsichtigen Gewichtsverlagerungen mein Leid zu lindern, ähnlich wie bei einem Langstreckenflug. Ich beruhigte mich damit, dass ich schon als Kind im Zelt nicht besonders gut geschlafen hatte, bestimmt sind das die Gene. Ich habe einfach Taschenfederkern-Gene, genau. Mit schlechtem Gewissen beschloss ich, ins Haus zu schleichen, um nicht allen den Spaß zu verderben.

Ich lauschte den Geräuschen der Nacht. Wieso war eigentlich bei dieser Dunkelheit so ein Radau? Autos, Schritte, Flügelschläge, ein merkwürdiges Rascheln.

Ich tastete nach dem Schlüssel, aber der war weg – ebenso wie meine Frau samt Kissen und Decke.

Nachdem ich mich trunken die Leiter hinuntergetastet und durch das kaltnasse Gras getapst war, stellte ich fest: Jemand hatte den Rollladen wieder hochgefahren, meine Frau lag im Ehebett und schlief. Wahrscheinlich hatte sie gehofft, es mal in Ruhe für sich zu haben, aber dazu ist es schließlich nicht da.

Natürlich hatten wir abends die Vorhänge nicht zugezogen, so dass die Sonne uns an der Nase kitzelte, kaum dass sie aufging. Weil ich nicht wollte, dass unsere Kinder beim Aufwachen fürchteten, wir hätten sie alleingelassen wie Hänsel und Gretel, stand ich auf und ging hinaus in den Garten. Langsam erwachte die Welt zum Leben. Vögel, Autos, Zeitungsjungen, Heckenscheren. Ein ganz normales Wochenende.

Die Kinder pennten tief und fest. Als wir zum dritten Mal nachschauten, öffnete sich ein Auge, ein Lächeln folgte, und schließlich der Satz: »Das war die beste Nacht meines Lebens! So gut habe ich noch nie geschlafen!«

Wir überlegen jetzt, die Kinderzimmer an Touristen zu vermieten.

33.
Fisch

Am Ende unseres Urlaubs besuchten wir Freunde, die ebenfalls drei Kinder hatten. Drei Kinder sind irgendwie das neue Statussymbol der Mittelschicht – Rente gesichert, aber noch nicht asozial.

Natürlich sind deren Kinder und unsere Kinder nicht befreundet, warum sollten sie auch. Es ist eine Elternfreundschaft. Die Kinder sind noch nicht mal wirklich im gleichen Alter. Jedes ist gegen das Pendant um etwa zwei Jahre verschoben, sodass ein »Ich kenn dich nicht, aber lass uns spielen«-Effekt von Anfang an praktisch ausgeschlossen war.

Das ist okay, damit muss man leben. Man kann nicht immer nur bei den Eltern der Kinderfreunde Station machen – denn so nett die meisten von ihnen sind: Unser Verhältnis zu Kinderfreundeltern ist oft genauso knapp daneben wie das unserer Kinder zu den Elternfreundekindern.

Unsere Freunde boten an: Ihr könnt die zwei, drei Nächte doch bei uns schlafen. Darauf hatten wir ehrlich gesagt auch spekuliert, denn immer nur Hotel geht mit drei Kindern einfach nicht – sichere Rente hin oder her.

Unsere Kinder maulten. Die Elternfreundekinder maulten. »Es ist doch nur für ein paar Tage«, sagten wir. Und: »Man hat viel mehr voneinander, wenn man zusammen wohnt.« Und: »So ist das nun mal, wenn man Freunde besucht.«

Sie konterten: »Aber es ist *mein* Zimmer.« Und: »Aber das Hotel hat einen *Pool.*« (Was ja noch nicht mal unbedingt so sein muss. Aber schon klar.)

Wir hatten am Vorabend versucht, geschickt zu packen, so dass die Hälfte unseres Gepäcks gleich in die Garage wandern könnte, weil wir es bis zur Endstation nicht mehr brauchten.

Die andere Hälfte aber war immer noch viel. Unsere Freunde hatten zwei Kinderzimmer für uns freigemacht. Eine ihrer Töchter schlief im Elternschlafzimmer, was sie in Wahrheit toll fand und sich immer wünschte, aber natürlich aus taktischen Gründen nicht zugeben konnte. Die andere hatte die Wahl: Couch im Durchgangszimmer mit dem Kinder-Fernseher und den Game-Konsolen, beim Bruder oder bei einer Freundin. In den zwei Nächten, die wir dort waren, entschied sie sich etwa dreißig Mal um. Wenigstens war sie beschäftigt.

Dem großen Bruder war die ganze Sache eigentlich sowieso egal. Er kam und ging irgendwann und schien in seiner eigenen Zeitzone zu leben. Wie das bei Teenagern in den letzten Schuljahren eben so ist. Mal am späten Vormittag, mal am späten Nachmittag, ein andermal kurz bevor alle anderen zu Bett gingen, und manchmal noch mitten in der Nacht hörte man seinen frisch gewachsenen Bass im Haus grummeln, oder vielleicht war es auch nur die Harley des Nachbarn.

Im ersten Kinderzimmer stand das gleiche Ikea-Bett wie bei uns zu Hause. Es war bereits ausgezogen. Wir stellten unser verbliebenes halbiertes Gepäck in dieses Zimmer. Als es voll, aber das Gepäck noch lange nicht alle war, machten wir mit dem zweiten Gästezimmer weiter. Dort befand sich von vornherein ein etwas breiteres Jugendbett, in dem auch mal ein Gast mitschlafen kann. Als wir fast alle unsere Taschen und Koffer und Boxen und Tüten und Schachteln und Beutel und den ganzen Kleinkram, den wir lose mitführten – die CDs und Ladekabel und noch ein paar Schuhe und Badesachen und eine Sonnenbrille mit angeknackstem Bügel –, verstaut hatten, konnte man das Bett nicht mehr erreichen. Und das Gepäck nicht mehr öffnen.

Also verfrachteten wir die Hälfte der zwei halben Hälften Gepäck vorläufig ins Wohnzimmer, ins Durchgangszimmer, ein paar Kleinigkeiten auch in die Küche und auf die Terrasse. Bei der Gelegenheit fiel mir ein, dass ich eine Tüte mit Lebensmitteln versehentlich in die Garage gestellt hatte. Ich ging sie holen und wollte unsere Reste im Kühlschrank verstauen, aber als wollte er mich verspotten, war er randvoll.

Das war ein guter Anlass, Kaffee zu trinken und ein paar Kekse zu essen und mit unseren Freunden zu plaudern, während deren Kinder und unsere Kinder schnell feststellten, dass sie zumindest über die Gemeinsamkeit verfügten, keinerlei Gemeinsamkeiten aufzuweisen, worüber sie sich nun gemeinschaftlich beschwerten. Und wofür sie gemeinschaftlich ein »Geht doch raus in den Garten aufs Trampolin« ernteten, was sie zu unserer Überraschung auch widerspruchslos umsetzten. Langeweile und die Möglichkeit, sich vor anderen Kindern gefahrlos zu profilieren, können eine sehr nützliche Kraft entfalten.

Nach dem Kaffee suchten wir dies und das, ich weiß gar nicht mehr genau, was eigentlich, wir hatten doch irgendwo ... jedenfalls sah es nach etwa zehn Minuten aus, als würden wir schon seit zehn Jahren hier wohnen.

Die Kinder mussten auch irgendwas holen, dazu mussten sie irgendwo hin, sie schnitten sich ihren Weg zwischen den offenen Taschen und Koffern und Tüten wie Wasser in Kalkstein. Sie pflügten Wanderwege durch das Chaos, nahmen es gar nicht als solches wahr und erhöhten es dadurch noch ein ganz klein wenig mehr. Wo war denn der Stapel T-Shirts, den ich eben noch ... wo waren die

Turnschuhe, in die ich meinen Sockenvorrat für die letzten drei Urlaubstage gequetscht hatte? Und sind das eigentlich eure oder unsere Zeitschriften hier auf dem Stapel – oder beides?

Und erwähnte ich schon, dass unsere Freunde einen Hund haben?

Einen Windhund-Mischling.

Und eine Katze.

Ich vermute, das war nicht geplant, sondern hat sich so ergeben. Wie die drei Kinder, so gesehen.

Der Windhund kam plötzlich von draußen herein, sah sich peinlich berührt um und absolvierte vorsichtig wie ein Kranich einen bewundernswerten Hindernislauf. Mit Ruhe und Präzision stakste er voran, schob seine schlanken Pfötchen in die kleinste Lücke, hatte schon fast seine Liegedecke auf dem Sofa erreicht, als die Katze auf einmal spielen wollte.

Das Gemetzel dauerte keine Minute, dann waren alle Klamotten voller Katzenhaare. Sogar die, die noch ganz unten in der Tasche lagen. Beachtlich. Die Katze konnte offenbar effektiver haaren als alle Mädchen im Haus zusammen.

Die Katze saß nun wieder reglos an ihrem Ausgangspunkt, der Hund war weg, niemand wusste wohin. Wahrscheinlich hatte er sich in einen Hartschalenkoffer verkrochen.

Nun war auch schon fast Zeit zum Abendessen, wir grillten und danach lohnte es auch nicht mehr wirklich, Ordnung zu schaffen. Mit Müh und Not fanden wir unsere Zahnbürsten, die natürlich nicht in den Waschtaschen steckten, warum auch, dort würde man sie ja erwarten, wie langweilig. Dann breitete sich Ruhe im Haus aus, bis irgendwann nachts ein Brummeln wie aus dem Maschinenraum signalisierte, dass wir nun wirklich vollständig waren.

Nicht leicht war es allerdings, nachts aufs Klo zu gehen, aber danach beherrschte ich die Geografie des Geländes mit geschlossenen

Augen. (Als ich in der nächsten Nacht erneut stolperte, entschloss ich mich für die pragmatische Lösung, einfach bundeswehrmäßig auf dem Bauch über die Gepäcklandschaft zu robben.)

Selbst im Dunkeln wirkte das Haus auf mich wunderbar lebendig. Wie ein Eis, das man schnell essen muss, weil es schmilzt und viel zu groß ist. Immer geht sowas natürlich nicht – aber mal war es ganz wundervoll.

Und so geisterten wir den nächsten Tag durch das Haus, in der Unordnung etablierten sich Pfade, sie mäanderten wie Flüsse, waren lebendig und wurden den Erfordernissen angepasst. Das Murren war einer Art Waffenstillstand gewichen. Da wir offensichtlich ganz im Ernst nicht ins Hotel gingen, konnte man genauso gut die Bücher aus den Bücherregalen beziehungsweise den Koffern und dem Handgepäck inspizieren, MP3-Player teilen und tauschen, Grüppchen bilden und über die anderen lachen, ungefragt Eis für alle aus dem Tiefkühler holen, weil es doch höflich ist, den Gästen etwas anzubieten, sich gegenseitig mit dem Wasserschlauch abzukühlen und dann triefnass nach trockenen Klamotten zu suchen (leider voller Katzenhaare). Wir Erwachsenen vertrödelten den Tag mit Einkaufen, Essen, wieder Einkaufen, Spazierengehen, noch mal Essen, was man eben so macht, es gab viel zu erzählen. Wir sahen den Kindern zu und amüsierten uns über den Hund, der es irgendwann irgendwie zu seiner Decke geschafft hatte und seitdem über seine lange Schnauze hinweg den Wahnsinn um sich herum missbilligte.

Die Heimkinder hatten sich durch Kenntnis der Region und Besuche von Freunden einen Heimvorteil verschafft. Und so interessant waren fremde Bücher, CDs und Filme auf die Dauer nun auch wieder nicht. Zum Abend hin wurden die Spiele folglich wilder, es waren auch gar nicht mehr wirklich Spiele, sondern eigentlich eher Unfälle, die sich nur noch nicht ereignet hatten. Wir fingen an, uns um das Gepäck zu sorgen, das beim ausführlichem Rennen durchs Haus doch eine erhebliche Stolperfalle darstellte, und scheuchten alle raus, doch nach kurzer Zeit waren sie mit zwei aufgeschlagenen Knien wieder zurück und wir hatten nur die Wahl: Tobsuchtseltern und alle sofort ins Bett ... oder Pizza essen gehen.

Da man inzwischen auch in der Küche keinen Schritt mehr machen konnte, weil unser Gepäck offenbar aus Kaninchenfell bestand und sich rasant vermehrte, blieb nur eine Wahl. Es wurde ein schöner Abend, Restaurant-Dekadenz, die man sich sonst als fünfköpfige Familie selten leistet, sogar mit Getränken zum Essen und mit Nachtisch – immer noch billiger als auch nur eine Hotelnacht.

Wir erzählten Geschichten von unseren Jobs, die Kinder verglichen ihre Klassenlehrer. Ein Moment großen Glücks, dem aber auch schon ein wenig Anstrengung innewohnte. Wie würde es wohl morgen laufen? Und richtig, als wir uns zum Zähneputzen übermüdet alle zeitgleich in die für so viele Leute viel zu kleinen Bäder quetschten (und der Hund natürlich auf einmal dringend überall gucken musste, ob auch alles mit rechten Dingen zugeht; er war eine Muskelwurst mit scharfen Krallen und nervte mittlerweile richtig) – da fingen die Kinder endgültig an zu klagen, sie wollten nach Hause, es war heiß, sie wollten ihr Zimmer wiederhaben, das waren auch überhaupt nicht ihre Freunde und außerdem waren sie auch gar nicht müde. Ich war froh, dass wir nur noch diese Nacht blieben und dachte: Gäste sind wie Fisch – sie müssen weg, bevor sie anfangen zu stinken.

Die Gastmutter und ich sahen uns in die Augen. Wir mussten lachen, so sehr überforderte uns die Situation – alle waren müde und quengelig und drängelten, auch wir. Und auf einmal sagte ich: »*Das* ist es also, was sie mit Erziehung meinen. In zwanzig Jahren werden eure Kinder bei irgendwem zu Besuch sein, und unsere Kinder werden jemand zu Besuch haben. Sie werden gar nicht sagen kön-

nen warum, aber es wird ganz selbstverständlich für sie erscheinen, diesen Raum zu schaffen. Es macht nicht immer Spaß, aber es fühlt sich richtig an, diese Nähe zu suchen. *Das* ist Erziehung: Mit anderen zusammen vorleben, woran man glaubt.«

In dieser Nacht fühlte sich das Haus an wie mein Pizza-Bauch: prallvoll. Ja, auch nur noch ein Tag mehr wäre zu viel, die Stimmung würde kippen.

Am Morgen packten wir, es dauerte Stunden. Wir wollten um zehn los, um elf hatten wir noch nicht mal alles eingepackt, um zwölf waren wir schließlich abfahrtbereit ... von der Tatsache abgesehen, dass der Wagen nur *deswegen* so perfekt bepackt war, weil unser halbes Gepäck ja noch in der Garage stand. Also zurück auf Los, alles wieder raus aus dem Wagen, alles wieder rein in den Wagen, aber es passte nicht – wir waren zwar auch irgendwie hierhergekommen, es musste also gehen, aber es schien unmöglich. Schließlich ließen wir einen Koffer, in dem lauter Urlaubszeug war, das wir sowieso nie brauchten (aber immer unbedingt mitnehmen müssen) bei unseren Freunden auf dem Dachboden, der Rest passte. Manchmal hasse ich Physik.

Zum Ausgleich fanden wir ein paar Wochen später eine DVD von ihnen im Laufwerk des Computers unserer Kinder.

Und ich habe das Gefühl, auf manchen T-Shirts sind noch immer Katzenhaare.

Ach, schön war's.